海南师范大学年鉴

（2017）

《海南师范大学年鉴》编纂委员会　编

中国海洋大学出版社

·青岛·

图书在版编目（CIP）数据

海南师范大学年鉴 . 2017 / 《海南师范大学年鉴》
编纂委员会编 . -- 青岛：中国海洋大学出版社，2024.
7. -- ISBN 978-7-5670-3932-2

Ⅰ . G659.286.61

中国国家版本馆CIP数据核字第20242X9E11号

HAINAN SHIFAN DAXUE NIANJIAN（2017）

海 南 师 范 大 学 年 鉴（2017）

出版发行	中国海洋大学出版社
社　　址	青岛市香港东路23号
邮政编码	266071
出 版 人	刘文菁
网　　址	http://pub.ouc.edu.cn
电子信箱	1922305382@qq.com
订购电话	0532-82032573（传真）
责任编辑	周佳蕊　　　　　　　　**电　话**　0898-31563611
印　　制	海南雅迪印刷有限公司
版　　次	2024年7月第1版
印　　次	2024年7月第1次印刷
成品尺寸	210 mm × 285 mm
印　　张	21.25
字　　数	566千
印　　数	1—1000
定　　价	138.00元

如发现印装质量问题，请致电0898-66732388调换。

1月18日，学校召开第三届教职工代表大会暨工会会员代表大会第五次会议

1月22日，学校党委副书记、纪委书记刁晓平（前排右）与西南大学副校长丁忠民（前排左）代表两校签署共同建设服务地方教育事业发展的高水平载体的合作办学协议

3月17日，学校副校长过建春（右）和海南中学校长马向阳（左）为两校共建的海南省首个全国教育硕士专业学位研究生联合培养示范基地揭牌

4月25日—28日，学校党委书记李红梅出席中国共产党海南省第七次代表大会，并当选中国共产党海南省第七届委员会候补委员

5月17日，海南省副省长王路（前排右二）调研学校国家大学科技园

　　6月25日—29日，学校校长林强（左）率学校中俄合作办学代表团访问俄罗斯圣彼得堡（国立）电影电视大学并签署中俄合作办学补充协议

7月1日—2日，学校隆重召开中国共产党海南师范大学第一次代表大会

7月21日，学校被认定为"全国第二批深化创新创业教育改革示范高校"

9月11日，学校举行2017级本科生开学典礼暨军训动员大会。学校党委书记李红梅（右）为新生代表佩戴校牌

9月14日，学校首次招生的广播电视编导专业中俄合作班举行开学典礼

10月17日，学校党委书记李红梅（右六），学校党委副书记、纪委书记刁晓平（左五）及各方代表向陵水黎族自治县本号镇亚欠村贫困家庭发放了米和油等救助物资

10月18日，学校7000余师生集体收看中共十九大开幕会直播

　　11月14日，学校举办党的十九大精神宣讲报告会，学校党委书记李红梅担任第一讲主讲

11月24日—28日，学校举行第34届运动会

12月18日，海南省副省长王路（前排右二）到学校国家大学科技园调研

12月19日，海南省科技厅党组书记叶振兴（前排右）与学校党委书记李红梅（前排左）一同为学校首个海南省院士工作站（数学）揭牌

前　言

　　《海南师范大学年鉴》是按年度记录学校教育改革与发展情况的历史文献，在记录学校发展改革历程、存史资治、对外交流等方面有着重要作用。

　　学校高度重视年鉴编纂工作，于2018年4月3日成立年鉴编纂机构，以加强对年鉴编纂工作的领导。校党委书记李红梅、校长林强担任年鉴编纂委员会主任，校党委委员及机关党政部门主要负责人担任编委会委员。编委会负责年鉴内容的指导与审核，统筹协调跨部门稿件，并督促各部门按时按质供稿。编委会下设编辑部负责具体编辑工作，拟定年鉴结构体例，收集与修改稿件，并负责落实出版工作。

　　年鉴编纂委员会与编辑部的戓立，改变了以往年鉴工作不受重视的局面，为按时按质按量完成年鉴编纂工作奠定了组织支撑与保障。

目　录

工作分述

媒体上的海师

大事记

学校概况

海南师范大学概况

海南师范大学是海南省办学历史悠久、教师教育特色鲜明、综合办学实力较强的教育部、海南省人民政府共建高校，坐落在美丽的滨海旅游城市、国家历史文化名城——海口市。海南师范大学前身为建于清康熙四十九年（1710年）的琼台书院，1949年秋正式创建国立海南师范学院。1952年在高等学校院系调整工作中更名为海南师范专科学校。1983年重新招收本科生，并与海南医学院等单位合并组建海南大学。1986年经原国家教委批准恢复海南师范学院建制。1999年与海南教育学院合并，成立新的海南师范学院。2003年经国务院学位委员会批准为硕士学位授予权单位。2007年经国家教育部批准更名为海南师范大学。2009年海南省政府将学校列为省重点大学进行建设。2013年经国务院学位委员会批准为博士学位授予权单位。2015年被列为教育部、海南省人民政府共建高校。

60多年来，学校始终秉承"崇德 尚学 求是 创新"的校训精神，以服务基础教育和区域经济、社会发展为己任，在教师教育、海南和南海区域历史文化传承、海南生态环境和特有物种保护、海南药用植物开发研究等领域具有独特地位，发展成为海南省教师教育中心，重要的高级应用人才培养基地、科学研究基地和海南教育文化对外交流基地，为海南基础教育、经济社会发展作出了突出贡献。建校至今，学校已经为社会培养了各类人才16万多人，尤其是海南各中学校长、教学骨干多为学校毕业生，被誉为"琼岛名校，教师摇篮"。

学校现设有21个学院，4个一级学科博士点，16个一级学科硕士点，9个专业学位硕士点，65个本科专业，形成了师范与非师范性专业协调发展、教育层次完整的人才培养体系。学校面向全国31个省（直辖市、自治区）招生，现有全日制学生近2万人，其中，博士、硕士研究生731人，全日制本科生18551人，留学生449人。

学校现有龙昆南、桂林洋、灵山3个校区，占地面积约3100亩。教学科研仪器设备总值27342.23万元。图书馆馆藏纸质图书208.8万册，电子图书128.02万册，各类中外文数据库18个。数字化校园建设走在海南省前列，无线网络覆盖全校。

学校突出抓好教学基本建设，积极推进教育教学综合改革，取得显著成效。现建有国家级实验教学示范中心1个，省级特色实验教学示范中心1个，省级实验教学示范中心5个，国家级大学生校外实践教育基地1个，省级大学生校外实践教育基地1个，省级特色实验教学示范中心1个，国家级人才培养模式创新实验区1个，国家专业综合改革试点专业1个，国家级特色专业3个。

学校大力实施科技创新驱动发展战略，整体学术水平持续提升。现有A类省级特色重点学科（特色优势学科）2个，B类省级特色重点学科（特色扶持学科）5个，教育部重点实验室2个，省级重点实验室3个，教育部国别和区域研究中心1个，省级哲学社会科学重点研究基地7个，省级研究中心（院）4个，省级协同创新中心1个，省级院士工作站1个。国家大学科技园落户学校。

学校大力实施人才强校战略，人才队伍整体实力不断增强。现有高级专业技术职务资格592人，其中，正高级226人，具有博士学历325人。有国家有突出贡献专家、新世纪百千万人才工程国家级人选、教育部"新世纪优秀人才支持计划"入选者、全国模范教师、全国优秀教师、享受国务院政府特殊津贴专家及省级各类专家150多人。有教育部创新团队发展计划培育团队1个、省级教学团队10个。

学校积极扩大对外交流与合作。成为中宣部首批部校共建新闻传播学院（专业）高校，与北京师范大学、东北师范大学、西南大学、黑龙江大学等多所高校建立合作关系，与海口市政府、儋州市政府等地方政府建立战略合作关系。在海外交流方面，学校已经与超过60个国家的100多所高校和教育机构开展了学术交流活动，与境外54所大学和教育机构建立姐妹学校关系，与10所大学合作培养人才。2009年，孔子学院总部/国家汉办批准将东南亚汉语推广师资培训基地落户学校。2013年，学校经教育部批准为中国政府奖学金来华留学生接收院校。2015年，学校与马来西亚世纪大学共建的孔子学院顺利揭牌。2017年，中外合作项目中的俄罗斯圣彼得堡国立电视电影大学正式面向全国招收学生。

"十三五"期间，学校将继续抢抓国家"一带一路"、国际旅游岛建设等重大机遇以及省部共建和省重点大学建设的契机，以服务终身教育、绿色崛起和文化交流与传承为己任，以教师教育为根本，以改革开放为动力，以"十大工程"（师德师风建设工程，教师教育改革与建设工程，信息技术与教育深度融合工程，"双师型"教师建设工程，中高职本一体化培养工程，国家大学科技园建设工程，师资与职业技能培训基地建设工程，国家大学科技园建设工程，海上丝绸之路研究中心、生态文明研究中心和教育发展研究中心3个智库建设工程，各协同创新基地建设工程和东南亚汉语推广师资培训基地与孔子学院建设工程）为抓手，努力建设现代化教师教育特色鲜明的高水平大学。

特　载

坚持立德树人
以全面提高人才培养能力为核心
加快教师教育特色鲜明的高水平大学建设步伐

——在学校第三届教职工代表大会暨工会会员代表大会
第五次会议闭幕式上的讲话

党委书记　李红梅

（2017年1月18日）

各位代表，各位同志：

经过全体代表的共同努力，我校第三届教职工代表大会暨工会会员代表大会第五次会议圆满完成了各项议程，即将胜利闭幕。在此，我代表学校党委，向大会的成功召开表示热烈的祝贺！向各位代表并通过你们向全体教职工表示衷心的感谢！同时，向为大会付出辛勤劳动的工作人员表示亲切的慰问！

这次会议，是在全校上下深入学习贯彻党的十八届六中全会和全国高校思想政治工作会议精神之际召开的一次重要会议，是学校政治生活中的一件大事。会议期间，林强校长代表学校所作的工作报告，全面回顾总结了2016年学校各项工作，深刻分析了学校发展面临的新形势、新任务，并就切实抓好今年的各项工作作了重点部署。会议还听取、书议以及审议了学校财务工作报告、校园文化识别系统、桂林洋校区住房建设方案以及教代会提案征集、落

实情况等有关报告和事项。各代表团还进行了分组讨论，提出了许多建设性的意见和建议。从刚才各代表团分组讨论情况汇报来看，大家一致认可学校一年来的各项工作成绩，并对新一年的工作给予了极大的期待。这让我们真切感受到各位代表对学校事业发展的高度负责和热切期盼。会后我们将把大家积极中肯、并在现行条件下能够实施的建议和意见及时吸纳到学校工作计划之中。可以说，本次大会达到了统一思想认识，指导具体实践，解决实际问题的目的。对于大会所形成的各项决议和有关文件，各单位要认真学习贯彻，狠抓执行落实，不辜负各位代表和广大教职工的殷切期望。

各位代表，各位同志，2017年是实施"十三五"发展规划的重要一年，是扎实工作并以优异成绩迎接党的十九大、省第七次党代会和学校第一次党代会胜利召开的关键之年。在刚刚召开的2017年全国教育工作会议上，教育部

提出的坚持稳中求进和内涵发展两个基本原则，牢牢坚持"六个根本"以及"学""谋""实""争""稳"五字要求，这些都是我们做好新一年工作的理论指导。下面，我结合全国教育工作会议及全国高校思想政治工作会议精神，就重点抓好今年的各项工作，再讲几点意见。

一、认真落实立德树人根本任务，全面提高人才培养能力

上个月举行的全国高校思想政治工作会议，是高校改革发展、党的建设和思想政治工作中具有里程碑意义的一件大事，对于推动我国高等教育改革发展具有十分重要的意义。习近平总书记的重要讲话从全局和战略高度，深刻回答了事关高等教育事业发展和高校思想政治工作的一系列重大问题，具有很强的政治性、思想性和针对性，为做好人才培养工作指明了前进方向，是指导做好新形势下高校思想政治工作的纲领性文献，对于办好中国特色社会主义大学、推进党和国家事业发展，具有重大而深远的意义。全体教职员工要把学习好贯彻好落实好这次会议精神，作为当前和今后一段时期的首要政治任务。下面，我就如何全面提高人才培养能力讲几点意见，关键词是"全面"和"能力"。

（一）切实增强"立德树人"使命感

习近平总书记指出："高等教育发展水平是一个国家发展水平和发展潜力的重要标志。世界各国都把办好大学、培养人才作为实现国家发展、增强综合国力的战略举措。"当前，我们正处在全面建成小康社会的决胜阶段，对高等教育的需要比以往任何时候都更加紧迫，对科学知识和卓越人才的渴求比以往任何时候都更加强烈。

高校立身之本在于立德树人。只有培养出一流人才的高校，才能够成为世界一流大学。办好我国高校，办出世界一流大学，必须牢牢抓住全面提高人才培养能力这个核心点，并以此带动高校其他工作。高校工作要始终围绕聚人才、育人才、出人才来开展。

学生在高校生活时，正处在人才成长的关键时期，知识体系搭建尚未完成，价值观塑造尚未完成，情感心理尚未成熟，需要加以正确引导。高校毕业生进入社会，他们的思想和言行往往影响他们这一代年轻人。高校思想政治工作影响一代青年的思想观念、价值取向、精神风貌。所以，高校必须引导学生铸就理想信念、掌握丰富知识、锻炼高尚品格，打下成才的基础。

总之，高校思想政治工作关系高校培养什么样的人、如何培养人以及为谁培养人这个根本问题。高校思想政治工作，既是我国高校的特色，又是办好我国高校的助力。面对新形势、新任务，高校思想政治工作只能加强不能削弱，只能前进不能停滞，只能积极作为不能被动应付。要从推进伟大事业、建设伟大工程、进行新的伟大斗争的高度，坚持把立德树人作为中心环节，腰杆硬、底气足地把思想政治工作贯彻教育教学全过程。

各位代表，海师大建设教师教育特色鲜明的高水平大学，必须增强立德树人的使命感，自觉地将思想政治工作贯彻教育教学、管理服务的全过程，实现全员育人、全程育人、全方位育人。

（二）全面提高人才培养能力

一要树立正确的人才观。

从培养学生来说，就是要以培养又红又专、德才兼备、全面发展的中国特色社会主义合格建设者和可靠接班人为指导。"红"，就是要用

马克思主义科学理论武装学生头脑。马克思主义是我们立党立国的根本指导思想，也是高校的鲜明底色。高校是孕育思想、传播理论的地方，要把加强马克思主义学习、研究、宣传作为重要职责，让马克思主义主旋律唱得更加响亮。要抓住马克思主义理论教育，扎实推进马克思主义、列宁主义、毛泽东思想的学习教育，深入学习把握以习近平同志为核心的党中央治国理政新理念新思想新战略。不同学段的各学科专业学生都要学习马克思主义理论，掌握科学的实践观和方法论，为学生一生成长奠定科学的思想基础。"红"，还需要用社会主义核心价值观培育学生人格。要把社会主义核心价值观贯彻于学校办学育人全过程，弘扬以爱国为核心的民族精神和以改革创新为核心的时代精神。同时，还要培育学生理性平和的社会心态。高校要成为使人心静下来的地方，成为消释躁气的文化空间。学生要静心学习，通过读书学习提升气质，以学养人、治心养性。各位教师、管理人员要在关心帮助学生中教育人、引导人。

从教师来说，就是要做有理想信念、有道德情操、有扎实学识、有仁爱之心的"四有"好老师。教师是人类灵魂的工程师，承担着神圣的使命。高校教师思想状况具有很强的示范性。高校教师要坚持教育者先受教育，努力成为先进思想文化的传播者、党执政的坚定支持者，更好地担起学生健康成长指导者和引路人的责任。

要加强师德师风建设，把教育培养和自我修养结合起来，以德立身、以德立学、以德施教。高校教师思想政治工作，要落实到教学科研治学管理中，体现在育人育才全过程中。

教师要努力做到"四个统一"——坚持教书和育人相统一，坚持言传和身教相统一，坚持潜心问道和关注社会相统一，坚持学术自由和学术规范相统一。

坚持教书和育人相统一。不同学科的专业教师、研究领域、讲授内容、教学方法各有不同，但育人的要求是一致的。教师不能只做传授书本知识的教书匠，而要成为塑造学生品格、品行、品味的"大先生"，要把知识教育同价值教育、能力教育结合起来，把思想引导和价值观塑造融入每一门课的教学之中。

坚持言传和身教相统一。陶行知先生讲："学高为师，身正为范。"打造兼具"学高"和"身正"的教师队伍是落实教书育人的根本。

坚持潜心问道和关注社会相统一。高校是研究学问的殿堂，教师要热爱自己的职业，有"衣带渐宽终不悔，为伊消得人憔悴"的境界，耐得住寂寞，坐得了冷板凳，潜心研究学问，专职教书育人；同时更要以家国情怀关注社会，在实践中汲取养分，丰富思想。

坚持学术自由和学术规范相统一。高校应该有研究未知、探索新知的氛围，有鼓励学术争鸣、学术创新的觉悟。同时，高校教师要对国家负责、对社会负责、对学生负责，不能信口开河，造成学生思想认识上的混乱、人生态度上的消极。

二要制定、完善、提高培养人才能力的制度和机制。

学校党委前些年确立的以师德师风建设为首的"十大工程"，就是以全面提升学校培养人才能力为重要抓手，围绕这"十大工程"细化制度、措施和责任。校长的2017年工作计划中有很大篇幅涉及系列人事制度改革、深入推进教育教学改革等，这些都是围绕提高培养人才能力做的部署。我在这里强调，学校要在评价和导向上体现培养人才、立德树人这一根本，用具体制度规范落实教书育人。严格教师资格和准入制度，对新入职教师的思想政治、品德学风进行综合考察和把关。完善教师评聘考核体系，在教师年度考核、职务（职称）评聘、评优奖励中，把思想政治表现和课堂教学质量作为首要标准，增加课堂教学权重，引导教师将更多精力投入课堂教学；完善教师职业道德规范，把师德规范要求融入人才引进、课题申报、职称评审、导师遴选等评聘和考核环节，实施师德"一票否决"。学校科研、管理、服务各领域要围绕有利于培养人才制定政策，在制度上主动作为，真正做到全员育人、全过程育人、全方位育人。

三要营造有利于培养人才的文化氛围。

注重以文化人、以文育人，着力推进校园文化建设，广泛开展文明校园创建，开展形式多样、健康向上、格调高雅的校园文化活动。充分发掘学校历史文化资源，强化办学宗旨、校训、校歌、校史育人功能，打造独具特色的校园人文环境。重视和加强第二课堂建设，重视实践育人，创新方式、拓展途径，为学生参与社会实践创造更多机会和平台；继续开展好学生支教、送知识下乡、志愿服务，办好学生社团，抓好学生创业创新实践。运用新媒体、新技术创新思想政治工作新方式，推动思想政治工作传统优势同信息技术高度融合，鼓励学生利用所知所学，正面发声、理性分辨，唱响网上好声音、传播网络正能量。把中华优秀传统文化、革命文化和社会主义先进文化融入育人全过程，重视培育校园文化成果和创建校园文化品牌，组织开展校园文化建设优秀成果评选、校园文化建设精品项目立项、优秀中华传统文化展示等系列活动。进一步发挥、广大国际教育学院中华文化体验馆的作用，既要面向留学生，也要针对国内学生系统开展中华文化体验与教育活动及校训、校徽等文化标识教育，全方位提升中外学生的人文素养，弘扬海师精神，打造海师独特的气质。

四要坚持不懈培育优良校风和学风。

一所高校的校风和学风，直接影响着学生的学习和成长。好的校风和学风，能够为学生学习成长营造好气候、创造好生态。一方面，要强化对教学和学习的管理。学习是学生的主要任务，学习过程也是学生锤炼心志的过程，学生的不少优秀品行是在学习中形成的。学校在这方面有一系列制度，希望严格管理到位。另一方面，要提高学校法治化及精细化管理水平。前几年学校出台了依法治校的实施办法及学校章程，并明确了"崇德　尚学　求是　创新"的校训，我们要将此贯穿学校治理的方方面面，做到治理有方、管理到位、风清气正，营造校训所指的校风和学风。

二、全面加强党的领导，加快民主建设进程

习近平总书记指出："办好我国高等教育，必须坚持党的领导，牢牢掌握党对高校工作的领导权，使高校成为坚持党的领导的坚强阵地。"我们要完成立德树人这一根本任务，全面提高培养人才能力，建设教师教育特色鲜明的高水平大学，必须全面加强党的领导，严格执行党委领导下的校长负责制和民主集中制，完善内部治理结构，充分发挥教代会在民主决策、依法治校中的作用和工会的桥梁纽带作用，加快构建充满活力、富有效率、更加开放、有利于学校科学发展的体制机制。

一是始终坚持党对学校工作的全面领导。

加快高水平大学建设步伐，关键在党要管党、全面从严治党。今后，我们要准确把握中央全面从严治党的强烈信号和坚定决心，紧紧围绕"聚精会神抓党建、一心一意谋发展"的总要求，切实承担管党治党、办学治校主体责任，把好方向、管好大局、做好决策、保证落实。具体来说，就是要坚持以马克思主义为指导，贯彻党的教育方针，坚持不懈培育和弘扬社会主义核心价值观，引导广大师生做社会主义核心价值观的坚定信仰者、积极传播者、模范践行者，确保社会主义办学方向。严格落实意识形态工作责任制，牢牢把握意识形态工作领导权、主动权、话语权，巩固马克思主义在意识形态领域的指导地位。不断巩固发展"两学一做"（学党章党规、学系列讲话，做合格党员）学习教育的成果，进一步加强基层党建工作，强化学院党组织建设，切实发挥政治核心作用，在教学科研管理等重大事项中把好政治关，努力为学校事业发展提供政治保证。继续深化干部人事制度改革，努力探索能上能下的机制，推动干部又红又专，建立一支理念超前、视野开阔、团结奋进、作风正派、年富力强、善于办学治校的高素质干部队伍。特别要加强思想政治工作队伍建设，拓展人才选拔视野，抓好教育培训，强化实践锻炼，健全激励机制，推动专业化、职业化建设。坚持不懈加强党风廉政建设、培育优良校风和学风，努力维护学校的和谐稳定，为学校发展营造风清气正的环境。

二是凝心聚力，全面贯彻落实各级党代会精神。

2017年，是我国、我省、我校政治生活中的重要一年。下半年，党的十九大将在北京召开。4月，我省第七次党代会将在海口召开。开学伊始，我校更名师大后的第一次党代会将隆重召开。全校上下一定要把认真迎接党的十九大、省第七次党代会和我校第一次党代会，并贯彻落实好这几次会议精神作为当前和今后一个时期的重要政治任务来抓，弘扬主旋律，激发正能量，使学校的办学目标同每一个教职工的个人发展和工作生活紧密结合起来，推动形成凝心聚力、众志成城的磅礴力量。应该说，学校在起草党代会党委工作报告的过程中，紧紧围绕校情、省情、国情，在经过多方调研、征求意见和大讨论的基础上，对过去工作中蕴含的宝贵经验和深刻启示进行了凝练总结，即必须始终坚持党的领导，统领全局；必须始终坚持解放思想，改革创新；必须始终坚持与时俱进，抢抓机遇；必须始终坚持质量立校，突出主体；必须始终坚持立足地方，彰显特色；必须始终坚持和谐稳定，凝聚人心。报告明确了今后5年学校发展的指导思想，即全面加强党的领导，在党建引领下，坚定不移地坚持社会主义办学方向，贯彻党的教育方针，以立德树人为根本，以全面提高人才培养能力为核心，全面深化教育领域综合改革，突出教师教育特色，紧紧把握省部共建契机，以"三大服务、十大工程"（"三大服务"即终身为教育服务，为绿色崛起服务，为文化交流传承服务）为抓手，扎实推进学校各项工作，不断提升教育质量和服务地方发展能力，为海南经济社会发展作出新的更大贡献。报告确定了今后5年学校的六大发展理念，即坚持师生为本、坚持立德树人、坚持改革创新、坚持开放协同、坚持统筹全局和坚持特色发展。报告明晰了学校的发展定位和发展目标，即遵循建设教师教育特色鲜明的高水平大学的发展定位，努力抢抓国家全面深化改革和"双一流"（世界一流大学和一流学科）建设的重大机遇，主动适应国家和海南经济社会发展需要，坚持立德树人，深化综合改革，强化创新驱动，奋力开创省部共建大学建设新局面，争取到2020年，教育教学质量和学生就业创业水平达到国内同类大学先进水平——学科建设水平显著提升，部分专业办出特色；服务地方发展取得标志性成果；桂林洋校区整体建设基本完成，办学条件有根本性改善；学校教师教育特色更加鲜明，开放办学、信息化、校园文化、管理服务处于全国师范大学中上水平。报告提出了未来5年的10项重点工作，即突出海师特色、提高海师质量、增强海师实力、培养海师名家、打造海师品牌、发扬海师精神、体现海师担当、创建海师范例、夯实海师基础和增进海师福祉。全校各单位和全体教职工要将这些作为工作载体和抓手，通过座谈会、研讨会、实践活动等多种方式，使全校师生员工了解和把握学校发展的前进方向、奋斗目标和美好前景，使其内化于心、外化于行，成为广大教职工做人、做事、做学问的共同标准、行为规范和价值导向。同时牢固树立"要向改革要红利，既当改革的促进派，又当改革的实干家"的观念，进一步解放思想、转变观念，全面贯彻落实好党代会精神，以更加披荆斩棘的勇气、更加勇往直前的毅力、更加雷厉风行的作风，把各项重点任务做深做细做实。

三是不断加强"双代会"（教代会、党代会）的自身建设。

"双代会"是广大教职工参与学校民主管理和监督的基本形式，是学校民主政治建设的重要载体，是增强学校办学活力和凝聚力的制度保障。要不断加强"双代会"建设，充分发挥好"双代会"作用，为充分发挥教职工主人翁精神，实现学校事业科学发展、和谐发展和率先发展提供坚强保证。各级工会组织和工会干部作为"双代会"的具体工作者、执行者，要面对面、心贴心、实打实地做好教职工工作，扎扎实实解决好教职工最关心、最直接、最现实的利益问题，最困难、最忧虑、最急迫的实际问题，特别要认真配合学校人才强校战略和师德师风建设工程，把提高教职工队伍整体素质作为一项战略任务抓紧抓好，通过组织各类技能竞赛和岗位练兵活动，引领广大教职工过好"师德关、教学关、科研关、水平关"。各位代表都是活跃在学校各个岗位上的骨干，希望大家在认真执行好"双代会"代表职责的同时，不断提高思想政治素质和参与民主管理的能力，正确处理国家、学校、集体和教职工的利益关系，认真宣传、贯彻教职工代表大会决议，及时向本单位教职工通报参加教职工代表大会活动和履行职责的情况，努力成为教职工的贴心人、知心人、暖心人。

各位代表，同志们，海南师范大学第三届教职工代表大会暨工会会员代表大会第五次会议即将胜利闭幕。让我们在全国高校思想政治工作会议精神的指引下，进一步统一思想，突出工作重点，凝聚发展合力，全面提高人才培养能力，扎实推动学校各项工作取得新进展新成效，以优异的成绩迎接党的十九大、省第七次党代会的胜利召开！

春节将至，借此机会，提前给大家拜个早年。祝大家身体健康、工作顺利、家庭幸福！

谢谢大家！

全面加强党的领导　坚持立德树人
加快教师教育特色鲜明的高水平大学建设

——在中共海南师范大学委员会2017年工作部署
暨党风廉政建设责任书签订大会上的讲话

党委书记　李红梅

（2017年2月17日）

同志们：

经校党委研究决定，今天上午，召集全体处级干部和分党委（党总支）纪检委员在此召开会议，对新学期党委、纪委工作进行部署。刚才，刁晓平同志对今年的纪委工作作了部署。我代表学校党委与各单位党政负责人签订党风廉政建设责任书，希望大家认真学习领会，严格贯彻执行。

过去一年，对我校来说，是不平凡的一年。一年来，我们精心筹备更名师范大学后的第一次党代会，先后完成了二级党组织换届工作，起草完成了党委、纪委工作报告，为胜利召开党代会和事业发展奠定了扎实的基础；我们抢抓省部共建工作发展机遇，加快推进教师教育特色鲜明的高水平大学建设，打好了内涵建设的坚实基础，教学、科研、学科、人才队伍、条件建设等各项工作成绩喜人；我们扎实开展"两学一做"学习教育，强化了党员的党性教育，锤炼了党员干部的优良作风；我们自觉接受省委专项巡视和各级专项审计，提升了规范

办学的自觉性、自律性；我们持续推进"双创"（创建全国文明城市和国家卫生城市）工作，并以此为抓手启动全国文明单位建设工作，校园风貌焕然一新；我们积极应对发展进程中的困难和挑战，维护了改革发展稳定大局。这些成绩来之不易，是全校各级党组织和在座广大领导干部带领广大师生员工爱岗敬业、凝心聚力、拼搏奋斗的成果。在此，我代表学校党委向大家表示最衷心的感谢。

2017年，对我校来说，是全面实施"十三五"规划承上启下的重要一年，也是深入学习贯彻全国高校思想政治工作会议精神，全面推进教师教育特色鲜明的高水平大学建设的"共同行动年"。学校党委工作的总体要求是：高举中国特色社会主义伟大旗帜，全面贯彻党的十八大和十八届三中、四中、五中、六中全会精神，以邓小平理论、"三个代表"重要思想、科学发展观为指导，深入学习贯彻习近平总书记系列重要讲话精神和治国理政新理念新思想新战略，按照教育部、省委、省政府的决策部署，

全面落实海南省教育事业"十三五"发展规划，把握稳中求进和内涵发展的总基调，坚持以立德树人为根本任务，以全面提高人才培养能力为核心，以完善体制机制为保障，以落实主体责任为要求，深化学校综合改革，突出教师教育特色，紧紧把握省部共建契机，以"三大服务、十大工程"为抓手，扎实推进学校各项工作，增强工作的主动性、针对性、有效性，不断提升教育质量和服务地方发展能力，为海南经济社会发展特别是基础教育发展作出新的更大的贡献，以优异成绩迎接党的十九大和省第七次党代会的胜利召开。

下面，我结合今年学校党委工作要点，代表校党委就做好今年工作，再强调3点意见。

一、全面加强党的领导，为高水平大学建设提供坚强保证

办好中国的事情，关键在党。搞好中国的教育，关键也在党。中国共产党领导教育事业发展，是中国特色社会主义最本质的要求。坚持党的领导，就是要在学校工作中始终不折不扣地贯彻落实全国高校思想政治工作会议精神和党的教育方针，坚持社会主义办学方向；就是要坚持以马克思主义为指导，把"培养什么样的人、如何培养人以及为谁培养人"的问题放在首位，培育和践行社会主义核心价值观，引导广大师生树立共产主义远大理想和中国特色社会主义共同理想，不断坚定"四个自信"（中国特色社会主义道路自信、理论自信、制度自信、文化自信）。任何时候都不忘记，社会主义大学培养社会主义事业建设者和接班人，是最大的政治，是最根本的任务，是首要的职责。坚持党的领导，必须坚持和完善党委领导下的校长负责制。这是党对高校领导的根本制度，也是党对高校领导的主要实现方式。中央在这

方面的要求更加严格和明确。我们要紧紧围绕"聚精会神抓党建，一心一意谋发展"的总体要求，切实承担管党治党、办学治校主体责任，把好方向，管好大局，做好决策，保证落实。

坚持党的领导，就要坚持全面从严治党、加强党的建设。只有全面从严治党、不断加强党的建设，才能把坚持党的领导落到立德树人的实处。我们要深刻认识新形势下加强学校党的建设的重要性和紧迫性，务实进取，开拓创新，不断提高学校党建科学化水平，为学校改革发展稳定工作提供坚强的思想、政治和组织保证。今年，要重点推进以下几项党建工作任务。

（一）组织召开党代会

组织召开党代会是学校2017年党建工作的龙头任务，学校各级党组织要进一步提高认识，按照学校党委的统一部署，精心筹备召开中国共产党海南师范大学第一次代表大会，认真总结学校党委、纪委5年来的各项工作，研究和部署学校今后5年工作的发展目标和主要任务，选举产生一个强有力的党委和纪委领导班子，努力把党代会开成一个凝心聚力的大会，为学校发展导向护航。

（二）深化政治理论学习

我们要把深入学习习近平总书记系列重要讲话精神，特别是贯彻落实习近平总书记在全国高校思想政治工作会议重要讲话精神，并同全面贯彻落实党的十九大、省第七次党代会、校第一次党代会精神作为当前和今后一段时期的首要政治任务。按照中央和省委有关要求，深入学习党的十九大和省第七次、校第一次党代会精神，研究制定学习贯彻上述精神的实施意见。进一步完善专题学习和干部自学制度，将会议精神学习作为两级中心组学习、干部理

论进修和业务培训的重要内容。组织开展好宣传工作，围绕学习贯彻会议精神，及时反映具体实践和工作成效。加强理论研究阐释，组织专家学者深入研究，进一步统一思想，凝聚力量。把会议精神贯穿于学校改革发展稳定全过程、各方面，落实到党建和思想政治工作、教育综合改革等工作中去。

（三）加强基层党组织建设

基层党组织是学校党建工作最坚实的力量支撑，是发挥党的战斗力的基础，必须把加强基层党组织建设作为党建工作的重点任务抓好。要坚持常规工作抓规范、重点工作抓创新，扎实推进基层党组织建设。要进一步深化"两学一做"学习教育，抓严党支部"三会一课"（定期召开支部党员大会、支部委员会、党小组会，按时上好党课）制度，创新基层党组织生活的内容和方式，切实提高党支部组织生活质量，不断增强基层党组织的生机和活力。要按照"控制总量、优化结构、提高质量、发挥作用"总要求，积极稳妥做好党员发展工作，注重在学术带头人、骨干教师和优秀大学生中发展党员工作，探索建立强化大学生思想入党的长效机制。要深化基层党建述职评议考核工作，推出党建工作责任清单，把党建工作渗透到各项具体工作中。认真做好星级党建示范点创建活动，积极推进基层党建创新，着力增强基层党组织的整体功能，全面提升基层党建工作水平。

（四）狠抓意识形态工作

教育是意识形态的重要领域，高校是意识形态的前沿阵地。坚持用以马克思主义为指导的主流意识形态占领学校阵地，牢牢把握意识形态工作的领导权、主导权和话语权。认真落实学校党委关于意识形态工作责任制的实施细则，落实党管意识形态原则，切实履行好各级党组织对本单位本部门意识形态工作的主体责任。加强对9个平台的管理，严格管理思想文化阵地，继续强化课堂教学纪律。严格加强报告会、研讨会、讲座、论坛等的审批管理，严格执行"一会一报"制度。加强对校内出版物、宣传品的审批管理。坚持严密防范校园传教活动，不定期开展检查督导。抓好党的十九大、省第七次党代会、校第一次党代会等重要节点，积极开展各类主题教育，组织开展中国特色社会主义理论研究，做好马克思主义理论大众化宣传普及工作。

（五）强化思想政治工作

一方面，要加强教师思想政治工作。培养有理想信念、有道德情操、有扎实学识、有仁爱之心的"四有"好老师，要求教师做到坚持"四个统一"（坚持教书和育人相统一，坚持言传和身教相统一，坚持潜心问道和关注社会相统一，坚持学术自由和学术规范相统一）。另一方面，要加强大学生思想政治教育。全面贯彻落实全国高校思想政治工作会议精神，加强和改进学校思想政治工作，扎实推进马克思主义中国化最新成果进课堂、进教材、进头脑，把社会主义核心价值观贯穿教书育人全过程，推动全员、全过程、全方位育人。研究制定《关于加强和改进新形势下思想政治工作的实施意见》，召开思想政治工作会议，把思想政治工作贯穿教育教学全过程和各环节，形成教书、科研、实践、管理、服务、文化、组织育人的长效机制。按照教育部要求严格实施思政课建设标准，深化思想政治理论课改革创新，整体推进教师队伍和思想政治工作队伍建设，切实发挥思想政治理论课的主渠道作用。按照教育部新修订的《高等学校马克思主义学院建设标准》创建全国重点马克思主义学院，加强马克思主义理论学科建设，为加强思想政治理论误建设、培养思想政治教育专业人才提供有力的学科支撑。

在这里，我特别强调，要把加强和改进思政课放在突出工作位置加以重视，这关乎能否巩固马克思主义在高校意识形态领域指导地位问题，对坚持社会主义办学方向、对大学生进行思想政治教育、帮助大学生树立正确世界观人生观价值观都直接发生作用和影响，说到底，是需要占领的重要阵地和使用的主干渠道。

（六）推进全面从严治党

全面从严治党是当前党建工作的一个鲜明特点。贯彻全面从严治党，基础在全面，关键在严，要害在治。根据中央、省委有关精神，我们当前要把全面从严治党的工作着力点放在以下几个方面。一是全面压实"两个责任"（党委的主体责任、纪委的监督责任）。要深入学习贯彻《关于新形势下党内政治生活的若干准则》和《中国共产党党内监督条例》，进一步增强各级领导干部全面从严治党意识。多措并举层层压实"两个责任"，促进主体责任和监督责任进一步具体化，完善党风廉政建设、思想政治工作以及意识形态工作等领域"一岗双责"（一个领导干部既要对所在岗位应当承担的具体业务工作负责，又要对所在岗位应当承担的党风廉政建设责任制负责）的落实机制，推动全面从严治党向基层延伸。二是严格党内政治生活。抓好党内政治生活，是全面从严治党的重要基础。各基层党支部要针对以往不严肃、不正常、不规范的问题，通过"两学一做"学习教育，特别是运用组织生活会、民主生活会等做法，让党内政治生活严起来、实起来。强化政治纪律和政治规矩，加强对党章、廉洁自律准则和纪律处分条例的学习贯彻，增强政治意识、大

局意识、核心意识和看齐意识。三是践行好监督执纪"四种形态"。学校各级党组织和班子成员，落实主体责任、"一岗双责"、主要责任等，都要前移"关口"，经常开展批评与自我批评、约谈函询，让"红红脸、出出汗"成为常态；党纪轻处分、组织调整成为违纪处理的大多数；党纪重处分、重大职务调整的成为少数；严重违纪、涉嫌违法立案审查的成为极少数。要深化巡视反馈意见整改落实，坚持标本兼治，把整改工作尽快见效与建立长效机制结合起来，通过解决当前问题推动长效机制建设。同时，要发挥党组织对党员干部日常教育监督管理的作用，夯实全面从严治党的基础，努力营造风清气正的校园政治生态。四是落实好问责条例。问责是全面从严治党的利器。去年，党中央印发了《中国共产党问责条例》，省委出台了《海南省贯彻〈中国共产党问责条例〉实施办法》，学校党委也将出台《贯彻〈中国共产党问责条例〉实施细则》。可以说，当前党中央把全面从严治党实践成果上升到纪律条文，把管党治党提到了前所未有的高度，充分体现有权必有责、有责要担当、失责必追究。我们要按照党中央、省委的要求，在认真学习领会的基础上，抓好贯彻落实，对出现的失责问题，严肃问责，发生一起，问责一起，发挥震慑警示效应，以问责督促责任落实，推动管党治党走向严紧硬。

（七）切实做好安全稳定工作

今年是政治大年，年底要召开党的十九大，4月将召开省第七次党代会。这就特别要求我们必须采取切实有效的措施，全力维护学校的安全稳定。各单位要切实树立安全发展理念，强化"红线"意识和底线思维，认真落实安全稳定工作党政同责、"一岗双责"。具体来说，就是要深入推进平安校园建设，加强对特殊关注

对象的监控，全力做好重大活动、重点领域维护安全稳定工作。通过完善工作机制，强化责任落实，持续深化意识形态领域维稳工作。建立健全安全稳定应急工作体系，有效预防和处置各类矛盾和问题。继续推进校园安全以及校园网络安全预防控制体系和安防监控体制建设，不断改善校园及周边安全环境与秩序。进一步加强危险化学品安全管理及消防安全，坚决防止各类事故的发生。

二、坚持统筹兼顾，全面推进学校事业协调快速发展

（一）全面深化综合改革

改革是释放创新活力、提高教育质量的动力源泉。这次省委巡视整改的一个重要任务就是启动学校全面深化综合改革工作，我们要围绕全面提高人才培养能力这个核心来深化学校改革。当前我们正在制订综合改革方案，经省里核准后将全面启动。各单位要提前做好综合改革方案的任务分解，进一步明确改革的路线图、时间表和责任人。各专项领域改革工作小组、各单位都要坚持既积极又稳妥的方法，先行先试，力争在一些重点领域和关键环节率先取得突破，加快形成与高水平大学建设相适应、系统完备、运行高效的现代大学治理体系。大家共同努力，切实综合改革创新发展模式和路径，以治理结构改革为突破，以资源配置机制改革为支撑，全面推进人才、学科、教学、科研等一体化改革，创设有利于内涵发展的体制机制。

（二）持续抓好教师教育

我校虽然是一所以教师教育为特色的师范大学，但教师教育特色还不够强，教师教育改革与国内高水平师范大学相比还有不小差距。这需要我们持续加强教师教育改革，以国家启动的教师教育振兴行动计划为契机，继续推进协同发展的教师教育模式改革，全面加强对师范生一体化教育，完善具有学校特色的师范生培养目标体系。要深入推进教育硕士专业学位研究生培养模式改革，努力为基础教育培养高层次人才。要加强附属学校建设，建立协同培养机制，打造海南基础教育模范学校。整合资源，全面加强学科教学论教师队伍和教育学学科建设，加强特殊教育教师培养。依托综合型卓越小学教师培养的国家级项目，实施好卓越乡村小学教师计划项目。抓好师范生教师职业技能训练，全面强化"三字一话"（钢笔字、毛笔字、粉笔字和普通话）等教学基本功，加强对师范生联合组队教育实习的指导，提升我校师范生的职业竞争力。

（三）切实提高人才培养质量

人才培养质量是学校的生命线，这要求我们扎实推进教育教学改革，全面提高人才培养质量。以学生为本，稳妥推进大类招生与培养工作。以实施本科教学质量提升计划为抓手，以启动迎接国家本科审核性评估为契机，深化人才培养模式改革（教育部2017年工作要点提出：深化高校创新创业教育改革，认定一批示范高校；开展科教结合协同育人行动计划、产学合作协同育人项目、校企深度合作示范项目、卓越人才系列计划。这与我们紧密相关），全面推进"混合式"课程教学、考试评价方式和实践教学等领域改革，加强优质教材、精品课程及高水平教学团队和教师队伍建设。创新专业建设模式，开展本科专业评估试点工作，全面提升本科教学内涵。大力加强创新创业教育，进一步完善学生创新创业管理与激励机制。充分利用国家大学科技园平台，建设一批实践教育、创业示范、科技创业实习基地。建立本科

招生专业动态调整与优化机制，保持生源质量和就业质量持续提升。继续实施好中高职本硕一体化培养工程，构建应用型本科与专业硕士培养直通车（今年教育部正在推进法律、会计、教育等硕士专业学位研究生培养与职业资格制度有机衔接），培养一大批具有国际视野的拔尖创新人才和高级应用人才。

（四）加快高水平师资建设步伐

近几年，学校人才工作取得了明显进展，但仍难以满足学校高水平大学建设日益增长的人才需求。在各类会议特别是刚刚召开的教代会上，大家谈得最多的就是人才问题。所以，要切实把人才工作摆在更加突出的战略地位，加大资金投入，采取优惠政策，继续实施高层次人才战略，培养和引进一批领军人才、杰出人才。实施海外名师引进计划，加大引智工作力度，大力引进国外优秀人才和优质教育资源。积极探索建立发挥"候鸟"型人才作用的途径，适当返聘优秀人才，激发高层次人才队伍活力。实施"双师型"教师建设工程，有计划地安排教师到中小学、企业挂职锻炼，同时积极聘请中小学优秀骨干教师和具有实践经验的企业高级技术人才到校兼职任教。

（五）全面抓好学科建设

抢抓国家和海南省高水平大学和一流学科建设机遇，对接海南省十二大重点产业，实施新一轮学科布局与体系建设，全面谋划新一轮学科建设。加强整体统筹，扎实准进一批具有示范引领和核心作用的省级特色优势学科建设。按新标准加强拟建博士点、硕士点学科建设，力争实现新的突破。抢抓国家启动实施第二期特殊教育提升计划（2017—2020年）契机，加快特殊教育学科建设。加强有关"一带一路"、大数据的学科建设，加大基础条件建设力度，推动学科整体水平的提升。继续做好教育部学科评估相关工作，充分运用评估结果，并与一流学科建设、学位点动态调整有机结合起来，进一步优化学科结构。

（六）全面开创科研工作新局面

完善科研工作顶层设计，科学制定科研发展指标，继续推行科研目标责任制，完善科研目标责任分解方案和考核办法，细化分类管理指标，实行资源配置与绩效评估挂钩，加快形成充满活力的科技管理和运行机制。聚焦国家战略和我省经济发展需求，加强应用性等问题的研究，着力提升解决我省经济社会重大问题能力。重点依托海南、南海、热带等资源，突出特色研究，提升整体学术水平。继续做好科研平台建设，加大省部共建教育部重点实验室建设力度，构建布局合理、功能完善、体系健全、开放共享的科研创新平台。加强协同创新中心、新型智库和人文社会科学重点研究基地建设，开展应用研究和重大决策咨询研究。推行国家级科研项目申报工作目标考核制，做好各级各类优秀成果奖申报的培育、推荐与跟踪工作，保持高级别项目、高水平成果稳定增长。

（七）全面提升对外合作与交流水平

一方面，要加快国际化办学进程。全面树立国际化办学理念，积极拓展与境外知名高校、科研机构的合作与交流。国家将实施"丝绸之路"留学推进计划，我们要用好用活留学生相关政策，不断扩大留学生培养规模，优化留学生生源结构；积极推进学科创新的引智计划，希望有特色的学科科研加大力度；实施好学生国际视野拓展计划，扩大校际学生交流；认真做好汉语国际教育与推广工作，扩大汉语推广师资培训规模，进一步拓展和深化孔子学院中国文化的传播内容。另一方面，要加大国内合作力度。全面落实与北京师范大学、西南大学等兄弟院校，以及与儋州市等市县政府签订的合作协议，同时积极争取与更多知名院校、科研院所及地方政府建立有价值的合作关系，形成互利共赢的合作服务机制，提高合作办学的经济效益与社会效益。

此外，还要稳步做好桂林洋校区建设、后勤改革、民生、扶贫等各项工作，坚持统筹兼顾，全面推进学校事业协调快速发展。

三、狠抓工作落实，确保各项目标任务顺利完成

政治路线确定之后，干部就是决定的因素。习近平总书记也多次指出，新发展理念要落地生根、变成普遍实践，关键在各级领导干部的认识和行动。在座的各位，处于管理教学服务第一线，是学校事业的骨干力量。学校要想实现快速健康持续发展，推动各项事业再上新台阶，很大程度上取决于我们这支干部队伍的素养和能力。希望大家对照中央、省委和学校党委的新理念、新思想、新要求，深学笃用、聚焦发力，在政治上更加坚定、在认识上更加到位、在行动上更加自觉、在工作上更加有为，锻造过硬本领，勇于担当担责，推动改革发展取得实效。借此机会，对大家提出3点具体意见。一是要牢固树立"四个意识"。即牢固树立政治意识、大局意识、核心意识、看齐意识，在思想上、政治上、行动上与以习近平同志为核心的党中央保持高度一致，经常、自觉、主动地向党中央看齐，向党的理论路线和方针政策看齐，向中央、省委和学校党委的各项决策部署看齐，做到政治上坚定自信、思想上高度自觉、行动上坚定不移。二是要提高能力。经

济新常态、教育新发展，特别是"双一流"建设，对我们提出了更高的要求。我们一定要有本领恐慌意识，加强学习，不仅要学习学科专业领域内的知识，努力具备较强的专业思维、专业素养、专业方法，还要学习如何管理、如何推动工作，牢固树立改革意识和法治思维，真正用符合规律的方式推动高水平大学建设。三是要敢于担当作为。应该说，学校干部队伍总体情况是好，但也存在一些干部积极性不高、执行力不强等问题。要解决这一问题，首先是要完善有关机制。当前，学校正在按照领导干部选拔任用相关规定，研究《推进干部能上能下实施细则》。这一制度将促使领导干部自觉践行"三严三实"要求，推动形成能者上、庸者下、劣者汰的用人导向。希望广大党员干部特别是领导干部要引以为戒，敢于担当、敢于碰硬，克服不思进取、消极懈怠的思想，形成干事创业、攻坚克难的浓厚氛围和强大合力。其次，学校也将加大干部交流轮岗、挂职锻炼和教育培训力度，不断提升干部的思想政治素质和能力水平，同时重点提拔敢于担当、善于担当的干部，营造良好的干事创业氛围。

同志们，2017年的工作，任务多、担子重。为积极稳妥完成各项工作，学校已制订出党委和行政工作要点，作为开展工作的基本遵循，会后将印发给大家，请大家认真贯彻落实好。希望大家着眼于学校"一盘棋"，团结和带领广大教职员工，认真思考、主动作为、开拓进取，撸起袖子加油干，提升干事创业的精气神，切实抓好各项工作，推动学校事业发展迈上新台阶。

关于"开展深入学习贯彻习近平总书记视察海南时的重要讲话精神及省委刘赐贵书记在我校调研时的讲话精神 助力建设美好新海南"大研讨、大行动活动的工作要求

党委书记 李红梅

（2017年6月20日）

同志们：

刚才，林强校长对《学校关于"开展深入学习贯彻习近平总书记视察海南时的重要讲话精神及省委刘赐贵书记在我校调研时的讲话精神 助力建设美好新海南"大研讨、大行动活动实施方案》进行了宣读，学校也将在会后以内部纸质材料的形式将上述方案印发给大家。

按照省委和学校党委的部署，此次大研讨、大行动，以"深入学习贯彻习近平总书记视察海南时的重要讲话精神及省委刘赐贵书记在我校调研时的讲话精神 助力建设美好新海南"为主题，目的是促进学校广大党员干部思想大解放，强化特区意识、发扬特区精神、擦亮特区品牌，进一步革除影响学校以及海南发展的思想障碍、体制障碍、机制障碍，科学谋划新一轮改革、开放、发展的各项具体举措，不断加快建设美好新海南和高水平大学的步伐。下面，我就做好这次大研讨、大行动活动再提几点要求。

一是要认真学习，深入领会。此次大研讨、大行动，以习近平总书记系列重要讲话精神和省委刘赐贵书记视察我校时的讲话精神为根本遵循，以对照上述重要讲话寻找学校和我省发展差距为前提，提出了有针对性的举措，开展加大改革力度的活动，这是我省特别是我校找出发展症结，对症下药，实现可持续发展的重要举措，同时也是彰显学校文史见长、智库突出的重要机遇。大家一定要学习好、领会好上述重要讲话的精神实质，充分认识到这次大研讨、大行动的极端重要性和紧迫性。

二是要高度重视，全面参与。各单位要高度重视，认真按照省委、学校党委部署，切实采取有力措施，组织党员认认真真、原原本本地开展好研讨活动，切实把思想和行动统一到习近平总书记和省委刘赐贵书记讲话精神上来，并融会贯通到实际工作中，提升理论水平和工作能力；各级领导干部要深入基层和师生之中，集中全体师生的智慧开展这次活动，同时还要带头学习研讨，发挥好示范表率作用；各部门要把研讨活动纳入"两学一做"学习教育范畴，

统筹开展，扩大学习覆盖面。

三是要紧扣主题，务求实效。各单位在活动中要充分结合本单位实际，紧紧围绕"找差距、明方向、见行动"的要求组织好这次活动，绝不搞形式主义、不做表面文章。找问题、找差距，既要从国家的最新法规、政策和全校改革发展全局的高度出发，又要注意把本单位摆进去，把问题和差距找准、找深、找透；明方向、谈建议，要紧扣这次活动的主题，突出重点领域，要接地气，有针对性、可操作性；要边研讨、边行动，将活动开展与当前重点改革、发展工作充分结合起来推进。希望大家特别是7个省级智库，要充分利用这个机遇，发挥人才的优势，紧贴海南和学校实际开展专项研究，彰显学校的特色和地位。

四是要加强领导，强化督查。学校党委专门成立活动领导小组，我担任组长，校长林强同志担任第一副组长，党委副书记、纪委书记刁晓平同志任常务副组长，各位校领导为领导小组成员。领导小组下设办公室，办公室设在党政办公室，主任由王华同志担任。各学院要及时成立相应的领导小组，实行院长、书记双组长制，院长、书记要谋划、动员、组织、参加活动。领导小组办公室要会同督导办、组织部、纪检办、人事处等部门，及时开展专项督查工作，对活动不开展不力、质量不高、拖延应付的单位实行严格的问责，坚决防止搞形式、走过场。

五是要加大宣传，营造氛围。宣传统战部要积极组织各类媒体，围绕活动主题，加大宣传力度，广泛发动和引导全体师生员工参与互动，形成全校大研究、大讨论，思想大解放的良好氛围。要及时对各单位活动进展、动态与成果进行全方位的及时报道，大力宣传师生员工开展大研讨、大行动的优秀成果和先进典型。同时，要将优秀研究成果汇编成册，固化成果，为学校出台新的规章制度提供理论和实践参考。

同志们，这次大研讨、大行动活动是学校发展过程中一次难得的机遇。希望大家本着为了学校事业发展的态度，积极行动起来，切实履行各自的职责，深入贯彻落实习近平总书记重要讲话的10个方面以及省委刘赐贵书记讲话的6个方面重点内容，为大研讨、大行动活动顺利开展作出自己应有的贡献！

牢记使命　凝心聚力　改革创新
为建设教师教育特色鲜明的高水平大学而努力奋斗

——在中国共产党海南师范大学第一次代表大会上的报告

党委书记　李红梅

〔2017年7月1日〕

各位代表，同志们：

今天，我们在这里召开中国共产党海南师范大学第一次代表大会，这是学校更名为海南师范大学后的第一次党代会。

大会的指导思想和主要任务是：高举中国特色社会主义伟大旗帜，以马克思列宁主义、毛泽东思想、邓小平理论、"三个代表"重要思想、科学发展观为指导，深入贯彻习近平总书记系列重要讲话精神和治国理政新理念新思想新战略，全面贯彻党的十八大、十八届历次全会和海南省第七次党代会精神，认真回顾和总结学校更名为海南师范大学后尤其是近5年来党委的工作，分析当前全面从严管党治党的新形势，明确我校今后工作的发展目标和主要任务，选举产生一个强有力的党委和纪委领导班子，并进一步动员和凝聚全校共产党员与广大群众师生员工的智慧和力量，为把我校建设成教师教育特色鲜明的高水平大学而努力奋斗。

现在，我代表中国共产党海南师范大学委员会向大会作报告，请予审议。

一、近年来的主要工作回顾

近年来，在省委、省政府的正确领导下，学校持续推进全面从严管党治党，紧紧依靠广大师生员工，抢抓机遇、锐意改革，综合实力和核心竞争力得到了显著增强，各项事业蓬勃发展。尤其是2007年学校更名为海南师范大学，2009年学校被省委、省政府列为省重点大学，2013年学校被国务院学位委员会批准为博士学位授予权单位，2014年海南师范大学科技园成功获批为国家级大学科技园，2015年学校被列为海南省人民政府、教育部共建高校，学校办学实现了历史性飞跃，发展前景更加广阔。

（一）持续推进党的建设，党的领导核心地位全面加强

按照中央和省委统一部署，大力推进党的建设新的伟大工程。

——全面加强党的领导。坚持和完善党委领导下的校长负责制和民主集中制，始终坚持马克思主义的办学指导地位，坚持党的教育方针，大力推进党委科学决策、民主决策和依法治校能力建设，党的领导核心作用得到进一步

加强。加强领导班子的理论学习，建立党委书记和校长定期沟通制度、校领导碰头会制度，认真落实谈心谈话制度。科学调整二级党组织设置，出台《二级学院党政领导班子工作规则》，完善党政联席会议制度，实现管理重心下移。扎实推进科学发展观教育实践活动、"创先争优"活动、党的群众路线教育实践活动、"三严三实"（严以修身、严以用权、严以律己；谋事要实、创业要实、做人要实）专题教育和"两学一做"学习教育，党内主题教育成效明显。

——全面加强党的组织建设。成立党建工作领导小组和党建研究中心，强化和规范"三会一课"等党内政治生活，完善党建工作制度、机制建设及理论学习中心组学习、领导带头讲学、干部述学、调查研究等制度，出台干部教育培训5年规划等文件，落实干部教育培训经费，精心组织各类会议、文件的宣传学习，特别是近年来高度重视党委理论学习中心组（扩大）学习，年均学习在15次以上，学习型党组织建设初见成效。基层组织建设全面推进，设立了23个分党委、4个党总支和97个党支部，实现了党建工作的全覆盖，全面顺利地完成了各级基层党组织的换届工作。干部队伍建设不断加强，5年来共选拔并任用了21批次中层（处级）干部，并顺利解决了处级干部超职数配备问题。扎实开展了党员组织关系排查、党费收缴专项检查、干部档案清查和个人有关重大事项报告核查等工作。加大干部考核评价，启动并完成了二级党组织书记抓基层党建工作述职评议考核工作和中层班子、中层干部届中考核工作。加强和规范党员发展工作，5年来共发展教工党员72名、学生党员4607名。

——全面加强思想政治工作。研究出台《关于进一步加强和改进宣传思想工作的实施意见》，成立学生工作部和研究生学院党委，细化责任清单，重视思想引领，理论宣传更加系统深入。研究出台《加强意识形态工作责任制实施细则》，细化意识形态工作责任，加强意识形态的领导权、管理权和话语权，扎实推进中国特色社会主义理论体系和社会主义核心价值观进课堂、进教材、进头脑。发挥首批试点优势，全力推进部校共建新闻传播与影视学院工作，协力培养卓越新闻传播人才。加强教风、学风和学术诚信建设，涌现出全国模范教师、全国优秀教师等一批先进典型。与省委教育工委和兄弟院校共建马克思主义学院，提升思想政治理论研究水平。加强辅导员、班主任队伍建设，为思想政治工作顺利开展提供了坚实的保障。

——全面落实党风廉政建设。出台《关于落实党风廉政建设党委主体责任和纪委监督责任的实施办法》，每年年初召开党风廉政建设工作会议，与二级单位签订党风廉政建设责任书，将党风廉政建设纳入年度考核的指标体系，全面落实"一岗双责"、"一案双查"（对失职、失责行为，既追究直接责任，也追究有关领导人员责任）。突出问题导向，持续推进历次主题教育的问题整改落实，如出台《关于进一步改进工作作风、密切联系师生的若干规定》，进一步精简会议、文件和评比表彰，压缩"三公"经费，加强对领导出国、出境行为的管理，清查行政办公用房，严格执行中央八项规定和省委、省政府二十条规定。成立督查督导办公室，出台党委决议执行督办和督导工作制度；深入开展"庸懒散奢贪"专项整治行动，一批群众关注的问题得到了回应和落实。系统梳理"三重一大"（重大事项决策、重要干部任免、重大项目投资决策；大额资金的使用）及民主科学决策等规范性制度103项。加强廉政风险防控和重点领域及关键环节的监督检查，着力规范权力运行机制，特别是桂林洋校区建设项目全过程的跟踪审计。落实"三转"（转职能、转方式、转作风）要求，加强纪检监察队伍建设。坚持挺纪在前，严格执行《中国共产党廉洁自律准则》《中国共产党纪律处分条例》和《中国共产党问责条例》，对个别单位管理不规范问题责令整改，对工作失责人员实行问责。

——群团工作取得新进展。稳步推进基层团组织"强活力"工程和青年马克思主义者培养工程，团的组织建设得到有力加强。大力实施思想引领"六个一"工程（搭建一组新媒体平台、打造一批特色品牌、突出一个活动月份、建立一批成长档案、创建一批教育基地、树立一批先进典型），以特色品牌、先进典型等为依托，唱响主旋律，引导广大学生坚定理想信念，培育和践行社会主义核心价值观。主动搭建大学生创新创业就业平台，营造积极向上、奋发有为的浓厚氛围。结合学科专业特色，开展一系列学生喜闻乐见、丰富多彩的校园文化活动，形成了一批在全省高校中有很大影响的特色鲜明的校园文化标识。努力发挥实践育人的功能，大力开展形式多样的志愿服务和社会实践活动，"海师蓝马甲"成为全省的一道亮丽风景线。

——统战、离退休工作不断加强。注重优化统战工作方式方法，完善统战工作体制机制，拓宽学校各民主党派和无党派代表建言献策渠道，充分发挥党外知识分子参与学校建设的主动性和积极性，成效明显，民进海师支部获评民进全国社会服务先进集体。多措并举，把老干部党委建设成服务老同志学习的主阵地、凝聚老同志思想的精神家园、发挥老干部作用的桥头堡。利用老干部的政治优势、经验优势、威望优势，凝聚和释放正能量，服务学校发展大局。

（二）强化党建引领，学校综合实力和办学水平不断提升

学校党委紧紧围绕中心任务抓党建，谋全局、抓改革、促发展，在推动内涵建设、提高办学质量上开拓了新境界，在重点领域改革、特色发展上实现了新突破，在确保稳定、促进和谐上取得了新成效。

——深化教育教学改革，人才培养质量稳步提高。以本科教学质量工程为抓手，努力构建国家级、省级、校级优质教学资源体系。新增国家级大学生校外实践教育基地、国家级实验教学示范中心、国家专业综合改革试点专业各1个，国家级特色专业建设点2个，省级特色专业4个。获评省级精品视频公开课8门，其中1门课程同时获评国家级精品视频公开课。获得全省唯一的教育部高等教育类教学成果奖二等奖1项、省级教学成果奖一等奖6项。"卓越教师"培养计划实施卓有成效，获批教育部"卓越教师"计划改革项目1项。全面实施大类招生和培养方案改革，推动建立跨院系、跨学科、跨专业的人才培养新机制。着力培养创新创业人才，每年设立100万元基金扶持师生创新创业。加强创新创业实践平台建设，支持学校实验室对创新创业活动开放。人才培养质量得到社会广泛认可，5年来共有648名学生获得245项全国各类学科竞赛表彰，本科毕业生初次就业率一直保持在90%以上。研究生教育发展态势良好，学校顺利通过教育硕士专业学位授权点专项合格评估；成功获批海南省首批专业学位硕士联合培养基地；新增2个硕士专业学位授权点；入选教育部研究生课程建设首批试点工作单位，2门课程被列为省研究生改革试点课程。

——强化学术兴校战略，科研学科实力不断增强。深化校内科研体制改革，学校科研实力显著增强。5年来共承担各类科研项目1015项，其中，国家科技支撑计划项目、国家"973计划"前期基础项目、国家自然科学基金项目、国家社会科学基金项目等国家级项目134项，省部级项目476项。获省部级以上奖励128项，其中，教育部高等学校科学研究优秀成果奖3项，省社会科学优秀成果奖一等奖16项，省科技进步特奖等奖1项、一等奖3项。发表学术论文4390篇，出版学术著作245部，获授权专利49项。马克思主义理论、中国语言文学、化学、生态学等4个一级学科获批博士学位授予权，实现了博士学位点0的突破。构建了以省级特色重点学科为核心的布局合理、结构优化、协调发展、互为支撑的学科建设体系。以实施"2011计划"为契机，搭建了一系列科研创新平台，建成教育部重点实验室1个、省部共建重点实验室1个、省级重点实验室和人文社科重点研究基地9个，创建了以服务地方经济为目标的新型智库3个和协同创新中心3个，初步形成了部、省、厅、校多层次科研创新平台体系。

——推进人才强校战略，师资队伍结构明显优化。坚持党管人才，不断调整人才引进政策，优化用人工作机制，成功引进了一批高层次优秀人才和紧缺专业人才，培育了一批优秀中青年学术骨干和优秀团队。5年来，共引进教师289人，其中，教授29人、副教授41人、博士153人。资助教师攻读学位、到名校做访问学者及公派出国留学累计141人次。新增享受国务院政府特殊津贴专家（简称"特贴"专家）等各类专家48人次、教育部"创新团队发展计划"团队1个、省级教学团队10个。教师队伍学历、职称、年龄、学缘结构不断优化，具有博士学历人员从114人增加到305人，在具有博士学历、高级职称人员中45岁以下中青年教师占60%。

——主动对接社会需求，社会服务能力持续提升。推进教育扶贫工作，继续实施"播种希望"行动计划，高质量完成"国培""省培"等培训任务，5年来共培训各级各类教师74000人次。牵头建立海南基础教育联盟，帮扶万宁、陵水等市县的幼儿园建设。指导附中开设初高中一体化实验班，科学开展基础教育改革实验，得到社会各界的充分肯定和高度评价。大力开拓培训市场，培训累计超过2000人次，打造继续教育发展新的增长点。率先在全省出台《关于促进师生创新创业的若干意见》，掀起创新创业热潮，学生的创新创业成果得到李克强总理的称赞。以国家大学科技园建设为抓手，完善孵化链条，截至目前已有143家企业入驻大学科技园，产值约4700万元，入园企业转化技术成果22项，申报知识产权80项，培训师生及社会创客累计7500多人次。园区企业积极开展精准扶贫，帮助老百姓脱贫致富，惠及农民800多户。以海南省中国特色社会主义理论体系研究中心和海南省生态文明研究中心为主要基础平台，在社会主义新农村建设、生态省建设、国际旅游岛建设等方面发挥了重要的理论阵地作用。作为省人大常委会唯一的本科高校立法联系单位，主持了多部海南省地方性法规的起草工作。海南特色药用植物和香料植物的开发利用、水污染控制、"互联网＋"应用、外来有害物种防治、环境监测和评价等研究领域的一批优秀科研成果实现了转化与应用，初步建立起多层次、宽领域、灵活多样的社会服务体系。

——坚持开放办学理念，对外交流合作日益扩大。学校先后与北京师范大学、东北师范大学等多所高校建立合作关系，与儋州市政府、陵水黎族自治县政府等地方政府建立战略合作关系。主动适应高等教育国际化发展趋势，大力实施国际化办学工程，国际合作与交流态势良好。经教育部批准为中国政府奖学金来华留学生接收院校，留学生规模稳步扩大。近5年共招收国际学生3100人，其中学历生从无到有，连年保持高速增长，初步建成了涵盖从语言培训生、本科生、硕士研究生到博士研究生的留学教育体系。东南亚汉语推广师资培训基地和华文教育基地建设卓有成效，组织培训项目49项，培训超过6000人次。其中，培训外国本土教师1673人、汉语教师志愿者1371人，已累计向外派遣中方教师及志愿者近1000人。2015年，在马来西亚新建了1所孔子学院。

——落实现代大学制度，内部治理体系不断完善。颁布了学校章程，并以此契机，进一步理顺了学校内部各种关系。在学校层面坚持和完善了党委领导下的校长负责制，完善了党委领导、校长负责、教授治学、民主管理的内部治理结构；在学院层面落实并完善了学院党政联席会议制度，着力构建上下贯通、相互衔接、务实管用的制度体系。出台学术委员会工作规程，进一步完善了以学术委员会为核心的学术管理的体制、制度和规范。在全省高校中率先出台依法治校工作实施方案和实施校院两级教代会制度，法治校园建设和校园民主政治不断完善，"六五"普法验收成绩优异。"一校多区"延伸管理和校院二级管理不断优化，桂林洋校区管理体制进一步理顺。

——加大经费投入力度，办学基本条件明显改善。强力推进桂林洋校区建设。投入近9亿元，完成土地征收近2000亩，顺利办理一期建设用地土地证，年底将完成全部土地征收任务。新建教师周转房、体育综合训练馆、11—14栋学生公寓等项目。目前桂林洋校区已建成建筑面积达到25.6万平方米，入驻11个学院11700名学生。累计争取到预算外资金约10亿元，有效支撑了学校发展。近5年累计投入2.2亿元用于购置教学科研仪器设备，全校仪器设备总额达3.66亿元。图书文献资源日益丰富，有效保障了教学科研的信息需求。投入4000多

万元用于信息化校园建设，实现2个校区网络万兆高速互连，校园无线网全覆盖，建成了多层次、高品质的网络信息服务系统，初步实现了校内教学科研信息资源共享和数据统计智能化。

——大力实施民生工程，服务师生举措扎实有效。积极推进后勤改革，努力提升服务质量。强力推进校园安居工程，校内391套教职工住房已全部交房，完成桂林洋校区138套教师周转房建设，解决了遗留10年的佳宝花园拍卖处置问题，办结了怡园89套公有住房部分产权向全产权的过渡手续，办理了金花园19套房屋产权证，困扰学校长达十几年的住房不足问题得到缓解。不断提高教职工的酬金待遇，教职工薪酬标准实现了大幅提升。实施《学生见面会制度》《校领导直接联系专家和优秀人才制度》，进一步密切了领导干部与师生员工的沟通联系。高度重视学生困难与问题的解决，每年以"奖、勤、贷、补、助"等方式资助学生。在财力、物力等方面大力支持就业工作。积极落实老干部的各项生活待遇，帮助解决老干部实际困难。加强社会治安综合治理和校园安全稳定工作，积极开展"双创"工作，建设文明和谐的校园生活环境。

此外，民主管理精神进一步发扬，档案工作、卫生工作、人口与计划生育工作、体育工作、校友工作、附属学校的发展等也迈上了新台阶。

各位代表，同志们，总结学校更名后尤其是近5年来的工作，我们深切地体会到，成绩的背后，蕴含着宝贵的经验和深刻的启示。

——必须始终坚持党的领导，统领全局。坚持党要管党、全面从严治党，牢固树立抓好党建是最大政绩的思想理念，不断凸显党在学校办学中的领导核心作用，努力提高党建工作

的成效和水平。这是学校事业发展的政治根基。

——必须始终坚持立德树人，突出主体。坚持以人为本，聚焦师生的成长成才，充分尊重师生的主体地位，积聚正能量，为学校办学注入强大的精神动力和发展合力，通过师生智慧提升人才培养质量和办学质量，推动事业发展。这是学校办学的立命之本。

——必须始终坚持解放思想，改革创新。坚持问题导向、敢为人先，大胆突破思想观念束缚和体制机制障碍，以解放思想促观念转变，以观念转变促改革创新，以改革创新激发办学活力。这是推动学校发展的先导因素。

——必须始终坚持与时俱进，抢抓机遇。始终保持强烈的发展意识和危机意识，紧跟高等教育发展的形势要求，不等不靠，主动出击，敢于并善于抢抓一切发展机遇，不断追求卓越，从而实现一个又一个跨越式发展。这是学校办学的制胜法宝。

——必须始终坚持立足地方，彰显特色。紧密联系海南改革发展伟大实践，立足于服务经济社会发展，不断彰显教师教育特色和区域特色，凸显比较优势和区位优势。这是学校事业发展的关键之举。

——必须始终坚持和谐稳定，凝聚人心。积极宽松的内外部氛围、和谐稳定的内外部环境有利于人人保持心情舒畅、充满活力，一心一意谋发展，聚精会神抓建设。这是学校发展的重要前提。

回顾过去这5年，我们所取得的每一项成绩，得益于教育部和省委、省政府的正确领导，得益于学校历届领导班子打下的坚实基础，得益于全校师生员工的努力拼搏，得益于海内外校友和社会各界的鼎力相助。在此，我谨代表学校党委向所有关心、支持学校发展的各级领导和海内外各界人士，向全体师生员工，向长期辛勤工作在教学、科研和管理第一线的各位老师，向离任的党政领导和离退休老同志，向各民主党派、无党派人士和海内外校友，表示最诚挚的感谢和最崇高的敬意！

在总结成绩的同时，我们也必须清醒地认识到自身存在的问题和不足。面对新形势，我们广大教职员工的危机意识和创新意识还不强，思想观念和能力素质还不能很好地适应新时期高等教育改革发展面临的挑战和任务要求；教育教学领域综合改革有待进一步深化，教师教育办学的特色还有待进一步凸显，人才培养质量还须进一步提升；整体办学条件仍有待改善，公共服务体系还要进一步改造升级，桂林洋校区的建设任务还很重；师资队伍的结构和素质还有待优化，高层次学科领军人才、创新团队较为缺乏；整体学术水平还有待提高，特别是服务地方经济社会发展的能力还有待进一步加强；管理水平和管理效率有待提升，现代大学治理的体制机制有待完善；对外交流与合作以及国际化办学的深度和广度有待拓展；党建科学化水平还有待提高，党组织的战斗堡垒和党员的先锋模范作用还有待进一步发挥；等等。我们要高度重视这些问题，实事求是，迎难而上，努力探索，在实践中通过改革和发展逐步加以解决。

二、未来5年学校事业发展的主要任务

今后5年，我们最重要、最紧迫的任务，就是加快推进高水平大学建设。党和国家关于全面深化改革、建设创新型国家、优先发展教育、建设高等教育强国、实施"双一流"建设、推动产业转型升级等一系列战略决策部署，为建设高水平大学提供了重要机遇和广阔空间。省委、省政府对学校办学给予鼎力支持，将"推进海南师范大学省部共建"写入2017年政府工作报告，将"支持海南师范大学加快建设"

写入《海南省国民经济和社会发展第十三个五年规划纲要》，将"支持海南师范大学实施省部共建并参加国家中西部高校基础能力建设计划"写入《海南省教育事业发展"十三五"规划》，将桂林洋校区建设纳入全省"十三五"重点项目建设行列，这些都为学校发展奠定了良好基础。与此同时，高等教育日新月异、一日千里的发展形势和高等学校千帆竞发、百舸争流的竞争态势，对学校的发展形成了严峻的挑战、提出了更大的考验。机遇与挑战并存，责任与使命同在。站在承前启后、继往开来的新起点上，我们必须审时度势，抢抓机遇，攻坚克难，奋发有为，在未来5年全力以赴推进高水平大学建设，切实承担起历史和时代赋予我们的光荣使命。

（一）学校发展的指导思想和理念

——今后5年学校发展的指导思想如下。

全面加强党的领导，在党的引领下，坚定不移地坚持社会主义办学方向，贯彻党的教育方针，以立德树人为根本，以全面提高人才培养能力为核心，全面深化教育领域综合改革，突出教师教育特色，紧紧把握省部共建契机，以"三大服务、十大工程"为抓手，对接海南省12个重点产业，培养服务海南经济社会发展的实用型人才，扎实推进学校各项工作，不断提升教育质量和服务地方发展能力，为加快建设经济繁荣、社会文明、生态宜居、人民幸福的美好新海南作出新的更大的贡献。

——今后5年学校发展的理念如下。

坚持师生为本。牢固树立教育以育人为本、以学生为主体，办学以人才为本、以教师为主体的理念，坚持依靠广大师生办学，发展成果惠及广大师生。

坚持立德树人。以德育为先，实施素质教育，强化文明礼貌和心理健康教育，把社会主义核心价值体系融入教育教学全过程，促进学生健康成长。

坚持改革创新。着力破除制约学校科学发展的体制机制障碍，着力消除影响学校人才培养的不利因素，增强学校发展源动力。

坚持开放协同。实施"走出去、引进来"战略，拓宽对外交流合作渠道，推进资源开放共享，实现一举多赢多利，推动学校改革发展与人才培养。

坚持统筹全局。抓好顶层设计，统筹各项工作，统筹校内外优质资源，兼顾社会效益和经济效益，以求全局之利和全局之效。

坚持特色发展。确定特色鲜明的办学定位，在人才培养、科学研究、服务社会、文化传承等方面继续彰显办学特色，强化办学优势，服务好地方经济社会发展。

（二）学校的发展定位和发展目标

遵循建设教师教育特色鲜明的高水平大学的发展定位，努力抢抓国家全面深化改革和"双一流"建设的重大机遇，主动适应国家和海南经济社会发展需要，坚持立德树人，深化综合改革，强化创新驱动，奋力开创省部共建大学建设新局面，争取到2020年，教育教学质量和学生就业创业水平达到国内同类大学先进水平。学科建设水平显著提升，部分专业办出特色；服务地方发展取得标志性成果；桂林洋校区整体建设基本完成，办学条件发生根本性改善；学校教师教育特色更加鲜明，开放办学、信息化建设、校园文化建设、管理服务处于全国师范大学中上水平。

（三）未来5年的发展任务

为实现以上目标，未来5年学校将重点做好以下10个方面的工作。

——整合资源，做强做优教师教育，突出海师特色。继续推进协同发展的教师教育模式改革，建立教师教育创新实验区，全面加强对师范生进行职前培养、入职指导和职后跟踪的一体化教育，完善具有学校特色的师范生培养目标体系，培养一大批具有教师情怀、相邻专业贯通的基础教育师资队伍。深入推进教育硕士专业学位研究生培养模式改革，在为基础教育培养高层次人才方面发挥更大的作用。加强附属学校建设，建立协同培养机制，打造海南基础教育模范学校，提升服务与引领教师教育、基础教育的理论话语权和实践影响力。整合资源，全面推进教育学学科建设，力争将教育学一级学科建成博士学位授予权学科。整合校内外教师教育人才队伍，加强学科教学论教师队伍建设，争取到2020年建立一支数量充足、结构合理、能力突出的课程与教学论师资队伍。瞄准边远地区及乡村教师队伍建设短板，精准发力，改进"双五百"人才工程项目和周末流动师资培训学院工作，积极推进海南省乡村教师支持计划，创设符合我省需要的教师发展新型项目，全方位开展辐射全省基础教育的教学、科研、实习、培训合作，充分发挥教师教育品牌效应。加强职前教师培养与在职教师培训的互促并进，整体提高培养培训的质量与效益。

——立德树人，深化教育教学改革，提高海师质量。围绕立德树人根本任务，全面开展"中国梦"教育和中国传统文化教育，积极弘扬和践行社会主义核心价值观，使之像空气一样无处不在、无时不有，成为师生日用而不觉的行为准则。加强思想文化引领，努力培养理想信念坚定、道德情操高尚、综合素养全面、言行举止文明的具有鲜明海师特质的学子。深化教育综合改革，破除束缚学校教师发展的体制机制障碍，激发教师教书育人、科学研究、创新创业活力。坚持考核评价改革的正确方向，以"师德为先、教学为要、科研为基、发展为

本"为基本要求，坚持德才兼备考核标准，注重凭能力、实绩和贡献评价教师，克服唯学历、唯职称、唯论文等倾向，切实提高师德水平和业务能力。完成大类招生和培养的人才培养模式改革，并以此带动其他领域的综合改革。探索校企协同、教科融合等培养模式。推进"混合式"课程教学改革，实施过程性、多样化、重视创新创业能力的考核方式。充分利用国家大学科技园平台，建设一批实践教育基地、创业示范基地、科技创业实习基地。建立本科招生专业动态调整与优化机制。构建海南产业发展急需和服务"一带一路"的人才培养体系，在旅游产业、互联网产业、特区文化产业等领域，培养一大批具有国际视野的拔尖创新人才和高级应用人才。进一步提高研究生培养质量，完善导师队伍建设工作机制，建立科学合理的研究生教育质量保障机制，充分调动导师和研究生的创新积极性。

——协同创新，提升科研学科水平，增强海师实力。发挥"三大优势"，聚焦12个重点产业、6类产业园区、供给侧结构性改革、全域旅游、美丽乡村等重大课题，以一流学科建设为契机，实施新一轮学科布局与体系建设，优化学科结构，凝练学科方向，组建创新团队，打造一批优势突出、特色鲜明、与战略性新兴产业紧密结合的学科，形成科学合理的高水平学科建设体系。聚焦国家战略和我省经济社会发展需求，着力提高基础研究和应用研究水平，加强战略性、全局性、前瞻性问题研究，充分释放"科技＋"的强劲动能，着力提升解决重大问题能力和原始创新能力。重点依托海岛、海洋、热带等资源，坚持需求导向、问题导向，发扬敢为人先的特区精神，突出特色研究，提升整体学术水平，服务海南国际旅游岛建设、南海战略和"一带一路"倡议。新建一批布局

合理、功能完善、体系健全、开放共享的科研创新平台。建设一批具有海南特色和国内外影响的协同创新中心、新型智库和人文社会科学重点研究基地，开展应用研究和重大决策咨询研究。

——完善机制，提高整体师资素养，培养海师名家。采取优惠政策，吸引和凝聚一批活跃在国际或国内学术前沿、满足国家及我省重大战略需求的学术领军人才和创新团队。实施高层次人才战略，培养和引进一批领军人才、杰出人才。充分利用我省独特的区域优势，积极探索建立发挥"候鸟"型人才作用的途径，适当返聘优秀人才，激发高层次人才队伍活力。深化教师考核评价制度改革，创新人才激励机制。遵循教师成长发展规律，以中青年教师和创新团队为重点，优化中青年教师成长发展的制度环境。实施"双师型"教师建设工程，有计划地安排在职教师到中小学、企业挂职锻炼，聘请中小学优秀骨干教师和具有实践经验的企业高级技术人才到校任教。加强师德师风建设，坚持教书和育人相统一，坚持言传和身教相统一，坚持潜心问道和关注社会相统一，坚持学术自由和学术规范相统一，培养和造就一支"四有"名师队伍，并积极宣传名师名言、名师事迹，形成崇尚学术、崇敬名师的氛围，树立海师形象。

——扩大开放，强化对外合作交流，打造海师品牌。全面确立国际化办学理念，积极拓展与境外知名高校、科研机构的合作与交流，逐步拓展与海外高水平大学的合作网络，在合作形式和深度上再上台阶。扩大留学生培养规模，充分利用现有政策，争取在5年后留学生在1000人以上。实施学生国际视野拓展计划，扩大校际学生交流，遴选1～2个专业作为学校教学国际化改革的试点，建设一批双语示范课程。搭建国际学术平台，合作共建高水平国际合作研究平台，组建与国际接轨的协同创新中心，争取产出一批有影响力的科研成果。实施"海外名师"引进计划，加大引智工作力度，大力引进国外优秀人才和优质教育资源。积极开展琼属华人华侨人才研究与开发工程，努力争取华人华侨、乡团联谊会对学校办学乃至海南发展的支持。扩大汉语推广师资培训规模，进一步拓展和深化孔子学院中国文化的传播内容。

——传承凝练，加强校园文化建设，发扬海师精神。深入挖掘学校办学传统、育人理念的精神内涵，凝练升华海师精神，宣传模范教师、优秀学子，用海师精神和先进事迹充分调动广大师生员工参与学校改革发展的积极性和主动性。大力开展大学生志愿服务、社会实践、学术科技和校园文化活动，打造具有鲜明海师特色的实践育人活动品牌。积极推进体现学校特色的形象识别系统建设和校园人文、自然环境建设。加强法治精神普及教育，增强广大师生的法治意识和法治素质，营造良好的民主管理氛围。加强海南本土特色文化研究和教育，积极传承创新海南区域文化，提升学校文化影响力。深入贯彻习近平总书记系列重要讲话精神和治国理政新理念新思想新战略，坚持"两手抓、两手都要硬"，推动精神文明和学校事业协调发展。以培育和践行社会主义核心价值观为根本，以创建全国文明单位为抓手，着力加强思想道德建设，培育良好的校风教风学风。创新宣传形式，拓宽宣传空间，加大对外宣传力度，进一步提升学校知名度和美誉度。

——主动作为，服务海南地方发展，体现海师担当。深化产教研融合，着力提高对我省产业转型升级的贡献率。建立协同创新的战略联盟，形成与区域发展之间的良好互动关系，努力成为催化产业技术变革、加速创新驱动的策源地。深入推进国家大学科技园建设，打造教育、科技创新、培训和产业孵化集聚区。落实国家和我省关于促进高校科技成果转化有关规定，打通基础研究、应用开发、成果转移与产业化链条，强化科技与经济、创新项目与现实生产力、创新成果与产业对接，推动科技成果转化，培养优秀实用人才。依托学校学科优势，实行对口科技帮扶，推进科技扶贫工作，实现"造血帮扶"。坚持"志智双扶"，帮助对口帮扶村实现从贫困村到文明生态村的转变，打赢脱贫攻坚战。加快教育综合改革试点，以先进的教育理念、优异的教学科研成果引领我省基础教育改革与发展。全面落实并逐步扩大与海口市、儋州市等市县的合作，形成互利共赢的校地合作服务机制，提高合作办学的经济效益与社会效益。

——依法治校，构筑现代治理体系，创建海师范例。以综合改革试点为契机，在人才培养模式、办学体制、管理体制、保障机制等方面全面推进综合改革，及时总结，促进形成可复制的经验。推进办学民主化进程，建立健全基层民主制度，探索新型民主管理模式和教授治学的有效途径。落实学校章程，继续完善党委领导下的校长负责制，坚持民主集中制，切实将学校管理工作纳入法治化和规范化的轨道。充分发挥教代会、学术委员会、教学委员会等组织在民主管理、决策咨询中的重要作用。深化党务、校务公开，切实保障师生的知情权、参与权、表达权和监督权。逐步建立完整清晰、易于查询的机关各部门职能清单，强化机关各部门的规划、指导、监管与服务职能。进一步理顺校院的关系，推动"放管服"，实现管理重心下移，提升学院自主决策和治理能力。进一步优化"一校多区"形势下延伸管理的有关体制机制，提高管理的效能。进一步规范绩效管

理，完善按劳计酬、优劳优酬的校内分配机制，不断提高人力资源的效益。

——统筹推进，全面改善办学条件，夯实海师基础。多渠道积极筹措建设资金，基本完成桂林洋校区建设。稳步推进龙昆南校区改造调整，校区布局和功能分工更趋科学合理。筹备校友基金会，凝聚校友爱校合力。大力推进教育教学、管理服务与互联网的深度融合，全力争取全方位实现网络现代化管理，让在校师生通过移动终端实现学习等服务功能。依法规范国有资产管理，开放共享，提高使用效益，实现国有资产保值增值。重视发挥图书馆服务和支撑教学、科研的重要作用，建成桂林洋校区图书馆，完善协调统一、布局合理的多层次文献资源保障体系，全面提高文献保障水平和服务质量。

——以人为本，扎实推进民生工程，增进海师福祉。推进后勤综合改革，努力构建"市场提供服务、学校自主选择、职能部门监管"的保障体系，提高后勤服务专业化水平。推进新一轮安居工程，在桂林洋校区新建教工周转房，积极争取优惠团购或合作建房，全面解决教职工的住房问题。想方设法增加办学收入，创造条件提高教职工福利。继续完善困难职工帮扶工作机制，保障基本民生。逐步完善文化、运动场馆和设施，广泛开展群众性文体活动，促进教职工之间的沟通联系，营造团结和谐的校园氛围。积极回应学生的学习、生活条件诉求，全力改善学生学习、生活条件，着力解决空调进宿舍等学生关切的问题。做好新形势下的老干部工作，完善定期通报、专访慰问、领导干部联系老干部等制度，充分发挥老干部的积极作用。完善助学体系，推进助困助学育人。加强学生身心健康教育，锻炼健康体魄，造就健全人格。加强就业指导服务，促进学生高质

量就业。

三、坚定不移推进全面从严治党

加快建设高水平大学，关键在党要管党、全面从严治党。今后5年，学校党委要坚持抓好党建，准确把握中央全面从严治党的强烈信号和坚定决心，对标省第七次党代会报告的重点工作任务，紧紧围绕"聚精会神抓党建、一心一意谋发展"的总要求，切实承担管党治党、办学治校主体责任，把方向、管大局、作决策、保落实，持续推进党的思想、组织、作风、制度和反腐倡廉建设，确保党的领导不弱化、党的建设不缺失、全面从严治党不乏力，为建设特色鲜明的高水平大学提供坚强的思想、政治、组织保证和事业引领。

（一）全面加强以理论武装为重点的思想建设

——加强理论学习研究。扎实推进"两学一做"学习教育常态化制度化，坚定"四个自信"，增强"四个意识"（政治意识、大局意识、核心意识、看齐意识），筑牢理想信念，始终不忘初心，坚守正道。坚持和创新党内学习制度，以校院两级党组织中心组学习等制度为主要抓手，定期开展集体学习。全面加强党校建设，坚持开展党内集中学习教育，大力开展二部教育培训和党员教育培训，教育引导党员二部把坚定理想信念作为开展党内政治生活的首要任务，在做好本职工作的过程中，全面推进学习型党组织建设。健全党内重大思想理论问题分析研究制度，加强党建理论研究中心建设，组织专家学者和党务政工干部，重点围绕中央重大战略思想和高校党建的一系列理论和实践课题开展研究，实现党建理论创新和实践创新。

——加强思想政治工作。以习近平总书记在全国高校思想政治工作会议上的讲话和刘赐贵书记在全省高校思想政治工作会议上的讲话精神为指引，坚持把立德树人作为中心环节，

把思想政治工作贯彻教育教学全过程，实现全程育人、全方位育人。坚持不懈传播马克思主义科学理论，抓好马克思主义理论教育。坚持不懈培育和弘扬社会主义核心价值观，引导广大师生做社会主义核心价值观的坚定信仰者、积极传播者、模范践行者。坚持马克思主义在意识形态领域的指导地位，发挥好课堂主渠道作用和各类宣传媒体的综合优势，增强主流意识形态的吸引力，落实意识形态工作责任制，有效管控九大平台。强化互联网等思想理论引导，创新"互联网＋思政"工作，挖掘校园榜样，坚持典型引路，坚守底线思维，积极传播学校事业发展正能量。加强校园文明建设，培育积极向上的教风、学风和干部作风。加强师资队伍建设的政治引领，落实中央和省委群团改革工作会议精神，不断深化学校群团工作改革创新，强化各级群团组织和群团干部队伍建设，完善教书育人、管理育人、服务育人体系，健全大学生在思想引领、社会实践、济困助学、心理健康教育、创新创业教育和就业指导服务等6个方面的工作体系，努力增强思想政治的针对性和实效性。

（二）全面加强以固本强基为重点的组织建设

——创新基层组织建设。建立稳定的经费保障机制和党务工作激励保障机制，在固本强基上下功夫，形成大抓基层、严抓基层的鲜明导向。紧抓二级学院党政联席会议制度，完善分党委（党总支）的工作体制和决策方式，更好地发挥分党委（党总支）的政治核心和监督保证作用。积极探索党支部设置方式，把党的工作向最活跃、最具创新能力的组织单元拓展。落实基层党组织定期换届制度，探索专业技术人员兼任基层党组织负责人的"公推直选"改革，选优配强基层党组织负责人。坚持领导干部以普通党员身份过双重组织生活会等制度，

建立健全基层党组织书记为党员上党课制度，抓严党支部"三会一课"制度。加强基层组织建设，创新体制机制，改进工作方式，不断增强基层党组织的生机和活力。试行中层领导班子目标责任制，强化任期目标考核，把考核结果作为选拔任用干部的重要依据。在二级党组织中推出体现共性和个性结合的年度党建工作责任清单，把党建工作渗透到各项具体工作中，把"两张皮"变成"一股绳"。在基层党组织开展党建标准化建设和"党建示范点"创建活动，积极推进基层党建创新。

——加强干部队伍建设。逐步完善干部选拔任用、教育培训、考核评价、管理监督、激励保障、职务退出的工作体系。坚持正确选人用人导向，强化党委的领导和把关作用，规范程序操作，选好配强干部队伍。坚持好干部标准，科学精准选人用人，积极做好统战工作，完善新形势下统战工作体制机制。加强年轻干部、党外干部、少数民族干部和女干部的培养选拔工作，优化领导班子和干部队伍结构。深化干部任期制、轮岗交流、挂职锻炼、校内外培养输送贯通机制，增强干部队伍活力。推动从严管理干部、监督干部常态化，严格执行领导干部个人有关事项报告制度，落实干部提醒、函询、诫勉实施办法，规范干部谈心谈话制度。树立科学的干部考核评价导向，建立容错纠错机制，建立工作督办和问责追究机制，推动形成能者上、庸者下、劣者汰的用人导向和从政环境。

——加强党员队伍建设。按照"控制总量、优化结构、提高质量、发挥作用"的总要求，严格党员发展教育管理监督，有效管理流动党员；试行党代会年会制和党代表任期制，推进党务公开，健全党内重大决策论证评估和征求意见制度，充分发扬党内民主。落实《党员教育培训工作条例》要求，拓宽党员受教育渠道，构建党员经常性教育和集中教育相结合的长效机制。加强党员队伍教育管理，使每个师生党员都做到在党爱党、在党言党、在党为党。加强和规范党内政治生活，健全和完善党内监督，创评"党员示范岗"，完善党内评议表彰，培养和树立先进典型，推进党员教育管理创新。

（三）全面加强以能服务、敢担当为重点的作风建设

——巩固主题教育成果，驰而不息地改进作风。突出问题导向，采取切实举措，防止"四风"（形式主义、官僚主义、享乐主义、奢靡之风）和"不严不实"问题反弹。巩固和深化历次主题教育成果，注重家教、家风教育。牢记宗旨改进思想作风，善于学习改进学风文风，求真务实改进工作作风，强化服务改进领导作风，克己慎行改进生活作风，大兴密切联系群众之风、求真务实之风、创新创业之风、艰苦奋斗之风。"政策千条万条，不落实就等于白条"，领导干部要深入一线抓落实，带动广大党员群众苦干实干，使"马上就办，办就办好"成为特区精神的生动诠释。

——强化服务担当，以作风转变的成效推进各项工作严实开展。强化机关服务基层，抓住领导干部这个"关键少数"，紧盯老问题，关注新动向，加大对干部"庸懒散拖"及"不干事、不担事"行为的问责，对以形式主义、官僚主义应付中央、省委、学校党委决策部署的，严肃问责。以为党聚人才和改进领导作风为目标，拓宽校领导直接联系各类专家和优秀人才的渠道。以党建为引领，全力做好精准扶贫、精准脱贫工作，努力打造全省教育扶贫典范。深化群团组织改革，全面推行党建带团建工作，党组织通过"带"来推进团组织的"建"，为青年学生成长成才全面服务。

（四）全面加强以从严管党治党为重点的制度建设

——加强制度建设。聚焦全面从严管党治党，积极构建和不断完善上下贯通、相互衔接、务实管用的党建四大方面制度体系：着眼于健全党的组织制度体系，重点完善严格党内政治生活、党委工作、党内选举、党内监督等方面的制度；着眼于构建科学有效的选人用人机制，重点完善干部选拔任用、考核评价、教育培训、管理监督、挂职锻炼、激励保障等制度；着眼于巩固党执政的组织基础，重点完善创建基层服务型党组织、党员队伍建设、党支部"三会一课"、民主评议党员、民主生活会、党内关怀等制度；着眼于形成激发人才创造活力的人才制度优势，重点完善党管人才领导体制、创新集聚人才体制等方面的设计。

——狠抓制度落实。大力加强法纪法规教育，引导师生特别是各级领导干部不断增强制度法规意识，努力营造以执行制度为荣、以违反制度为耻的良好风气。将制度创设的过程变成师生员工广泛参与并充分发表意见和建议的过程，使制度最大程度地体现师生员工意志，增强制度针对性和有效性。针对制度的执行和落实，适时建立上下结合的监督体系，建立一套反应灵敏、反馈及时、调控有力、高效运转的推动制度落实的工作机制，确保各项制度落到实处。

（五）全面加强以惩防结合为重点的反腐倡廉建设

——坚持以防为主。廉洁也是生产力，只有干部干干净净，事业才能顺顺利利。坚持"标本兼治、综合治理、惩防并举、注重预防"的方针，坚持把纪律和规矩挺在前面，不断提高反腐倡廉宣传教育的针对性和有效性，着力构建不敢腐、不能腐、不想腐的体制机制，筑牢防腐拒变的思想道德防线，努力营造风清气正的校园廉政文化氛围。全面推进惩防体系建设及制度创新，推进源头治理，尤其要构建重点领域、重要岗位、关键环节的廉政风险防控体系，规范权力运行。

——强化正风肃纪。完善党委统一领导、党政齐抓共管、纪委组织协调、部门各负其责、领导干部以上率下、群众支持参与的工作机制，严格执行党风廉政建设责任制，从严从实抓好党内监督，使失责必问、问责必严成为常态。运用好监督执纪"四种形态"，抓早抓小，重拳反腐，形成震慑，党员领导干部带头执行党章党规党纪，把好用权"方向盘"，系好廉洁"安全带"。严肃查信办案，加大对违规违纪行为的查处力度，始终坚持无禁区、全覆盖、零容忍，保持惩治腐败的高压态势，发现一起，查处一起，震慑一片，使干部、教师脑中有红线、心中有底线、行动有界限。

——加强纪检队伍建设。加强纪检监察干部队伍配备、思想教育和业务培训，提高纪检监察干部监督、执纪、问责的履职能力，努力打造一支忠诚、干净、担当的纪检监察队伍。

各位代表，同志们，从现在起到2020年，是我国全面建成小康社会、基本实现教育现代化的决定性阶段，是全面建成国际旅游岛、建设美好新海南、实现"三大愿景"（全省人民的幸福家园、中华民族的四季花园、中外游客的度假天堂）的攻坚时期，也是建设高水平大学的关键时期。站在新的历史起点上，面对新的历史机遇，让我们紧密团结在以习近平同志为核心的党中央周围，继续发扬勇挑重担、敢闯难关的担当精神，继续发扬艰苦奋斗、抢抓机遇的创业精神，继续发扬爱岗敬业、吃苦耐劳的奉献精神，继续发扬与时俱进、追求卓越的创新精神，牢记使命，凝心聚力，改革创新，为建设教师教育特色鲜明的高水平大学而努力奋斗！

在第一届党委第一次全体会议上的讲话

党委书记　李红梅

（2017 年 7 月 2 日）

同志们：

　　刚刚闭幕的中国共产党海南师范大学第一次代表大会，圆满完成了各项任务。刚才，选举产生了新一届党委书记、副书记，通过了纪委第一次全会的选举结果。在此，我谨代表新当选的全体同志，对各位委员、全体代表以及全校师生员工的信任和支持表示最衷心的感谢！

　　这次换届，党委新增了 4 位班子成员，纪委也新增了 4 位班子成员，为党委班子和纪委班子充实了新鲜血液，增强了战斗力。在此，我也对新晋党委班子和纪委班子的同志表示热烈的祝贺！

　　通过这次全会选举，我继续担任学校党委书记，非常感谢同志们的信任。自 2014 年 9 月以来，我到海南师范大学工作已近 3 年，我深深地爱上了这里，深深地爱上了校园里的大榕树和一代代传承着、具有"榕树精神"的海师人。对这所传播教育关怀和放飞梦想的大学殿堂，我心怀敬畏、心存感恩、充满挚爱；对肩上的责任，我如履薄冰、丝毫不敢懈怠。我决心与同志们一道，在中央和省委的坚强领导下，不负重托、不辱使命，恪尽职守、奋勇向前，千方百计加快发展，扎扎实实提高教育质量，

竭尽全力回报党和人民的信任！

　　本届党委班子，就任于学校"十三五"发展的关键时期，受命于加快推进高水平大学建设的重要关口，使命光荣而又艰巨。党和国家关于全面深化改革、建设创新型国家、优先发展教育、建立高等教育强国、实施"双一流"建设、推动产业转型升级等一系列战略决策部署，为建设高水平大学提供了重要机遇和广阔空间。作为全校的领导核心，新一届党委务必要抓住机遇，牢记嘱托，感恩奋进，接好事业棒，跑出好成绩，圆满完成党代会提出的各项目标任务，奋力推动学校各项事业迈上新台阶、再上新水平！借此机会，我代表新一届党委领导班子讲 5 点意见，与同志们共勉。

　　一要坚定理想信念，做对党忠诚的表率。坚定理想信念，对党绝对忠诚，是党员领导干部最基本、最重要的政治品质。我们要始终把对党忠诚作为政治上的"定海神针"，把坚定理想信念作为立身之本、履职之要，带头参加和推进"两学一做"学习教育常态化、制度化，深刻领会习近平总书记系列重要讲话的精神实质和治国理政新理念新思想新战略，自觉用讲话精神武装头脑、指导实践、推动工作，做到内化于心、外化于行，时刻绷紧政治纪律和政

治规矩这根弦，保持对理想信念、奋斗目标的清醒认知和执着追求，坚定道路自信、理论自信、制度自信、文化自信。要牢固树立政治意识、大局意识、核心意识、看齐意识，在思想上、政治上、行动上同以习近平同志为核心的党中央保持高度一致，做政治上的明白人。要把好政治方向，站稳政治立场，在事关大是大非和政治原则问题上做到头脑清醒、旗帜鲜明，坚决同各种错误的思想和倾向作斗争。要严守政治纪律和政治规矩，坚决维护党中央权威，坚决维护习近平总书记这个核心，经常、主动、坚决向党中央看齐，向习近平总书记看齐，向党的理论和路线方针政策看齐，确保党中央和省委各项决策部署在我校得到全面贯彻落实。

二要致力加快发展，做实干担当的表率。权力就是责任，责任就意味着担当。党代会和"十三五"规划为我们描绘了宏伟的蓝图，面对学校今后5年的发展目标和任务，我们要牢牢抓住发展这第一要务，坚持既定的发展战略和思路不动摇，满怀激情干事创业，以"朝受命、夕饮冰"的使命感和"昼无为、夜难寐"的紧迫感，力求发展有新举措、改革有新突破、开放有新格局、创新有新局面。要更加自觉地研究新常态、学习新理念，善于运用新思维解决发展中的问题，提高履职能力，增强攻坚本领，努力使自己成为引领教育发展的行家里手。要立足岗位，找准定位，改进工作作风，提高工作效率，言必行，行必果。要敢于负责、敢于担当，以钉钉子的精神紧抓部署、紧抓推进、紧抓协调、紧抓督办、紧抓落实。特别是要贯彻落实省第七次党代会精神，对学校第一次党代会作出的决策部署、确定的目标任务，各位委员要按照工作分工，抓紧关键环节、抓住主要矛盾、抓好过程管控，确保每项工作都落到实处。

三要牢记根本宗旨，做为民服务的表率。党来自人民，植根于人民，服务于人民。习近平总书记曾在"七一"讲话中指出，要永远保持对人民的赤子之心。我们要坚持走群众路线，带着感情、带着责任、带着问题，深入基层，了解他们想什么、盼什么、急什么，从他们最关心、最直接、最现实的利益问题入手，想方设法多做一些好事实事，既要集中力量办大事，也要又快又好地办"小事"。在校内，我们要增加办学收入，提高教职工福利；完善助学体系，助困助学育人；扎实推进民生工程，全力解决涉及师生员工切身利益的难题。在校外，我们要深化产教研融合，服务地方经济发展；加快教育综合改革，加强与地方合作办学，服务与引领海南基础教育；依托学校学科优势，推进智库建设，为地方发展贡献聪明才智；持续推进定点扶贫战略，坚持"志智双扶"，打赢脱贫攻坚战。这些都是我们想要做、想做好的事情，也是关乎全校师生、地方群众切身利益的问题，我们都要争当为民服务的促进派和实干家，靠实招展示能力，靠实干成就事业，靠实绩赢得民心。

四要增进团结协作，做合作共事的表率。懂团结是大智慧，会团结是大本事，真团结是大境界。大家要像爱护自己的眼睛一样爱护团结，要像珍视自己的政治生命一样珍视团结，要以学校党委班子的坚强团结力量，示范带动全校各级班子、各个方面的坚强团结，形成同心同德谋发展、群策群力干事业的生动局面。要时刻以事业为重，互相理解、互相信任、互相包容、互相协作、互相补台，做到思想上同心、目标上同向、行动上同步。要认真执行民主集中制，坚持重大问题集体决定、班子成员分工负责，做到有事多商量、行为守纪律、办事顾大局。要严格党内政治生活，用好批评和自我批评的思想武器，襟怀坦荡、以诚相待。要充分发挥党委总揽全局、协调各方的作用，大力支持学校行政班子开展工作，密切同各民主党派和无党派人士的合作共事，广泛凝聚共识，汇聚智慧和力量。

五要强化自律意识，做廉洁从政的表率。"水清沙自洁，官贤弊自绝。"我们有幸进入新一届党委，肩负着重要的领导责任，我们的一举一动都被群众看在眼里，我们的一言一行都是师生员工关注的焦点。要始终尊崇党章、严守党纪、敬畏法律，牢记权力姓"公"，依法用权、秉公用权、为民用权，时刻自警、自省、自律，坦坦荡荡做人，清清白白从政，实实在在干事。要涵养官德情操，树立良好家风，自觉净化朋友圈、社交圈、生活圈，管好亲属和身边工作人员。要真诚对待监督，自觉接受监督，守住为政底线。要扛起全面从严治党政治责任，严格履行"一岗双责"，从严管理监督干部队伍，着力营造风清气正的良好政治生态。

以上5点意见，是学校党委加强自身建设的基本要求，也是我们向全校师生员工作出的庄严承诺。作为"班长"，我将带头执行，希望学校党委班子各成员向我看齐，也请全校党员干部、师生员工予以监督。

同志们，我们要坚持和完善好党委领导下的校长负责制和民主集中制，始终坚持马克思主义的办学指导地位，坚持党的教育方针，大力推进党委科学决策、民主决策和依法治校能力建设，不断提高总揽全局能力、执政能力和领导水平，努力将学校党委建设成为政治坚定、实干担当、一心为民、精诚团结、清正廉洁、朝气蓬勃、奋发有为的坚强领导集体。

同志们，新的班子、新的起点，要有新的面貌、新的作为。大家作为党委班子这个领导集体的光荣一员，肩负着带领全校师生员工推动学校不断改革发展的历史重任，使命光荣，责任重大。希望大家能够更加紧密地团结在以习近平同志为核心的党中央周围，在省委的坚强领导下，紧紧依靠和带领全校广大党员干部和师生员工，牢记使命，凝心聚力，改革创新，努力创造出无愧于历史、无愧于师生的新业绩，为建设教师教育特色鲜明的高水平大学而努力奋斗，以优异的成绩迎接党的十九大！

在2017年教师节庆祝大会上的讲话

党委书记　李红梅

（2017年9月8日）

各位老师，同志们，同学们：

今天，我们在这里欢聚一堂，提前庆祝第33个教师节，并隆重表彰"优秀教师""优秀教育工作者"和"师德标兵"称号的获得者。教师节对我们海师人来说，是一个不同凡响的节日，因为这不仅是全体老师的节日，更是我们这个以培养"四有"好老师为目标的师范大学的节日！在此，请允许我代表学校，向长期以来默默耕耘、无私奉献，用心血和汗水、学识与智慧，为党的教育事业、为学生的成长成才、为学校的改革发展而奋斗的全校教职工致以最美好的祝福和最衷心的感谢！

刚才，刁晓平副书记宣读了学校的表彰决定，"优秀教师""师德标兵"代表丁匡一副教授，"优秀教育工作者""师德标兵"代表钟恒杰书记，学院代表孙振范院长，机关代表人事处郑荣臻处长分别从教书育人、服务师生、搭建平台、全局规划等方面介绍了各自的工作经验，学生代表还表达了对教师的节日祝福和对师恩的感谢。这些都让我们感受到学校的发展成绩来之不易。在此，我代表学校党委，向他们表示衷心的感谢，并向各位获奖者致以最热烈的祝贺！

百年大计，教育为本。教育大计，教师为本。当前，党中央、国务院高度重视教育工作。党的十八大以来，习近平总书记对教育工作和教师队伍建设作出了系列重要论述，在"7·26"重要讲话中，习近平总书记指出的人民群众对美好生活"八个更"的期盼，就包括期盼有更好的教育。近年来，省委、省政府也把教育事业摆在了国民经济和社会发展的基础性、先导性、全局性位置，确立了教育事业优先发展的战略地位，特别是对我们海南师范大学给予了高度的关注、倾注了大量的心血、提出了更高的目标。省委书记刘赐贵同志来海南工作后正式到高校调研，并于2015年教师节前夕来我校。刘书记在调研期间，亲切看望了我校师生员工，向全体教师致以教师节的亲切问候和衷心感谢，同时充分肯定了学校为海南基础教育发展所作出的贡献，表示"海南师大发展得怎么样，一定程度上，也关系到海南的未来"，并希望学校"找准定位，办出特色，紧贴实际，服务海南，改革开放，搞好合作，进一步增强责任感、使命感，奋发进取，再接再厉，把学校建得更好些，为海南经济社会发展培养更多更优秀的实用人才"。这让我们感到使命光荣、责任重大。而为实现这些目标任务，我们面临的任务非常繁重，我们肩负的责任十分重大。

两年多来，在全体教师员工的积极参与和大力支持下，学校建设取得了显著成果。

我们不断加强办学顶层设计，立足师范院校特色和地方大学使命，将"建设教师教育特色鲜明的高水平大学"写入学校第一次党代会报告，使之成为指导今后5年乃至更长一个时期工作的目标纲领，学校也顺利成为省部共建大学和推荐优秀应届本科毕业生免试攻读研究生的高校。

我们不断深化教育教学改革，重视立德树人，以习近平总书记提出的"四有"好老师为标准，培养学生的创新精神、实践能力和社会责任感，从思想理念、制度设计、评价机制等方面进行人才培养模式改革。在全省率先推行大类招生与培养改革，跨院系、跨学科、跨专业的人才培养新机制初步形成，人才培养质量显著提高，本科毕业生初次就业率连续多年保持在90%以上，多年位列全省公办高校第一。学生先后获全国青少年科技创新奖等多项国家级、省级奖项。由音乐学院1名教师和18名同学为主力的《黎族家园》剧组，在第五届少数民族文艺会演中一举夺得剧目金奖和最佳舞台美术奖，受到省委、省政府的通报表扬。加强思想政治教育，激发学生的爱国主义情感，学校获评2016年全省征兵工作先进单位。

我们不断加大支持力度，在全省首个出台促进师生创新创业的意见，并依托国家大学科技园平台，孵化企业147家，转化技术成果22项，申报知识产权76项，取得200多项创新创业项目成果，学生创新创业作品《时尚黎锦旅游产业设计与开发》作为李克强总理来琼参加博鳌亚洲论坛期间考察重要内容，得到总理的夸赞。日前，我校学生的创新创业项目成为海南省唯一一个入围第三届中国"互联网＋"大学生创新创业大赛全国总决赛的项目。我们不断强化学术兴校战略，科研学科实力不断增强，2017年国家自然科学基金立项达19项，获批国家社会科学基金年度重点项目1项，获得全省唯一的全国教育科学研究优秀成果奖一等奖1项，获得2016年度省科技进步奖一等奖2项，均居全省之首。

我们不断对接社会需求，社会服务能力持续提升，牵头建立了海南基础教育联盟，通过合作办学方式托管洋浦幼儿园，并帮扶万宁、陵水等市县的幼儿园建设，不断拓展学校优质教育资源的覆盖面与影响力。成立了海南教育改革与发展研究院，积极打造海南教育科学研究智库和平台。稳步推进乡村教师支持计划和卓越教师培养计划，引领海南基础教育改革与发展。近两年来，学校智库充分发挥学科人才研究优势，推出系列标志性成果，对地方经济社会发展起了积极作用，如海南省中国特色社会主义理论研究中心专家在《人民日报》"要论"板块刊文论述中国话语体系建立的必要性，生态文明研究中心专家撰写的关于生态文明建设的文章在《光明日报》"落实'五大发展理念'理论"栏目中被首篇推出，海上丝绸之路研究中心编撰的"筑梦'一带一路'"系列丛书以9种语言面向全球发行，学校参与2017年5月"一带一路"国际合作高峰论坛"智库交流"平行主题会议成果展并受到广泛关注。此外，海南特色药用植物和香料植物的开发利用、水污染控制、"互联网＋"应用、外来有害物种防治、环境监测和评价等研究领域的一批优秀科研成果实现了转化与应用，初步建立起多层次、宽领域、灵活多样的社会服务体系。

我们不断"走出去、引进来"，对外交流合作日益扩大，与俄罗斯圣彼得堡国立电影电视大学合作项目顺利招生，在马来西亚创办的孔子学院正式揭牌运作，设立的菲律宾研究中心顺利入选教育部国别和区域研究中心备案名单，先后与北师大、儋州市等多所高校、多市县建立了合作关系。

我们不断争取政策支持，办学基本条件明显改善，学校被纳入国家中西部高校基础能力建设工程（二期）规划，桂林洋校区建设被纳入全省教育事业"十三五"重点项目建设行列，深入研究政策，解决了拖延10多年的一期建设用地土地证办理问题，新建了体育综合训练馆、11—14栋学生公寓、大学科技园楼等大型建筑，投入2亿多元的图书馆正在建设中，已实现校园无线网全覆盖。

以上所有成绩和荣誉的取得，一方面，在于我们拥有一支优秀的教师队伍。这几年，学校及时根据形势变化，重新修订高层次人才引进与管理暂行办法、柔性人才引进管理办法、教职工进修深造规定等制度，对原有的人才管理制度进行了大胆而又人性化的改革，不断创新工作思路、强化政策导向，高层次人才引育工作逐步科学化、制度化、常态化，同时不断加大人才建设经费支持力度，先后引进了在全国具有影响力的教育学学科、中国近现代史学科带头人等一批高层次人才，资助多名教师攻读学位、到名校做访问学者及公派出国留学，打造了一支学历、职称、年龄、学缘结构优化的教师队伍，为学校发展做好了第一要素准备。另一方面，在于我们拥有一批爱岗敬业的教职员工。正是因为大家牢记师道尊严，以教书育人为己任，默默耕耘奉献，才有今天学校事业的进步和发展。今天受表彰的各位教师，正是其中的优秀代表和先进典型。他们在自己的岗位上任劳任怨、追求卓越，为学校发展作出了

积极贡献，集中展现了新时期人民教师的光辉形象，不愧为全校师生的楷模！在此，我谨代表学校，向各位老师由衷地道一声：你们辛苦了！我提议，让我们再次以热烈的掌声，向对学校充满热爱、对事业充满挚爱、对学生充满仁爱的老师们致以最崇高的敬意和最衷心的感谢！希望广大教师都能以他们为榜样，在教学、科研和管理工作中努力奉献自己的聪明才智，为学校新一轮发展作出新的贡献。同时也希望受表彰的教师能戒骄戒躁，继续努力，再立新功！

老师们、同志们，不久前闭幕的学校更名为海南师范大学后的第一次党代会明确了学校应坚持"六大理念"，做好"十大工作"，全面提高人才培养能力，努力建设教师教育特色鲜明的高水平大学，这是海南师范大学顺应新时期的新任务，顺应高等教育形势作出的战略选择，深刻剖析我校实际客观科学而确立的奋斗目标。要实现这一宏伟蓝图，我们的任务还相当繁重、相当艰巨，还面临不少难题和瓶颈。但实践经验和规律告诉我们，破解发展难题，解决发展瓶颈，根本在人才，关键在教师。海南师范大学因为拥有一批博学、敬业、关爱学生的好教师而充满希望。借此机会，我代表学校向大家提几点希望。

一是切实增强教书育人政治意识。要把习近平总书记重要讲话精神，特别是同北京师范大学师生代表座谈时的讲话、在全国高校思想政治工作会议上的讲话、"7·26"重要讲话精神作为我们教书育人工作的基本遵循，坚持以习近平总书记提出的"四有"好老师和刘赐贵书记视察我校时要求的"为海南培养更多优秀教师"为目标，通过源源不断的理论和实践学习，不断增强政治意识，自觉做中国特色社

会主义的坚定信仰者和忠实实践者，自觉把党的教育方针贯彻教学管理工作全过程，自觉坚持把培育和践行社会主义核心价值观融入教书育人全过程，为莘莘学子把好人生的"总开关"、扣好人生的第一颗"扣子"，用自己的学识、阅历点燃学生对真善美的向往，积极引导学生热爱祖国、热爱人民、热爱中国共产党，努力培养又红又专、德才兼备、全面发展的中国特色社会主义合格建设者和可靠接班人。学校各单位特别是各学院，要严格按照教育部党组的要求，进一步加强教师党支部建设，努力把教师党支部打造成教育、管理、监督和服务教师党员的基本单位，党的路线方针政策落实到学校基层的战斗堡垒，党团结和联系广大教师的桥梁纽带，办好中国特色社会主义大学的重要支撑；确保落实全面从严治党要求，全面贯彻党的教育方针。

二是切实增强立德树人的使命感。高校的立身之本在于立德树人，只有培养出一流人才的高校，才能够成为一流大学。要办成高水平大学，必须牢牢抓住立德树人这一根本，并以此带动其他工作。习近平总书记说过："一个人遇到好老师是人生的幸运，一个学校拥有好老师是学校的光荣，一个民族源源不断涌现出一批又一批好老师则是民族的希望。"作为教师，我们要牢记立德树人的责任感和使命感，把主要精力和智慧放在人才培养上，扎扎实实上好每一堂课，切实做好学生成长的引路人。我们还要胸怀远大的追求，不拘泥于眼前，不贪图小利，主动顺应时代的发展，争当优秀的教师、人民满意的教师。学校将坚持考核评价改革的正确方向，充分发挥绩效、职称两大杠杆的作用，以"师德为先、教学为要、科研为基、发展为本"为基本要求，坚持要求教师德才兼备，注重凭能力、实绩和贡献评价教师，克服唯学历、唯职称、唯论文等倾向，努力提高师德水平和业务能力。

三是全面提高人才培养能力。要牢记"教书者必先强己"这一古训，从全面提高人才培养能力这个核心出发，坚持教书和育人相统一，成为塑造学生品格、品行、品味的大先生。坚持言传和身教相统一，成为兼具"学高"和"身正"的教师。坚持潜心问道和关注社会相统一，既潜心研究学问、专职教书育人，又要以家国情怀关注社会。坚持学术自由和学术规范相统一，既鼓励学术争鸣、学术研究无禁区，又要求课堂讲授有纪律，不信口开河。此外，我们广大教师要有本领的危机感，自觉适应新形势、新任务的要求，解放思想，更新观念，创新理念，努力加强学习，钻研教学的理念和方法，做改革发展创新的践行者，全面提高自身素质。特别在当前，要自觉主动融入"大众创业、万众创新"和信息化教学的大潮中，做教学改革和创新人才培养的谋划者、实施者、推动者；要自觉主动"走出去"，深入基层了解最新人才需求，深入国内外教育发达地区学习先进经验。与此同时，我们还要主动研究教学的理念和方针、方法和措施，推动形成具有学校特色的人才培养体系，努力培养具有鲜明海师特质的学子。

四是争做师德师风模范楷模。"教书者必先强已，育人者必先律己。"教师的职业性质和教育的功能决定了教师必须具备高尚的道德和强大的人格力量，真正做到以德修身、以德立威、以德治教、以德育人，内铸师魂，外塑师表，努力做一个既有学识魅力又有道德魅力的人。今年6月，中组部、中宣部、教育部联合印发通知，要求广泛开展向黄大年同志学习活动，学校已经按照通知要求开展了深入的学习活动。同时，学校也将通过教师节系列庆祝活动，大力宣传和展示教师的精神风貌，激励全校教师向黄大年学习，向"全国模范教师"郭力华、"全国师德标兵"林明祥等先进典型学习。弘扬新时期人民教师的崇高师德，进一步增强教师的职业光荣感、责任感和使命感。学校希望每一位教职工，无论是专任教师、行政干部，还是教辅工作人员，都承担好人才培养的重要职责，都努力成为学生健康成长的指导者和引路人，都传承我校的优良传统和文化精神，增强树立高尚师德、塑造伟大师魂的自觉性，加强自身修养，以高尚的品格和人格魅力来教育、感化广大学生，努力帮助学生健康成长成才。

一所大学，立校之基是教师，发展之源是教师，学校的特色和实力也体现于教师。教师就是我们的希望所在！在我们寄希望于广大教师的同时，我们学校领导班子也要努力做到，时刻以师生为本，坚持全心全意为广大师生服务的宗旨，全力维护师生的合法权益，解决师生的实际困难，努力为师生的学习、工作和生活提供优质的服务，创建和谐奋进、团结互爱的环境，不断提升师生的获得感、幸福感，让大家在海师大自由、平等、安心、顺心、开心地学习、工作和生活。

各位老师、同志们，我们不久将面临本科教学工作审核评估，这是对我们本科教学工作的一次全面的检阅。希望大家积极配合做好各项准备工作，以最好的状态迎接评估。同时，也希望全体教师能以本次迎评促建工作为契机，进一步深化教育教学改革，全面提高人才培养能力，不断提升教育教学质量，以不懈努力开创建设教师教育特色鲜明的高水平大学新局面！

最后，再次祝全体教职员工节日快乐，身体健康，工作顺利！谢谢大家！

在美国驻广州总领事白智理访问
学校座谈会上的欢迎辞

校长　林强

（2017年4月25日）

尊敬的白智理先生，女士们，先生们：

大家上午好！今天，美国驻广州总领事白智理先生一行到我校进行访问。我们感到非常高兴。在此，我代表海南师范大学全体师生，对你们的到来表示热烈的欢迎和诚挚的问候！

海南师范大学创办于1949年秋，是海南省创立最早的公办高等学府。现有3个校区，占地面积约3100亩。具有招收博士、硕士和本科生等多层次学历生的资格。现设有21个学院，62个专业。现有全日制学生近2万人，教师900多人。建校至今，我校为社会培养了各类人才14万多人，是海南省重要的高级应用人才培养基地、科学研究基地和教育文化对外交流基地，也是孔子学院总部/国家汉办批准的东南亚汉语推广师资培训基地和教育部批准的中国政府奖学金学生接收院校。

我们学校历来重视对外交流与合作。现已与五大洲58个国家的100多所高校和教育机构开展了学术交流活动，与境外53所大学和教育机构建立姐妹学校关系，与10所大学合作培养人才。近5年共招收国际学生3100人次，初步建成了涵盖从语言培训生到博士生的留学教育体系。我校与美国高校和教育机构也保持着紧密的联系和交流，先后与休斯敦大学、新墨西哥大学、密苏里大学、北得克萨斯科学健康中心等大学和科研院所建立了合作关系。我校曾多次派遣学者、管理干部到美国研修访学，每年暑期都安排30多名优秀学生赴美带薪实习。

一直以来，美国驻广州领事馆致力于建立和维持中美两国间和谐、紧密的学术和人文交流，并作出了杰出的贡献，也给予了我校极大的支持与帮助。在此，请允许我代表海南师范大学对美国驻广州领事馆表示衷心的感谢和崇高的敬意。

当前，我校已经全面确立国际化办学的理念，大力开展多层次、多形式、宽领域的国际交流与合作，积极借鉴、引进海外优质教育资源，培育、开发学校输出资源，形成学校与国际高等教育发展相适应的开放办学格局。我相信，白智理总领事一行的到来，将为我校与美国高水平大学与科研院所不断拓宽合作领域、提升合作层次起到积极的促进作用，为两国文化交流与发展作出新的更大的贡献。希望白智理总领事在我校与美国高校开展的学生交换、中外合作办学及教师互访项目上提供帮助，并积极宣传海南师范大学，让更多的美国学生了解海南师范大学，来到海南师范大学学习。

最后，衷心祝愿中美两国友好交流进一步扩大，合作友谊进一步增进！希望海南师范大学能给各位留下美好的印象！也真诚地欢迎大家给我们学校的各项工作提出建议和意见。祝愿诸位在海南期间，工作顺利，心情愉快！

谢谢大家！

海南师范大学2017级新生开学典礼致辞

校长　林强

（2017年9月11日）

亲爱的2017级同学，尊敬的各位老师、各位教官：

上午好！

请允许我代表全校师生员工向刚刚入学的2017级新同学表示衷心的祝贺和热烈的欢迎！

见到风华正茂的你们，此时我的心境可以用欣喜与期待来概括。

欣喜，是因为在你们的身上，我看到了生机，看到了活力，这是海南师范大学生生不竭的发展动力。借用朱熹的一句诗："问渠那得清如许？为有源头活水来。"

朝气蓬勃的你们就像源头的一股股活水，给我们海师大人带来了汇向大海的活力。

期待，是希望你们珍惜今后的学习生活，在不懈努力中找寻到你们渴求的真知和人生的真义，以奠定你们未来人生的基础。

可能你们会质疑：大学阶段不过是人生短短的瞬间，何以奠定人生基础？

不可否认，大学阶段只有4年，然而，它却是你们成长链条中的关键环节，在某种程度上决定着你们未来的人生，因为你们的专业、你们的业余爱好、你们的朋友圈子、你们的性格、你们的生活态度，将在这一阶段中逐步建立并发展成型。

如此重要的大学学习生活，不容我们不期待！

大学学习与生活的正确路径究竟在哪里？对此，仁者见仁，智者见智。我认为更多需要的是你们亲自体验和发现。作为长你们一些的学长，我冒昧地向同学们提出我个人的理解和感悟，并与你们共勉。那就是自主学习、独立生活、有责任有担当，做一名拥有"独立之精神，自由之思想"，"为天地立心，为生民立命"的人。

所谓自主学习，指学习的动力产生于内在需求，而不是外在的压迫。学习的目的不是通过考试，不是应付家长和老师，而是获取知识、技能和锻炼培养能力。

向你们的老师学习，这是获取知识的重要途径，但不是唯一的途径。如果把所有的希望寄托于教师，过于依赖教师，那将是一件危险的事情。学校已全面启动了以大类招生与培养的教育综合改革为重点的本科教育改革，这是一个更加强调"宽口径、厚基础"培养理念，更加重视应用型、复合型人才培养，更加灵活、更具挑战，也更依赖于同学们主动性的培养模式。相信你们会在相对自主、相对独立的专业选择中，经历一个探索、发现和创造的学习旅程。

大学的魅力在于它为所有学生安排专业教育的同时，也提供大量的自由教育、通识教育。

大学的图书馆、专题讲座、校园设施，并不属于某个具体专业的具体学生，它属于追求知识、追求真理、追求智慧、追求思想的所有学生。意大利的诗人但丁说过，"人，生来是为了高高飞翔的"。只有学会了自主学习，你们才能伸展出飞翔的羽翼，才能打下独立的思想基础并获得自由的精神。

独立生活不仅仅意味着离开父母的悉心照顾，独立安排自己的生活起居，更意味着要凭自己的能力养活自己，逐渐发展经济上的独立精神。

著名教育家陶行知曾呼吁："滴自己的汗，吃自己的饭，自己的事自己干。靠天、靠地、靠父母，不算是好汉！"家庭富裕的同学不必炫耀，因为那不是你的成就，它属于你的父辈；家庭比较困难的同学也没有必要自卑，反而可以自豪，因为你的家庭如此困难，你的父母仍一路护佑你，送你来海师大继续深造。

请同学记住：大学校园绝不是名牌服装或高级饰品的展台。大学校园里最崇尚的是知识、思想和智慧。

大学的教育还在于培养同学们对自己、对家庭、对社会的责任意识与担当意识。"为天地立心，为生民立命"，这是宋代大哲学家张载的"横渠四句"中的两句，它是千年以来一切有理想、有抱负的青年人的呐喊。这呐喊告诉青年人，没有责任意识的知识分子，不能被称为社会的良心。

读万卷书不如行万里路，人类知识既来自世代创新、文脉传承，更源于波澜壮阔、丰富生动的社会实践。墨子曾说："士虽有学，而行为本焉。"青年学子只有学以致用，报效国家、民族，才能发挥出知识分子的最大人生价值。哲人尼采曾说："生命之于我们，意味着不断将我们自身及所遭遇的一切转化为光与火。"

读书，不是为了文凭、金钱和权贵，而是为了做一个有温度、会思考、有责任的人。

这呐喊告诉青年人，懂得爱才会唤起心底的责任。

在奋斗的征程中，大家要记住父母的舐犊深情、倚门之望，要记住心中梦想、家国担当，要记住你们这些年衣食无忧地在自由舒适的环境中求学是身边无数人用付出和守护换来的。希望你们心怀感恩，爱天地、爱生灵、爱社会、爱旁人、爱自己，将爱传递，在学业有成之后回馈这个世界。

今天，你们所步入的这所学校是坐落在祖国南端热带海岛上的一所省属综合性师范大学——海南师范大学。目前，学校拥有4个一级学科博士点、11个一级学科硕士点、3个专业学位硕士点、62个本科专业；有教育部和海南省重点实验室、人文社会科学研究基地，教学科研仪器设备总值37437万元；有图书馆馆藏纸质图书183万册、电子图书112万册，数字化校园建设走在海南省前列，无线网络覆盖全校。在过去近70年里，学校走出了15万多名学子，涌现出许多让母校骄傲的人才，散布在世界各地。我坚信在独木成林的大榕树下、在四季都弥漫着花之芬芳的校园里，你们一定能够找寻到你们人生的坐标。

各位同学，大学的时光是美好的，亦是短暂的。诗人席慕蓉曾经感叹：为什么，走得最急的都是最美的时光。是啊，我们无法挽住时间的脚步，但我们可以在青春的路途上留下最坚实的脚步和最灿烂的笑容。当回首昨天的时候，我们可以坦然而骄傲地说："我无愧于我的青春，我无愧于我的学校。"这就是我——一名从事高教工作30多年的海师大人、今天的校长对你们的期望和祝愿！

最后，衷心祝福2017级新同学学习生活充实、快乐！

谢谢大家！

海南省第三届（2017）社会科学学术年会
"海南历史文化传承与保护"专题研讨会开幕致辞

校长　林强

（2017年11月10日）

尊敬的各位领导、专家、学者，亲爱的同学们：

大家上午好！

今天，海南省第三届（2017）社会科学学术年会"海南历史文化传承与保护"专题研讨会在我校举行，我们感到非常高兴。在此，我代表学校，向海南省第三届（2017）社会科学学术年会的召开表示热烈的祝贺，向出席今天研讨会的各位领导、嘉宾和代表表示诚挚的欢迎，向大家长期以来对海南师范大学的发展所给予的关心和支持表示衷心的感谢！

海南历史文化源远流长、独树一帜，是中华文明中重要的分支。特别是自唐宋以来，或有先人筚路蓝缕，以启山林；或有逐客万里披荒，开启文明；更有海南名士巍然崛起，名满神州。1000年的多元融合和文化创造，造就了丰富多彩的海南历史文化，更出现了"海外邹鲁"的辉煌盛况。今天，伴随着中华优秀传统文化复兴大潮、国际旅游岛建设的不断推进，保护、发掘、传承和弘扬海南历史文化，是当前我们面临的一个重大课题。今天，各位专家学者齐聚一堂，围绕"海南历史文化保护与传承"等一系列重大问题展开研讨，对于传承弘扬中华优秀传统文化以及提升海南国际旅游岛建设的历史文化内涵，都具有十分重要的意义。

一直以来，我们海南师范大学高度重视，并大力加强与海南历史文化相关的文学、历史等学科的建设，取得了显著的成效。2013年，我校中国语言文学学科成功获得博士学位授予权。今年，我校历史学被列入博士点立项建设学科。我们还成立海上丝绸之路研究中心、南海区域文化研究中心等研究平台。我们积极参与海南省文化建设，在海南省重大文化建设工程"海南历史文化大系"的编撰工作中，完成了17部著作的撰写，包括《海南历代贬官研究》《海南地名及其变迁研究》等；在海南省三沙市设立过程中，参与了《三沙设市记》石刻碑文的起草和"三沙文丛"的编撰工作，为服务国家海洋战略作出了贡献；在南海博物馆、海南历史文化名人纪念园、海瑞墓国家廉政教育基地等国际旅游岛文化建设项目策划论证中，发挥了重要作用；基于黎锦文化传承的艺术设计人才培养模式创新实验区成为国家级人才培养模式创新实验区，为黎族优秀传统文化重新焕发出魅力，作出了积极贡献；等等。此次研讨会在我们学校召开，为我们相关学科、研究基地提供了一个很好的学习交流平台，希望各位专家多予指导。

"沧海何曾断地脉，白袍端合破天荒。"我们应更加密切地与社会各界合作，以更饱满的文化热情、更强烈的责任担当，更出色地传承发展海南优秀传统文化，讲好海南故事，提升海南文化自信，为推动海南文化建设、经济社会发展作出新的更大的贡献！

最后，预祝此次会议圆满成功，祝各位专家学者身体健康、工作顺利！

谢谢大家！

【重要文献】

全面深化改革
开创特色高水平大学建设新局面

——在海南师范大学第三届教职工代表大会第五次会议上的报告

校长 林强

（2017年1月18日）

各位代表，同志们：

现在，我代表学校向大会作工作报告，请各位代表审议，并请列席的同志提出意见。

第一部分 2016年学校工作回顾

2016年是"十三五"开局之年，在省委、省政府和学校党委的正确领导下，全校上下深入学习贯彻党的十八大、十八届历次全会、全国高校思政工作会议和习近平总书记系列重要讲话精神，着力发展内涵，做好"三大服务、十大工程"，全力推进省部共建和教学综合改革，提高人才培养质量，提升办学水平，增强服务社会能力，较好地完成了2016年各项工作任务，实现了"十三五"的良好开局。

一、省部共建工作稳步推进

学校积极与省政府各部门沟通联系，省政府办公厅正式出台《海南省人民政府与教育部共建海南师范大学责任分工方案》，省部共建工作被分解为项目化的工作任务，并明确共建项目的具体责任单位，为省部共建工作推进构筑了坚实支撑，也为全国省部共建高校工作开展提供了示范。

学校被纳入国家中西部高校基础能力建设工程（二期）规划，并获得首批4000万元的专项资金。

桂林洋校区建设被纳入全省教育事业"十三五"重点建设项目和海口市重点建设项目，并被推荐纳入全省"多规合一"建设项目库。

二、人才培养质量再上新的台阶

本科人才培养模式改革不断推进。召开全校教学综合改革工作会议，出台《海南师范大学2016—2020教学改革总体方案》，统筹规划"十三五"期间学校教学改革的主要工作。加强教育改革专项研究，获得省级教改项目立项23项。全面推行大类招生与培养改革，全部58个本科专业中已有45个合并到专业大类进行招生与培育，学校本科教育进入一个全新阶段。修订58个本科专业人才培养方案。积极推进课程、课堂教学和考试改革，引进和自建了一批优质网络课程，完成了120门课程的考核方式改革。优化专业布局，全年新增4个本科专业，

2个专业顺利通过评估并获得学士学位授予权。招生工作继续保持良好势头，生源数量、质量不断提升。

实践教学建设有效加强。安排近200万元经费支持4412人次学生参加各类教育实践教学活动。聘请9名中学特级教师对全体师范生进行团队技术培训，提高了师范生的班级管理能力。以大学生教师技能大赛，多媒体课件、微课制作大赛等为抓手，提升师范生教学技能。2016年，学生在第九届中国大学生计算机设计大赛、全国师范院校师范生教学技能竞赛等国家级、省级比赛中获得140多项奖励。大力支持创新创业实践工作，安排100万元支持146个学生创新创业技术训练项目，全年新增24个国家级大学生创新训练计划项目、48个省级项目。35个学生创业项目获得了入科技园孵化的资格。

研究生教育向好发展。顺利完成4个博士学位授权学科的预评估工作，建设成效受到评估专家的好评。深入推进研究生课程建设工作，更新教学内容、改革教学方法，提高教学质量，再次入选教育部研究生课程建设试点单位。大力加强专业学位研究生培养机制改革，获全国教育专业学位教学成果奖二等奖。5名教师被评为"第五届全国教育硕士优秀教师"。3名教师被评为"第五届全国教育硕士优秀教学管理工作者"。学校与海南中学共建的联合培养基地被评为"全国示范基地"。

学生就业水平持续提升。建立学院毕业生就业率每周统计并公布制度，着力加强毕业生创业教育和就业信息精准化服务，在经济下行、就业难度加大的宏观背景下，保持了就业率与就业质量持续提升发展态势。2016届毕业生初次就业率92.80%，在全省公办高校中排名首位，远高于省政府提出的初次就业率在82%以上的目标，基本实现充分就业。

三、学科建设和科学研究水平持续提升

学科建设稳步推进。深入贯彻落实国家"双一流"建设方案，修订学科带头人遴选与考核办法、学科考核实施细则等管理制度，出台新一轮学科建设方案，完成新一轮学科及学科带头人的布局与遴选，形成由2个A类、5个B类省级特色重点学科，4个一流、8个优势、11个特色培育校级特色重点学科构成的学科建设体系，优化了学科建设结构，提升了学科管理水平，培育了新的学科增长点。

科研整体实力提升。2016年，我校获批各级各类科研项目174项，科研经费总计达4366万元，其中国家级科研项目22项，且首次获批国家社会科学基金之教育学单列项目和海南省科技重大计划项目。在省级以上学术刊物发表论文735篇，其中被SCI（科学引文索引）、EI（工程索引）、CSSCI（中文社会科学引文索引）等收录的论文170篇。出版学术著作52部。获得专利授权16项。

高层次科研奖项数量稳定增长。首次获得全国教育科学研究优秀成果奖一等奖。获得海南省科技进步奖一等奖2项、二等奖1项，为近年来成绩最为突出的一年。获海南省第五届高等学校优秀科研成果奖44项，获奖数量居海南高校之首，其中，一等奖7项、二等奖15项、三等奖22项。

科研创新团队发展迅速。"海南热带药用植物化学成分及药理活性研究"创新（培育）团队顺利通过教育部验收并获评优秀，同时入选2016年教育部"创新团队发展计划"滚动支持，资助经费300万元，是海南省2016年唯一获得该项支持的团队。此外，新增海南省科技创新团队1个，资助经费50万元。

平台建设质量逐年提升。新增海南省海上丝绸之路研究基地等5个省级科研平台。热带药用植物化学教育部重点实验室顺利通过教育部5年定期的合格评估。获得中央引导地方科技发展平台专项资金143万元。重新遴选出26个校级研究平台进行新一轮建设。《海南师范大学学报（社会科学版）》在全国首届名栏期刊评优活动中一举囊括名栏建设成就奖、优秀主编奖、优秀责任编辑奖3个奖项，特别是名栏建设成就奖，全国仅11家学报获得。

四、师资队伍建设成效明显

高层次人才引进效果明显。重新修订高层次人才引进与管理暂行办法以及返聘、外聘人员的管理规定等制度，调整人才引进的优惠政策，成功引进了41名高层次优秀人才和紧缺专业人才，其中，副高级以上职称的11人，博士27人，海外留学回国3人；教育学学科、中国近现代史学科引进了具有影响力的带头人各1人；全年外聘、返聘各类高层次人才17人。

教师培养力度不断加大。全年安排外出攻读在职博士学位29人，博士后进站2人，国内访问学者11人，国外访问学者12人，短期课程进修47人。3人入选海南省"515人才工程"；4人获"海南省有突出贡献的优秀专家"（简称"省优"专家）称号；1人获"全国优秀科技工作者"称号，2人获"海南省优秀科技工作者"称号。

五、服务经济社会发展能力持续增强

全方位服务基础教育。继续实施"播种希望"行动计划，高质量完成"国培""省培"等培训任务，全年共培训中小学校长、骨干教师、管理人员近2万人次。牵头建立海南基础教育联盟，帮扶万宁、陵水2个市县的幼儿园，与市县政府和企业合作创建1所小学、3所幼儿园，托管1所幼儿园，拓展学校优质教育资源的覆盖面与影响面。积极支持附属中学改革和加大品牌建设力度，在师资队伍建设、学生教育培养等方面取得显著成果，社会知名度、美誉度得到有效提升。

着力推进产学研合作和科技成果转化。全年与企事业单位合作横向科研项目共30项，经费270万元。以国家大学科技园建设为抓手，完善孵化链条，加快推进科技成果转化。目前，园区在孵企业116家，其中海师及兄弟院校师生企业78家，入园企业转化技术成果22项，申报知识产权76项；园区就业人数超700人。

积极开展精准扶贫工作。研究出台学校5年《精准扶贫攻坚实施方案》，把定点扶贫工作细化为51个项目，实行项目化运作，全年累计投入资金100多万元、人力700多人次，扶贫工作成效显著。陵水黎族自治县亚欠村已经从重点挂牌整治的"问题村"转变为绩效考核合格的"先进村"，驻村"第一书记"杨烨同志被省委提拔为省扶贫办党组成员、副主任。学校还组织科技园企业在定安、白沙、五指山等市县开展科技帮扶，惠及270多家农户。

六、对外交流合作更加活跃

与政府、企业及兄弟院校交流合作进一步加强。在校际合作上，与东北师范大学、黑龙江大学等国内知名高校签订了系列合作协议。在校地合作中，已与儋州市签订了合作协议，现正抓紧落实与海口市、屯昌县、临高县、陵水黎族自治县的合作。在校企合作上，多个企业与我校合作成立研究基地、创业基地并设立奖教基金、助学基金等，学校也利用专业特长助力企业发展，实现校企共赢。

境外合作交流取得新进展。2016年与韩国水原大学、秋溪大学等22所国外高校签署友好

合作协议，合作高校总数比2015年增加13所。与俄罗斯圣彼得堡国立电影电视大学合作广播电视编导和本科教育项目，目前项目已通过海南省人民政府审批，报送教育部审批。短期访学和合作研究外籍专家42人，引进海外名师2人。

学生国际化培养工作稳步推进。通过学分互认、境外专业实习、暑期带薪实践、校际交换等多种形式派遣134名在校学生出境学习交流。不断加强来华留学生教育，努力提高留学生数量和层次，实现本、硕、博全学历层次招收留学生。全年来琼留学479人，学历生规模持续增长。

汉语国际推广有新进展。创新对外汉语师资培养与派出机制，加强孔子学院管理和师资优秀团队建设，吸引和鼓励优秀人才加入孔子学院。全年派出汉语教师及志愿者39名，培训汉语志愿者175名。

七、服务保障工作有力有效

桂林洋校区建设成效显著。取得桂林洋校区一期1405亩土地证，解决了拖延近10年的一期土地证办理问题；二期560亩土地收地工作基本完成。投入1.59亿元，建成体育综合训练馆、学生公寓楼11栋—14栋、二期学生食堂、产学研基地楼等4个项目，建筑面积69539.23平方米。图书馆、主校道、开闭所配电及外线工程等项目也开工建设。2016年是桂林洋校区建设进展最大的一年。

公共服务体系进一步完善。完成13.08亿元固定资产的清查和产权登记工作。大型仪器设备基本实现了开放共享，有偿使用。全年新增设备家具类资产16128项，价值4482万元。持续加大文献资源建设力度，满足教学、科研需求。图书馆参赛项目以最高分荣获海南省高校图书馆社会服务创新案例大赛一等奖。投入专项信息化建设资金，校园信息网络硬件设施条件和数字信息资源得到有效提升和完善。在海南省财政紧缩的情况下，争得中央及省级财政追加项目预算拨款共计2.39亿元，经费总量创历史新高。

民生建设迈出新步伐。完成教师周转房改造、专家楼改造、电网改造等12项民生改造工程，扎实开展"双创"工作，为教职工营造更舒适的生活环境。新建教职工住房及佳宝花园全部交房，想方设法做好集资保障房和剩余房源选购、按揭贷款，以及周转房分配等工作，解决教职工的实际困难。切实做好资助贫困家庭学生工作，全年共有5097名学生获得各类奖学金，4616名学生获得国家助学金，75名学生获得爱心助学借款。

平安校园建设深入推进。全年组织4次全校性安全隐患排查，开展治安综合整治行动82次，解决实际问题299个。投入近120万元用于技防建设，进一步扩大了校园视频监控的覆盖率。全年校园治安总体状况良好。

八、思想政治与党建工作创新发展

全面加强党的建设。加强领导班子的理论学习，党委理论学习中心组第一时间组织学习上级最新会议、文件精神成为常态。首次组织开展了各级党组织书记抓基层党建述职评议考核工作，我校在海南省高校党委书记抓基层党建述职评议考核工作中荣获第1名。积极配合省委第三巡视组巡视工作，并认真做好整改工作，全面提升了党建工作科学化水平。认真开展好"两学一做"学习教育。全面完成分党委、党总支、党支部的换届工作，学校党代会的筹备工作已基本完成。认真做好党费收缴、党员组织关系排查等专项工作，进一步规范了党员的管理。

进一步加强思想建设工作。研究出台了《加强和改进宣传思想工作的实施意见》《加强意识形态工作责任制实施细则》，细化责任清单。在省委举办的党委（党组）意识形态工作责任制座谈会上作典型发言。强力实施思想引领"六个一"工程，扎实推进中国特色社会主义理论体系和社会主义核心价值观进课堂、进教材、进头脑，引导广大学生培育和践行社会主义核心价值观。全力推进部校共建新闻传播与影视学院工作，协力培养卓越新闻传播人才。积极争取省委教育工委的支持，与主管部门和国内兄弟院校共建马克思主义学院，并积极申报国家重点马院，全力巩固马克思主义在意识形态领域的指导地位。

全面贯彻落实党风廉政建设责任制。坚持个人重大事项报告、提醒谈话、廉政谈话、诚勉谈话、组织函询等制度，全年对领导干部进行提醒谈话47人，函询单位或个人7次，进行党纪处分或诚勉谈话6人。进一步完善基层纪检队伍建设，在全部27个分党委（党总支）和98个党支部设立了纪检委员。对全校二级单位领导班子和处级领导干部贯彻执行责任制情况进行考核。加强对招生、基建、采购、财务、科研等重点领域和关键环节的监控，逐步形成重点防控、逐级管理、责任到位的廉政风险防控体系。

加强督查督导工作。出台督办工作办法，完善督查督导工作程序，采取多种措施，重点抓好省部共建、"三大服务、十大工程"等学校重大决策和重要工作的专项督查督导工作，全年累计督办事项554项，提升了工作执行力，有力地推动了各项工作的落实。

稳步推进校园文化建设。依托建党95周年、红军长征胜利80周年等重要时间节点，举办了"听党话，跟党走"纪念五四运动97周年合唱比赛、"颂歌献给党"师生合唱比赛等系列红色文化活动；继续开展"知礼明德、明礼修身"主题教育和"六进活动"主题班会等活动及文明宿舍创建工作，多方位、多渠道提高学生综合素质。广泛开展"榕树计划"、"书香师大"读书节等形式多样的校园文化活动和社会实践活动，形成了一批在全省高校中有很大影响的校园文化标识和志愿服务品牌。学校被团中央评为"2016年全国大学生志愿者暑期'三下乡'社会实践活动先进单位"，3支实践队被评为"全国优秀实践队"，1名教师被评为"全国优秀个人"，是全省唯一囊括"三下乡"三类奖项的高校。

我们还进一步加强人口和计划生育、离退休人员管理服务、体育和卫生服务等工作。

各位代表，同志们，一年来，我们在各方面所取得的成绩，是在学校党委的正确领导下，全校师生员工共同努力的结果。在此，我代表学校向各位代表，并通过你们向全校师生员工，表示最衷心的感谢，并致以崇高的敬意！

我们也清醒认识到，学校工作还存在不少问题，需要我们认真研究，加以改进：一是学校正处在变革发展的关键时期，我们的思想有待进一步统一，改革举措有待进一步细化落实；二是学科队伍仍然比较薄弱，学科带头人队伍和创新团队的建设还有待加强；三是学科建设与科研创新能力有待进一步提高；四是服务地方经济社会发展和行业重大需求的能力有待提高；五是师德师风、学风和工作作风建设还要加强；六是开放办学、国际合作与交流等还有待进一步开拓；七是党建与思想政治工作科学化水平还有待进一步提升。以上这些问题，需要我们继续加大工作力度，逐步加以改进。

第二部分 2017年学校工作安排

今年是实施"十三五"规划的承上启下的重要一年，也是全校上下学习宣传贯彻落实习近平总书记在全国高校思想政治工作会议上的重要讲话精神、《中共中央、国务院关于加强和改进新形势下高校思想政治工作的意见》要求，实现全程育人、全方位育人，全面推进教师教育特色鲜明的高水平大学建设的"共同行动年"。

学校即将召开党代会，这是升格师大以来的第一次党代会。我们要努力把党代会开成一个凝心聚力的大会，在新的历史起点上，谋划好未来5年学校的工作，为学校发展护航导向。

2017年，学校总体工作任务是，根据"十三五"规划和今年新形势，重点做好本科教学改革和质量提升、师资队伍建设、对外合作办学、后勤改革、智慧校园建设、基层党建等工作，推动学校各项事业持续健康发展。

一、深入推进教育教学改革，提高人才培养质量

深化本科教育教学改革。以生为本，科学设计培养、分流方案，确保大类招生与培养工作顺利进行。以实施本科教学质量提升计划为抓手，创新教学流程和教学组织方式，全面推进"混合式"课程教学改革、考试评价方式改革、实践教学改革，加强优质教材建设、精品课程建设、高水平教学团队和教师队伍建设。创新专业建设模式，开展本科专业评估试点工作，全面提升本科教学内涵，为2018年本科教学审核性评估工作奠定坚实基础。积极应对高招制度变革、积极探索促进毕业生就业新途径，

建设与社会联系通畅的学生职业发展和就业对接平台，保持生源质量和就业质量持续提升。

持续加强教师教育改革。统筹整合教育学资源，理顺、完善教师教育的组织架构。推进协同发展的教师教育模式改革，建立教师教育创新实验区，全面加强对师范生职前培养、入职指导和职后跟踪的一体化教育，建设教师发展中心。继续深化与各市县、各中小学的合作，积极引领中小学一线教师进入大学课堂，安排师范专业教师深入中小幼学校开展教学和研究活动。有计划、有重点地建设一批校外实践教学基地，逐步建立起"大学—政府—中小学校"联动的教师教育体系。依托综合型卓越小学教师培养的国家级项目，实施好卓越乡村小学教师计划项目，探索具有海南特色的卓越小学教师培养模式。

大力加强创新创业教育。研究制订创新创业活动中教师指导工作量计算办法、创新创业导师制管理办法等制度，扩大学籍弹性化管理，完善创新创业学分积累与转换制度，进一步完善学生创新创业管理与激励机制。持续举办各类创新创业类校园活动和比赛，择优培育一批创新创业项目并给予经费资助，鼓励学生借助项目平台，投身创业实践。继续培育创新创业学生社团。整合社会资源，促进创业就业见习基地的建立和规模的不断扩大。

加强高级应用型人才培养。实施好中高职本硕一体化培养工程，构建应用型本科与专业硕士培养直通车。支持和鼓励旅游管理、软件工程2个省级应用型本科专业转型改革试点。以搭建职业教育立交桥为平台，与职业院校在实训教学、职业技能鉴定等方面开展深度合作。启动在校生技能培训计划，让更多的学生取得"学历＋职业"资格证。

加强研究生教育。做好新一轮博士、硕士学位点申报工作。继续组织开展学位授权点合格评估工作。创新研究生培养模式，争取落实学校推免资格。完善研究生学位论文外送双盲审办法。强化学院、导师和研究生的质量意识、诚信意识，完善研究生培养保障体系，保证学位授予质量。加强研究生实践基地建设工作，重点推进3个专硕点与省内外相关单位建设联合培养基地。

二、推动学科内涵建设，提升科学研究水平

全面统筹学科发展。对接国家和海南省高水平大学和一流学科建设实施方案，加强整体统筹，推进教育学、马克思主义理论、生态学、化学、中国语言文学等具有示范引领作用的省级特色优势学科建设。按标准加强拟建博士点、硕士点学科建设。加强数学等相关学科的建设，加强各学科的基础条件建设，整体推动学科水平提升。

提升科学研究水平。推行国家级科研项目申报工作目标考核制，做好各级各类优秀成果奖申报的培育、推荐与跟踪工作，保持高级别项目、高水平成果稳定增长。深化科研经费管理改革，加快形成充满活力的科技管理和运行机制。实施高级职称学术讲座制度，丰富学术交流形式。

加强科研平台建设。继续加强对现有科研平台的管理，争取新增一批高层次重点实验室和重点研究基地，重点加大热带动植物生态学省部共建教育部重点实验室的建设力度，确保顺利通过教育部验收。

三、积极推进人事制度改革，加快高水平师资队伍建设

持续加大高层次人才引进力度。2017年拟安排2000万元引进学科带头人，具有博士学位和副教授以上职称人员等各类人才约50人，并争取在"千人计划""万人计划""长江学者奖励计划"等国家级高层次人才的引进上有所突破。加大兼职、返聘及柔性引进人才力度。

实施"双师型"教师建设工程。有计划安排约30名在职教师到中小学、企业挂职锻炼。聘请约30名中小学优秀骨干教师或企业高级技术人才到校任教。

完善可持续发展的人才体系。选派30~50名教师做访问学者、单科进修或到相关培训机构参加培训。对40周岁以上专任教师、实验员进行师德教育网络专题培训。鼓励中青年教师和管理人员在不影响工作前提下，继续学历教育，或者到机关、企业、高校挂职锻炼。建立管理干部评职称制度。以教师典型塑造、名师评选等活动为抓手，发挥名师效应，推动师德师风建设。

稳步推进人事制度改革。落实国家《关于深化职称制度改革的意见》，研究制定校内人员转岗制度，人尽其才。研究制定教师学术休假制度、教学科研人员社会兼职管理办法，进一步完善高级职称自主评聘管理办法、全员合同制岗位聘用制度、专职管理人员分级管理制度等人事管理制度，修订教职工进修、游学、深造有关规定，实施教师考核评价制度改革，更加科学合理定编定岗。探索建立综合目标责任制，深化收入分配制度改革，理顺继续教育学院、研究生学院及各教学单位收入分配关系，探索建立以岗位绩效工资制为主体的多元收入分配体系，扩大二级单位奖励性绩效分配的自主权，鼓励二级单位创收增收。制定编外聘用人员职业发展政策，给予编外聘用人员更多的职业关怀。

四、深度服务社会，全面提升社会知名度与影响力

提升教育服务贡献度。以"国培计划"为示范引领，以省级骨干教师培训、校长培训、高师培训为工作重点，大力拓展非学历培训，打造教育培训品牌。创办海南师范大学桂林洋培训中心，实现经济效益和社会效益双赢。支持附属学校改革创新，不断提升办学实力，并通过与政府、企业合作，有序扩大办学规模，拓展满足群众教育需求的新途径。

加强智库建设。实施目标管理，扎实推进海南教育改革发展研究院、海上丝绸之路研究中心、生态文明研究中心等智库建设工作，进一步凝聚团队、聚焦方向，围绕服务国家和地方经济社会发展重点提供决策咨询。

积极推进科技成果转化。深化科研评价改革，强化科技成果转化在评价体系中的重要性，促进教师开展科技成果转化。进一步推动科技园建设发展，全年计划建设新技术、新产品研发中心4个；新增入园创业项目40个，吸引100名师生入园创业，转化科技成果10项，为社会提供就业岗位200个以上，吸引社会资金投资入园企业200万元以上；实现科技园管理公司股份制改造及市场化运行。

加大精准扶贫力度。继续加大帮扶力度与投入，确保今年建档立卡贫困户全部脱贫，并进一步推进教育扶贫和产业扶贫，为今后3年的巩固提高和逐步致富打下坚实基础，真正实现把精准帮扶亚欠村打造成我省精准扶贫的成功典范。

五、扩大对外合作与交流，进一步推进教育国际化进程

加强校校、校地、校企合作。推动落实与兄弟院校、各级地方政府签订的框架协议。争取与更多知名院校、科研院所及地方政府建立有价值的合作关系。争取更多的横向课题，优化横向课题管理，鼓励教师从事地方合作应用性项目，打造具有鲜明区域特色的产学研用合作创新体系。

实施国际合作拓展计划。在国际合作办学上实现零的突破，推进与俄罗斯圣彼得堡国立电影电视大学的合作办学项目、英国斯旺西大学应用数学合作项目等，争取实质性成果。鼓励和推进各二级学院与境外友好单位建立合作关系。

实施学生国际视野拓展计划。出台《海南师范大学出国（境）交换（流）生奖学金实施办法（试行）》和《海南师范大学出国（境）交流学习管理办法》等，设立专项奖学金资助学生出国（境）学习。支持100名以上本科生、研究生出国（境）开展专业学习、社会实习，以及参加各类短期项目。

加强师资队伍的国际化建设。积极申报2017年度国家外专局出国（境）培训项目，鼓励和支持教师出国（境）参加高水平学术会议、进行科研合作等。加大引智力度，多形式、多途径引进国（境）外高水平人才；支持二级学院引进外籍专家，希望2017年来校工作的长期和短期国外专家人数有较大增长。

大力发展留学生教育。强化长期跟踪和市场培育，逐步完善符合国际学生需求的培养体系和培养方案，提升对优秀留学生的吸引力，进一步扩大国际学生招生规模，优化留学生生源结构。2017年学历国际学生在130人左右，非学历国际学生600人次，国际博士生、硕士生比例有所提高。

做好汉语国际教育与推广工作。探索与东

盟国家合作建设汉语师资培训基地和探索教育资源开发，开展汉语国际推广及海外华文教育工作。加强马来西亚世纪大学孔子学院建设，与英国萨里大学合作探索旅游孔子学院建设新模式，增强学校对外文化影响力。

六、强化资源条件保障，完善公共服务体系

继续推进桂林洋校区项目建设。完成二期剩余约200亩校园土地征收地工作。计划投资2亿元以上，完成主校道工程、开闭所配电及外线工程、南大门工程等项目。推进图书馆、学生活动中心、综合教学楼、游泳池及附属设备、田径运动场、公共教学楼、学生公寓15栋—18栋等项目的建设。完成校区后续项目建设的规划、设计等前期工作，调整校区总体规划，完成园林规划的设计和论证工作。

提升信息化服务水平。加快网络软件、硬件建设。开启智慧校园和大数据应用的论证和前期建设工作，不断开辟为校园用户服务的新领域、新项目。开展对教职员工使用学校网络管理系统的培训。开发和全面应用各类信息应用系统，促进教学、科研及管理的效率和水平的提高。

提升综合服务水平。加大教学环境改造力度，对公共教室整体建设进行总体规划，打造功能多样的公共教室。推进实施龙昆南校区停车设施建设和交通治理、园林景观设计改造等项目，继续改善校园环境。加强文献资源建设和利用，推进档案管理现代化建设，提高图书档案服务质量。做好校园安全稳定和周边环境综合治理工作。开源节流，加强项目科学论证，做好资产采购和管理工作，促进资源合理分配利用。拓宽资金渠道，积极争取中央财政专项资金、省财政存量资金、省地债资金、省基本建设资金等预算外资金支持。加强资金使用的

绩效评价，提升资金使用效率。

着力抓好民生工程。继续推进后勤改革，稳妥推进食堂、教学区、学生区物业改革工作，进一步理顺后勤运行机制和后勤管理部门职能转变。积极推进学校食堂标准化建设。推进能源管理平台建设，提升水电能耗管理的信息化、数字化水平。落实桂林洋校区教师生活小区建设项目。进一步提升离退休教职工服务质量，鼓励离退休同志继续为学校建设出力和建言献策。继续做好学生资助和加强学生心理健康教育工作。

七、改进并加强思想政治和党建工作，发挥政治引领作用

进一步加强思想理论武装。认真抓好各级领导班子理论学习中心组学习，重点做好习近平总书记谈治国理政的系列重要讲话精神，以及今年将召开的党的十九大、海南省第七次党代会和学校党代会精神的学习与宣传工作。通过单位集体学习和个人自学相结合的方式加强教师队伍的理论学习。推动群团、工会改革工作，增强发展活力。

进一步加强领导班子建设。研究出台《党委领导下的校长负责制实施细则》，完善党委会、校长办公会和基层单位党政联席会的议事决策制度，建立健全党委书记与校长定期沟通制度、校领导谈心谈话制度、领导干部过双重组织生活会制度等，全面加强各级领导班子建设，切实发挥好党委的领导核心作用。

进一步加强干部队伍建设。认真贯彻落实《党政领导干部选拔任用工作条例》等相关规定，研究出台《推进干部能上能下的实施细则》，做好干部的调整和充实工作，推动形成良好的用人导向。研究出台干部任期制、交流轮岗、挂职锻炼等相关规定。不断加强思想政治

工作队伍和党务工作队伍建设。加强干部教育培训和管理，努力提高干部队伍素质。

切实加强基层党建工作。进一步强化各基层党组织书记管党治党责任，推出党建工作责任清单，开展好二级党组织书记抓基层党建述职评议考核工作。认真做好"党建示范点"创建活动，继续落实好民主评议党员，"失联"党员的组织关系排查和规范管理、组织处置等工作，发挥好基层党组织的战斗堡垒作用。

不断加强和改进思想政治教育工作。通过理论学习报告会、党团知识竞赛、"中国梦，海师梦"主题宣传教育活动等多种方式深入开展社会主义核心价值体系教育。重视发挥课堂育人作用，加强对思想政治理论课的建设与管理，努力提升思想政治理论课教学质量，更好地发挥思想政治理论课的主渠道作用。

深入推进党风廉政建设和督导工作。认真落实十八届六中全会精神以及《中国共产党党内监督条例》《关于新形势下党内政治生活的若干准则》，强化执行意识，加强对各个责任主体的指导和监督，完善干部问责机制。建立专门研究党风廉政建设工作及专项考核制度的工作小组，强化监督和考核。健全纪委组织机构，加强教育纪检干部队伍建设。加大谈话函询力度，加强对纪律执行情况的监督检查，坚决防止和纠正执行纪律"宽松软"的问题。完善权力运行制约监督机制，推进廉政风险防控机制建设，继续加大对重点工作的监督力度。

各位代表，同志们，我们的目标是在一个不太长的时间内，把海师建设成为教师教育特色鲜明的高水平教学研究性大学，换句话说，就是要把海师建设成为知名的中国好大学。新的一年，让我们携起手来，在学校党委的领导下，团结协作，抢抓机遇，深化改革，积极进取，以优异成绩迎接党的十九大，努力开创学校事业发展的新局面！

基本信息概览

海南师范大学现任领导

1. 学校党政领导班子成员

党委书记：李红梅

校　长：林　强

党委副书记：林　强　刁晓平

副校长：过建春　史海涛　李　森

党委委员（2017年7月起）：史海涛　李　森

　　　　　　　　　　　王　华　王任斌

黄培怡　黄忆军

2. 学校纪委领导班子成员（2017年7月起）

纪委书记：刁晓平

纪委副书记：符启文

纪委委员：吴　昊　王友明　刘湘平

海南师范大学党政职能部门负责人

1. 党政办公室（督查督导办公室）

主　任：王　华

副主任：王友明（2017年7月起）

督查督导办公室主任：符启文（2017年1月止）

省部共建办公室主任：王　颖（2017年9月起）

　　　　　　邹木荣（2017年6月止）

2. 组织部

部　长：王任斌

副部长：颜洪南（2017年7月起）

3. 宣传统战部

部　长：黄培怡

副部长：王增智（2017年7月起）

　　　　黎红艳（2017年7月止）

4. 纪检监察办公室（审计处）

主　任：符启文（2017年1月起）

副主任：蒋　瑜（2017年7月起）

张天柱（兼审计处副处长，2017年6月起）

5. 教育工会

常务副主席：吴　昊

副主席：王志斌

　　　　黎红艳（2017年7月起）

6. 团委

书　记：陈正强

7. 学生工作部（学生工作处、人民武装部）

部　长：杨　海

副部长：吴亚弟

8. 人事处（计划生育办公室）

处　长：郑荣臻

副处长：黄　武

9. 教务处

处　长：梁　广

副处长：陈焕东　赵菊梅

10. 科研管理与学科建设处

处　长：张仙锋（2017年7月起）

11. 财务处

处　长：李云海

副处长：石丽娟

12. 国有资产管理处

处　长：蒙激流

副处长：吉承儒

13. 招生就业处

处　长：党　意

副处长：戚文东（2017年7月起）

就业指导中心副主任：陈林川（2017年7月起）

14. 后勤管理处

处　长：王　颖（2017年9月止）

副处长：杨树彪（主持工作，2017年9月起）

　　　　云　哲　王明波

15. 基建处

处　长：杨育界（2017年7月起）

副处长：杨育界（主持工作，2017年7月止）

16. 对外合作与交流处（华侨与港澳台侨事务办公室）

副处长：耿　娟（主持工作）

17. 保卫处（综合治理办公室）

处　长：邢俊杰

副处长：邱宏志

　　　　陆瑞文（2017年7月起）

综合治理办公室

主　任：史海涛（兼）

常务副主任：邢俊杰（兼）

副主任：张　成（挂任陵水黎族自治县本号镇亚欠村第一书记）

18. 离退休工作办公室

主　任：游金平

　　离退休党委

　　　书　记：李科光

　　　副书记：游金平

19. 教育发展管理办公室

主　任：邹锦云（2017年7月起）

副主任：邹锦云（主持工作，2017年7月止）

20. 大学科技园区管理办公室

主　任：林明才

副主任：陆振华（2017年3月起）

21. 党校

副校长：丁匡一（2017年7月起）

22. 机关党委

书　记：符广东

23. 发展与改革研究中心

主　任：廖元锡

24. 图书馆（档案馆）

馆　长：胡素萍（2017年7月起）

副馆长：李冕斌　陈平殿

党总支书记兼档案馆馆长：符史涵

25. 教育科学研究院

副院长：王彦才（主持）

　　　　李振玉

党总支书记：崔国清

26. 学报编辑部

主　任：徐仲佳（2017年7月起）

副主任：王学振（主持工作，2017年7月止）

　　　　刘　红

27. 信息网络与数据中心（省教育网络中心、信息办公室）

主　任：刘家宁

副主任：卢朝晖（2017年7月止）

　　　　何书前（2017年9月起）

　　　信息办公室

　　　　副主任：曹均阔（2017年7月起）

28. 海南教育期刊社

社　长：李　捷（2017年8月止）

总编辑：陈智慧

党总支书记：陈贤春

海南师范大学学院负责人

1. **教育与心理学院**

院　长：肖少北

副院长：陈文心

　　　　任仕君（2017年6月止）

党委书记：李关跃

党委副书记：邓志斌（2017年7月止）

2. **初等教育学院**

院　长：张玉成

副院长：谢慧盈　李翠白

党委副书记：叶少雄（2017年7月止）

辅导员：叶少雄（2017年7月起，正处级）

3. **文学院**

院　长：邵宁宁

副院长：杨清之

　　　　王献军（2017年6月止）

党委书记：邓志斌（2017年7月起）

　　　　徐仲佳（2017年7月止）

党委副书记：文中童

　　　南海区域文化研究中心

　　　　常务副主任：张一平

4. **新闻传播与影视学院**

院　长：卿志军（2017年7月起）

副院长：卿志军（主持工作，2017年7月止）

党委书记：陶海生

辅导员：李　蔺（2017年7月起，副处级）

5. **法学院**

院　长：冯春萍

党委书记：王　博

党委副书记：蔡笃瑜

6. **马克思主义学院**

院　长：王习明

副院长：兰　岚　杨英姿

　　　　丁匡一（2017年7月起）

　　　　孙　民（2017年7月止）

党委书记：黄忆军

辅导员：李秋花（2017年7月起，副处级）

7. **外国语学院**

院　长：杨蕾达

副院长：方志彪

党委书记：姚凯雄

辅导员：杨白全（正处级）

8. **音乐学院**

院　长：曹时娟

副院长：贾志宏

　　　　赵玉生（2017年9月止）

党委书记：林琼斌

党委副书记：柴俊阳

9. **美术学院**

院　长：张　梦

副院长：周建宏

　　　　张　引（2017年7月起）

　　　　庄家会（2017年7月止）

党委书记：曾德立

辅导员：陈志彬（2017年9月起，副处级）

10. **经济与管理学院**

院　长：潘永强

副院长：张云华（2017年7月起）

　　　　陈莉花（2017年6月止）

　　　　索　红（2017年9月止）

党委书记：高静川

党委副书记：王承毅（挂任海口市琼山区副区长）

11. **数学与统计学院**

院　　长：陈传钟

副院长：陈继元

　　　　徐景实（2017年7月起）

　　　　王凯华（2017年7月止）

党委书记：沈有建

党委副书记：曾令明

辅导员：陈志彬（2017年9月止，副处级）

12. **信息科学技术学院**

院　　长：吴丽华

副院长：张学平

　　　　卢朝晖（2017年9月起）

　　　　刘晓文（2017年7月起）

　　　　何书前（2017年9月止）

党委书记：杨　林

辅导员：陈叙明（正处级）

13. **物理与电子工程学院**

院　　长：彭鸿雁

副院长：符运良　张铁民　谢琼涛

党委书记：林　吉

党委副书记：邢晓晖

14. **化学与化工学院**

院　　长：孙振范

副院长：陈光英

　　　　王崇太（2017年7月起）

　　　　孙　伟（2017年7月起）

党委书记：杨　钰

党委副书记：梁晓明（2017年7月起）

15. **生命科学学院**

院　　长：王锐萍

副院长：梁　伟　汪继超　关亚丽

党委书记：李国成

党委副书记：叶芳云

16. **体育学院（体育运动委员会）**

院　　长：张新定

副院长：李　培　陈　新

党委书记：钟恒杰

辅导员：吴　鹏（2017年7月起，副处级）

　　体育运动委员会

　　　专职副主任：苏春宇

　　体育研究中心

　　　主　任：郝文亭

17. **地理与环境科学学院**

院　　长：赵志忠

副院长：谢跟踪　赵从举

党委书记：杜　娜

党委副书记：陈崇介

18. **旅游学院**

院　　长：冯树祝（2017年5月止）

副院长：陈　才　罗艳菊

党委书记：欧阳蔓蓓

党委副书记：蔡扬翼（2017年7月止）

辅导员：蔡扬翼（2017年7月起，正处级）

19. **研究生学院**

院　　长：张兴吉

副院长：王凯华（2017年7月起）

　　　　刘湘平（2017年7月起）

党委书记：黄俊平

20. **国际教育学院（东南亚汉语推广师资培训基地、华文教育基地）**

院　　长：陈　江（2017年7月起）

副院长：陈　江（主持，2017年7月止）

　　　　柴俊星

党委书记：陈运弟

辅导员：吴　椿（副处级）

21. **继续教育学院**

院　　长：符永雄

副院长：丘名实　孙自强

党总支书记：陈闻得

海南师范大学附属单位负责人

1. 海南师范大学附属中学

校　　长：陆荣基（2017年8月止）
　　　　　覃　程（2017年8月起）
副校长：何达权　谢海涛
党委书记：李海文（2017年5月止）
党委副书记：张　渝

2. 海南师范大学实验小学

校　　长：蔡于淮

副校长：邹　伟　邱志海

3. 海南师范大学附属幼儿园

园　　长：丁金霞
副园长：王　昕　张清凤

4. 海南师范大学医院

负责人：李科武

海南师范大学学术委员会名单

主　　任：林　强
副 主 任：过建春　史海涛　李森
秘 书 长：科研管理与学科建设处负责人
副秘书长：梁　广　张兴吉
成　　员：马生全　王习明　王凯华
　　　　　王彦才　王晓平　王锐萍
　　　　　王　颖　冯春萍　田中景
　　　　　刘家宁　刘　强　孙　伟
　　　　　孙振范　曲　轶　吴丽华
　　　　　张一平　张仙锋　张玉成

张　梦　张新定　李占鹏
李振玉　李翠白　杜秀君
杨蕾达　肖少北　邵宁宁
陈　才　陈传忠　陈光英
陈　红　林明祥　赵从举
赵志忠　郝文亭　卿志军
夏敏慧　徐景实　桂小径
索　红　郭根山　曹时娟
梁　伟　符运良　隋丽娟
彭鸿雁　潘永强

高基511

校舍情况

单位：平方米

	编号	学校产权校舍建筑面积				正在施工校舍建筑面积	非学校产权校舍建筑面积		
		计	其中				合计	独立使用	共同使用
			危房	当年新增校舍	被外单位借用				
	编号	1	2	3	4	5	6	7	8
总计	1	653949.32				30261.9			
1. 教学科研及辅助用房	2	209027.93				30261.9			
教室	3	70919.08							
图书馆	4	18450				30261.9			
实验室、实习场所	5	74256.48							
专用科研用房	6	9030							
体育馆	7	35433.25							
会堂	8	939.12							
2. 行政办公用房	9	16418.5							
3. 生活用房	10	140206.93							
学生宿舍（公寓）	11	76610.03							
学生食堂	12	18161.87							
教工宿舍（公寓）	13	31859.13							
教工食堂	14	350							
生活福利及附属用房	15	13225.9							
4. 教工住宅	16	148479.12					*	*	*
5. 其他用房	17	139816.84							

注：*表示该项不统计，下表同。

資産情況

高基521

編號	佔地面積（平方米）			圖書（萬冊）		計算機機數（台）			教室（間）		固定資産總值（萬元）				
	計	其中		計	其中:當年新增	計	其中:教學用計算機		計	其中:網絡多媒體教室	計	其中			
		綠化用地面積	運動場地面積				計	其中:平板電腦				教學、科研儀器設備資産值		信息化設備資産值	
												計	其中:當年新增	計	其中:軟件
	1	2	3	4	5	6	7	8	9	10	11	12	13	14	15
學校產權 1	1331396.8	247829	106348			7345	4760	8			110545.9	27342.23	3167.46	10813.93	3417.97
非學校產權 2	11297											*		*	*
1.獨立使用 3	11297											*		*	*
2.共同使用 4												*		*	*

信息化建設情況

高基522

編號	網絡信息點數（個）		上網課程數（門）	電子郵件系統用戶數（個）	管理信息系統數據總量（GB）	數字資源量				信息化培訓人員（人次）	信息化工作人員（人）
	計	其中:無線接入				電子圖書（冊）	電子期刊（冊）	學位論文（冊）	音視頻（小時）		
甲 乙	1	2	3	4	5	6	7	8	9	10	11
總計 1	20000	5500		1280	100	2000	3758	264			

图书馆馆藏及当年购置文献情况统计表

馆藏纸质图（册）	馆藏电子图书（册）	新增纸质图（册）	借阅量（册）
208.93万	128.02万	6.69万	66421

2017年校内刊物一览表

序号	刊物名称	类型	期数/册数	主办单位	有无刊号
1	海南师范大学学报（社会科学版）	期刊	6	学报编辑部	国内：CN46-1076/C 国际：ISSN 1674-5310
2	海南师范大学学报（自然科学版）	期刊	4	学报编辑部	国内：CN46-1075/N 国际：ISSN 1674-4942
3	海南师范大学报	报纸	16	中共海南师范大学委员会	CN46-0802/（G）
4	新教育	期刊	36	中共海南师范大学委员会	国内：CN 46-1069/G4 国际：ISSN 1673-0739
5	海南师范大学年鉴	图书	1	档案馆	无
6	海南师范大学照片册	画册	1	档案馆	无
7	海南师范大学教学简报	期刊	3	教务处	无
8	2017海师社团	宣传册	1	团委	无
9	海南师范大学迎新特刊	宣传册	1	海南师范大学	无
10	海师青年	杂志	8	团委	无
11	410报纸	报纸	7~8	文学院410协会	无
12	华茵文集	图书	1	文学院410协会	无
13	风华	期刊	1	文学院	无
14	南岸	报纸	5~8	文学院研究生会	无
15	风畅	宣传册	1	初等教育学院学生会	无
16	弄潮	期刊	1	马克思主义学院	无

档案馆馆藏情况统计表

	纸质档案		照片档案（张）	实物档案（件）	数字化电子图像（张）
	以卷为单位	以件为单位			
馆藏档案总量	53813	22506	3217	313	841422
2017年新增档案量	2648	2457	1763	9	124126

相关表格

教职工情况

高基411

单位：人

	合计	教职工数								聘请校外教师	离退休人员	附属中小学幼儿园教职工	集体所有制人员
		计	校本部教职工				科研机构人员	校办企业职工	其他附设机构人员				
			专任教师	行政人员	教辅人员	工勤人员							
编号	1	2	3	4	5	6	7	8	9	10	11	12	13
总计	1405	1405	1004	264	94	43				194			13
其中：女	730	730	512	138	75	5				65			
正高级	233	233	230	3						127	*	*	*
副高级	356	356	324	7	25					27	*	*	*
中级	413	413	305	60	46	2				15	*	*	*
初级	167	167	111	43	13					11	*	*	*
未定职级	236	236	34	151	10	41				14	*	*	*
其中聘任制 小计	8									*	*	*	*
其中：女	9									*	*	*	*
正高级	10									*	*	*	*
副高级	11									*	*	*	*
中级	12									*	*	*	*
初级	13									*	*	*	*
未定职级	14									*	*	*	*

专任教师、聘请校外教师岗位分类情况

单位：人

	本学年授课专任教师				本学年授课聘请校外教师				本学年不授课专任教师				
	合计	公共课基础课	专业课		合计	公共课基础课	专业课		合计	进修	科研	病休	其他
			计	其中："双师型"			计	其中："双师型"					
编号	1	2	3	4	5	6	7	8	9	10	11	12	13
总计 1	1004	234	770		194		194						
其中：女 2	512	127	385		65		65						
正高级 3	230	49	181		127		127						
副高级 4	324	36	288		27		27						
中级 5	305	95	210		15		15						
初级 6	111	43	68	*	11		11	*					
未定职级 7	34	11	23	*	14		14	*					

专任教师、聘请校外教师学历（位）情况

单位：人

	编号	合计			博士研究生			硕士研究生			本科			专科及以下		
		计	其中：博士	获学位硕士	计	其中：博士	获学位硕士	计	其中：博士	获学位硕士	计	其中：博士	获学位硕士	计	其中：博士	获学位硕士
		1	2	3	4	5	6	7	8	9	10	11	12	13	14	15
1. 专任教师	1	1004	308	427	308	308		427		427	251			18		
其中：女	2	512	111	254	111	111		254		254	136			11		
正高级	3	230	123	44	123	123		44		44	63					
副高级	4	324	103	128	103	103		128		128	90			3		
中级	5	305	62	141	62	62		141		141	90			12		
初级	6	111	10	90	10	10		90		90	8					
未定职级	7	34	10	24	10	10		24		24				3		
2. 聘请校外教师	8	194	74	36	74	74		36		36	84					
其中：女	9	65	10	17	10	10		17		17	38					
外籍教师	10															
其他高校教师	11															
正高级	12	127	68	21	68	68		21		21	38					
副高级	13	27	6	6	6	6		6		6	15					
中级	14	15	1	1	1			1		1	14					
初级	15	11	6	6	6			6		6	5					
未定职级	16	14	2	2	2			2		2	12					

专任教师年龄情况

单位：人

		编号	合计	29岁及以下	30~34岁	35~39岁	40~44岁	45~49岁	50~54岁	55~59岁	60~64岁	65岁及以上
			1	2	3	4	5	6	7	8	9	10
总计		1	1004	88	149	226	163	131	163	81	3	
其中：女		2	512	53	78	126	78	65	85	27		
获博士学位		3	308	8	48	85	70	43	41	13		
获硕士学位		4	427	78	94	112	60	47	25	11		
按专业技术职务分	正高级	5	230		1	13	40	53	80	41	2	
	副高级	6	324		18	111	77	43	46	28	1	
	中级	7	305	5	90	91	42	33	35	9		
	初级	8	111	54	37	9	4	2	2	3		
	未定职级	9	34	29	3	2						
按学历（学位）分	博士研究生	10	308	8	48	85	70	43	41	13		
	其中 获博士学位	11	308	8	48	85	70	43	41	13		
	获硕士学位	12										
	硕士研究生	13	427	78	94	112	60	47	25	11		
	其中 获博士学位	14										
	获硕士学位	15	427	78	94	112	60	47	25	11		
	本科	16	251	2	7	29	30	38	90	52	3	
	其中 获博士学位	17										
	获硕士学位	18										
	专科及以下	19	18				3	3	7	5		
	其中 获博士学位	20										
	获硕士学位	21										

高基424

分学科专任教师数

单位：人

科类	编号	合计	正高级	副高级	中级	初级	未定职级
		1	2	3	4	5	6
总计	1	1004	230	324	305	111	6
其中：女	2	512	84	171	188	52	34
哲学	3	18	7	3	5	2	17
经济学	4	21	4	9	6	2	1
法学	5	68	8	12	34	9	5
教育学	6	210	46	62	65	29	8
其中：体育	7	80	27	24	16	10	3
文学	8	186	39	51	82	12	2
其中：外语	9	88	4	25	51	8	
历史学	10	28	8	8	3	6	3
理学	11	219	61	79	54	19	6
工学	12	100	28	36	24	11	1
其中：计算机	13	33	6	10	12	5	
农学	14	8	2	1	2	1	2
其中：林学	15						
医学	16	6	1	5			
管理学	17	34	6	16	8	4	
艺术学	18	106	20	42	22	16	6

高基431

专任教师变动情况

单位：人

	上学年初报表专任教师数	增加教师数 合计	录用毕业生 计	其中：研究生 计	其中：本校毕业	外单位教师调入 计	其中：高校调入	校内外非教师调入 计	其中：本校调整	减少教师数 合计	自然减员	调离教师岗位	其他	本学年初报表专任教师数
编号	1	2	3	4	5	6	7	8	9	10	11	12	13	14
总计	911	133	106			27	25			40	27	11	2	1004
其中：女	445	83	69			14	14			16	10	6		512

高基441

专任教师接受培训情况

单位：人次

	合计 计	国内 计	一个月以内	一个月至三个月以内	三个月至半年以内	半年至一年以内	一年及以上	国（境）外 计	一个月以内	一个月至三个月以内	三个月至半年以内	半年至一年以内	一年及以上
编号	1	2	3	4	5	6	7	8	9	10	11	12	13
总计	126	115	50			24	41	11				9	2
其中：女	69	61	30			12	19	8				7	1
正高级	7	5	2			3		2				2	
副高级	38	30	2			9	19	8				6	2
中级	34	33	4			11	18	1				1	
初级	3	3	2				1						
未定职级	44	44	40			1	3						

高基451

研究生指导教师情况

单位：人

		编号	合计	29岁及以下	30~34岁	35~39岁	40~44岁	45~49岁	50~54岁	55~59岁	60~64岁	65岁及以上
			1	2	3	4	5	6	7	8	9	10
总计		1	295	9	20	32	42	46	48	57	24	17
	其中：女	2	73	3	6	12	9	12	10	13	4	4
按专业技术职务分	正高级	3	126		3	6	12	14	19	36	19	17
	副高级	4	159	3	15	24	30	32	29	21	5	
	中级	5	10	6	2	2						
按指导关系分	博士导师	6	39			2	10	9	9	5	3	1
	其中：女	7	8			1	1	1	1		3	1
	硕士导师	8	234	9	20	27	29	34	36	49	18	12
	其中：女	9	63	3	6	10	8	11	9	13	1	2
	博士、硕士导师	10	22			3	3	3	3	3	3	4
	其中：女	11	2			1						1

高基461

教职工中其他情况

单位：人

	编号	共产党员	共青团员	民主党派	华侨	港澳台	少数民族
		1	2	3	4	5	6
教职工	1	754		54	4	5	69
其中：女	2	340		25			39
专任教师	3	517		52			52
其中：女	4	231		24			31

高基931 单位：人

专职辅导员分年龄、专业技术职务、学历情况

		合计	其中：女	本专科生专职辅导员						研究生专职辅导员					
				计	19岁及以下	20~29岁	30~39岁	40~49岁	50岁以上	计	19岁以下	20~29岁	30~39岁	40~49岁	50岁及以上
	编号	1	2	3	4	5	6	7	8	9	10	11	12	13	14
总计	1	97	48	97		35	47	9	6						
其中：女	2	48	*	48		17	25	5	1						
按行政职务分 正处级	3	4	1	4				2	2						
副处级	4	13	6	13			2	7	4						
正科级	5	9	6	9			9								
副科级及以下	6	71	35	71		35	36								
按专业技术职务分 正高级	7														
副高级	8	4	3	4			2	2							
中级	9	34	21	34			30	3	1						
初级	10	38	17	38		21	15	1	1						
未定职级	11	21	7	21		14	3		4						
按学历分 博士研究生	12														
硕士研究生	13	79	42	79		34	42	2	1						
本科	14	18	6	18		1	5	7	5						
专科及以下	15														

高基932单位：人

心理咨询工作人员情况

		合计	其中：女	其中：持有资格证书	按工作年限分			
	编号	1	2	3	4年及以下	5~10年	11~20年	21年及以上
					4	5	6	7
总计	1	3	3	3	2	1		
其中：女	2	3	*	3	2	1		
按专业技术职务分 正高级	3							
副高级	4							
中级	5							
初级	6							
未定职级	7	3	3	3	2	1		
按学历分 博士研究生	8							
硕士研究生	9	3	3	3	2	1		
本科	10							
专科及以下	11							

特殊技术人员名录

序号	姓名	性别	年龄	民族	党派	学历/学位	职称	专家名称	入选年度
1	林强	男	55	汉族	中国共产党	博士	教授	"特贴"专家	2000
								新世纪百千万人才工程国家级人选	
2	史海涛	男	54	汉族	中国共产党	博士	教授	"特贴"专家	2004
3	过建春	女	52	汉族	九三学社	博士	教授	"特贴"专家	2009
								新世纪百千万人才工程国家级人选	
4	李森	男	53	汉族	中国共产党	博士	研究员	"特贴"专家	2010
								新世纪百千万人才工程国家级人选	
5	隋丽娟	女	53	汉族	中国共产党	博士	教授	"特贴"专家	2010
6	郝文亭	男	59	汉族	中国共产党	博士	教授	"特贴"专家	2014
7	陈光英	女	46	汉族	无	博士	教授	"特贴"专家	2014
								新世纪百千万人才工程国家级人选	
								国家有突出贡献中青年专家	
8	史载锋	男	48	汉族	中国共产党	博士	教授	"特贴"专家	2014
9	郭根山	男	54	汉族	中国共产党	博士	教授	"特贴"专家	2016
10	徐仲佳	男	46	汉族	中国共产党	博士	教授	"特贴"专家	2016
11	王习明	男	53	汉族	中国共产党	博士	教授	"特贴"专家	2016
								新世纪百千万人才工程国家级人选	
								国家有突出贡献中青年专家	
12	周建宏	男	57	汉族	中国共产党	本科	教授	"特贴"专家	2016
13	易连云	男	54	汉族	中国共产党	博士	教授	"特贴"专家	2013
14	曲轶	男	48	汉族	中国共产党	博士	教授	"特贴"专家	2012
								新世纪百千万人才工程国家级人选	

海南师范大学教授名录

序号	单位	姓名	性别
1	海南师范大学	李红梅	女
2	海南师范大学	林强	男
3	海南师范大学	刁晓平	女
4	海南师范大学	过建春	女
5	海南师范大学	史海涛	男
6	海南师范大学	李森	男
7	党政办公室（省部共建办公室）	王颖	女
8	教务处	梁广	男
9	教务处	陈焕东	男
10	发展与改革研究中心	廖元锡	男
11	科研管理与学科建设处	张仙锋	女
12	财务处	李云海	男
13	教育与心理学院	肖少北	男
14	教育与心理学院	陈文心	女
15	教育与心理学院	黄秀兰	女
16	教育与心理学院	申自力	男
17	教育与心理学院	沈有禄	男
18	初等教育学院	张玉成	男
19	初等教育学院	谢慧盈	女
20	初等教育学院	李翠白	女
21	初等教育学院	易连云	男
22	初等教育学院	曹艳春	女
23	文学院	邵宁宁	男
24	文学院	杨清之	男
25	文学院	王学振	男
26	文学院	王献军	男
27	文学院	陈道谆	男
28	文学院	陈海燕	女
29	文学院	邓新跃	男
30	文学院	段曹林	男
31	文学院	郭皓政	男
32	文学院	黄思贤	男

续表

序号	单位	姓名	性别
33	文学院	姜岚	女
34	文学院	李清桓	男
35	文学院	李占鹏	男
36	文学院	毛明	男
37	文学院	席建彬	男
38	文学院	薛泉	男
39	文学院	阳利平	女
40	文学院	张浩文	男
41	文学院	张琦	女
42	文学院	周泉根	男
43	文学院	罗璠	男
44	文学院	隋丽娟	女
45	文学院	高云球	女
46	南海研究中心	张一平	男
47	南海研究中心	林敏	男
48	新闻传播与影视学院	卿志军	男
49	新闻传播与影视学院	郑岩	男
50	新闻传播与影视学院	曾庆江	男
51	法学院	冯春萍	女
52	法学院	樊清华	男
53	马克思主义学院	王习明	男
54	马克思主义学院	杨英姿	女
55	马克思主义学院	崔德华	男
56	马克思主义学院	郑朝波	男
57	马克思主义学院	陈连珠	女
58	马克思主义学院	郭根山	男
59	马克思主义学院	刘华初	男
60	马克思主义学院	唐若玲	女
61	马克思主义学院	严春宝	男
62	马克思主义学院	郑东艳	女
63	马克思主义学院	陈红	女
64	马克思主义学院	杨威	男

续表

序号	单位	姓名	性别
65	经济与管理学院	潘永强	男
66	经济与管理学院	高静川	男
67	经济与管理学院	索红	女
68	经济与管理学院	段华友	男
69	经济与管理学院	高园	女
70	经济与管理学院	李敏纳	女
71	经济与管理学院	罗声明	女
72	经济与管理学院	田中景	男
73	外国语学院	杨蕾达	女
74	外国语学院	曹春玲	女
75	外国语学院	陈文玉	女
76	外国语学院	杜秀君	女
77	外国语学院	陈义华	男
78	音乐学院	曹时娟	女
79	音乐学院	贾志宏	男
80	音乐学院	陈新	男
81	音乐学院	赵玉生	男
82	音乐学院	韩芸	女
83	音乐学院	刘素芳	女
84	音乐学院	马兰	女
85	音乐学院	王梅	女
86	音乐学院	王晓平	男
87	音乐学院	肖雄	男
88	音乐学院	郑晔	女
89	音乐学院	熊学峰	男
90	音乐学院	刘莉	女
91	美术学院	张梦	男
92	美术学院	周建宏	男
93	美术学院	桂小径	女
94	美术学院	卢向玲	女
95	美术学院	马杰	男
96	美术学院	宁新安	男

续表

序号	单位	姓名	性别
97	美术学院	赵福才	男
98	美术学院	周春花	女
99	数学与统计学院	陈传钟	男
100	数学与统计学院	沈有建	男
101	数学与统计学院	徐景实	男
102	数学与统计学院	陈国慧	女
103	数学与统计学院	陈淑贞	女
104	数学与统计学院	胡晓华	男
105	数学与统计学院	郭鹏飞	男
106	数学与统计学院	姚玉华	男
107	信息科学戈术学院	吴丽华	女
108	信息科学戈术学院	刘晓文	男
109	信息科学戈术学院	卢朝晖	男
110	信息科学戈术学院	冯建平	男
111	信息科学戈术学院	冯义东	男
112	信息科学戈术学院	付海艳	女
113	信息科学戈术学院	黄成	男
114	信息科学戈术学院	宋春晖	男
115	信息科学技术学院	马生全	男
116	信息科学技术学院	文斌	男
117	信息科学技术学院	吴淑雷	女
118	信息科学技术学院	邢海花	女
119	信息科学技术学院	张秀虹	女
120	信息科学技术学院	张瑜	男
121	信息科学技术学院	周玉萍	女
122	物理与电子工程学院	彭鸿雁	女
123	物理与电子工程学院	符运良	男
124	物理与电子工程学院	谢琼涛	男
125	物理与电子工程学院	张铁民	男
126	物理与电子工程学院	卞秀芬	女
127	物理与电子工程学院	盖志武	男
128	物理与电子工程学院	龚少华	男

续表

序号	单位	姓名	性别
129	物理与电子工程学院	沈振江	男
130	物理与电子工程学院	韦建德	男
131	物理与电子工程学院	姚仲瑜	男
132	物理与电子工程学院	钟承尧	男
133	物理与电子工程学院	周萍	女
134	物理与电子工程学院	李林	男
135	物理与电子工程学院	曲轶	男
136	化学与化工学院	孙振范	男
137	化学与化工学院	陈光英	女
138	化学与化工学院	孙伟	男
139	化学与化工学院	王崇太	男
140	化学与化工学院	陈文豪	男
141	化学与化工学院	何文英	女
142	化学与化工学院	华英杰	女
143	化学与化工学院	雷炳新	男
144	化学与化工学院	刘炜	女
145	化学与化工学院	刘艳玲	女
146	化学与化工学院	彭明生	男
147	化学与化工学院	史载锋	男
148	化学与化工学院	王恩举	男
149	化学与化工学院	王天山	男
150	化学与化工学院	吴明书	男
151	生命科学学院	王锐萍	女
152	生命科学学院	梁伟	男
153	生命科学学院	汪继超	男
154	生命科学学院	关亚丽	女
155	生命科学学院	刘强	男
156	生命科学学院	陈忠	男
157	生命科学学院	符碧	女
158	生命科学学院	傅丽容	女
159	生命科学学院	郝清玉	男
160	生命科学学院	洪美玲	女

续表

序号	单位	姓名	性别
161	生命科学学院	李蕾	女
162	生命科学学院	王力军	男
163	生命科学学院	王士泉	男
164	生命科学学院	谢秀祯	男
165	生命科学学院	辛琨	女
166	生命科学学院	杨灿朝	男
167	生命科学学院	张颖	女
168	生命科学学院	朱麟	男
169	体育学院	张新定	男
170	体育学院	夏敏慧	女
171	体育学院	李培	男
172	体育学院	陈华	女
173	体育学院	陈猛醒	男
174	体育学院	陈晓明	女
175	体育学院	邓定海	男
176	体育学院	何宏伟	女
177	体育学院	胡金祥	男
178	体育学院	黄振洲	男
179	体育学院	金德阳	男
180	体育学院	李华	女
181	体育学院	李兴志	男
182	体育学院	林明祥	男
183	体育学院	刘素芳	女
184	体育学院	龙碧波	女
185	体育学院	骆冰	女
186	体育学院	田晓玉	女
187	体育学院	肖勤	男
188	体育学院	袁存柱	女
189	体育学院	张庭华	男
190	体育学院	张雅玲	女
191	体育学院	周学兰	女
192	体育学院	庄长宽	男

续表

序号	单位	姓名	性别
193	体育学院	邹煜	男
194	体育学院	孙玮	男
195	体育研究中心	郝文亭	男
196	体育运动委员会	苏春宇	男
197	地理与环境科学学院	赵志忠	男
198	地理与环境科学学院	谢跟踪	男
199	地理与环境科学学院	赵从举	男
200	地理与环境科学学院	程叶青	男
201	地理与环境科学学院	邱彭华	男
202	地理与环境科学学院	唐少霞	女
203	地理与环境科学学院	余中元	男
204	地理与环境科学学院	刘玉燕	女
205	旅游学院	罗艳菊	女
206	旅游学院	陈才	男
207	国际教育学院	陈江	男
208	国际教育学院	柴俊星	女
209	国际教育学院	龙涛	男
210	研究生学院	张兴吉	男
211	研究生学院	王凯华	男
212	继续教育学院	符永雄	男
213	继续教育学院	丘名实	男
214	教育科学研究院	王彦才	男
215	教育科学研究院	李振玉	男
216	教育科学研究院	张德伟	男
217	图书馆	胡素萍	女
218	图书馆	陈平殿	男
219	图书馆	王芹	女
220	图书馆	赵红	女
221	学报编辑部	徐仲佳	男
222	学报编辑部	刘红	女
223	信息网络与数据中心	刘家宁	男
224	信息网络与数据中心	何书前	男

研究生指导教师名录

1. 博士生导师名录（21人）

马克思主义理论：杜明娥　赵康太　三明初　
王习明　种海峰

中国语言文学：邵宁宁　房福贤　单正平　
阮　忠　李占鹏　毕光明

周泉根

化　学：韩长日　林　强　陈光英　
宋小平　孙　伟

生态学：史海涛　梁　伟　刘　强　
张信文

2. 学术型硕士研究生导师名录（136人）

马克思主义理论：杨英姿　杜明娥　
潘永强　王明初　
姜永泉　陈为毅　
种海峰　郭根山　
童光政　赵康太　
崔德华　郑朝波　
张旭新　严春宝　
李敏纳　孙　民　
王习明

教育学原理：肖少北　黄欣祥　任仕君　
陈文心　梁　广　李振玉

课程与教学论：张玉成　关文信　谢慧盈　
廖元锡　关仕民　李翠白　
杨豫晖　曹时娟　韩　刚　
万力维　阳利平

体育人文社会学：郝文亭　夏敏慧　王　颖　
赵少雄　茹金祥　张雅玲　
林明祥　张新定　张庭华　
田晓玉

中国语言文学：单正平　周泉根　杨清之　
张浩文　阮　忠　薛　泉　
房福贤　方　涛　徐仲佳　
毕光明　张　琦　程振兴　
韩捷进　李　萍　毛　明　
陈宗华　龙　涛　席建彬

李清桓　邓新跃　邵宁宁　
李占鹏　王学振　段曹林　

历史学：张一平　张兴吉　
王献军　胡素萍　李　勃　
林　敏

美术学：张　梦　韩显中　周建宏　
李生琦　杨　钧　刘胜角　
庄家会　桂小径　周春花

数学：陈传钟　张诚一　沈有建　徐景实　
桂占吉　王凯华　付海艳　胡晓华　
马生全　蒋文江　林诗仲（退休）　
李大超（退休）

化学：韩长日　林　强　陈光英　宋小平　
毕和平　舒火明　刘朋军　刘　红　
孙振范　吴明书　彭明生　何文英　
王恩举　史载锋　王崇太　华英杰　
孙　伟

自然地理学：毕　华　袁建平　赵志忠　
谢跟踪　罗艳菊　赵从举　
陈春福　唐少霞　陈　才

生态学：辛　琨　郝清玉　刘　强　
张信文　李　蕾　洪美玲　
谢秀祯　汪继超　关亚丽

生物学：史海涛　梁　伟　陈　忠　
朱　麟　王锐萍　李妮亚

3. 教育硕士导师（31人）

语文方向：郑 岩　卿志军　曹艳春

　　　　　陈道谆　杨若虹　冯 青

　　　　　谢海林

历史方向：王向红

教育管理：彭秀丽　叶 芸　陈 江

　　　　　李云海　王彦才　赖秀龙

　　　　　孙自强

小学教育：房 娟　李伟诗　邹木荣

数学方向：余维燕　陈淑贞　陈国慧

英语方向：杨蕾达　王 蓉

物理方向：王红晨　符运良

思政方向：郑东艳　刘华初

音乐方向：贾志宏　张 睿　陈 新（音乐）

美术方向：卢向玲

4. 汉语国际教育硕士专业学位导师（5人）

龙 涛　杨遗旗　段曹林　杜依倩　柴俊星

5. 新闻与传播硕士专业学位导师（5人）

卿志军　郑 岩　王学振　刘宝林　曾庆江

大学生志愿者暑期文化科技卫生 "三下乡"社会实践活动获奖名单

1. 优秀组织奖（共4个）

法学院

马克思主义学院

经济与管理学院

生命科学学院

2. 先进实践队（18支）

教育与心理学院、法学院"2017梦想课堂"之石碌镇学校教育关爱综合服务团

初等教育学院"2017梦想课堂"定安新竹服务团

文学院"盛夏与你·沐漤万宁"万宁市"关爱行动"志愿服务团

新闻传播与影视学院大学生赴澄迈支教、政策宣讲服务团

法学院、教育与心理学院"无毒家庭"援助计划万宁服务团（东澳站）

法学院"2017梦想课堂"之墨桥小学综合服务团

马克思主义学院"陆海相依·试飞青琼"一带一路国情考察与教育帮扶团暑期社会实践团

马克思主义学院"一带相拥·一路逐梦"2017梦想课堂赴定安教育关爱服务团

"琼崖情·海岛梦"外国语学院"2017梦想课堂"赴澄迈教育关爱实践团

经济与管理学院2017赴万宁市 "互联网＋"三农服务团

数学与统计学院"青春烛梦·暖心童行"教育关爱服务团

物理与电子工程学院"2017梦想课堂"陵水思源志愿服务团

"梦想启航·爱心护航"化学与化工学院赴琼海实践服务团

生命科学学院"生命科学营·生态文明行"

儋州综合服务实践团

生命科学学院"青春鹦哥岭·绿色环保行"社会实践专项团

国际教育学院及美术学院"国美"教育扶贫实践团、教育关爱服务团

研究生暑期支教团

"2017梦想课堂"大学生骨干尖兵班赴陵水理论普及宣讲与教育扶贫实践团

3. 实践育人优秀指导教师（48人，按姓氏笔画排序）

马昌俊	王 伟	王 博	王 鹏	王 腾
王习明	王军广	毛 军	卢秀玲	叶少雄
申明远	史振卿	冯永建	刘 荣	齐殿东
孙 浩	李 宇	杨秀侃	杨若虹	当少北
邱彭华	余天虹	汪 洁	汪继超	宋洁华
张小鹏	张文飞	张文艳	张金萍	陈 霆
周 欣	郑伟民	郑海妹	郑源彩	段会冬
修兴强	袁建平	莫天福	徐 四	高 园
唐欣瑜	盖志武	蒋俊华	程叶青	曾令明
曾海萍	谢 丹	蒲晶煜		

2017年度"班主任工作先进单位"和"优秀辅导员""优秀班主任"名单

1. 班主任工作先进单位（3个）

初等教育学院

马克思主义学院

化学与化工学院

2. 优秀辅导员（15人）

魏健一（文学院）

徐 丽（经济与管理学院）

郑伟民（生命科学学院）

潘富赟（旅游学院）

王 鹏（外国语学院）

郑源彩（数学与统计学院）

马昌俊（国际教育学院）

王 博（教育与心理学院）

陈 霆（马克思主义学院）

李 瑶（地理与环境科学学院）

胡 君（数学与统计学院）

周 欣（化学与化工学院）

徐 四（音乐学院）

张 辽（物理与电子工程学院）

曾海萍（美术学院）

3. 优秀班主任（36人）

王 飞（教育与心理学院）

郭亚平（教育与心理学院）

李 宇（初等教育学院）

汤 泓（初等教育学院）

冯法强（文学院）

杨秀侃（新闻传播与影视学院）

高 珉（新闻传播与影视学院）

马昌俊（国际教育学院）

唐欣瑜（法学院）

张现洪（马克思主义学院）

蔡 舒（经济与管理学院）

王 彬（经济与管理学院）

魏 丹（经济与管理学院）

魏恋舻（经济与管理学院）

杨白全（外国语学院）

李　欣（外国语学院）

陈盛谷（外国语学院）

高晓红（外国语学院）

丁　玲（音乐学院）

侯志国（美术学院）

施剑华（美术学院）

郭鹏飞（数学与统计学院）

苏　莉（数学与统计学院）

石　春（信息科学技术学院）

莫壮坚（信息科学技术学院）

曲春英（物理与电子工程学院）

孙　丽（物理与电子工程学院）

韦　昱（化学与化工学院）

张大帅（化学与化工学院）

郑伟民（生命科学学院）

刘　煜（生命科学学院）

梁仁春（体育学院）

齐殿东（体育学院）

韩　奇（地理与环境科学学院）

黄　宇（旅游学院）

霍妍如（旅游学院）

侯志国（美术学院）

施剑华（美术学院）

郭鹏飞（数学与统计学院）

苏　莉（数学与统计学院）

石　春（信息科学技术学院）

莫壮坚（信息科学技术学院）

曲春英（物理与电子工程学院）

孙　丽（物理与电子工程学院）

韦　昱（化学与化工学院）

张大帅（化学与化工学院）

郑伟民（生命科学学院）

刘　煜（生命科学学院）

梁仁春（体育学院）

齐殿东（体育学院）

韩　奇（地理与环境科学学院）

黄　宇（旅游学院）

霍妍如（旅游学院）

2016—2017学年度"优秀共青团干部"名单

于文涛　牛砚田　郑伟民　李　瑶　潘富赟

高基942

普通本科生录取来源情况

单位：人

	编号	录取数 合计 计	合计 农村	其中：预科生转入 计	其中：预科生转入 农村	普通本科生 普通高中 应届毕业生 计	应届毕业生 农村	往届毕业生 计	往届毕业生 农村	中职 应届毕业生 计	应届毕业生 农村	往届毕业生 计	往届毕业生 农村	其他 计	其他 农村	普通预科生 计	普通预科生 农村
		1	2	3	4	5	6	7	8	9	10	11	12	13	14	15	16
总计	1	4913	1952	30	18	4167	1463	551	356					195	133	15	16
北京市	2	6				5											
天津市	3	76	28			74	27	2	1								
河北省	4	183	85			161	76	22	9								
山西省	5	103	44			78	29	25	15								
内蒙古自治区	6	112	36			108	33	4	3								
辽宁省	7	46	16			42	15	4	1								
吉林省	8	82	25			80	24	2	1								
黑龙江省	9	43	9			42	9	1									
上海市	10	10	2			10	2										
江苏省	11	59	16			49	11	10	5								
浙江省	12	53	28			53	28										
安徽省	13	252	150			200	112	52	38								
福建省	14	148	73			140	68	8	5								
江西省	15	237	137			190	102	47	35								
山东省	16	126	55			112	46	14	9								
河南省	17	307	203			253	163	54	40								

续表

编号	录取数 合计 计(1)	录取数 合计 农村(2)	其中：预科生转入 计(3)	其中：预科生转入 农村(4)	普通本科生 普通高中 应届毕业生 计(5)	农村(6)	普通高中 往届毕业生 计(7)	农村(8)	中职 应届毕业生 计(9)	农村(10)	中职 往届毕业生 计(11)	农村(12)	其他 计(13)	农村(14)	普通预科生 计(15)	农村(16)
18 湖北省	249	125			222	106	27	19								
19 湖南省	251	118			216	97	35	21								
20 广东省	143	53			126	43	17	10								
21 广西壮族自治区	53	39			46	33	7	6								
22 海南省	1406	208	30	18	1194	65	17	10					195	133		
23 重庆市	57	25			47	20	10	5								
24 四川省	287	139			214	94	73	45								
25 贵州省	159	125			138	109	21	16								
26 云南省	119	71			99	55	20	16								
27 西藏自治区	4	3			3	3	1									
28 陕西省	122	68			90	45	32	23								
29 甘肃省	119	47			85	30	34	17								
30 青海省	20	5			19	4	1	1								
31 宁夏回族自治区	20	7			16	4	4	3								
32 新疆维吾尔自治区	61	12			55	10	6	2								
33 内地新疆班																
34 内地西藏班																
35 港澳合作																

普通本科生招生来源情况

单位：人

	编号	招生数		其中：预科生转入		生源类别										普通预科生	
		合计				普通本科生											
						普通高中				中职				其他			
						应届毕业生		往届毕业生		应届毕业生		往届毕业生					
		计	农村	计	农村	计	农村	计	农村	计	农村	计	农村	计	农村	计	农村
	1	1	2	3	4	5	6	7	8	9	10	11	12	13	14	15	16
总计		4729	1877	30	18	1019	1408	547	355					163	114		16
北京市	2	6				5											
天津市	3	76	28			74	27	2	1								
河北省	4	175	80			153	71	22	9								
山西省	5	99	42			75	27	24	15								
内蒙古自治区	6	111	36			107	33	4	3								
辽宁省	7	45	16			41	15	4	1								
吉林省	8	81	24			79	23	2	1								
黑龙江省	9	42	9			41	9	1									
上海市	10	10	2			10	2										
江苏省	11	57	15			47	10	10	5								
浙江省	12	51	28			51	28										
安徽省	13	240	144			188	106	52	38								
福建省	14	147	73			139	68	8	5								
江西省	15	228	134			181	99	47	35								
山东省	16	125	55			111	46	14	9								
河南省	17	292	192			238	152	54	40								
湖北省	18	239	120			213	101	26	19								

	编号	招生数 合计 计 (1)	招生数 合计 农村 (2)	其中：预科生转入 计 (3)	其中：预科生转入 农村 (4)	普通本科生 普通高中 应届毕业生 计 (5)	普通本科生 普通高中 应届毕业生 农村 (6)	普通本科生 普通高中 往届毕业生 计 (7)	普通本科生 普通高中 往届毕业生 农村 (8)	普通本科生 中职 应届毕业生 计 (9)	普通本科生 中职 应届毕业生 农村 (10)	普通本科生 中职 往届毕业生 计 (11)	普通本科生 中职 往届毕业生 农村 (12)	普通本科生 其他 计 (13)	普通本科生 其他 农村 (14)	普通预科生 计 (15)	普通预科生 农村 (16)
湖南省	19	246	115			211	94	35	21								16
广东省	20	141	52			124	42	17	10								
广西壮族自治区	21	52	38			45	32	7	6								
海南省	22	1339	188	30	18	1159	64	17	10					163	114		
重庆市	23	50	22			40	17	10	5								
四川省	24	274	134			202	89	72	45								
贵州省	25	155	123			134	107	21	16								
云南省	26	114	70			94	54	20	16								
西藏自治区	27	4	3			3	3	1									
陕西省	28	113	64			82	42	31	22								
甘肃省	29	116	46			82	29	34	17								
青海省	30	20	5			19	4	1	1								
宁夏回族自治区	31	20	7			16	4	4	3								
新疆维吾尔自治区	32	61	12			55	10	6	2								
内地新疆班	33																
内地西藏班	34																
港澳台合招	35																

普通本科分专业学生数

单位：人

学科	专业分类	专业名称 甲	自主专业名称 乙	专业代码 丙	是否师范专业	年制 丁	毕业生数 1	授予学位数 2	招生数 计 3	其中 应届毕业生 4	其中 春季招生 5	其中 预科生转入 6	在校生数 合计 7	一年级 8	二年级 9	三年级 10	四年级 11	五年级及以上 12	预计毕业生数 13
		普通本科生	普通本科生	42100	-1	0	3993	3841	4729	4019	0	30	18551	4729	4876	4516	4430	0	4430
		其中：女	其中：女	421002	0	0	2853	2782	3301	2946	0	26	12954	3358	3329	3144	3123	0	3123
		高中起点本科	高中起点本科	42101	-1	0	3946	3794	4563	3853	0	30	18385	4563	4876	4516	4430	0	4430
教育学	教育学类	学前教育	学前教育	040106	1	4	95	92	52	48	0	0	342	52	101	91	98	0	98
法学	法学类	法学	法学	030101	0	4	64	62	83	79	0	1	410	83	136	116	75	0	75
经济学	经济与贸易类	国际经济与贸易	国际经济与贸易	020401	0	4	44	44	37	34	0	0	160	37	29	46	48	0	48
法学	马克思主义理论类	思想政治教育	思想政治教育	030503	1	4	99	94	122	107	0	1	494	122	134	118	120	0	120
经济学	财政学类	税收学	税收学	020202	0	4	0	0	28	25	0	0	28	28	0	0	0	0	0
理学	物理学类	物理学	物理学	070201	1	4	88	84	82	74	0	0	402	82	119	97	104	0	104
管理学	旅游管理类	酒店管理	酒店管理	120902	0	4	44	42	94	85	0	0	238	94	44	54	46	0	46
艺术学	戏剧与影视学类	广播电视编导	广播电视编导	130305	0	4	0	0	90	74	0	0	135	90	45	0	0	0	0
艺术学	美术学类	绘画	绘画	130402	0	4	34	34	36	30	0	0	141	36	38	34	33	0	33
理学	统计学类	统计学	统计学	071201	0	4	67	59	57	47	0	0	229	57	68	54	50	0	50
理学	数学类	信息与计算科学	信息与计算科学	070102	0	4	28	18	42	35	0	0	191	42	61	46	42	0	42
理学	生物科学类	生物科学	生物科学	071001	1	4	95	94	83	72	0	2	420	83	110	117	110	0	110
文学	外国语言文学类	英语	英语	050201	1	4	293	284	279	223	0	0	1126	279	293	275	279	0	279
理学	心理学类	应用心理学	应用心理学	071102	1	4	49	48	53	50	0	0	229	53	60	54	62	0	62
理学	生物科学类	生物技术	生物技术	071002	0	4	39	38	35	27	0	0	129	35	32	26	36	0	36

续表

学科	专业分类	专业名称（甲）	自主专业名称（乙）	专业代码（丙）	是否师范专业	年制（丁）	毕业生数（1）	授予学位数（2）	招生数 计（3）	应届毕业生（4）	春季招生（5）	预科生转入（6）	在校生数 合计（7）	一年级（8）	二年级（9）	三年级（10）	四年级（11）	五年级及以上（12）	预计毕业生数（13）
工学	电子信息类	电子信息科学与技术	电子信息科学与技术	080714	0	4	100	97	83	62	0	0	401	83	94	105	119	0	119
艺术学	设计学类	环境设计	环境设计	130503	0	4	39	38	52	46	0	0	205	52	55	47	51	0	51
艺术学	音乐与舞蹈学类	舞蹈表演	舞蹈表演	130204	0	4	7	7	26	23	0	0	83	26	28	21	8	0	8
艺术学	设计学类	服装与服饰设计	服装与服饰设计	130505	0	4	18	18	21	15	0	0	72	21	14	19	18	0	18
管理学	旅游管理类	旅游管理	旅游管理	120901	0	4	76	76	146	137	0	0	560	146	183	133	98	0	98
艺术学	设计学类	产品设计	产品设计	130504	0	4	0	0	21	13	0	0	73	21	17	17	18	0	18
管理学	公共管理类	公共事业管理	公共事业管理	120401	0	4	33	33	28	26	0	0	148	28	30	42	48	0	48
艺术学	音乐与舞蹈学类	舞蹈学	舞蹈学	130205	1	4	40	36	29	28	0	0	140	29	38	33	40	0	40
艺术学	设计学类	视觉传达设计	视觉传达设计	130502	0	4	32	30	52	38	0	0	181	52	56	40	33	0	33
艺术学	音乐与舞蹈学类	音乐学	音乐学	130202	1	4	112	109	162	145	0	0	586	162	153	142	129	0	129
艺术学	美术学类	美术学	美术学	130401	1	4	88	83	76	60	0	0	316	76	86	75	79	0	79
农学	林学类	园林	园林	090502	0	4	47	47	37	32	0	0	161	37	42	36	46	0	46
管理学	电子商务类	电子商务	电子商务	120801	0	4	49	48	98	84	0	0	402	98	95	98	111	0	111
管理学	工商管理类	人力资源管理	人力资源管理	120206	0	4	49	48	45	37	0	0	214	45	56	55	58	0	58
管理学	工商管理类	会计学	会计学	120203	0	4	101	99	87	76	0	0	420	87	142	87	104	0	104
工学	计算机类	计算机科学与技术	计算机科学与技术	080901	1	4	81	78	44	36	0	0	261	44	53	65	99	0	99
理学	生物科学类	生态学	生态学	071004	0	4	0	0	38	28	0	0	38	38	0	0	0	0	0
历史学	历史学类	历史学	历史学	060101	1	4	54	49	54	47	0	4	252	54	67	65	66	0	66

续表

学科	专业分类	专业名称 甲	自主专业名称 乙	专业代码 丙	是否师范专业	年制 丁	毕业生数 1	授予学位数 2	招生数 计 3	其中 应届毕业生 4	春季招生 5	预科生转入 6	在校生数 合计 7	一年级 8	二年级 9	三年级 10	四年级 11	五年级及以上 12	预计毕业生数 13
工学	计算机类	物联网工程	物联网工程	080905	0	4	0	0	79	64	0	0	238	79	70	89	0	0	13
理学	地理科学类	自然地理与资源环境	自然地理与资源环境	070502	0	4	15	15	37	33	0	0	132	37	39	26	30	0	30
理学	地理科学类	地理信息科学	地理信息科学	070504	0	4	0	0	36	31	0	0	72	36	36	0	0	0	0
教育学	教育学类	教育技术学	教育技术学	040104	1	4	46	43	45	43	0	0	191	45	50	45	51	0	51
经济学	金融学类	金融学	金融学	020301	0	4	118	113	175	131	0	2	646	175	203	162	106	0	106
教育学	体育学类	武术与民族传统体育	武术与民族传统体育	040204	0	4	30	29	30	27	0	0	106	30	20	32	24	0	24
教育学	教育学类	教育学	教育学	040101	1	4	49	49	51	42	0	0	205	51	37	61	56	0	56
文学	中国语言文学类	汉语言文学	汉语言文学	050101	1	4	310	303	291	239	0	9	1347	291	317	369	370	0	370
文学	新闻传播学类	广播电视学	广播电视学	050302	0	4	45	45	47	41	0	0	188	47	32	52	57	0	57
教育学	体育学类	运动训练	运动训练	040202	0	4	56	52	90	74	0	0	355	90	96	87	82	0	82
教育学	教育学类	特殊教育	特殊教育	040108	1	4	0	0	53	47	0	0	94	53	41	0	0	0	0
经济学	经济学类	经济学	经济学	020101	0	4	81	78	61	56	0	0	329	61	83	86	99	0	99
理学	化学类	应用化学	应用化学	070302	0	4	75	69	99	79	0	0	284	99	51	53	81	0	81
文学	新闻传播学类	新闻学	新闻学	050301	0	4	49	49	48	43	0	0	197	48	55	43	51	0	51
教育学	体育学类	体育教育	体育教育	040201	1	4	91	86	99	93	0	0	370	99	93	86	92	0	92
理学	数学类	数学与应用数学	数学与应用数学	070101	1	4	172	167	145	108	0	1	695	145	186	170	194	0	194
文学	外国语言文学类	日语	日语	050207	0	4	43	39	40	33	0	0	177	40	36	52	49	0	49
理学	化学类	化学	化学	070301	1	4	117	114	108	91	0	0	524	108	158	147	111	0	111

续表

| 学科 | 专业分类 | 专业名称 | 自主专业名称 | 专业代码 | 是否师范专业 | 年制 | 毕业生数 | 授予学位数 | 招生数 计 | 其中 应届毕业生 | 春季招生 | 预科生转入 | 在校生数 合计 | 一年级 | 二年级 | 三年级 | 四年级 | 五年级及以上 | 预计毕业生数 |
		甲	乙	丙		丁	1	2	3	4	5	6	7	8	9	10	11	12	13
文学	中国语言文学类	汉语国际教育	汉语国际教育	050103	1	4	58	57	70	64	0	0	248	70	70	53	55	0	55
教育学	教育学类	小学教育	小学教育	040107	1	4	247	238	260	223	0	6	1160	260	298	332	270	0	270
文学	外国语言文学类	翻译	翻译	050261	0	4	0	0	38	35	0	0	86	38	48	0	0	0	0
工学	计算机类	软件工程	软件工程	080902	0	4	46	41	40	29	0	0	212	40	64	54	54	0	54
工学	电子信息类	光电信息科学与工程	光电信息科学与工程	080705	0	4	0	0	42	35	0	0	42	42	0	0	0	0	0
理学	地理科学类	人文地理与城乡规划	人文地理与城乡规划	070503	0	4	24	23	36	29	0	0	144	36	41	35	32	0	32
教育学	体育学类	社会体育指导与管理	社会体育指导与管理	040203	0	4	115	109	103	86	0	4	428	103	104	94	127	0	127
理学	地理科学类	地理科学	地理科学	070501	1	4	59	57	37	27	0	0	212	37	59	50	66	0	66
工学	化工与制药类	制药工程	制药工程	081302	0	4	37	32	51	41	0	0	170	51	38	39	42	0	42
工学	自动化类	自动化	自动化	080801	0	4	98	97	80	66	0	0	346	80	72	91	103	0	103
		专科起点本科	专科起点本科	42102	-1	0	47	47	166	166	0	0	166	166	0	0	0	0	0
法学	法学类	法学	法学	030101	0	2	0	0	44	44	0	0	44	44	0	0	0	0	0
理学	化学类	应用化学	应用化学	070302	0	2	0	0	34	34	0	0	34	34	0	0	0	0	0
管理学	工商管理类	会计学	会计学	120203	0	2	0	0	46	46	0	0	46	46	0	0	0	0	0
管理学	旅游管理类	旅游管理	旅游管理	120901	0	2	47	47	0	0	0	0	0	0	0	0	0	0	0
文学	外国语言文学类	英语	英语	050201	0	2	0	0	15	15	0	0	15	15	0	0	0	0	0
教育学	教育学类	学前教育	学前教育	040106	0	2	0	0	27	27	0	0	27	27	0	0	0	0	0

硕士研究生分专业（领域）学生数

单位：人

学科	专业分类	专业名称 甲	自主专业名称 乙	专业代码 丙	年制 丁	毕业生数 1	授予学位数 2	招生数 计 3	招生数 其中:应届毕业生 4	在校生数 合计 5	在校生数 一年级 6	在校生数 二年级 7	在校生数 三年级 8	在校生数 四年级 9	在校生数 五年级及以上 10	预计毕业生数 11
		硕士研究生	硕士研究生	43100	0	236	236	291	83	666	291	271	104	0	10	11
		其中:女	其中:女	431002	0	177	177	197	47	429	197	157	75	0	0	273
		学术学位硕士	学术学位硕士	43110	0	115	115	135	34	374	135	135	104	0	0	168
		其中:女	其中:女	431102	0	97	97	83	19	222	83	64	75	0	0	137
		国家任务学术学位硕士	国家任务学术学位硕士	43111	0	115	115	0	0	239	0	135	104	0	0	137
理学	地理学	地理学	地理学	070599	3	7	7	0	0	13	0	6	7	0	0	7
理学	生态学	生态学	生态学	071399	3	6	6	0	0	12	0	5	7	0	0	7
哲学	哲学	马克思主义哲学	马克思主义哲学	010101	3	11	11	0	0	21	0	10	11	0	0	11
教育学	心理学	发展与教育心理学	少年儿童组织与思想意识教育	040202	3	1	1	0	0	0	0	0	0	0	0	0
教育学	体育学	体育学学科	体育学学科	040399	3	4	4	0	0	10	0	5	5	0	0	5
理学	生物学	生物学学科	生物学学科	071099	3	5	5	0	0	18	0	11	7	0	0	7
教育学	教育学	课程与教学论	课程与教学论	040102	3	4	4	0	0	9	0	4	5	0	0	5
文学	中国语言文学	中国语言文学	汉语国际教育	050199	2	4	4	0	0	25	0	25	0	0	0	25
文学	中国语言文学	中国语言文学	中国语言文学	050199	3	15	15	0	0	35	0	16	19	0	0	19
教育学	教育学	教育学原理	教育学原理	040101	2	12	12	0	0	8	0	8	0	0	0	8
教育学	教育学	教育学原理	教育学原理	040101	3	8	8	0	0	12	0	6	6	0	0	6
艺术学	美术学	美术学	美术学	130401	3	8	8	0	0	12	0	7	5	0	0	5
教育学	教育学	比较教育学	比较教育学	040104	3	0	0	0	0	3	0	2	1	0	0	1
理学	数学	数学	数学	070199	3	9	9	0	0	17	0	9	8	0	0	8

续表

学科	专业分类	专业名称（甲）	自主专业名称（乙）	专业代码（丙）	年制（丁）	毕业生数（1）	授予学位数（2）	招生数 计（3）	其中：应届毕业生（4）	在校生数 合计（5）	一年级（6）	二年级（7）	三年级（8）	四年级（9）	五年级及以上（10）	预计毕业生数（11）
理学	化学	化学	化学	070399	3	15	15	0	0	30	0	15	15	0	0	15
历史学	中国史	中国史	中国史	060299	3	6	6	0	0	14	0	6	8	0	0	8
		全日制学术学位非定向硕士	全日制学术学位非定向硕士	43114	0	0	0	135	34	135	135	0	0	0	0	0
教育学	体育学	体育学	体育学	040399	3	0	0	6	1	6	6	0	0	0	0	0
哲学	哲学	马克思主义哲学	马克思主义哲学	010101	3	0	0	9	2	9	9	0	0	0	0	0
理学	生态学	生态学	生态学	071399	3	0	0	6	1	6	6	0	0	0	0	0
理学	地理学	地理学	地理学	070599	3	0	0	7	2	7	7	0	0	0	0	0
教育学	教育学	比较教育学	比较教育学	040104	3	0	0	2	1	2	2	0	0	0	0	0
艺术学	美术学	美术学	美术学	130401	3	0	0	6	2	6	6	0	0	0	0	0
教育学	教育学	教育学原理	教育学原理	040101	2	0	0	8	1	8	8	0	0	0	0	0
教育学	教育学	教育学原理	教育学原理	040101	3	0	0	6	1	6	6	0	0	0	0	0
文学	中国语言文学	汉语国际教育	汉语国际教育	050199	3	0	0	16	5	16	16	0	0	0	0	0
文学	中国语言文学	中国语言文学	中国语言文学	050199	3	0	0	16	6	16	16	0	0	0	0	0
教育学	课程与教学论	课程与教学论	课程与教学论	040102	3	0	0	11	1	11	11	0	0	0	0	0
理学	生物学	生物学	生物学	071099	3	0	0	10	2	10	10	0	0	0	0	0
历史学	中国史	中国史	中国史	060299	3	0	0	8	4	8	8	0	0	0	0	0
理学	化学	化学	化学	070399	3	0	0	14	4	14	14	0	0	0	0	0
理学	数学	数学	数学	070199	3	0	0	10	1	10	10	0	0	0	0	0
		专业学位硕士	专业学位硕士	43120	0	121	121	156	49	292	156	136	0	0	0	136

续表

学科	专业分类	专业名称 甲	自主专业名称 乙	专业代码 丙	年制 丁	毕业生数 1	授予学位数 2	招生数 计 3	招生数 其中:应届毕业生 4	在校生数 合计 5	一年级 6	二年级 7	三年级 8	四年级 9	五年级及以上 10	预计毕业生数 11
		其中:女	其中:女	431202	0	80	80	114	28	207	114	93	0	0	0	93
		国家任务专业学位硕士	国家任务专业学位硕士	43121	0	121	121	0	0	136	0	136	0	0	0	136
教育学	教育	教育	小学教育	045100	2	13	13	0	0	15	0	15	0	0	0	15
教育学	教育	教育	学科教学历史	045100	2	13	13	0	0	9	0	9	0	0	0	9
教育学	教育	教育	学科教学美术	045100	2	17	17	0	0	12	0	12	0	0	0	12
教育学	教育	教育	学科教学数学	045100	2	2	2	0	0	5	0	5	0	0	0	5
教育学	教育	教育	学科教学思政	045100	2	8	8	0	0	8	0	8	0	0	0	8
教育学	教育	教育	学科教学物理	045100	2	4	4	0	0	2	0	2	0	0	0	2
教育学	教育	教育	学科教学音乐	045100	2	12	12	0	0	9	0	9	0	0	0	9
教育学	教育	教育	学科教学英语	045100	2	11	11	0	0	14	0	14	0	0	0	14
教育学	教育	教育	学科教学语文	045100	2	26	26	0	0	21	0	21	0	0	0	21
教育学	教育	教育	现代教育技术	045100	2	0	0	0	0	6	0	6	0	0	0	6
教育学	教育	教育	心理健康教育	045100	2	0	0	0	0	6	0	6	0	0	0	6
教育学	教育	教育	学科教学地理	045100	2	0	0	0	0	4	0	4	0	0	0	4
教育学	教育	教育	学科教学化学	045100	2	0	0	0	0	4	0	4	0	0	0	4
教育学	教育	教育	学科教学生物	045100	2	0	0	0	0	5	0	5	0	0	0	5
教育学	教育	教育	学科教学体育	045100	2	0	0	0	0	5	0	5	0	0	0	5
文学	新闻与传播	新闻与传播	新闻与传播	055200	2	15	15	0	0	11	0	11	0	0	0	11
		全日制专业学位非定向硕士	全日制专业学位非定向硕士	43124	0	0	0	156	49	156	156	0	0	0	0	0

续表

学科	专业分类	专业名称	自主专业名称	专业代码	年制	毕业生数	授予学位数	招生数		在校生数						预计毕业生数
								计	其中：应届毕业生	合计	一年级	二年级	三年级	四年级	五年级及以上	
		甲	乙	丙	丁	1	2	3	4	5	6	7	8	9	10	11
教育学	教育	教育	小学教育	045100	2	0	0	15	5	15	15	0	0	0	0	0
教育学	教育	教育	学科教学历史	045100	2	0	0	11	2	11	11	0	0	0	0	0
教育学	教育	教育	学科教学美术	045100	2	0	0	10	2	10	10	0	0	0	0	0
教育学	教育	教育	学科教学数学	045100	2	0	0	8	2	8	8	0	0	0	0	0
教育学	教育	教育	学科教学思政	045100	2	0	0	8	1	8	8	0	0	0	0	0
教育学	教育	教育	学科教学物理	045100	2	0	0	6	1	6	6	0	0	0	0	0
教育学	教育	教育	学科教学音乐	045100	2	0	0	8	1	8	8	0	0	0	0	0
教育学	教育	教育	学科教学英语	045100	2	0	0	14	1	14	14	0	0	0	0	0
教育学	教育	教育	学科教学语文	045100	2	0	0	24	8	24	24	0	0	0	0	0
教育学	教育	教育	现代教育技术	045100	2	0	0	6	3	6	6	0	0	0	0	0
教育学	教育	教育	心理健康教育	045100	2	0	0	7	1	7	7	0	0	0	0	0
教育学	教育	教育	学科教学地理	045100	2	0	0	4	3	4	4	0	0	0	0	0
教育学	教育	教育	学科教学化学	045100	2	0	0	6	6	6	6	0	0	0	0	0
教育学	教育	教育	学科教学生物	045100	2	0	0	5	3	5	5	0	0	0	0	0
教育学	教育	教育	学科教学体育	045100	2	0	0	4	2	4	4	0	0	0	0	0
文学	新闻与传播	新闻与传播	新闻与传播	055200	2	0	0	20	8	20	20	0	0	0	0	0

高基351

在职人员攻读硕士学位分专业（领域）学生数

单位：人

学科	专业分类	专业名称	自主专业名称	专业代码	年制	授予学位数	招生数	在校生数			
		甲	乙	丙	丁	1	2	合计 3	一年级 4	二年级 5	三年级及以上 6
		硕士学位学生	硕士学位学生	44200	0	8	0	65	13	24	28
		其中：女	其中：女	442002	0	5	0	36	10	9	17
		专业学位硕士	专业学位硕士	44220	0	8	0	65	13	24	28
		专业学位硕士其中：女	专业学位硕士其中：女	442202	0	5	0	36	10	9	17
教育学	教育	教育	学科教学数学	045100	3	3	0	24	6	6	12
教育学	教育	教育	学科教学语文	045100	3	5	0	41	7	18	16

高基318

博士研究生分专业（领域）学生数

单位：人

学科	专业分类	专业名称	自主专业名称	专业代码	年制	毕业生数	授予学位数	招生数		在校生数						预计毕业生数
		甲	乙	丙	丁	1	2	计 3	其中：应届毕业生 4	合计 5	一年级 6	二年级 7	三年级 8	四年级 9	五年级及以上 10	11
		博士研究生	博士研究生	43200	0	8	8	28	1	65	28	19	18	0	0	18
		其中：女	其中：女	432002	0	3	3	13	1	28	13	8	7	0	0	7
		学术学位博士	学术学位博士	43210	0	8	8	28	1	65	28	19	18	0	0	18
		其中：女	其中：女	432102	0	3	3	13	1	28	13	8	7	0	0	7
		国家任务学术学位博士	国家任务学术学位博士	43211	0	8	8	0	0	37	0	19	18	0	0	18
文学	中国语言文学	中国语言文学	中国语言文学	050199	3	1	1	0	0	11	0	6	5	0	0	5

续表

学科	专业分类	专业名称	自主专业名称	专业代码	年制	毕业生数	授予学位数	招生数		在校生数						预计毕业生数
								计	其中:应届毕业生	合计	一年级	二年级	三年级	四年级	五年级及以上	
		甲	乙	丙	丁	1	2	3	4	5	6	7	8	9	10	11
理学	生态学	生态学	生态学	071399	3	3	3	0	0	6	0	3	3	0	0	3
哲学	哲学	马克思主义哲学	马克思主义哲学	010101	3	1	1	0	0	11	0	5	6	0	0	6
理学	化学	化学	化学	070399	3	3	3	0	0	9	0	5	4	0	0	4
		全日制学术学位非定向博士	全日制学术学位非定向博士	43214	0	0	0	28	1	28	28	0	0	0	0	0
理学	化学	化学	化学	070399	3	0	0	6	0	6	6	0	0	0	0	0
哲学	哲学	马克思主义哲学	马克思主义哲学	010101	3	0	0	8	1	8	8	0	0	0	0	0
理学	生态学	生态学	生态学	071399	3	0	0	5	0	5	5	0	0	0	0	0
文学	中国语言文学	中国语言文学	中国语言文学	050199	3	0	0	9	0	9	9	0	0	0	0	0

成人专科分专业学生数

高基313

单位：人

学科	专业分类	专业名称	自主专业名称	专业代码	是否师范专业	年制	毕业生数	招生数	在校生数					预计毕业生数
									合计	一年级	二年级	三年级	四年级及以上	
		甲	乙	丙		丁	1	2	3	4	5	6	7	8
		成人专科生	成人专科生	41200	-1	0	631	588	1688	588	623	477	0	477
		其中：女	其中：女	412002	-1	0	557	465	1446	465	549	432	0	432
		函授专科	函授专科	41210	-1	0	623	579	1658	579	610	469	0	469
		其中：女	其中：女	412102	0	0	550	459	1423	459	539	425	0	425

续表

学科	专业分类	专业名称（甲）	自主专业名称（乙）	专业代码（丙）	是否师范专业（一）	年制（丁）	毕业生数（1）	招生数（2）	在校生数 合计（3）	一年级（4）	二年级（5）	三年级（6）	四年级及以上（7）	预计毕业生数（8）
教育与体育大类		高中起点专科	高中起点专科	41211	-1	0	623	579	1658	579	610	469	0	469
教育与体育大类	文秘类	文秘	法律文秘	670301	0	3	19	0	11	0	0	11	0	11
教育与体育大类	教育类	教育类	教育类	670199	0	3	14	7	27	7	10	10	0	10
教育与体育大类	教育类	教育类	应用心理学	670199	0	3	0	4	18	4	11	3	0	3
教育与体育大类	语言类	汉语	汉语	670201	0	3	68	15	78	15	34	29	0	29
教育与体育大类	教育类	语文教育	语文教育	6/0104	0	3	6	3	18	3	9	6	0	6
教育与体育大类	教育类	小学教育	初等教育	670103	0	3	43	22	79	22	24	33	0	33
教育与体育大类	教育类	学前教育	学前教育	670102	0	3	343	243	813	243	321	249	0	249
财经商贸大类	工商管理类	工商管理类	工商行政管理	630699	0	3	33	94	233	94	80	59	0	59
财经商贸大类	工商管理类	工商管理类	经济学	630699	0	3	0	3	3	3	0	0	0	0
财经商贸大类	财务会计类	合计	合计	630302	0	3	69	74	222	74	92	56	0	56
旅游大类	旅游类	旅游管理	旅游管理	640101	0	3	12	85	89	85	0	4	0	4
财经商贸大类	经济贸易类	国际经济与贸易	国际经济与贸易	630502	0	3	0	10	10	10	0	0	0	0
电子信息大类	计算机类	计算机应用技术	计算机应用技术	610201	0	3	16	19	57	19	29	9	0	9
合计	合计	业余专科	业余专科	41220	-1	0	8	9	30	9	13	8	0	8
合计	合计	其中：女	其中：女	412202	0	0	7	6	23	6	10	7	0	7
合计	合计	高中起点专科	高中起点专科	41221	-1	0	8	9	30	9	13	8	0	8
教育与体育大类	教育类	英语教育	英语教育	670106	0	3	8	9	30	9	13	8	0	8

成人本科分专业学生数

单位：人

学科	专业分类	专业名称 甲	自主专业名称 乙	专业代码 丙	是否师范专业	年制 丁	毕业生数 1	授予学位数 2	招生数 3	在校生数 合计 4	一年级 5	二年级 6	三年级 7	四年级 8	五年级 9	六年级及以上 10	预计毕业生数 11
		成人本科生	成人本科生	42200	-1	0	959	20	605	2185	605	860	720	0	0	0	720
		其中：女	其中：女	422002	-1	0	686	17	473	1705	473	683	549	0	0	0	549
		函授本科	函授本科	42210	-1	0	789	18	552	1930	552	777	601	0	0	0	601
		其中：女	其中：女	422102	0	0	556	15	434	1505	434	614	457	0	0	0	457
		专科起点本科	专科起点本科	42212	-1	0	789	18	552	1930	552	777	601	0	0	0	601
工学	计算机类	计算机科学与技术	计算机科学与技术	080901	0	3	50	0	21	81	21	31	29	0	0	0	29
历史学	历史学类	历史学	历史学	060101	0	3	4	0	0	0	0	0	0	0	0	0	0
教育学	教育学类	教育学	教育学	040101	0	3	29	2	18	91	18	32	41	0	0	0	41
文学	中国语言文学类	汉语言文学	汉语言文学	050101	0	3	310	3	93	445	93	175	177	0	0	0	177
经济学	经济学类	经济学	经济学	020101	0	3	0	0	7	7	7	0	0	0	0	0	0
教育学	教育学类	学前教育	学前教育	040106	0	3	138	2	185	646	185	296	165	0	0	0	165
法学	法学类	法学	法学	030101	0	3	50	2	35	105	35	45	25	0	0	0	25
经济学	经济与贸易类	国际经济与贸易	国际经济与贸易	020401	0	3	0	0	3	3	3	0	0	0	0	0	0
法学	马克思主义理论类	思想政治教育	思想政治教育	030503	0	3	2	0	0	6	0	0	6	0	0	0	6
理学	物理学类	物理学	物理学	070201	0	3	6	0	0	1	0	0	1	0	0	0	1
教育学	体育学类	体育教育	体育教育	040201	0	3	43	0	0	22	0	0	22	0	0	0	22
理学	数学类	数学与应用数学	数学与应用数学	070101	0	3	34	0	8	39	8	13	18	0	0	0	18

续表

学科	专业分类	专业名称 甲	自主专业名称 乙	专业代码 丙	是否师范专业	年制 丁	毕业生数 1	授予学位数 2	招生数 3	在校生数							预计毕业生数 11
										合计 4	一年级 5	二年级 6	三年级 7	四年级 8	五年级 9	六年级及以上 10	
教育学	教育学类	小学教育	小学教育	040107	0	3	47	1	53	195	53	76	66	0	0	10	11
理学	地理科学类	地理科学	地理科学	070501	0	3	2	1	0	0	0	0	0	0	0	0	66
理学	心理学类	应用心理学	应用心理学	071102	0	3	11	0	10	20	10	6	4	0	0	0	0
管理学	旅游管理类	旅游管理	旅游管理	120901	0	3	7	1	0	0	0	0	0	0	0	0	4
管理学	公共管理类	公共事业管理	公共事业管理	120401	0	3	0	0	6	12	6	6	0	0	0	0	0
管理学	电子商务类	电子商务	电子商务	120801	0	3	0	0	2	2	2	0	0	0	0	0	0
管理学	工商管理类	人力资源管理	人力资源管理	120206	0	3	0	0	32	61	32	29	0	0	0	0	0
管理学	工商管理类	会计学	会计学	120203	0	3	56	6	79	194	79	68	47	0	0	0	47
		业余本科	业余本科	42220	-1	0	170	2	53	255	53	83	119	0	0	0	119
		其中：女	其中：女	422202	0	0	130	2	39	200	39	69	92	0	0	0	92
		专科起点本科	专科起点本科	42222	-1	0	170	2	53	255	53	83	119	0	0	0	119
艺术学	音乐与舞蹈学类	音乐学	音乐学	130202	0	3	33	0	13	80	13	33	34	0	0	0	34
艺术学	美术学类	美术学	美术学	130401	0	3	48	0	13	56	13	11	32	0	0	0	32
文学	外国语言文学类	英语	英语	050201	0	3	89	2	27	119	27	39	53	0	0	0	53

在校生分年龄情况

单位：人

	编号	合计	17岁及以下	18岁	19岁	20岁	21岁	22岁	23岁	24岁	25岁	26岁	27岁	28岁	29岁	30岁	31岁及以上
	1	2	3	4	5	6	7	8	9	10	11	12	13	14	15	16
总计	1	23155	488	2544	4182	4220	4201	2930	1201	650	504	392	315	298	195	175	860
其中：女	2	16562	371	1900	2980	3015	2963	2031	809	450	362	302	251	247	153	127	601
普通专科生	3																
其中：女	4																
普通本科生	5	18551	358	2441	4026	4012	3885	2604	852	261	74	24	5	5	3	1	
其中：女	6	12954	293	1810	2838	2827	2704	1755	540	141	35	6	2	3			
成人专科生	7	1688	130	96	132	140	164	138	120	105	101	84	64	55	50	45	264
其中：女	8	1446	78	83	122	130	146	126	100	90	90	74	60	50	47	40	210
成人本科生	9	2185		7	24	68	109	149	173	219	212	170	154	132	121	110	537
其中：女	10	1705		7	20	58	90	125	139	184	166	138	124	115	97	81	361
网络专科生	11																
其中：女	12																
网络本科生	13																
其中：女	14																
硕士研究生	15	666					43	39	56	65	116	113	86	102	20	11	15
其中：女	16	429					23	25	30	35	70	83	63	79	9	4	8
博士研究生	17	65									1	1	6	4	1	8	44
其中：女	18	28									1	1	2			2	22

高基322

招生、在校生来源情况

单位：人

	编号	招生数			在校生数								
		合计	普通专科生	普通本科生	合计	普通专科生	普通本科生	成人专科生	成人本科生	网络专科生	网络本科生	硕士研究生	博士研究生
		1	2	3	4	5	6	7	8	9	10	11	12
总　计	1	4729		4729	23155		18551	1688	2185			666	65
北京市	2	6		6	34		28					6	
天津市	3	76		76	288		284					4	
河北省	4	175		175	708		695					11	2
山西省	5	99		99	412		397					15	
内蒙古自治区	6	111		111	460		441					19	
辽宁省	7	45		45	185		174					10	1
吉林省	8	81		81	347		334					13	
黑龙江省	9	42		42	217		201					12	4
上海市	10	10		10	39		37					2	
江苏省	11	57		57	240		217					23	
浙江省	12	51		51	264		229					33	2
安徽省	13	240		240	971		939					32	
福建省	14	147		147	578		541					34	3
江西省	15	228		228	901		875					22	4
山东省	16	125		125	525		507					13	5
河南省	17	292		292	1193		1151					36	6
湖北省	18	239		239	1004		953					46	5

续表

	招生数			在校生数								
	合计	普通专科生	普通本科生	合计	普通专科生	普通本科生	成人专科生	成人本科生	网络专科生	网络本科生	硕士研究生	博士研究生
编号	1	2	3	4	5	6	7	8	9	10	11	12
湖南省 19	246		246	993		941					48	12
广东省 20	141		141	574		539					32	4
广西壮族自治区 21	52		52	262		212					47	3
海南省 22	1339		1339	9395		5353	1688	2185			149	20
重庆市 23	50		50	225		207					18	
四川省 24	274		274	1022		1017					5	
贵州省 25	155		155	619		610					9	
云南省 26	114		114	461		450					11	
西藏自治区 27	4		4	10		10						
陕西省 28	113		113	471		453					15	3
甘肃省 29	116		116	360		360						
青海省 30	20		20	80		80						
宁夏回族自治区 31	20		20	76		75					1	
新疆维吾尔族自治区 32	61		61	240		240						
港澳台侨 33				1		1						

高基331

学生变动情况

单位：人

	编号	上学年初报表在校生数	增加学生数					减少学生数									本学年初报表在校生数
			合计	招生	复学	转入	其他	合计	毕业	结业	休学	退学	开除	死亡	转出	其他	
	编号	1	2	3	4	5	6	7	8	9	10	11	12	13	14	15	16
总计	1	23230	6381	6241	135	2	3	6456	5827	2	237	164		1	1	224	23155
普通本科、专科生	2	18030	4842	4729	108	2	3	4321	3993	2	127	64		1	1	133	18551
普通专科生	3																
普通本科生	4	18030	4842	4729	108	2	3	4321	3993	2	127	64		1	1	133	18551
成人本科、专科生	5	4544	1220	1193	27			1891	1590		110	100				91	3873
成人专科生	6	1902	608	588	20			822	631		50	50				91	1688
成人本科生	7	2642	612	605	7			1069	959		60	50					2185
网络本科、专科生	8																
网络专科生	9																
网络本科生	10																
研究生	11	656	319	319				244	244								731
硕士研究生	12	611	291	291				236	236								666
博士研究生	13	45	28	28				8	8								65

学生休退学的主要原因

单位：人

甲	编号 乙	合计 1	患病 2	停学实践（求职） 3	贫困 4	学习成绩不好 5	出国 6	其他 7
总计	1	401	120	108	7	5	67	94
普通本科、专科生	2	191		8	7	5	67	94
普通专科生	3							
普通本科生	4	191	10	8	7	5	67	94
成人本科、专科生	5	210	110	100				
成人专科生	6	100	50	50				
成人本科生	7	110	60	50				
网络本科、专科生	8							
网络专科生	9							
网络本科生	10							
研究生	11							
硕士研究生	12							
博士研究生	13							

在校生中其他情况

单位：人

	编号	共产党员 1	共青团员 2	民主党派 3	华侨 4	港澳台 5	少数民族 6	残疾人 7
总计	1	1643	19306	24		1	2633	7
普通本科、专科生	2	642	16937	1		1	1748	
普通专科生	3							
普通本科生	4	642	16937	1		1	1748	
成人本科、专科生	5	788	1900	18			850	
成人专科生	6	120	800	6			350	
成人本科生	7	668	1100	12			500	
网络本科、专科生	8							
网络专科生	9							
网络本科生	10							
研究生	11	213	469	5			35	
硕士研究生	12	167	462	2			31	
博士研究生	13	46	7	3			4	

其他学生情况

单位：人、人次

	编号	结业生数		注册学生数	
		计	其中：女	计	其中：女
		1	2	3	4
自考助学班	1				
普通预科生	2	*	*	30	26
研究生课程进修班	3				
进修及培训	4				
其中 资格证书培训	5				
岗位证书培训	6				
第一产业内培训	7				
其中 第二产业内培训	8				
第三产业内培训	9				
一个月以内	10				
一个月至三个月以内	11				
三个月至半年以内	12				
半年至一年以内	13				
一年及以上	14				

外国留学生情况

单位：人、人次

	编号	毕（结）业生数	授予学位数	招生数 计	其中：春季招生	在校生数 合计	第一年	第二年	第三年	第四年	第五年及以上
		1	2	3	4	5	6	7	8	9	10
总计	1	176		233	36	449	233	179	25	12	10
其中：女	2	128		147	16	275	147	108	11	9	
按学历分 小计	3	20	*	70		169	70	64	23	12	
专科	4										
本科	5	18		49		129	49	47	21	12	
硕士研究生	6	2		19		32	19	13			
博士研究生	7			2		8	2	4	2		
培训	8	156	*	163	36	280	163	115	2		
按大洲分 亚洲	9	137		180	30	349	180	147	14	8	
非洲	10	6		18	2	24	18	5	1		
欧洲	11	32		34	4	71	34	26	7	4	
北美洲	12					1		1			
南美洲	13	1				3			3		
大洋洲	14			1		1	1				
按经费来源分 国际组织资助	15										
中国政府资助	16	33		112	21	218	112	77	22	7	
本国政府资助	17										
学校间交换	18	103		85	4	165	85	80			
自费	19	40		36	11	66	36	22	3	5	

2017年海南省普通高等学校研究生创新科研课题立项一览表

序号	课题申请人	课题组成员	单位	一级学科代码	课题名称
1	陈小燕	王明初、王习明	马克思主义理论2015级	030500	习近平扶贫开发战略思想研究
2	王素芳	周泉根、曾庆江	中国语言文学2015级	0501	从"海南元素"到"海南制造"——海南影视产业的发展路径研究
3	黄铁澜	王伟、欧阳丽花、李云	中国语言文学2016级	0501	抗战时期青少年刊物中的鲁迅纪念研究
4	邵泰明	娇虹帅、刘春越、董佳慧	化学2015级	0703	大黄榕化学成分及抗肿瘤活性研究
5	牛学良	董锐霞、门永玲、马冬雪	化学2015级	0703	三维石墨烯基纳米复合材料构建第三代酶传感器的研究
6	李小宝	牛燕燕、文作瑞、李晓燕	化学2016级	0703	石墨烯复合材料修饰电极对药物活性成分的化学检测研究
7	龚建如	王俊慧、王佳玉	生物学2016级	0710	苏云金芽孢杆菌基因组的进化比较分析
8	梁薇	鹿碧波、王丽丽、李启黄	生物学2015级	0710	热应激对雏鸡HPO轴GABA能神经和生殖激素细胞生长发育的影响
9	李家威	郭绮琪	生物学2016级	0710	肿瘤抑制蛋白p53对TGEV复制的影响研究
10	王旭萍	Juma gul（朱玛·古尔）	生态学2016级	0713	人侵种三叶鬼针草与本地种的竞争研究
11	韦乐	马端楠	数学2015级	0701	带体制转换的单一物种种群随机扩散模型
12	马茹梦		数学2015级	0701	Bergman—Musielak—Orlicz空间导数的刻画与应用
13	常景美		数学2015级	0701	量子态纠缠性判断
14	陈丽艳	郑庆扬	地理学2016级	0705	多时间尺度的桉树林土壤水分变化特征研究
15	邢瑶丽	李燕	地理学2016级	0705	海南省休耕农田土壤有机碳累积特征及影响因素
16	石佳	宋煌旺、刘英豪、钟万林	化学2015级	0703	二氧化碳环氧丙烷/γ—丁内酯三元共聚物的合成及性能
17	文作瑞	李英豪、赵文舒	化学2015级	0703	血红蛋白在石墨烯电极上的自接电化学电催化性能研究
18	蒋晓薇		化学2015级	0703	多孔掺杂类石墨烯碳基非贵金属催化剂的制备及其性能研究
19	宋煌旺		化学2015级	0703	基于BITC包合物的壳聚糖活性包装膜在草莓保鲜中的应用
20	刘意仪		化学2015级	0703	二氧化钛双纳米线的制备及其在染料敏化太阳能电池中的应用
21	李国辉		化学2016级	0703	固定CO₂用SnS₂可见光光催化材料的研究
22	李晓燕	赵文舒	化学2016级	703	基于石墨烯量子点修饰电极蛋白质电化学传感器件的构建
23	叶信余		化学2016级	0703	TiO₂节状球杆纳米阵列光阳极薄膜在DSSC中的应用
24	梁岩君		课程与教学论2016级	40102	中小学生课堂沉默的归因与转化研究

续表

序号	课题申请人	课题组成员	单位	一级学科代码	课题名称
25	陈茜伊		教育学原理2016级	040101	海南省教育精准扶贫之思源学校整体发展研究
26	段红梅		马克思主义理论2015级	030500	历史唯物主义视域中的"世界观"概念
27	李滟茹		马克思主义理论2015级	030500	马克思现实观的历史唯物主义向度
28	张文杰	吴深	体育学2016级	0403	海南省中学校园足球开展现状与对策分析
29	张晓晨	李辉煌、高满翔	体育人文社会学2015级	0403	"新业态"视域下海南体育旅游产业创新性发展趋势研究
30	李超		中国史2015级	0602	民国时期开发黎区的计划及实施
31	李倡云		中国语言文学2015级	0501	新时期乡土小说中的乡愁书写
32	梁丰	梁丰	中国语言文学2015级	0501	论晏几道"以诗为词"
33	刘伟平		中国语言文学2015级	0501	现当代文学在海南省高中语文教学中的接受研究
34	王一帆	杨天妪	中国语言文学2015级	0501	海南黎语传承、发展的现状与保护
35	徐莉茗		中国语言文学2015级	0501	王小波小说的非叙事性话语研究
36	丁磊		小学教育2016级	045115	SOLO分类理论在小学古诗词评价中的应用研究
37	李素娜		小学教育2016级	045115	小学语文课堂小练笔设计与实施策略研究
38	王莽		现代教育技术2016级	0451	虚拟融合环境下基于AR的交互式实验平台的设计与实现
39	李端施		学科教学（美术）2016级	045113	翻转课堂教学模式培养学生创造力的实践研究
40	金丽娟	夏敏慧、夏明勇、张倡玉	学科教学（体育）2016级	45112	"体教融合"模式下海南乒乓球传统项目学校开展现状与对策研究
41	张倡玉	张庭华、曾维娜、黎根发	学科教学（体育）2016级	45112	海南省特殊教育学校体育教学现状调查与分析
42	罗利	张文杰、崔胜、李豪、高龙飞、刘同园	学科教学（体育）2016级	45112	海南省民办中学体育教学现状与发展对策研究
43	陈淑姬		学科教学历史2016级	045109	海南省建省以来中学历史"三考"试卷研究
44	王艳		学科教学历史2016级	045109	海南怀乡中小学乡土历史教育现状调查
45	肖凯键		学科教学历史2016级	045109	走班制下高中历史教学评价体系的架构——以海南省属中学为例
46	杨天妪	王一帆	学科教学语文2016级	045103	黎族民间故事与海南高中语文校本课程开发

海南省优秀硕士学位论文一览表

序号	作者	性别	授予学位日期	论文题目	导师	备注
1	张成功	男	2016-7-1	新型城镇化背景下的新市民思想道德教育调查研究	王习明	
2	左世宝	男	2016-7-1	社会分层视域下农村学生上大学的境遇研究	陈文心	
3	张丽	女	2016-7-1	小学语文校本研修样态研究——以海口某小学"咖啡时间"为例	李伟诗	教育硕士专业学位
4	贾雅雯	女	2016-7-1	周作人散文"文抄"体式研究——以其30年代散文为例	席建彬	
5	赵晶晶	女	2016-7-1	莎士比亚十四行诗在当代影视中的媒介转化	李萍	
6	刘杨	男	2016-7-1	绘画·叙事——论《点石斋画报》的图文构成	周春花	
7	沈聪辉	男	2016-7-1	向量值Calderón-Zygmund算子在变指标函数空间上的有界性	徐景实	
8	杨小迪	女	2016-7-1	变指标的Besov型空间和Triebel–Lizorkin型空间	徐景实	
9	王文成	男	2016-7-1	石墨烯纳米复合材料的制备及其在电化学中的应用	孙伟	
10	刘凤娇	女	2016-7-1	亚硒酸酯参与的多组分Knoevenagel/Michael串联反应及其非对映选择性	吴明书	
11	梁臣	男	2016-7-1	GABA对热应激雏鸡胸腺组织结构及免疫功能发育的影响	谢秀桢	

大学生志愿者暑期文化科技卫生
"三下乡"社会实践活动"学生积极分子"名单

教育与心理学院（26人）

李鹃娟	朱琪	杨鑫蕊	欧婉莹	苏娜
林佳珍	刘娑娜	曾珊珊	符育端	王欣怡
何贻施	章人文	张颖蕾	王川凤	单琪琨
朱柳琴	林荣丽	徐慧华	蔡小明	谢蓉
郭赐鹏	云小刚	魏佳	黄菊	叶艳
刘颖				

初等教育学院（32人）

邹杰英	赵瑞	郭法辉	徐辉荣	番晓顺
胡千千	刘俊梅	金万淑	董百惠	闫禹辛
石文祥	谢诗	陈明珠	于思雯	韩菁宇
何秋娜	聂慧青	吕志昂	刘泽华	李晓琦
吕金泽	刘纯	刘国斌	林春燕	程美
李海转	陈碧月	冯锦鸾	黄欣妍	黄灵灵
李萍	王谢			

文学院（49人）

谭雨涵	公雪	寇嘉瑜	胡波	何伯丽
何沐耘	李雨宣	孟怡然	刘烨	王佳微
颜春妮	郑欣	王锡坚	肖婧惠	肖磊
周越	赵奕欣	王奎	肖云帆	李虎
苏航	吴萌	林莹琳	裴子微	何双萍
李尧	吴芷	李苏云	李欣润	李蕙姗
张欢	申启鹤	王瑞	史思宇	李莉
刘嘉汇	章景媚	代嘉威	林慧敏	严春平
刘海青	李笔秋	陈晓玉	黄文暖	王苗
方兰团	邢孔楚	姚雨江	杨梦丹	

新闻传播与影视学院（12人）

王雪瑶	吴郑英	宋艳菲	陈思钰	李佳怡

贺小萱	梁庆	贾安邦	郭文龙	尹晓燕
曾伟	安司宇			

法学院（27人）

张征宇	黄冠宇	胡艺韬	袁慧琪	单滢竹
张湘莹	范小明	黄梅庆	黄小惠	矫炀
金楚然	潘玉	王继强	张一	朱润婷
符玉青	高志春	黎慧岭	李春蕾	梁晓彦
廖芳芳	林安慧	王根全	闫政洋	周锐
朱望俊	陈为贵			

马克思主义学院（57人）

曾玲	陈斐	黎明仙	文丽珍	陈琛
刘志霞	许浩中	方小凤	龚芯	祁振宁
黄小娟	赖斐翡	李飘	李琪	李宛亭
梁又斤	刘军	刘云鹤	石芝平	朱青宇
祝文汇	张晓椰	董赛男	梁一叶	林永琪
林泳岚	徐凤欣	吴江艳	普云	贯明锐
黄志敏	郑洲	林方玉	林琪	林如芳
杨巧巧	杨贵花	曾鹏辉	李谆谆	蒋海英
古大潘	梁月	李佳宁	程萍萍	顾娉婷
何婷婷	毛苇	游贤梅	黄黎敏	王婧娴
苏丽霞	刘维军	温小英	莫镕蔚	陈娜娜
何中华	白惠东			

外国语学院（17人）

冷晓丽	史嘉仪	杨惠然	向钰	王宏宇
刘伊佳	刘姝君	王淇	王星扬	王玥
田徐然	邓梦兰	张梦茜	张诗轩	徐帅
黄永强	麦明雪			

音乐学院（19人）

王李静　沈子苓　胡　英　段维江　夏江南
朱煜凡　肖琴琳　温秀娜　云美金　林红红
王慧真　陈安中　雷贤慧　张可可　钟　美
陈丽珍　李　烨　龚龙飞　韩大海萨哈博琪

经济与管理学院（36人）

张　涛　刘书毓　邬志成　冯海颜　李育雄
王亚玲　李钰敏　翁春暖　刘　浩　陈诗钰
邓权伟　温墨航　项铭棋　张碧云　张肖朋
杨　旭　李文雪　万　正　瞿　雪　李亚莉
毛明佳　崔士慧　刘子茗　于佳廷　李美玲
刘昱秀　王鹏薇　李　燕　骆日利　周　晴
孙昌伟　糜四萍　程　鑫　张小天　方子航
欧阳彦瑾

数学与统计学院（21人）

李青沂　付浩普　王　月　王泽中　赵鸿丽
苏仕海　李佳燕　李小妹　刘　登　刘玉珠
韦　菊　周运萍　陈玉珍　谢　敏　曾芬芬
吴英健　胡晓宇　赵春萍　王怡心　李　艳
刘　杰

物理与电子工程学院（27人）

王懂懂　赵晓宇　康延亭　马　悦　刘　畅
王依婷　刘鑫禹　赵盛彬　赵松月　杨　馨
杜雨露　王寅佳　杨　萌　范一鸣　洪　薇
崔凤伟　曲飞阳　邢增标　尹向阳　罗浩越
粮仕求　罗文雅　魏月昊　赵晓波　金昊然
赵顶天　欧阳凯婷

化学与化工学院（10人）

丛浩良　何博琳　胡晓波　李叶梅　罗娟娟
谭　鹏　谭诗宇　王佳莉　王　柯　郑仲奇

生命科学学院（31人）

郭超群　李成岗　李红群　吴佳佳　陈　喆
门永政　王学智　曾志平　刘思佳　孙舒一
肖君涵　许欣阳　叶金枝　周春花　莫文惠
杜文婧　李品月　王小欣　代飞飞　谢　婷

王　梅　陈奕成　张长维　黎恒杰　胡梦露
刘云婷　杨文翔　雷金洪　李妹妹　贾乐乐
孙羽轻轻

体育学院（18人）

卢阿永　陈佳华　李清山　梁珈迈　林国森
苏家辉　董舒畅　王思懿　符　涛　覃泽龙
田　鹏　莫伟善　罗子康　汤中琴　林海滨
符杰珍　陈天丹　蒋文杰

研究生学院（17人）

吴小彦　吴益玲　许　娟　吕彦瑾　吴　叶
洪莉玲　张　琦　吕精妹　陈豪举　林莹莹
田　丰　林瑞记　郑伊楠　孙宏华　王　艳
林仕珍　陈丽艳

国际教育学院（15人）

唐嘉欣　侯　美　朱雪梅　白亚男　冯　华
谢丹华　陈丽冰　冯嘉妮　李晴微　潘朵朵
王月娥　吴秀金　曹亚娟　王　丹　焦丽文

美术学院（15人）

李世豪　王　昊　张天阳　李　吉　韩　涛
李　静　王锦涛　张　博　李昕欣　梁祖斌
陈　曦　翟亚茹　陈江奇　鲁腾飞　徐　堂

校团委（27人）

刘　超　杨云聪　丁亚斌　余小琼　景怀玉
安姝蓉　刘　妍　吕延鸽　张　洁　史搏成
宋　健　王　旭　漆　柳　曾燕婷　向　文
张达荣　崔　亮　丁梦秋　田梦源　葛志华
吴玉婕　唐　雯　何朦朦　王萍霞　梁莎莎
郭恒伟　张若梅

2016—2017学年度"优秀共青团干部"获奖名单

教育与心理学院（20人）

董妍妍　甘巧珊　高青　韩俊　姬朝盼
纪凤滢　康辉　李鹏娟　李鸣璇　李雅欣
潘亚萍　史博成　孙庆秀　唐大香　王迎迎
吴静芬　徐冉　叶艳　张钰　赵晓禾

初等教育学院（22人）

陈家琦　何锦琳　吉辽　蒋嘉鑫　金琦
李德翔　李函徽　李流杰　林思捷　林芯慧
刘嘉欣　刘羽悉　吕安伟　吕金泽　覃艳莎
王萍　冼玮　张一鸣　张云霞　局琼香
朱立平　邹杰英

文学院（30人）

刘烨　王光明　彭紫薇　宋健　于晓彤
高宇杰　赵馨　韩渝　何沐耘　刘莹莹
谭雨涵　卞明镜　刘铭　代嘉威　杨梦丹
邹欢　司昇　邓李欣　陈琳珠　丁鸥
刘清华　陈婷婷　李颖　靳善淇　陈晓玉
高娟　冯秀玲　赵奕欣　赵云　王曼

新闻传播与影视学院（8人）

黄春玲　苗国鹏　吴易璋　叶召梅　张琳
张圆　朱荣荣　朱滢琳

法学院（7人）

丁茂刚　李晨曦　李闻迪　罗雪　万家鑫
王莉　县富文

马克思主义学院（10人）

李鹏飞　林晓刚　刘婷　龙珠　舒欣悦
田一涵　王庆钰　闫蕾　原婷　周颖

外国语学院（28人）

爱伦　蔡鑫　陈小红　陈杨　高楚杨
高雅　官静怡　胡芹　黄靖　李娜
李悦　林华慧　蔺鑫斐　马楠　欧鹭
彭冬兰　秦宇婷　史嘉怡　唐静　王梦思
魏玲玲　温依婷　阳雨薇　杨茹　叶仕妹
张敏　张田田　张毓窈

音乐学院（15人）

安姝蓉　邸婉欣　段维江　黎慧　孟凡琪
宋博文　唐佩瑶　王亮亮　王若男　王潇桓
夏江南　徐湘漪　杨淑　杨帆舟　赵甜

美术学院（18人）

麦凯妍　侯丽康　郭慧敏　岳雨豪　吴彤
童美萍　刘宝兰　黄若蒙　严意迪　黄棠婷
王玉杰　江奕君　丁姗姗　赵传洋　罗筱雯
于凯　铁鑫　毛宁

经济与管理学院（35人）

包塔娜　丁浩　樊悦　何智静　胡艳
胡媛　黄梦芸　李培涛　李思影　李沉蓉
李子木　刘荫　刘顺琴　罗梦琪　罗瑜芬
吕雅轩　毛雨璇　孙梦珂　孙培真　涂敏
王楠　王翠丽　嵬钰莹　温墨航　吴志钦
徐汉卿　许西玲　许筱筱　杨亚兰　张肖朋
张亚文　赵佳琳　赵佳馨　郑芙蓉　周磊磊

数学与统计学院（23人）

陈玉珍　杜文月　洪阳　黄艺纯　贾信婷
李佳燕　李庆姣　林桧雨　林欣　刘畅
司换换　唐雯雯　王思宇　韦菊　卫军波
吴英健　伍芸翮　杨海容　曾玥　张莉
张晓雪　张艳琪　赵鸿丽

信息科学技术学院（21人）

柏云武　鲍媛媛　陈柯铮　程加昕　程云舟
杜诗琪　方少韩　郝诺男　黄丽敏　江心璇
蒋俊强　李韬远　宋金梅　苏香杏　田宝鑫
王曼泽　王涛　闫宏　杨浩远　郑芯
朱冠军

物理与电子工程学院（25人）

陈文峰　丁焱　黄东升　江丹　江翔宇
景海彬　康延亭　李建华　刘磊　田梦岩
王懂懂　文三伟　徐飞　徐泽林　许丽曼
杨帅　杨馨　杨小燕　杨一介　叶春华
张微　张巧利　赵松月　赵晓宇　朱亚琦

化学与化工学院（19人）

蔡雄　韩东妮　何博琳　黄丹青　匡鑫
冷宛聪　李敏　廖正伟　刘程　刘嘉豪
米思　史铭　谭雯　谭钰祎　涂闯
吴越　谢松秀　张天悦　赵静

生命科学学院（15人）

陈虹希　邓思楠　黄晶晶　姜小慧　刘思佳
梁子晴　任悦　孙梦藜　孙舒一　谈怡君
陶月　王倩文　邢益好　吴佳佳　张宇晴

体育学院（22人）

陈纯怡　董舒畅　段连启　方成燕　高艳红
何庆文　胡元帅　金辉　林刚　鲁彤
孟令增　盛年　田鹏　童苠莘　王郝鑫
王思懿　徐凯　宣小康　颜文　张世伟

张雨亭　赵伟杰

地理与环境科学学院（10人）

程小楚　沈梦晨　王佳瑶　吴君仪　吴雯
徐顺宏　杨洁　杨意满　郑德菁　郑苗

旅游学院（14人）

边新宇　陈业孝　丁天祺　李敏瑞　李悦
廖燕　邱彩英　覃玲　谭祖利　王伟倩
王亚蜜　项晓霞　谢童　杨新平

国际教育学院（5人）

江海琴　兰耀斌　林奕璇　刘梦晓　倪晓东

校团委（20人）

张徽　胡涛　李青沂　柳韵　孙羽旸
王跃　陈琬月　陈国乐　于靖娴　陈钊阳
刘洋　刘顾璇　李莎　罗娜　廖梁红
向文　潘文倩　王书燕　方婷仪　杨沛霖

校青协（13人）

吕延鸽　朱苏平　张作琴　漆柳　罗勇
彭敏　张洁　何朦朦　方小利　石晓雨
刘碧莹　刘前前　李涛

学生社团联合会（6人）

王金晶　徐子婧　孙博文　丁梦秋　金璐
何杰

青年新媒体中心（9人）

李金洲　崔凤娟　刘颖　曾燕婷　严惠玲
吴璟潇　陈萍萍　马晓燕　林琳

2016—2017学年度"优秀共青团员"名单

教育与心理学院（75人）

白晓阳　蔡小明　曹靖悦　曾珊珊　陈虹宏

陈佳桢　陈静　陈诗敏　陈挺　陈贤瑶
陈亦欣　高美玉　高娜　高小雅　郭福涵

郭恒玮　郭长凯　黄志香　贾　楠　姜欣汝　　周　鸽　刘　群　吴　芷　宋沐晓　何双萍
焦龙保　金　浩　康　慧　李丽菲　李丽萍　　王怡宁　裴子薇　张寅秋　李　尧　蔡鹏飞
李利云　李智轩　廖凤鸣　林红霞　林　娟　　陈泓宇　陈湛秋　陈泽源　陈诗涵　蔡玉洁
林文文　刘邦丽　刘鸿梅　刘娑娜　刘　樟　　沈　越　隆　洋　黄　烁　王姝珏　丁泽锋
欧婉莹　邱春梅　石雅丽　宋文馨　宋笑安　　郑玉玲　刘楚妍　史志盈　吴　萌　王皓楠
苏　娜　涂　画　妥　盼　王佳馨　王龙飞　　仲子怡　左　昇　符海玲　白顺才　钟瑞云
王清军　王书仪　王新颖　王艳丽　王　毅　　曹贤明　罗　娜　杨婷婷　刘晋彤　李　莉
王燚蓉　温　舒　吴斯杰　吴　燕　吴玉莹　　覃燕清　章　淼　杨萌萌　苏静宇　郭　璐
吴媛媛　徐慧华　许玮薇　许雪芹　杨　蕊　　甘青青　郭静文　王　苗　张煜婧　王笑尘
杨鑫蕊　杨艺纯　叶惠青　段恬慧　于　爽　　叶琳琪　刘　洁　陈海云　陈珍珍　吴琪莹
张雪梅　张宇豪　赵　雯　郑　彤　周　涛　　李欣润　董寅甲　全敏娟　刘玉其　刘架材
周小枫　周　滢　朱俊雯　朱　琪　朱青彬　　陈祝坤　岳佳雲　陈　怡　高雪颖　刘阳阳

初等教育学院（85人）　　　　　　　　　　皇甫忆昕　朱宝虹　符驻在　张晓瑜

陈安琪　陈虹颖　陈慧敏　陈美璇　陈妹雅　　禹丹丹　欧阳慧　陈娇丹　王　莹　刘栽娟
陈润云　陈天豪　崔咏纯　邓一林　丁梦秋　　黄　义　李昳佳　林　瑾　陈一芒　冯　艳
董丽莎　付依蓉　高超群　高月婷　葛仁波　　揭诗凡　李嘉琪　江兴蕴　吴青晏　吴陈霞
勾　玥　何念茜　何秋娜　呼　和　胡佳萍　　曹露丹　薛青圆　高　慧　方婷仪　彭海影
华　丽　黄铭心　黄欣妍　黄雨晖　蒋　微　　强淑琦　何伯丽　向　文　林小学　孟怡然
金万淑　兰晓萱　李曼茹　李木子　李　茜　　何　乐　李后成　耿继艳　吴　珊　林小翠
李曦冉　李晓静　李晓琦　李雅欣　李雨琪　　王　瑞　申启鹤　庄晓婷　卢文丽　强子昭
李　煜　林雪莹　刘　纯　刘　飞　刘　江　　宋孟颖　张羽森　陈李婕　张立琪
刘　璐　刘英男　刘媛媛　娄晓洁　卢小换

罗　红　马赵臻　毛苇杭　米籽橙　牟诗奇　　**新闻传播与影视学院（36人）**
彭　凤　彭玉洁　邱惠玲　邵云鹤　孙　燕　　陈　洁　曾贝贝　陈秋月　代昕宇　傅雨辰
田梦源　王思雯　王　月　韦姐婷　魏迎敏　　郭通盛　黄　鑫　黄露莎　简佳欣　李枫雨
温桂春　翁小青　翁秀艳　吴均琴　吴振琪　　李佳仪　李　寅　梁　庆　刘潇雨　刘银萍
谢廷嘉　邢　倩　徐　雯　薛书池　闫超群　　卢健瞳　罗丽梅　潘英祎　钱紫欣　任泽平
闫禹欣　杨真真　姚　霖　殷松睿　袁　硕　　沈月洋　盛　顺　苏　静　万苏雅　王实章
袁思榆　张华宁　张嘉钰　张　旭　张　妍　　吴承智　夏　凯　谢雨汐　杨　凯　杨雨欣
张　燕　周　霖　周　艳　庄倪萍　邹丽霞　　易　强　尹晓燕　张雅琴　张银凤　张紫怡
　　　　　　　　　　　　　　　　　　　　　赵亿莲

文学院（118人）　　　　　　　　　　　　**法学院（27人）**

寇嘉瑜　李　虎　刘苗苗　万　仟　林莹琳　　白素真　蔡丽琼　陈文鼎　陈　昕　陈亚芬
徐瑞佑　朱琪瑶　张　欣　李　倩　黄可新　　丁亚斌　龚　瑜　黄冠宇　李　鑫　李逸彤
王义桦　李苏云　吴昱昊　王佳微　谢　娜　　梁文慧　刘　丹　刘文君　刘　妍　倪　骏

聂迎秋　濮忠文　唐　媛　王星月　王依菲　　　　庄晔程　左小慧

王昱青　杨米丹　詹心怡　张丁文　张湘莹

张之森　周　维

音乐学院（58人）

姬　慧　田　甜　曹燕军　董雨松　符明警

高　斌　高桂斌　胡　英　胡欣然　金　攀

马克思主义学院（38人）

陈　琛　陈　琳　程萍萍　程婉雯　郭苗苗

韩依蓓　胡剑萍　黄黎敏　黄佩兰　黄莹莹

纪小倩　金　诺　李吉华　连坤珍　龙　珠

陆家涛　罗　敏　罗毓涓　马　瑞　孟子琪

普　云　沈绍卿　舒　婷　唐舒琴　文成豪

文丽珍　吴冰洁　吴江宇　吴缘缘　武月月

游贤梅　张艺琼　张永清　赵金英　赵静祎

朱　坤　朱青宇　邹文静

荆　磊　雷晓静　李　琦　李嘉钰　李乾坤

李婷婷　李雨凡　梁婷婷　梁智源　刘　飞

刘　婧　刘乃菲　刘星妤　龙　玄　罗　艳

彭栋梁　彭译星　秦壮南　尚雪婷　沈子苓

孙晓宇　孙阳阳　田雨晴　王　凝　王欣欣

魏小博　吴　琨　伍紫墨　西哲萱　夏梦露

夏子豪　肖　瑶　谢　梨　辛　涛　许　莉

杨　婵　余佳倩　袁　慧　张　钰　张可可

张文超　张文奎　张文然　张小策　张馨友

张雨晴　赵晋萱　周　瑾

外国语学院（107人）

白　清　蔡积文　曾小雪　柴松岳　陈　赫

陈蕾懿　陈甜甜　初　特　褚海涛　邓梦兰

邓茗之　董怡君　甘佳微　甘　蜜　高　璇

顾迦怡　管秀丽　韩丛璟　韩　薇　洪　蝶

胡雅楠　胡艳萍　贾　凡　江铭滢　将艳阳

金慧芳　金　霞　金　晓　寇川文　冷晓丽

李瑾毓　李　静　李军艳　李圣龙　李斯芳

李　雪　廖玲怡　林航帆　刘春艳　刘　娟

刘　茜　刘姝宏　刘姝君　刘伊佳　刘　宇

刘禹彤　卢　琪　吕　洁　吕明秀　吕一横

潘玉莹　齐若含　沈娇娜　苏　凡　苏若菲

孙凌智　田徐然　汪一婵　王二军　王凤容

王关心　王宏宇　王华凤　王　茹　王星扬

王　璇　王艳玲　王　玥　韦盈先　魏涟漪

吴冠英　吴娜珍　吴水灵　吴馨月　吴沂芮

吴颖之　相　诚　向　雯　向　宇　肖　娜

谢巧明　谢小灵　谢宇宁　徐　静　徐　婷

严　莹　杨惠然　杨佳韵　杨璞玉　杨山姗

杨　爽　杨欣雨　叶　磊　展欢欢　张海云

张诗轩　张　婷　赵思嘉　赵雨晴　郑佳敏

郑鑫源　郑　职　周　琦　周童童　朱　波

美术学院（71人）

刘丽江　王思予　伍惠言　周韫炜　徐　婕

钟威迪　范仕诚　揭秋婷　刘建绪　赵振平

王　涛　叶庭婷　周金鹏　王　然　沈佳培

秦雪晴　古琳茹　马青源　陈耀普　谢佶杏

李幸妍　刘梦媛　陈　略　刘　硕　李　雪

宋宇静　王贤宇　王　刚　谢乐梅　高　爽

翟亚茹　赵亚琳　石　娟　柯俊仪　罗丽佳

冀晓钰　李浩然　李彦达　李　错　张宇恒

李晨慧　杨慧慧　梁玉银　刘粤恺　夏　雪

李鑫昊　段　然　卜令辉　张云飞　郭　雯

李世豪　黄文慈　王美林　李陈云　王　昊

佟佳芯　李　吉　张天阳　李昕欣　李　静

韩　涛　陈　曦　赵　杰　王利桦　程阿龙

董　岩　欧剑波　赵怡翔　周文波　卢嘉怡

区颖琪

经济与管理学院（138人）

白恩创　蔡卓卓　曾　婷　曾馨雨　曾雨晨

陈　昕　陈涵力　陈皓玥　陈起沅　陈秋月

陈书甜　陈婷婷　崔钰歆　邓玉莲　丁　璐

董青松　杜　娟　杜玉洁　方平亮　方子航
冯海颖　符瑞女　付昀娇　韩　喆　韩亚君
何天雄　贺　辉　贺甜甜　洪静慧　胡　玲
胡杰琼　胡燕娣　皇利彭　黄春雨　黄若馨
金　梦　雷婉倩　黎璧恋　李　爽　李　燕
李翠萍　李丹丹　李晶晶　李天阳　李天竹
李文雪　李亚莉　李正华　梁晓君　蓼佑晶
林翔鹏　刘　浩　刘　衡　刘　洪　刘　玲
刘　瑶　刘　政　刘弘扬　刘晓玲　刘子茗
罗　欢　罗　盼　罗　琦　罗梦媛　罗维平
骆文琴　毛海阳　孟仕锦　聂　丹　聂　枫
欧阳彦瑾　潘本霞　彭　程　钱红森

施　铭　宋一丹　孙振慧　唐淮盈　唐丽萍
涂红均　汪小琳　汪　圳　汪子如　王浩森
王　静　王　璘　王　璐　王汝倩　王　雪
王英帅　王　月　王泽中　蔚佳欣　吴建威
辛真真　徐梦晨　杨达功　叶恩玉　叶莉莉
叶译蔓　尤金燕　由晓星　张　乐　张　敏
张思佳　张文秀　张　艳　张艳敏　赵　倩
周运萍　严蕊慧　徐娇敏　刘　进　解子瑒
李明阳　刘生兰　关亚婷　尹余雪　罗金金
汪雅红　刘梦莹　杨　卓　林　莲

信息科学技术学院（80人）

卜　磊　蔡芳雯　蔡於进　曹安好　常　楠
陈怡瑾　陈宇锋　程晓龙　程泽雨　丁卿纯
董姝岐　杜毛毛　范　博　符晓琛　高　帅
高婉馨　高亚飞　古思成　郭浩然　郭玉凤
郭子嘉　韩　莹　何光远　何　伟　胡小蕾
黄慧眉　金　毅　李帅佳　李兴森　李莹影
李昱颖　林翀嵘　林　明　刘　琪　刘心怡
刘　洋　吕　馨　潘　达　全春雁　尚琳琳
沈丹丹　宋亚蕊　粟　雄　孙一丁　孙泽旭
唐　点　田育蜜　佟　妍　王　波　王建超
王建勇　王　杰　王俊杰　王　腾　王　月
王子翊　魏雨楠　吴和洁　许　延　许　引
闫　歌　晏子澳　阳　洋　杨景雯　杨　丽
杨　琳　杨胤凰　于　涵　张　会　张莉莉
张莉芋　张姝钰　张新天　招瀚操　赵　帅
郑琳燕　郑瑞坤　钟安琪　朱　瑞　朱万达

物理与电子工程学院（100人）

陆鹏泽　赵雪辰　古俊菲　黄　兵　叶国林
李梦琪　智已航　晏玉娇　韩　琳　林彦霞
稂仕求　潘保志　蒋海峰　杨　萌　刘　畅
黄津津　段文莉　王彩稳　赵盛彬　张汇东
张浩洋　杜雨露　戴如月　聂　倩　孙颖超
周思琪　栗璐璐　赵晓波　卢　钺　张星予

数学与统计学院（89人）

艾莘然　蔡　超　曹文娟　陈　辰　陈颖之
陈壮玲　陈紫君　戴晓红　邓　青　董莲英
符才明　付浩普　龚逸群　贺润晴　贾晓洁
黄精毅　黄　坤　黄明仁　黄亚江　黄妍卉
贾迎杰　兰美香　黎春钰　李冯欣　李佳璇
李坤铃　李　娜　李荣俊　李雪芳　刘　杰
刘金浩　刘燕女　刘宇宵　罗维文　马晶莹
潘莎莎　钱一丹　商　楠　尚明鹏　汜艳瑞

王炳淇	李天齐	陈杨涛	罗文婷	李天成
陈 融	刘 鑫	黄兰倩	朱锦芸	谢东迅
邓兆新	尚义煊	王依婷	龚 莉	欧阳茹
李远忠	何天远	伍锦祥	王 扬	吴 悔
李愈晓	刘中华	陈 煌	李天明	周应热
赵顶天	张家浩	欧阳凯婷	刘 雨	
张莉莉	崔嘉雯	杨 林	李书群	蔡若琪
尹聪慧	颜 莉	田 磊	黄雪婷	邢增标
马 悦	王寅佳	关 磊	刘 瑾	李伟泽
康城岩	李慧聪	孔小雯	崔凤伟	林书奋
陈佩文	徐九龙	洪 薇	刘赜涵	翁世民
周思雨	谷泽锋	朱 雨	朱伟杰	范晓宇
黄 畅	刘珍珍	徐 倩	周 娜	王一惠
景春霞	梁晋豪	罗占峰	刘鑫禹	曲飞阳
张燕榕				

化学与化工学院（74人）

毕 韬	薄海玥	毕 鑫	蔡梓民	陈 辉
陈千慧	陈亚燕	陈英妹	董飞龙	窦 帅
冯兴阳	符 亮	符海恋	符永银	古 建
郭春宏	郭芳玲	蒿若星	胡德平	胡晓波
姜 婷	李 皓	李伯成	李彩真	李洪允
李秋桐	李阳阳	李云洋	李铮艺	李卓音
梁 琰	刘姗姗	马欣莉	蒙博珍	苗梦茹
牛文倩	欧章明	彭诗涵	任 鹏	沈 鹤
孙嘉蕙	谭 鹏	谭诗宇	田泽源	涂必祺
王 璐	王 旭	王 月	王 玥	王朝晖
王嘉恺	王洁雯	王潇哲	王玉宝	王子匀
翁杨琳	吴 燕	吴清萍	吴雪婷	习亚茹
肖 佳	谢 薇	徐佩艳	闫利平	阳 正
杨国娇	尹 健	岳肖肖	张 程	张 薇
张 越	张慧敏	周 鑫	左冬旭	

生命科学学院（60人）

蔡莲子	曾志平	陈红霞	陈 提	陈 喆
崔佳瑞	代飞飞	戴文玉	杜文婧	符艳梅

郭绮琪	何欣瑶	贺倩倩	贺甜田	侯佳薇
胡丽金	胡 茜	黄彩贞	黄小强	黄彦卿
李红群	李 擎	李小惠	李一凡	李媛宏
梁文文	林淑彬	林真凡	刘 倩	刘 情
刘顺静	刘云乐	卢英楠	罗 祯	饶 倩
孙俞鑫	万家乐	王冬婷	王润琦	王锡洁
王小欣	王学智	谢晓霞	刑丽珠	许乃升
许星亮	杨晶晶	杨盛梅	杨天乐	杨 雯
叶金枝	叶哲媛	余培海	张 静	张 婷
张作琴	赵 骏	郑婉蓉	朱慧雯	左欢欢

体育学院（84人）

曾 浩	曹 潞	曹守燕	丁诗仪	丁勇华
段瑞林	方学海	冯豫泽	符繁厅	关温雅
郭 明	郭 旺	何美伦	何文祥	洪德富
黄俊峰	黄荣彬	蒋志红	康英达	李 花
李 昱	李名香	李长青	李子薇	梁家腾
林青雅	刘本兴	刘天豪	刘伟成	刘小娜
刘雪柯	卢阿永	逯 瑶	吕朋招	马 俅
毛艳梅	莫乐杰	莫升权	潘 豪	彭 婷
秦 奋	邵 阳	宋 鑫	苏慧敏	唐诗珍
田林玉	王 冰	王 吨	王 豪	王 艺
王惠惠	王泽坤	王正亮	王梓潇	魏 杰
魏江山	文宝煌	吴海涛	肖清林	谢杰伟
谢仁豪	徐安源	许铭贤	严 朋	杨世豪
伊盛娟	喻一凡	袁志颖	岳海城	岳立峰
张 浩	张 庆	张 勇	张镕鹏	张亚纤
张月月	张志平	张志中	赵 杰	赵子琦
周 仪	周 玥	庄文华	盖晓晨	

地理与环境科学学院（38人）

艾梦丽	蔡金花	曹珍秀	陈春杰	陈国乐
陈丽贤	崔凤娟	冯文秀	符 佳	付茜茜
高 洁	郭芮君	黄淑萍	黄玉飞	蒋冬梅
蒋云胜	李嘉倩	李小连	林彬彬	林唐伶
罗 鸿	吕怀乾	邱叶琳	余雅琪	沈 旺

石　宜　王　林　王明珠　王祥彬　王小花
文　静　吴添慧　肖惠佳　杨　梅　杨　益
张垂健　张一玮　钟永青

旅游学院（53人）

蔡彩霞　曹曙霞　陈钰洋　丁　芮　董晓玲
杜　晓　郭小雲　胡修怡　黄晓霞　江　瑞
赖方丹　雷子葳　黎思杏　李　珂　李　萍
李晓青　梁玉群　梁知燕　廖小艳　刘春艳
刘霁玮　刘梦涵　刘　郁　卢　倩　马艳芳
宋道义　孙剑楠　孙　园　谭奕婷　唐　林
田　磊　童贤藤　王　洁　王军军　王天绪
王　莹　王圆圆　王祝丽　吴雅琪　向　凤
谢景美　严　英　杨　丹　杨　静　张　丹
张　丽　张　萍　张晓静　张　鑫　张艺馨
张　妤　张紫薇　周　舟

国际教育学院（19人）

曹　明　曹亚娟　陈　凯　陈林晔　江雨晨
李冰心　李芳棋　李俊杰　梁瀚文　彭汇琳
沈　洁　王　珍　吴秀金　杨　光　喻双慧
云艳苗　周佳佳　朱雪梅　祝　倩

研究生学院（8人）

陈延金　邓可一　李　洋　李旖旎　林庆昌
吕彦瑾　吴　叶　张　琦

校学生会（44人）

王文静　卑彦晴　宋　玉　代雨鑫　刘明瑞
欧阳绮梅　李彤晖　李舒静　郝志君
李杨柳　陈　晗　郭恒伟　方春燕　赵　鑫
文慧欣　孔雪利　罗娟娟　余小琼　冯钰洁
何怡佳　张宇航　张　璋　徐彩云　田梦岩
曲　岩　王泽旭　张　莹　景怀玉　陈功平
代飞飞　赖红招　唐晓莉　黄子华　温　馨
陈　睿　黄　政　李德慧　毛　新　曹珍秀
邓心怡　袁思榆　周佳媛　邵　晗　张　其

学生社团联合会（38人）

任雅楠　吕一奇　王世杰　葛志华　张明浩
姜甜甜　和天伦　刘　强　伍丽玲　田鑫鑫
杨欣怡　陆　尧　施　淇　唐　雯　赵　云
黄晓婷　周　妍　吴玉婕　马　巧　杜　洁
彭思源　陈安林　邹文绚　张可心　张达荣
王　婷　虞雪芹　郗俊凯　吴国宁　陈阳中
李　倩　王有皇　时嘉浩　王怡心　隋静超
刘雨欣　路　瑶　李斯阳

2016-2017学年度"十佳·百优"获奖名单

1."十佳共青团员"名单（10人）

序号	姓名	学院	序号	姓名	学院
1	张钰	教育与心理学院	6	周磊磊	经济与管理学院
2	周颖	马克思主义学院	7	魏伊宁	地理与环境科学学院
3	古建	化学与化工学院	8	苗国鹏	新闻传播与影视学院
4	戴君洁	国际教育学院	9	陈文峰	物理与电子工程学院
5	吕金泽	初等教育学院	10	张紫薇	旅游学院

2."十佳学生干部"名单（10人）

序号	姓名	学院	序号	姓名	学院
1	王新颖	教育与心理学院	6	李鹏飞	马克思主义学院
2	万佳鑫	法学院	7	田梦岩	物理与电子工程学院
3	李涛	物理与电子工程学院	8	周维	法学院
4	吴雯	地理与环境科学学院	9	常悦	经济与管理学院
5	张政	新闻传播与影视学院	10	王倩文	生命科学学院

3."十佳团支部书记"名单 （10人）

序号	姓名	学院	序号	姓名	学院
1	张一鸣	初等教育学院	6	秦宇婷	外国语学院
2	林仙	马克思主义学院	7	王佳瑶	地理与环境科学学院
3	彭诗涵	化学与化工学院	8	吴易璋	新闻传播与影视学院
4	吴仪	国际教育学院	9	刘宝兰	美术学院
5	陈晓玉	文学院	10	丁天祺	旅游学院

4."十佳学习标兵"名单（10人）

序号	姓名	学院	序号	姓名	学院
1	朱轶群	文学院	6	江铭滢	外国语学院
2	汪冰洁	马克思主义学院	7	胡小蕾	信息科学技术学院
3	李雨薇	数学与统计学院	8	陈昕	法学院
4	李冰心	国际教育学院	9	何天雄	经济与管理学院
5	朱晓辰	新闻传播与影视学院	10	操小晋	地理与环境科学学院

5."十佳文体标兵"名单（10人）

序号	姓名	学院	序号	姓名	学院
1	黄欣妍	初等教育学院	6	冯坤鹏	数学与统计学院
2	丁浩	经济与管理学院	7	苏慧敏	体育学院
3	王寒阳	化学与化工学院	8	金攀	音乐学院
4	金秦玲	国际教育学院	9	罗占峰	物理与电子工程学院
5	吴嘉婷	外国语学院	10	石妍	旅游学院

6. "十佳创新创业标兵"名单（10人）

序号	姓名	学院	序号	姓名	学院
1	马苏婉	初等教育学院	6	高婉馨	信息科学技术学院
2	潘申润	数学与统计学院	7	余思蓝	生命科学学院
3	高文凯	化学与化工学院	8	杨婧蕊	马克思主义学院
4	任雅楠	旅游学院	9	周腾	物理与电子工程学院
5	付爽	新闻传播与影视学院	10	高倩雯	地理与环境科学学院

7. "十佳宣传标兵"名单（9人）

序号	姓名	学院	序号	姓名	学院
1	肖婧惠	文学院	6	王依婷	物理与电子工程学院
2	文成豪	马克思主义学院	7	陈宇航	新闻传播与影视学院
3	关敏	信息科学技术学院	8	李佳燕	数学与统计学院
4	曾燕婷	文学院	9	陈喆	生命科学学院
5	张靖芸	外国语学院			

8. "一佳团支部"名单（10个）

序号	单位
1	教育与心理学院2014级学前教育1班团支部
2	初等教育学院2015级小教中文1班团支部
3	文学院2015级汉语言文学2班团支部
4	马克思主义学院2015级思想政治教育2班团支部
5	外国语学院2015级英语3班团支部
6	经济与管理学院2015级金融1班团支部
7	数学与统计学院2014级应用数学3班团支部
8	物理与电子工程学院2015级电子信息科学技术2班团支部
9	化学与化工学院2015级化学2班团支部
10	旅游学院2014级酒店管理班团支部

9. "十佳学生社团"名单（10个）

序号	单位	序号	单位
1	正义法律学社	6	爱心协会（桂林洋校区）
2	红帆诗社（桂林洋校区）	7	音乐协会（桂林洋校区）
3	电子竞技协会（桂林洋校区）	8	自行车协会（桂林洋校区）
4	黑山羊跑团（桂林洋校区）	9	心跳轮滑协会（桂林洋校区）
5	彩虹手工艺协会	10	心跳轮滑协会（龙昆南校区）

10. "十佳青年之声运营单位"名单（6个）

序号	单位	序号	单位
1	海南师范大学法学院团委	4	海南师范大学外国语学院团委
2	海南师范大学美术学院团委	5	海南师范大学物理电子与工程学院团委
3	海南师范大学旅游学院团委	6	海南师范大学学生会

2016—2017学年度国家奖学金获奖一本科生览表

序号	学号	姓名	性别	年级	学院
1	201504010159	朱琪	女	2015	教育与心理学院
2	201604070525	李智轩	男	2016	教育与心理学院
3	201412020129	马苏婉	女	2014	初等教育学院
4	201412010257	张旭	女	2014	初等教育学院
5	201402010407	顾雪诗	女	2014	文学院
6	201502010208	方嬉仪	女	2015	文学院
7	201602110410	郭学敏	女	2016	文学院
8	201402030101	白洁	女	2014	新闻传播与影视学院
9	201413020106	陈昕	男	2014	法学院
10	201413010149	吴江宇	女	2014	马克思主义学院
11	201501080122	刘洪	男	2015	经济与管理学院
12	201401120422	施倩	女	2014	经济与管理学院
13	201501020123	刘衡	女	2015	经济与管理学院
14	201503030225	张少东	男	2015	外国语学院
15	201403010124	王梦思	女	2014	外国语学院
16	201403020633	徐静	女	2014	外国语学院
17	201414020109	毛佩儿	女	2014	音乐学院
18	201414010224	李玉	女	2014	音乐学院
19	201410010309	童美萍	女	2014	美术学院
20	201410070225	周韫炜	男	2014	美术学院
21	201405060120	解子瑒	男	2014	数学与统计学院
22	201605070319	杨卓	女	2016	数学与统计学院
23	201524070149	赵露露	女	2015	信息科学技术学院
24	201624090126	吕馨	女	2016	信息科学技术学院
25	201406060142	田梦岩	女	2014	物理与电子工程学院
26	201506060227	杨小燕	女	2015	物理与电子工程学院
27	201407010119	李若玲	女	2014	化学与化工学院
28	201511040137	罗娟娟	女	2015	化学与化工学院
29	201508010241	杨盛梅	女	2015	生命科学学院
30	201409080141	张镕鹏	男	2014	体育学院
31	201409110104	曹婷	女	2014	体育学院
32	201411070112	何林生	男	2014	地理与环境科学学院
33	201411040146	张秋函	女	2014	旅游学院
34	201402080105	戴君洁	女	2014	国际教育学院

2017年国家奖学金获奖博士研究生一览表

序号	学生姓名	性别	民族	学校	专业	入学年月
1	王素芳	女	汉	文学院	中国语言文学	2015年9月

2017年国家奖学金获奖硕士研究生一览表

序号	学生姓名	性别	民族	学校	专业	入学年月
1	周琴	女	汉	教育与心理学院	教育学原理	2015年9月
2	刘瑞	女	汉	教育与心理学院	教育学原理	2015年9月
3	李滟茹	女	汉	马克思主义学院	马克思主义理论	2015年9月
4	张亚琼	女	汉	文学院	中国语言文学	2015年9月
5	姜庆莹	女	汉	美术学院	美术学	2015年9月
6	文作瑞	男	汉	化学与化工学院	化学	2015年9月
7	宋煌旺	男	汉	化学与化工学院	化学	2015年9月
8	韩雷云	男	汉	化学与化工学院	化学	2015年9月
9	李晓燕	女	汉	化学与化工学院	化学	2016年9月
10	刘意仪	女	汉	化学与化工学院	化学	2015年9月
11	崔美钰	女	汉	数学与统计学院	数学	2015年9月
12	林志荣	男	汉	美术学院	学科教学（美术）	2016年9月
13	罗利	女	汉	体育学院	学科教学（体育）	2016年9月
14	郑伊楠	女	汉	数学与统计学院	学科教学（数学）	2016年9月

2016—2017学年度国家励志奖学金获奖学生一览表

序号	学号	姓名	性别	学院
1	201412020145	袁硕	女	初等教育学院
2	201412020117	李福艳	女	初等教育学院
3	201412020125	刘菲	女	初等教育学院
4	201412020109	高元端	女	初等教育学院
5	201412020236	彭玉洁	女	初等教育学院
6	201412030133	石晓雨	女	初等教育学院
7	201412020214	贺静	女	初等教育学院
8	201412010104	邓一林	女	初等教育学院
9	201412010110	傅孛颖	女	初等教育学院
10	201412010143	燕景龙	男	初等教育学院
11	201412010140	徐丹丹	女	初等教育学院
12	201412010242	吴玉	女	初等教育学院

续表

序号	学号	姓名	性别	学院
13	201412010220	林芯慧	女	初等教育学院
14	201412010210	耿博华	女	初等教育学院
15	201404050245	张洪媛	女	初等教育学院
16	201412010253	尹叶	女	初等教育学院
17	201512020143	姚霖	女	初等教育学院
18	201512020133	仝延锐	女	初等教育学院
19	201512020244	张聪聪	女	初等教育学院
20	201512020228	漆柳	女	初等教育学院
21	201512030129	孙燕	女	初等教育学院
22	201512030143	张嘉钰	女	初等教育学院
23	201512030144	张洁	女	初等教育学院
24	201512010131	刘媛媛	女	初等教育学院
25	201512010255	邹杰英	女	初等教育学院
26	201512010204	陈慧敏	女	初等教育学院
27	201612050206	何锦琳	女	初等教育学院
28	201612050202	陈润云	女	初等教育学院
29	201404010115	康慧	女	教育与心理学院
30	201404010118	李娟	女	教育与心理学院
31	201404010157	张春蝶	女	教育与心理学院
32	201501040119	李鹏娟	女	教育与心理学院
33	201404050241	杨兴悦	女	教育与心理学院
34	201404050132	王川凤	女	教育与心理学院
35	201404050134	王新颖	女	教育与心理学院
36	201404040103	陈慧萍	女	教育与心理学院
37	201404040129	林荣丽	女	教育与心理学院
38	201404040156	杨闪闪	女	教育与心理学院
39	201504010131	潘亚萍	女	教育与心理学院
40	201504010135	石雅丽	女	教育与心理学院
41	201504010153	喻爽	女	教育与心理学院
42	201504040110	高佳	女	教育与心理学院
43	201504040139	王毅	女	教育与心理学院
44	201504040152	张钰	女	教育与心理学院
45	201504050102	曹靖悦	女	教育与心理学院
46	201504050104	陈虹宏	女	教育与心理学院

续表

序号	学号	姓名	性别	学院
47	201504050207	杜洁	女	教育与心理学院
48	201504050249	叶方林	男	教育与心理学院
49	201604070340	刘邦丽	女	教育与心理学院
50	201604070344	刘樟	女	教育与心理学院
51	201604070102	蔡燕凡	女	教育与心理学院
52	201604070131	梁嘉琪	女	教育与心理学院
53	201604070437	张耀方	女	教育与心理学院
54	201604070449	蔡婷婷	女	教育与心理学院
55	201604070522	李明慧	女	教育与心理学院
56	201604070558	后曼	女	教育与心理学院
57	201604070203	王雅琪	女	教育与心理学院
58	201604070247	吴淑雅	女	教育与心理学院
59	201604070560	周小枫	女	教育与心理学院
60	201402010102	陈婷婷	女	文学院
61	201402010115	霍雅萌	女	文学院
62	201402010145	王露婷	女	文学院
63	201402010214	雷菁丽	女	文学院
64	201402090105	丁欧	女	文学院
65	201404050205	冯琪芳	女	文学院
66	201402010310	冯艳	女	文学院
67	201402010329	刘清华	女	文学院
68	201402010359	詹楠楠	女	文学院
69	201402010402	陈沐珠	女	文学院
70	201402010414	黄义	女	文学院
71	201402010432	罗龙刚	男	文学院
72	201402010518	李梅	女	文学院
73	201402010546	王莹	女	文学院
74	201402010549	吴静秋	女	文学院
75	201502010420	李永帆	女	文学院
76	201502010426	孟怡然	女	文学院
77	201502010212	高宛莹	女	文学院
78	201502010232	彭海影	女	文学院
79	201502010251	俞多加	女	文学院
80	201502010529	申言鹤	女	文学院

序号	学号	姓名	性别	学院
81	201512030136	熊秀萍	女	文学院
82	201502010310	何伯丽	女	文学院
83	201502010322	林竹	女	文学院
84	201502010324	刘莹莹	女	文学院
85	201502010117	江兴蕴	女	文学院
86	201502010133	彭海燕	女	文学院
87	201502010143	吴陈霞	女	文学院
88	201402050106	杜丹丹	女	文学院
89	201402050130	欧阳慧	女	文学院
90	201402050156	叶晶晶	女	文学院
91	201502050118	李珊珊	女	文学院
92	201502050123	刘斌	男	文学院
93	201502050163	庄晓婷	女	文学院
94	201602110107	曾爱珍	女	文学院
95	201602110135	刘群	女	文学院
96	201602110151	韦影	女	文学院
97	201602110611	范欣璐	女	文学院
98	201602110648	徐佳琪	女	文学院
99	201602110661	祝婧芸	女	文学院
100	201602110228	李慧姗	女	文学院
101	201602110258	张欣	女	文学院
102	201602110262	郑再莉	女	文学院
103	201602110407	冯柳清	女	文学院
104	201602110457	张欢	女	文学院
105	201602110462	左昇	女	文学院
106	201602110307	符淑娟	女	文学院
107	201602110326	刘洁	女	文学院
108	201602110336	秦亚茹	女	文学院
109	201602110515	黎婆养	女	文学院
110	201602110529	全敏娟	女	文学院
111	201602110546	杨梦丹	女	文学院
112	201402090131	吴若虹	女	新闻传播与影视学院
113	201402090120	蒙美顺	男	新闻传播与影视学院
114	201402030120	李枫雨	女	新闻传播与影视学院

续表

序号	学号	姓名	性别	学院
115	201402030104	陈宇航	女	新闻传播与影视学院
116	201502100205	代昕宇	女	新闻传播与影视学院
117	201502100228	申慧丽	女	新闻传播与影视学院
118	201502100216	黄茹娟	女	新闻传播与影视学院
119	201502100118	梁庆	男	新闻传播与影视学院
120	201502100131	任运玲	女	新闻传播与影视学院
121	201616010118	罗海丽	女	新闻传播与影视学院
122	201616010119	罗宁	女	新闻传播与影视学院
123	201616020220	王亚男	女	新闻传播与影视学院
124	201616020135	曾贝贝	女	新闻传播与影视学院
125	201616020147	陈思玉	女	新闻传播与影视学院
126	201616020244	苏静	女	新闻传播与影视学院
127	201616020249	吴宇斐	女	新闻传播与影视学院
128	201413020114	胡倩	女	法学院
129	201413020120	李莎	女	法学院
130	201413020168	朱习芹	女	法学院
131	201513020201	蔡丽琼	女	法学院
132	201513020232	刘丹	女	法学院
133	201513020248	县富文	男	法学院
134	201513020107	丁亚斌	男	法学院
135	201513020108	杜苹英	女	法学院
136	201513020120	李曼茹	女	法学院
137	201613040134	李颖	女	法学院
138	201613040150	王羊玲	女	法学院
139	201613040218	罗钰鑫	女	法学院
140	201613040252	赵佳阳	女	法学院
141	201613040255	朱恩梅	女	法学院
142	201401010118	李晶晶	女	经济与管理学院
143	201401010152	郑芙蓉	女	经济与管理学院
144	201401010127	马宏岗	男	经济与管理学院
145	201401110116	贾新兰	女	经济与管理学院
146	201401110153	杨文剑	男	经济与管理学院
147	201401080146	王彦襄	女	经济与管理学院
148	201401080150	吴敏	女	经济与管理学院

续表

序号	学号	姓名	性别	学院
149	201401120240	许筱筱	女	经济与管理学院
150	201408030126	孙培果	女	经济与管理学院
151	201401120153	周磊磊	女	经济与管理学院
152	201401120145	杨凡凡	男	经济与管理学院
153	201401120231	苏玲	女	经济与管理学院
154	201401120225	罗梦琪	女	经济与管理学院
155	201401020149	袁晓倩	女	经济与管理学院
156	201401020131	汪红丽	女	经济与管理学院
157	201401020141	伍珍珍	女	经济与管理学院
158	201401120308	皇利彭	女	经济与管理学院
159	201401120323	骆文琴	女	经济与管理学院
160	201401120330	宋芳芳	女	经济与管理学院
161	201401120418	刘玲	女	经济与管理学院
162	201401120405	何天雄	男	经济与管理学院
163	201501010135	涂敏	女	经济与管理学院
164	201501010151	朱宁	男	经济与管理学院
165	201501110134	吴益方	女	经济与管理学院
166	201501110117	贾金金	女	经济与管理学院
167	201501080117	李立芬	女	经济与管理学院
168	201501080127	孙梦珂	女	经济与管理学院
169	201501080218	杨亚兰	女	经济与管理学院
170	201501080226	朱紫荆	女	经济与管理学院
171	201501120121	胡玲	女	经济与管理学院
172	201501120131	李锦	女	经济与管理学院
173	201501120230	谢兰	女	经济与管理学院
174	201501120204	李育雄	女	经济与管理学院
175	201501020128	罗盼	女	经济与管理学院
176	201501020133	谭海景	女	经济与管理学院
177	201511090126	毛明佳	女	经济与管理学院
178	201506030142	李泽众	男	经济与管理学院
179	201501120334	刘子茗	男	经济与管理学院
180	201501120404	刘昱秀	女	经济与管理学院
181	201501120122	李美玲	女	经济与管理学院
182	201501120413	唐福玲	女	经济与管理学院

续表

序号	学号	姓名	性别	学院
183	201601130101	白恳创	男	经济与管理学院
184	201601130232	熊安妮	女	经济与管理学院
185	201601130216	康婷婷	女	经济与管理学院
186	201601130337	张肖朋	男	经济与管理学院
187	201601130304	孔伟静	女	经济与管理学院
188	201601130431	张婷	女	经济与管理学院
189	201601130430	张晨仪	女	经济与管理学院
190	201601130511	杜林蓉	女	经济与管理学院
191	201601130541	杨颖	女	经济与管理学院
192	201601130632	郭志娟	女	经济与管理学院
193	201601130640	任乐智	男	经济与管理学院
194	201601130746	巨宇	男	经济与管理学院
195	201601130737	罗瑜芬	女	经济与管理学院
196	201601130802	陈冠沅	男	经济与管理学院
197	201601130828	苏文芬	女	经济与管理学院
198	201601130935	张王泽	女	经济与管理学院
199	201601130936	郑棚	女	经济与管理学院
200	201403030122	杨忄青	女	外国语学院
201	201403030124	于铁民	女	外国语学院
202	201503030203	陈庆庆	女	外国语学院
203	201503030222	杨茹	女	外国语学院
204	201503030119	伍媛	女	外国语学院
205	201503030125	余婷	女	外国语学院
206	201503030129	邹海峰	女	外国语学院
207	201603030104	胡锴	男	外国语学院
208	201603030126	王璇	女	外国语学院
209	201603030141	曾玥	女	外国语学院
210	201403010134	叶仕妹	女	外国语学院
211	201403010137	张敏	女	外国语学院
212	201403010139	朱路长	男	外国语学院
213	201403010203	陈晓莲	女	外国语学院
214	201403010336	赵滢	女	外国语学院
215	201403010405	符晓可	女	外国语学院
216	201403010424	吴嘉婷	女	外国语学院

序号	学号	姓名	性别	学院
217	201403020513	黄珍	女	外国语学院
218	201402030112	胡青	女	外国语学院
219	201403020603	陈昌英	女	外国语学院
220	201403020606	崔莹	女	外国语学院
221	201403020644	朱波	女	外国语学院
222	201403020714	黄薪荟	女	外国语学院
223	201403020742	喻梦兰	女	外国语学院
224	201503010712	李静	女	外国语学院
225	201503010738	周筱珊	女	外国语学院
226	201503010202	陈青霞	女	外国语学院
227	201503010608	冷晓丽	女	外国语学院
228	201503010301	蔡积文	女	外国语学院
229	201503010324	李腾飞	男	外国语学院
230	201503010329	刘姝宏	女	外国语学院
231	201503010340	张小敏	女	外国语学院
232	201503010535	杨冬梅	女	外国语学院
233	201603110802	邓梦兰	女	外国语学院
234	201603110805	高璇	女	外国语学院
235	201603110835	徐陈佳子	女	外国语学院
236	201603110704	陈欣奇	女	外国语学院
237	201603110107	崔文婕	女	外国语学院
238	201603110110	方静雯	女	外国语学院
239	201603110603	方鸿铭	男	外国语学院
240	201603110610	贾凡	女	外国语学院
241	201603110228	王华凤	女	外国语学院
242	201603110304	黄靖	女	外国语学院
243	201603110312	林群	女	外国语学院
244	201603110428	万虹	女	外国语学院
245	201603110438	杨雨森	男	外国语学院
246	201603110531	谢巧明	女	外国语学院
247	201414020103	胡欣然	女	音乐学院
248	201414020114	夏梦露	女	音乐学院
249	201414020215	曾绮雯	女	音乐学院
250	201414020313	赵乾鹏	男	音乐学院

续表

序号	学号	姓名	性别	学院
251	201414020314	朱洪帅	男	音乐学院
252	201514020101	陈彩虹	女	音乐学院
253	201514020214	余佳倩	女	音乐学院
254	201614060106	姬慧	女	音乐学院
255	201614060213	沈子苓	女	音乐学院
256	201414010101	曹燕军	女	音乐学院
257	201414010123	刘桑瑚	女	音乐学院
258	201414010163	赵佳楠	女	音乐学院
259	201414010207	董雨松	男	音乐学院
260	201414010208	符明警	男	音乐学院
261	201414010217	吉大文	男	音乐学院
262	201414010237	宋炜	男	音乐学院
263	201414010249	魏小博	男	音乐学院
264	201414010262	周瑾	女	音乐学院
265	201514010126	李勇	男	音乐学院
266	201514010147	王欣欣	女	音乐学院
267	201514010225	李婕	女	音乐学院
268	201514010249	尉敬一	女	音乐学院
269	201614010139	毕梦盉	女	音乐学院
270	201614010206	孔二萍	女	音乐学院
271	201614010401	李婷婷	女	音乐学院
272	201614010412	胡英	女	音乐学院
273	201614010334	李秋萍	女	音乐学院
274	201410010105	刘宝兰	女	美术学院
275	201410010211	伍雪欣	女	美术学院
276	201410010305	刘丽江	女	美术学院
277	201510010212	王涛	男	美术学院
278	201510010112	石娟	女	美术学院
279	201510010115	王玉杰	女	美术学院
280	201610110112	马鹏洲	男	美术学院
281	201610110115	王锦涛	男	美术学院
282	201610110407	李陈云	男	美术学院
283	201610110507	李静	女	美术学院
284	201510090103	丁姗姗	女	美术学院

续表

序号	学号	姓名	性别	学院
285	201410070106	侯丽康	男	美术学院
286	201410070108	李宝铃	女	美术学院
287	201410070121	徐捷	女	美术学院
288	201410070204	范海苗	女	美术学院
289	201510070206	江奕君	女	美术学院
290	201510070210	毛宁	女	美术学院
291	201510070212	欧剑波	男	美术学院
292	201510070222	赵传洋	男	美术学院
293	201510070123	周金鹏	男	美术学院
294	201410060103	方芳	女	美术学院
295	201410060105	关艳婷	女	美术学院
296	201410060119	吴彤	女	美术学院
297	201410040111	吉恩来	男	美术学院
298	201410040112	李本本	男	美术学院
299	201410040113	李坤朋	男	美术学院
300	201410040124	索安林	男	美术学院
301	201410040132	武艳磊	男	美术学院
302	201610120122	周雅文	女	美术学院
303	201610120209	冀晓钰	女	美术学院
304	201610120216	罗丽佳	女	美术学院
305	201610120314	刘孟娜	女	美术学院
306	201610120419	杨慧慧	女	美术学院
307	201405060133	刘登	男	数学与统计学院
308	201405060242	汪小琳	女	数学与统计学院
309	201405060420	何士妃	女	数学与统计学院
310	201405060135	刘进	女	数学与统计学院
311	201405060409	范泽云	女	数学与统计学院
312	201405060435	刘玉珠	女	数学与统计学院
313	201305060353	吴小妹	女	数学与统计学院
314	201405060258	叶容	女	数学与统计学院
315	201405060305	董金光	男	数学与统计学院
316	201505060245	王璐	女	数学与统计学院
317	201505060348	汪雅红	女	数学与统计学院
318	201505060425	马晶莹	女	数学与统计学院

续表

序号	学号	姓名	性别	学院
319	201505060103	曹文娟	女	数学与统计学院
320	201505060154	吴慧	女	数学与统计学院
321	201505060421	凌梦	女	数学与统计学院
322	201405060434	刘宇宵	女	数学与统计学院
323	201505060333	刘生兰	女	数学与统计学院
324	201505060450	徐建芳	女	数学与统计学院
325	201405060342	王璐瑶	女	数学与统计学院
326	201405060465	章欣	女	数学与统计学院
327	201505060141	逄金雨	女	数学与统计学院
328	201505060143	任望	女	数学与统计学院
329	201505060324	金璐	女	数学与统计学院
330	201405060104	陈晨	女	数学与统计学院
331	201505060157	肖璐	女	数学与统计学院
332	201505060465	张秀玉	女	数学与统计学院
333	201605070503	曾晓婷	女	数学与统计学院
334	201605070516	何雨杰	女	数学与统计学院
335	201605070565	朱琳	女	数学与统计学院
336	201605070413	黄靖毅	女	数学与统计学院
337	201605070415	贾迅杰	女	数学与统计学院
338	201605070444	王丽	女	数学与统计学院
339	201605070123	冯鑫森	女	数学与统计学院
340	201605070137	黄冰冰	女	数学与统计学院
341	201605070241	唐洭盈	女	数学与统计学院
342	201605070248	王莹	女	数学与统计学院
343	201605070330	张春雨	女	数学与统计学院
344	201605070332	张乐	女	数学与统计学院
345	201424040120	李珊	女	信息科学技术学院
346	201424040122	李昱颖	女	信息科学技术学院
347	201424040141	温康家	女	信息科学技术学院
348	201524040151	郑宇	女	信息科学技术学院
349	201524040152	朱冠军	男	信息科学技术学院
350	201424010105	陈雨	女	信息科学技术学院
351	201424010106	成昰莹	女	信息科学技术学院
352	201424010114	高亚飞	男	信息科学技术学院

续表

序号	学号	姓名	性别	学院
353	201424010130	任春俊	女	信息科学技术学院
354	201424010143	徐卓	女	信息科学技术学院
355	201424010209	高婉馨	女	信息科学技术学院
356	201424010239	王小如	女	信息科学技术学院
357	201524010108	陈怡瑾	女	信息科学技术学院
358	201524010109	董姝岐	女	信息科学技术学院
359	201524010136	田金梅	女	信息科学技术学院
360	201424030115	范博	女	信息科学技术学院
361	201424030118	郭桂	女	信息科学技术学院
362	201424030152	张静	女	信息科学技术学院
363	201524030117	黄雨晴	女	信息科学技术学院
364	201524030126	李帅佳	女	信息科学技术学院
365	201424070101	白晓慧	女	信息科学技术学院
366	201424070115	蒋东慧	女	信息科学技术学院
367	201524070116	李帆	女	信息科学技术学院
368	201524070130	罗优	女	信息科学技术学院
369	201524080223	蒋雅宁	女	信息科学技术学院
370	201524080232	彭妍	女	信息科学技术学院
371	201524080240	袁琪	女	信息科学技术学院
372	201524080140	杨丽	女	信息科学技术学院
373	201524080145	张梦梦	女	信息科学技术学院
374	201624090104	陈柯铮	女	信息科学技术学院
375	201624090105	陈炎秀	女	信息科学技术学院
376	201624100227	宋金梅	女	信息科学技术学院
377	201624100244	章勇	男	信息科学技术学院
378	201624100406	崔丽丽	女	信息科学技术学院
379	201624100448	朱慧敏	女	信息科学技术学院
380	201624100115	韩莹	女	信息科学技术学院
381	201624100134	田育蜜	女	信息科学技术学院
382	201624100309	甘劲淳	男	信息科学技术学院
383	201624100334	田鑫	女	信息科学技术学院
384	201406010105	戴安娜	女	物理与电子工程学院
385	201406010107	段文莉	女	物理与电子工程学院
386	201406010139	王炳淇	女	物理与电子工程学院

续表

序号	学号	姓名	性别	学院
387	201406010152	曾德勇	男	物理与电子工程学院
388	201406010246	许丽曼	女	物理与电子工程学院
389	201406010250	张巧利	女	物理与电子工程学院
390	201406030119	黄东升	女	物理与电子工程学院
391	201406030140	罗蔓蔓	女	物理与电子工程学院
392	201406030158	吴娃南	女	物理与电子工程学院
393	201406030223	贾春燕	女	物理与电子工程学院
394	201406030231	李学森	男	物理与电子工程学院
395	201406030244	王彩稳	男	物理与电子工程学院
396	201406030250	吴丽娟	女	物理与电子工程学院
397	201406030264	张燕榕	女	物理与电子工程学院
398	201406060118	李建华	男	物理与电子工程学院
399	201406060122	刘和鑫	男	物理与电子工程学院
400	201406060213	李炳牙	男	物理与电子工程学院
401	201406060248	张弘	男	物理与电子工程学院
402	201506010112	陈杨涛	男	物理与电子工程学院
403	201506010131	黄新亮	男	物理与电子工程学院
404	201506010146	欧阳凯婷	女	物理与电子工程学院
405	201506010153	王依婷	女	物理与电子工程学院
406	201506030103	蔡世杰	男	物理与电子工程学院
407	201506030134	黄兵	男	物理与电子工程学院
408	201506030211	刘磊	男	物理与电子工程学院
409	201506030215	龙瑞	男	物理与电子工程学院
410	201506060101	蔡力	男	物理与电子工程学院
411	201506060116	韩王典	女	物理与电子工程学院
412	201506060125	兰文红	男	物理与电子工程学院
413	201506060206	林彦霞	女	物理与电子工程学院
414	201506060228	叶春华	男	物理与电子工程学院
415	201506060229	叶国林	男	物理与电子工程学院
416	201606070123	刘赟萱	女	物理与电子工程学院
417	201606070202	岑公莉	女	物理与电子工程学院
418	201606070211	胡高敏	女	物理与电子工程学院
419	201606070216	李天明	男	物理与电子工程学院
420	201606070346	徐梦南	女	物理与电子工程学院

续表

序号	学号	姓名	性别	学院
421	201606070405	陈洁	女	物理与电子工程学院
422	201606070430	秦娇	女	物理与电子工程学院
423	201606070508	韩倩	女	物理与电子工程学院
424	201606070533	魏玻	男	物理与电子工程学院
425	201606070538	晏玉娇	女	物理与电子工程学院
426	201606070540	尹聪慧	女	物理与电子工程学院
427	201407010142	杨娜英	女	化学与化工学院
428	201407010143	杨盛宁	男	化学与化工学院
429	201407010148	曾人友	男	化学与化工学院
430	201407010205	戴子豪	男	化学与化工学院
431	201407010214	李阳阳	女	化学与化工学院
432	201407010247	张雪琴	女	化学与化工学院
433	201407010250	周秀悄	女	化学与化工学院
434	201507060102	陈碧娇	女	化学与化工学院
435	201507060124	胡亚晨	女	化学与化工学院
436	201507060127	黄雪丽	女	化学与化工学院
437	201506030140	李娜	女	化学与化工学院
438	201507060211	施诗	女	化学与化工学院
439	201507060214	谭鹏	男	化学与化工学院
440	201507060216	唐晓	女	化学与化工学院
441	201507060251	周鑫	女	化学与化工学院
442	201407030109	古建	男	化学与化工学院
443	201407030118	李茹玉	女	化学与化工学院
444	201407030122	刘春越	女	化学与化工学院
445	201407030212	黄阿倩	女	化学与化工学院
446	201407030218	李秋桐	女	化学与化工学院
447	201407030234	王依琳	女	化学与化工学院
448	201507060315	何博琳	女	化学与化工学院
449	201507060331	罗彬彬	女	化学与化工学院
450	201507060432	阳正	男	化学与化工学院
451	201407050133	王子匀	女	化学与化工学院
452	201407050145	张程	女	化学与化工学院
453	201501080213	谢童	男	化学与化工学院
454	201507050105	陈锦雄	男	化学与化工学院

序号	学号	姓名	性别	学院
455	201507050139	徐杨蕊	女	化学与化工学院
456	201607070507	丁璇	女	化学与化工学院
457	201607070416	唐杰	女	化学与化工学院
458	201607070147	陈园园	女	化学与化工学院
459	201607070233	习亚茹	女	化学与化工学院
460	201408030118	刘顺静	女	生命科学学院
461	201408030111	胡梦露	女	生命科学学院
462	201408030112	黄玉环	女	生命科学学院
463	201408030101	蔡莲子	女	生命科学学院
464	201408060119	梁文文	女	生命科学学院
465	201408060150	俞金彤	女	生命科学学院
466	201508010136	吴佳佳	女	生命科学学院
467	201508010113	李红群	女	生命科学学院
468	201508010122	罗小青	女	生命科学学院
469	201508010209	贾乐乐	女	生命科学学院
470	201508010240	杨晶晶	女	生命科学学院
471	201508030106	陈喆	女	生命科学学院
472	201508030135	王学智	男	生命科学学院
473	201508060127	任益民	女	生命科学学院
474	201508060126	饶倩	女	生命科学学院
475	201508060117	李小惠	女	生命科学学院
476	201608070133	王玲	女	生命科学学院
477	201608070102	陈娇	女	生命科学学院
478	201608070202	陈聂慧	女	生命科学学院
479	201608070245	张乍琴	女	生命科学学院
480	201608070248	钟远凤	女	生命科学学院
481	201608070340	严云香	女	生命科学学院
482	201608070406	杜文婧	女	生命科学学院
483	201608070443	张晨昀	女	生命科学学院
484	201608070402	陈显	女	生命科学学院
485	201409110144	张雨亭	女	体育学院
486	201409110110	高艳红	女	体育学院
487	201409110136	吴超	男	体育学院
488	201409090118	殷雄	男	体育学院

续表

序号	学号	姓名	性别	学院
489	201409080103	方元君	女	体育学院
490	201409080143	张泽翱	男	体育学院
491	201409080135	宣小康	男	体育学院
492	201409080120	刘静洁	女	体育学院
493	201409010107	何庆文	男	体育学院
494	201409010142	赵伟杰	男	体育学院
495	201409010114	林青雅	女	体育学院
496	201409010240	曾菁	女	体育学院
497	201409010227	王艺	女	体育学院
498	201409100134	颜文	男	体育学院
499	201409100112	李名香	女	体育学院
500	201409020137	徐凯	男	体育学院
501	201409020140	宋宁宁	女	体育学院
502	201409020107	邓姣	女	体育学院
503	201409020236	谢杰伟	男	体育学院
504	201409020233	文宝煌	男	体育学院
505	201509110137	尹盛娟	女	体育学院
506	201509110132	徐增华	女	体育学院
507	201509090117	逯瑶	女	体育学院
508	201509090119	孟令增	男	体育学院
509	201509080120	金辉	女	体育学院
510	201509080137	盛年	女	体育学院
511	201509010134	李佳明	男	体育学院
512	201509010143	王思懿	女	体育学院
513	201509010232	袁志颖	男	体育学院
514	201509010216	王郝鑫	男	体育学院
515	201509010204	鲁彤	男	体育学院
516	201509020144	苏惠敏	女	体育学院
517	201509020217	王泽坤	女	体育学院
518	201609110135	尹桢	女	体育学院
519	201609060118	赵子琦	女	体育学院
520	201609080160	张振发	男	体育学院
521	201609080137	那坤	男	体育学院
522	201609010118	王良久	男	体育学院

续表

序号	学号	姓名	性别	学院
523	201609010242	辰尊良	男	体育学院
524	201609010240	魏江山	男	体育学院
525	201609020127	梁家腾	男	体育学院
526	201609020228	潘豪	男	体育学院
527	201411010131	王丹丹	女	地理与环境科学学院
528	201411010132	王明珠	女	地理与环境科学学院
529	201411010134	王杏	女	地理与环境科学学院
530	201411010139	文秋娴	女	地理与环境科学学院
531	201511010135	杨玲	女	地理与环境科学学院
532	201511010136	杨满意	男	地理与环境科学学院
533	201411080112	刘嘉琪	女	地理与环境科学学院
534	201511080112	刘美	女	地理与环境科学学院
535	201511080119	王颖	女	地理与环境科学学院
536	201511080120	文静	女	地理与环境科学学院
537	201411070108	付茜茜	女	地理与环境科学学院
538	201511070126	杨洁	女	地理与环境科学学院
539	201511070132	钟尊倩	女	地理与环境科学学院
540	201611110217	李嘉倩	女	地理与环境科学学院
541	201611110317	潘琼	女	地理与环境科学学院
542	201611110135	王小南	女	地理与环境科学学院
543	201611110148	辰云	女	地理与环境科学学院
544	201411090124	梁玉群	女	旅游学院
545	201411090122	李莉	女	旅游学院
546	201411040250	杨小玉	女	旅游学院
547	201411040212	何小金	女	旅游学院
548	201411040141	严英	女	旅游学院
549	201411040116	廖小艳	女	旅游学院
550	201511040142	谭祖利	女	旅游学院
551	201511040146	王军军	女	旅游学院
552	201511040240	张萍	女	旅游学院
553	201511040201	陈文舒	女	旅游学院
554	201617010135	黄岚	女	旅游学院
555	201617010144	何欣	女	旅游学院
556	201617010221	廖燕	女	旅游学院

序号	学号	姓名	性别	学院
557	201617010207	杨丽萍	女	旅游学院
558	201617010301	陆娇娇	女	旅游学院
559	201617010302	孟雪璇	女	旅游学院
560	201617010406	杜晓	女	旅游学院
561	201411040137	伍永冬	女	旅游学院
562	201511040140	彭妙龄	女	旅游学院
563	201617010134	胡雯珺	女	旅游学院
564	201411040247	吴学颖	女	旅游学院
565	201617010336	陆延	女	旅游学院
566	201413010130	罗毓涓	女	马克思主义学院
567	201413010141	汪冰洁	女	马克思主义学院
568	201413010147	吴冰洁	女	马克思主义学院
569	201413010257	游贤梅	女	马克思主义学院
570	201413010261	赵金英	女	马克思主义学院
571	201413010262	周颖	女	马克思主义学院
572	201513010204	陈萍萍	女	马克思主义学院
573	201513010243	文成豪	男	马克思主义学院
574	201513010257	张艺琼	女	马克思主义学院
575	201513010105	陈琳	女	马克思主义学院
576	201513010108	程婉雯	女	马克思主义学院
577	201513010146	吴燕琴	女	马克思主义学院
578	201627010110	程萍萍	女	马克思主义学院
579	201627010141	梁月	女	马克思主义学院
580	201627010202	董赛男	女	马克思主义学院
581	201627010266	郑洲	男	马克思主义学院
582	201627010264	张义杰	男	马克思主义学院
583	201402080122	李冰心	女	国际教育学院
584	201402080155	祝倩	女	国际教育学院
585	201502080137	温晓莹	女	国际教育学院
586	201502080139	吴秀金	女	国际教育学院
587	201502080128	潘朵朵	女	国际教育学院
588	201657010101	曹明	男	国际教育学院
589	201657010102	曹亚娟	女	国际教育学院
590	201657010157	云艳苗	女	国际教育学院

2016—2017学年度海南省优秀贫困大学生奖学金获奖学生一览表

序号	学号	姓名	性别	学院
1	201412020219	揭玖晴	女	初等教育学院
2	201412010212	黄华陵	女	初等教育学院
3	201512030104	陈佳	女	初等教育学院
4	201512020201	曾敬娥	女	初等教育学院
5	201404010162	司欣	女	教育与心理学院
6	201504010102	蔡小明	女	教育与心理学院
7	201404050139	魏树梅	女	教育与心理学院
8	201604070111	符廷婷	女	教育与心理学院
9	201402010143	王翠	女	文学院
10	201402010331	罗文玲	女	文学院
11	201502010455	郑彬彬	女	文学院
12	201502010513	胡佳琪	女	文学院
13	201502010148	邢娄情	女	文学院
14	201402050166	周蒙月	女	文学院
15	201503010212	何子亮	男	文学院
16	201402090134	肖亚梅	女	新闻传播与影视学院
17	201502100242	叶召梅	女	新闻传播与影视学院
18	201513020105	陈亚芬	女	法学院
19	201613040118	龚瑜	女	法学院
20	201401120239	邢小勇	男	经济与管理学院
21	201501120214	聂枫	女	经济与管理学院
22	201501010122	李亚莉	女	经济与管理学院
23	201401110110	胡燕娣	女	经济与管理学院
24	201401080153	杨家敏	女	经济与管理学院
25	201508010222	罗欢	女	经济与管理学院
26	201407050144	殷司婷	女	经济与管理学院
27	201601130904	黄慧婷	女	经济与管理学院
28	201603030116	罗力	男	外国语学院
29	201503010534	徐慧云	女	外国语学院
30	201603110331	王玥	女	外国语学院
31	201603110505	黎瑶	女	外国语学院
32	201603110523	王艳	女	外国语学院
33	201603110538	张婷	女	外国语学院
34	201414020112	苏丽丽	女	音乐学院
35	201514020301	段维江	男	音乐学院

续表

序号	学号	姓名	性别	学院
36	201414010213	韩骁	男	音乐学院
37	201414010241	唐妍	女	音乐学院
38	201610110408	李冬媛	女	美术学院
39	201410070104	郭旭未	女	美术学院
40	201510060111	李科强	男	美术学院
41	201610120307	李华慧	女	美术学院
42	201610120503	黄秀丽	女	美术学院
43	201405060255	杨雪	女	数学与统计学院
44	201506010134	赖红招	女	数学与统计学院
45	201405060360	徐溶梅	女	数学与统计学院
46	201605070402	曹智翔	男	数学与统计学院
47	201605070114	陈鹰	女	数学与统计学院
48	201524040115	胡珊	女	信息科学技术学院
49	201524010152	于涵	女	信息科学技术学院
50	201424030135	吕海潮	女	信息科学技术学院
51	201424070139	熊康	男	信息科学技术学院
52	201524080215	郭子嘉	男	信息科学技术学院
53	201506030239	杨林	女	物理与电子工程学院
54	201406060223	彭章权	男	物理与电子工程学院
55	201506010155	杨馨	女	物理与电子工程学院
56	201406060150	张云峰	男	物理与电子工程学院
57	201406010142	王敏	女	物理与电子工程学院
58	201406010205	陈益娇	女	物理与电子工程学院
59	201407010110	郭春宏	女	化学与化工学院
60	201407010248	张雲霞	女	化学与化工学院
61	201507060113	冯兴阳	女	化学与化工学院
62	201407030143	吴阳洪	男	化学与化工学院
63	201508010111	姜小慧	女	生命科学学院
64	201508010207	贺海帆	女	生命科学学院
65	201508060112	贺甜田	女	生命科学学院
66	201509090105	段连启	男	体育学院
67	201609090102	黄蝶	女	体育学院
68	201409010136	杨玉莹	女	体育学院
69	201509010137	李悦	男	体育学院
70	201509020234	岳立峰	女	体育学院

续表

序号	学号	姓名	性别	学院
71	201509110117	刘祎	男	体育学院
72	201411080111	李琳雪	女	地理与环境科学学院
73	201411070131	杨星	男	地理与环境科学学院
74	201617010146	李萍	女	旅游学院
75	201617010128	叏俣	女	旅游学院
76	201411090123	李萌	女	旅游学院
77	201413010206	董千千	女	马克思主义学院
78	201513010129	刘传雪	女	马克思主义学院
79	201502080112	胡娟	女	国际教育学院

2016—2017学年度叶圣陶奖学金、明德奖学金、中国电信奖学金获奖学生一览表

序号	姓名	奖项	级别	颁发单位
1	南时杰	叶圣陶奖学金	国家级	中国教育发展基金会、苏州市教育发展基金会
2	周立	叶圣陶奖学金	国家级	中国教育发展基金会、苏州市教育发展基金会
3	胡小蕾	叶圣陶奖学金	国家级	中国教育发展基金会、苏州市教育发展基金会
4	李梦冉	明德奖学金	国家级	中国国际文化交流基金会、钟瀚德基金会有限公司
5	张钰	明德奖学金	国家级	中国国际文化交流基金会、钟瀚德基金会有限公司
6	刘邦丽	明德奖学金	国家级	中国国际文化交流基金会、钟瀚德基金会有限公司
7	康玥	明德奖学金	国家级	中国国际文化交流基金会、钟瀚德基金会有限公司
8	刘琪	明德奖学金	国家级	中国国际文化交流基金会、钟瀚德基金会有限公司
9	顾雪诗	明德奖学金	国家级	中国国际文化交流基金会、钟瀚德基金会有限公司
10	付吟凤	明德奖学金	国家级	中国国际文化交流基金会、钟瀚德基金会有限公司
11	徐佳琪	明德奖学金	国家级	中国国际文化交流基金会、钟瀚德基金会有限公司
12	郭学敏	明德奖学金	国家级	中国国际文化交流基金会、钟瀚德基金会有限公司
13	孙庆秀	明德奖学金	国家级	中国国际文化交流基金会、钟瀚德基金会有限公司
14	朱琪	明德奖学金	国家级	中国国际文化交流基金会、钟瀚德基金会有限公司
15	李梦冉	明德奖学金	国家级	中国国际文化交流基金会、钟瀚德基金会有限公司
16	康玥	明德奖学金	国家级	中国国际文化交流基金会、钟瀚德基金会有限公司
17	郝振宁	明德奖学金	国家级	中国国际文化交流基金会、钟瀚德基金会有限公司
18	罗京婷	明德奖学金	国家级	中国国际文化交流基金会、钟瀚德基金会有限公司
19	刘嘉媛	明德奖学金	国家级	中国国际文化交流基金会、钟瀚德基金会有限公司
20	骆玲玲	明德奖学金	国家级	中国国际文化交流基金会、钟瀚德基金会有限公司
21	王华凤	明德奖学金	国家级	中国国际文化交流基金会、钟瀚德基金会有限公司
22	刘心怡	明德奖学金	国家级	中国国际文化交流基金会、钟瀚德基金会有限公司

续表

序号	姓名	奖项	级别	颁发单位
23	吴慧玲	明德奖学金	国家级	中国国际文化交流基金会、钟瀚德基金会有限公司
24	贾乐乐	明德奖学金	国家级	中国国际文化交流基金会、钟瀚德基金会有限公司
25	杨盛梅	明德奖学金	国家级	中国国际文化交流基金会、钟瀚德基金会有限公司
26	周维	中国电信奖学金·天冀奖	国家级	共青团中央、中国电信集团公司、全国学联
27	潘申润	中国电信奖学金·飞young奖	国家级	共青团中央、中国电信集团公司、全国学联

2017年度海南师范大学"五四红旗团委"名单

序号	实施单位
1	共青团海南师范大学初等教育学院委员会
2	共青团海南师范大学外国语学院委员会
3	共青团海南师范大学音乐学院委员会
4	共青团海南师范大学经济与管理学院委员会
5	共青团海南师范大学生命科学学院委员会

2017年度海南师范大学"共青团工作创新奖"名单

序号	项目名称	实施单位
1	打造多彩社团，筑梦教育腾飞	初等教育学院团委
2	大学生马克思主义新闻观教育大讲堂	新闻传播与影视学院团委
3	地理科学展示大赛	地理与环境科学学院团委

【教育教学概览】

2017年教学成果一览表

序号	项目	项目组人员	单位	获奖情况
1	依托志愿服务平台 拓展实践育人空间 构建宽领域多维度人才培养新模式	陈正强、张妍、刁晓平、莫天福、青志敏、王华、于文涛	团委	省级一等奖
2	面向教师教育的课程与教学论体系建构与实践探索	李森、崔友兴、谢慧盈、曹艳春、王标、李伟诗	海南师范大学	省级二等奖
3	地方高校动、植物学实践教学资源共享平台的建设与实践	汪继超、梁伟、陈玉凯、洪美玲、郝清玉	海南师范大学	省级二等奖
4	基于混合式教学的一体化课程资源建设与教学实践	陈焕东、陈明锐、宋春晖、王觅、薛以胜、蒋永辉、林加论、吴淑雷、邢海花、方云端	海南师范大学、海南大学、海南医学院	省级二等奖

教学改革研究项目一览表

序号	主持人	项目批准号	项目名称	项目来源	项目类别	批准经费	立项时间	结题时间	学院
1	李伟诗	Hnjg2017ZD-10	"互联网＋"背景下高校混合式教学的实践策略研究——以海南师范大学为例	海南省教育教学改革重点项目	厅级	5万元	2017-01	2019-12	初教学院
2	任仕君	Hnjg2017ZD-11	海南省高校教师队伍建设问题研究	海南省教育教学改革重点项目	厅级	5万元	2017-01	2019-12	教育与心理学院
3	王标	Hnjg2017ZD-12	实践反思取向卓越乡村小学教师培养理论与实践研究	海南省教育教学改革重点项目	厅级	5万元	2017-01	2019-12	初教学院
4	徐景实	Hnjg2017ZD-13	数学专业分析类课程内容改革与建设	海南省教育教学改革重点项目	厅级	5万元	2017-01	2019-12	数统学院
5	柴俊星	Hnjg2017-16	海南省高校国际汉语教师团队建设方向研究	海南省教育教学改革一般项目	厅级	1.5万元	2017-01	2019-12	国际教育学院
6	洪丽娜	Hnjg2017-17	构建大学英语写作微课教学资源库的研究与实践	海南省教育教学改革一般项目	厅级	1.5万元	2017-01	2019-12	外国语学院
7	贾志宏	Hnjg2017-18	《海南省关于全面加强和改进学校美育工作的实施意见》研究	海南省教育教学改革一般项目	厅级	1.5万元	2017-01	2018-05	音乐学院
8	江海全	Hnjg2017-19	翻转课堂与PBL教学模式的融合在哲学教学中的应用研究	海南省教育教学改革一般项目	厅级	1.5万元	2017-01	2020-01	马克思主义学院
9	李长春	Hnjg2017-20	"外国经济思想史"课程建设与教学改革研究	海南省教育教学改革一般项目	厅级	1.5万元	2017-01	2019-12	经管学院
10	李晶晶	Hnjg2017-21	指向批判性思维的教师教育的实践与探索	海南省教育教学改革一般项目	厅级	1.5万元	2017-01	2018-12	物电学院

续表

序号	主持人	项目批准号	项目名称	项目来源	项目类别	批准经费	立项时间	结题时间	学院
11	李敏	Hnjg2017-22	新课程背景下海南省农村高中英语教师教学能力现状及提升策略研究	海南省教育教学改革一般项目	厅级	1.5万元	2017-01	2019-12	外国语学院
12	李煦阳	Hnjg2017-23	基于海南区域特征卓越小学科学教师培养研究	海南省教育教学改革一般项目	厅级	1.5万元	2017-01	2018-12	初教学院
13	林明祥	Hnjg2017-24	"互联网＋教育"时代背景下的高师体育专业排球普修教学改革应用研究——以微课为例	海南省教育教学改革一般项目	厅级	1.5万元	2017-01	2019-12	体育学院
14	沈振江	Hnjg2017-25	基于创新创业能力培养为目标的物理教育与文化素质交互拓展研究与实践	海南省教育教学改革一般项目	厅级	1.5万元	2017-01	2019-12	物电学院
15	宋洁华	Hnjg2017-26	微课的开发、设计理论与应用研究——以"地理信息系统应用"课程教学为例	海南省教育教学改革一般项目	厅级	1.5万元	2017-01	2019-12	地理与旅游学院
16	王鹏	Hnjg2017-27	大类招生下的高等数学教育改革	海南省教育教学改革一般项目	厅级	1.5万元	2017-01	2018-12	数统学院
17	王珊	Hnjg2017-28	基于移动技术辅助外语教学的大学英语跨文化教学模式建构研究与实践	海南省教育教学改革一般项目	厅级	1.5万元	2017-01	2019-12	外国语学院
18	邢海花	Hnjg2017-29	"互联网＋"时代下程序设计课程翻转课堂教学模式及实践研究	海南省教育教学改革一般项目	厅级	1.5万元	2017-01	2019-12	信息学院
19	游戚东梦	Hnjg2017-30	基于多模态理论的大学英语听力教学模式改革问题与对策研究	海南省教育教学改革一般项目	厅级	1.5万元	2017-01	2019-12	外国语学院
20	张义红	Hnjg2017-31	"一带一路"战略背景下海南小语种人才培养模式创新研究	海南省教育教学改革一般项目	厅级	1.5万元	2017-01	2019-12	外国语学院
21	周玉萍	Hnjg2017-32	大类招生情况下"信息技术基础"课程3M教学模式研究与实践	海南省教育教学改革一般项目	厅级	1.5万元	2017-01	2019-12	信息学院

海南省高等学校教育教学改革研究项目列表（2017）

序号	主持人	项目批准号	项目名称	经费（万元）
1	李伟诗	Hnjg2017ZD-10	"互联网＋"背景下高校混合式教学的实践策略研究——以海南师范大学为例	3
2	任仕君	Hnjg2017ZD-11	海南省高校教师队伍建设问题研究	3
3	王标	Hnjg2017ZD-12	实践反思取向卓越乡村小学教师培养理论与实践研究	3
4	徐景实	Hnjg2017ZD-13	数学专业分析类课程内容改革与建设	3
5	柴俊星	Hnjg2017-16	海南省高校国际汉语教师团队建设方向研究	1
6	洪丽娜	Hnjg2017-17	构建大学英语写作微课教学资源库的研究与实践	1
7	贾志宏	Hnjg2017-18	《海南省关于全面加强和改进学校美育工作的实施意见》研究	1
8	江海全	Hnjg2017-19	翻转课堂与PBL教学模式的融合在哲学教学中的应用研究	1
9	李长春	Hnjg2017-20	"外国经济思想史"课程建设与教学改革研究	1
10	李晶晶	Hnjg2017-21	指向批判性思维的教师教育的实践与探索	1
11	李敏	Hnjg2017-22	新课程背景下海南省农村高中英语教师教学能力现状及提升策略研究	1
12	李煦阳	Hnjg2017-23	基于海南区域特征卓越小学科学教师培养研究	1
13	林明祥	Hnjg2017-24	"互联网＋教育"时代背景下的高师体育专业排球普修教学改革应用研究——以微课为例	1
14	沈振江	Hnjg2017-25	基于创新创业能力培养为目标的物理教育与文化素质交互拓展研究与实践	1
15	宋洁华	Hnjg2017-26	微课的开发、设计理论与应用研究——以"地理信息系统应用"课程教学为例	1
16	王鹏	Hnjg2017-27	大类招生下的高等数学教育改革	1
17	王珊	Hnjg2017-28	基于移动技术辅助外语教学的大学英语跨文化教学模式建构研究与实践	1
18	邢海花	Hnjg2017-29	"互联网—"时代下程序设计课程翻转课堂教学模式及实践研究	1
19	游戚东梦	Hnjg2017-30	基于多模态理论的大学英语听力教学模式改革问题与对策研究	1
20	张义红	Hnjg2017-31	"一带一路"战略背景下海南小语种人才培养模式创新研究	1
21	周玉萍	Hnjg2017-32	大类招生情况下"信息技术基础"课程3M教学模式研究与实践	1
22	林明才	Hnjg2018ZD-9	海南省高校就业与招生计划人才培养联动机制的研究	3
23	毛军	Hnjg2018ZD-10	大数据时代背景下的统计学专业人才培养与教学改革	2
24	陈盛谷	Hnjg2018-18	跨文化交际视野下大学生英语演讲角度的选择与对策研究	1
25	陈艳华	Hnjg2018-19	海南省普通高等学校本科专业评估试点的改革研究与实践	1
26	陈玮	Hnjg2018-20	翻转课堂模式在英语专业《综合英语》教学中的实证研究	1
27	崔友兴	Hnjg2018-21	卓越小学教师职业认同与培养路径研究	1
28	戴春燕	Hnjg2018-22	网络环境下学生自主学习能力的培养与评价研究——以药物化学教学为例	1
29	冯义东	Hnjg2018-23	"互联网＋"背景下的教育技术学专业教学改革研究	1

续表

序号	主持人	项目批准号	项目名称	经费（万元）
30	胡凯	Hnjg2018-24	"一带一路"背景下海南省本科教育中外合作办学艺术类专业核心能力培养和特色构建的实践研究	1
31	金银星	Hnjg2018-25	创新思维驱动下的高校外语学习不利因素管控机制研究	1
32	林红燕	Hnjg2018-26	泛在学习环境下高校计算机基础课程资源建设	1
33	刘云	Hnjg2018-27	对外汉语教学语法微课资源库建设研究	1
34	潘孟美	Hnjg2018-28	"互联网＋"背景下构建"数学物理方法"移动教学平台	1
35	钱于立	Hnjg2018-29	基于法学本科教育应用型改革的公法课程教学方法研究	1
36	邱彭华	Hnjg2018-30	基于创新型与应用型人才培养的地方院校人文地理与城乡规划专业教育综合改革研究	1
37	邵晨	Hnjg2018-31	基于大学生创新创业训练项目的高校创新人才培养模式改革的研究与探索——以海南省本科高校为例	1
38	汤伊心	Hnjg2018-32	外语专业多元化人才培养途径的探索：境外教学实践的创新之路	1
39	吴淑雷	Hnjg2018-33	基于手机移动互联网的翻转课堂教学模式研究	1
40	谢丹	Hnjg2018-34	海南省高校志愿服务的思想政治教育价值及实践路径	1
41	杨清之	Hnjg2018-35	高校大类培养模式下通识课程设置与实践研究	1
42	叶成徽	Hnjg2018-36	金融学专业核心课程群五位一体教学资源库建设研究与实践	1
43	赵京波	Hnjg2018-37	师范生培养与中学数学教师培训一体化模式研究——基于海南师范大学"双五百"人才工程项目的实施	1
44	郑彩娟	Hnjg2018-38	基于创新型人才培养的第二课堂教学改革研究——以海南师范大学化学与化工学院为例	1
合计				55

本科专业目录

序号	所属单位	专业名称	招生年份	学位授予门类	师范专业标识	备注
1	教育与心理学院	教育学	1999	教育学	S	
2		应用心理学	2005	理学	S	
3		学前教育	2007	教育学	S	
4		特殊教育学	2016	教育学	S	
5	初等教育学院	小学教育	2003	教育学	S	2007年省级特色专业 2009年国家级特色专业
6	文学院	汉语言文学	1983	文学	S	2008年省级特色专业
7		历史学	2000	历史学	S	

续表

序号	所属单位	专业名称	招生年份	学位授予门类	师范专业标识	备注
8	新闻传播与影视学院	新闻学	2001	文学		2011年省级特色专业
9		广播电视学	2012	文学		2011年专业目录整理更改专业名称，原名为"广播电视新闻学"
10	新闻传播与影视学院	广播电视编导	2016	艺术学		
11		表演	2018	艺术学		
12	法学院	法学	2006	法学		
13	马克思主义学院	思想政治教育	1988	法学	S	2007年省级特色专业
14		英语	1987	文学	S	2007年省级特色专业
15	外国语学院	英语（涉外文秘）	2011	文学		
		日语	2003	文学		
16		翻译	2016	文学		
17		音乐学	2000	艺术学	S	2010年省级特色专业
18	音乐学院	舞蹈表演	2008	艺术学		2011年专业目录整理从原"舞蹈学"中分离出来
19		舞蹈学	2008	艺术学	S	
20		音乐表演	2017	艺术学		
21		美术学	2000	艺术学	S	
22		视觉传达设计	2004	艺术学		2011年专业目录整理，原"艺术设计"一分为四。原"艺术设计"为2010年省级、国家级特色专业
23		环境设计	2004	艺术学		2011年专业目录整理，原"艺术设计"一分为四。原"艺术设计"为2011年省级、国家级特色专业
24	美术学院	产品设计	2004	艺术学		2011年专业目录整理，原"艺术设计"一分为四。原"艺术设计"为2012年省级、国家级特色专业。2014年开始招生
25		服装与服饰设计	2004	艺术学		2011年专业目录整理，原"艺术设计"一分为四。原"艺术设计"为2013年省级、国家级特色专业
26		绘画	2009	艺术学		
		美术学（书法教育方向）	2013	艺术学	S	
27		书法学	2018	艺术学	J	

续表

序号	所属单位	专业名称	招生年份	学位授予门类	师范专业标识	备注
28	经济与管理学院	经济学	2002	经济学		
29		金融学	2003	经济学		
30		会计学	2005	管理学		
31		公共事业管理	2003	管理学		
32		人力资源管理	2005	管理学		
33		国际经济与贸易	2012	经济学		
34		税收学	2017	经济学		
35	数学与统计学院	数学与应用数学	1983	理学	S	2011年省级特色专业
36		信息与计算科学	2002	理学		
37		统计学	2004	理学		2012年以前授予的学位是经济学，2013年改为理学
38		数据科学与大数据技术	2018	理学		
39	信息科学技术学院	教育技术学	1999	理学	S	
40		计算机科学与技术	2001	理学	S	
41		电子商务	2004	管理学		
42		软件工程	2010	工学		
43		物联网工程	2015	工学		
44	物理与电子工程学院	物理学	1988	理学	S	
45		电子信息科学与技术	2001	理学		
46		自动化	2004	工学		
47		光电信息科学与工程	2017	工学		
48	化学与化工学院	化学	1985	理学	S	2009年省级特色专业
49		应用化学	2002	理学		2012年省级特色专业
50		制药工程	2004	理学		
51	生命科学学院	生物科学	1988	理学	S	2007年省级、国家级特色专业
52		生物技术	2003	理学		
53		园林	2009	农学		
54		生态学	2017	理学		

续表

序号	所属单位	专业名称	招生年份	学位授予门类	师范专业标识	备注
55		体育教育	1985	教育学	S	
56		运动训练	2005	教育学		
57		社会体育指导与管理	2005	教育学		2011年专业目录整理更改专业名称，原名为"社会体育"
	体育学院	社会体育指导与管理（体育旅游与运动康复）	2010	教育学		从2015年开始取消该方向的招生
		社会体育指导与管理（高尔夫运动与管理方向）	2013	教育学		
58		武术与民族传统体育	2007	教育学		2011年专业目录整理更改专业名称，原名为"民族传统体育"
59		地理科学	2002	理学	S	2010年省级特色专业
60	地理与环境科学学院	自然地理与资源环境	2006	理学		2011年专业目录整理从原"资源环境与城乡规划管理"中分离出来
61		人文地理与城乡规划	2006	理学		2011年专业目录整理从原"资源环境与城乡规划管理"中分离出来
62		地理信息科学	2016	理学		
63	旅游学院	旅游管理	2005	管理学		
64		酒店管理	2013	管理学		
65	国际教育学院	汉语国际教育	2008	文学	S	2011年专业目录整理更改专业名称，原名为"对外汉语"

各类学科比例表

序号	专业门类	比例	专业数目
1	法学	3.45%	2
2	工学	5.17%	3
3	管理学	10.34%	6
4	教育学	13.79%	8
5	经济学	5.17%	3
6	理学	29.31%	17
7	历史学	1.73%	1
8	农学	1.73%	1
9	文学	12.07%	7
10	艺术学	17.24%	10

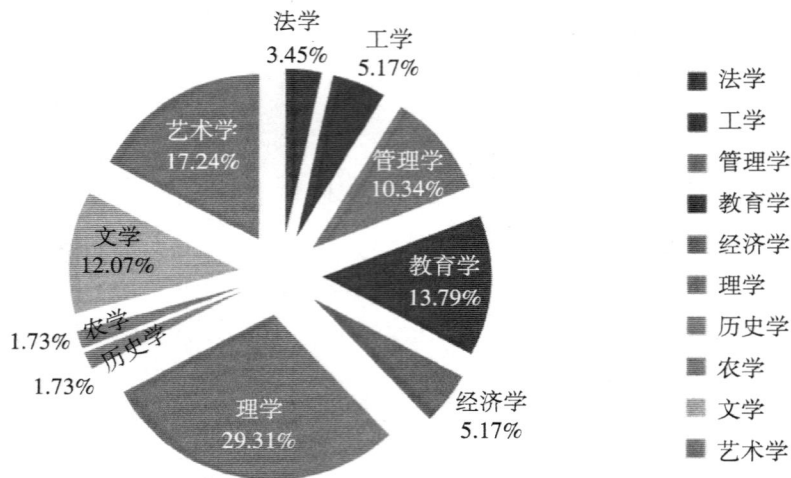

各类学科几例图

学生出境交流学习情况统计表

1. 国内外校际交换项目学生外出统计表

时间	交流学校									
	中国台湾师范大学	中国台湾屏东大学	中国台湾彰化师范大学	日本兵库教育大学	韩国极东大学	韩国新罗大学	美国新墨西哥大学	丹麦葛莱体育运动教育学院	中国东北师范大学	合计
2017年春季	12	5	10	5	3	2				37
2017年秋季	9	4	7		2	1	2	1	5	31
合计	21	9	17	5	5	3	2	1	5	68

2. 假期短期研修项目学生外出统计表

时间	项目名				
	青年师生赴美社会调研	中国台湾师范大学卓越青年台湾文化体验营项目	新西兰奥克兰大学文化素质暑期研修班	英国跨文化交流暑期研修班	合计
2017年寒期	1				1
2017年暑期		8	12	10	30

3. 境外专业实习、暑期带薪实践项目学生外出统计表

时间	项目名			
	日本九州外国语学院境外实习项目	澳大利亚悉尼翻译学院境外实习项目	赴美带薪社会实践项目	合计
2017年	17	4	26	47

2017年省级以上科研项目立项一览表

单位：万元

序号	主持人	项目批准号	项目名称	项目类别	项目类别	批准经费	学院
1	张静	11701127	非对称狄氏型在边值问题和马氏过程大偏差中的应用	国家自然科学基金－青年项目	国家级	25	数学与统计学院
2	秦慧慧	11701128	量子不确定性关系、可联合测量以及隐藏非局域性研究	国家自然科学基金－青年项目	国家级	23	数学与统计学院
3	徐景实	11761026	极大算子与多重线性算子在指标函数空间上的有界性	国家自然科学基金－地区项目	国家级	36	数学与统计学院
4	林诗游	11761027	无截断非齐次 Boltzmann 方程 Gevrey 正则性理论研究	国家自然科学基金－地区项目	国家级	36	数学与统计学院
5	朱江	11764012	基于光晶格与超冷原子系统中局域场效应的光与原子联合操控	国家自然科学基金－地区项目	国家级	31	物理与电子工程学院
6	郑超	21702039	氧化重排构建环戊烯二酮（CPD）结构及其在含 CPD 骨架天然产物仿生全合成中的应用	国家自然科学基金－青年项目	国家级	25	化学与化工学院
7	朱林华	21766007	功能化多孔聚合物微球的可控制备及活化分子氧催化脱硫研究	国家自然科学基金－地区项目	国家级	40	化学与化工学院
8	郑彩娟	31760093	海南药用红树内生真菌多样性及农用生物活性代谢产物研究	国家自然科学基金－地区项目	国家级	38	化学与化工学院
9	洪美玲	31760116	盐度胁迫对红耳龟 AMPK 通路及其相关脂肪代谢机制的影响	国家自然科学基金－地区项目	国家级	36	生命科学学院
10	陈玉凯	31760119	生境破碎化下海南极小种群植物的种群特征和生态策略：以坡垒和蕉木为例	国家自然科学基金－地区项目	国家级	36	生命科学学院
11	郝清玉	31760202	海南木榄黄海防林天然更新的影响因子及其种源筛选机制	国家自然科学基金－地区项目	国家级	36	生命科学学院
12	梁伟	31772453	中国多杜鹃寄生系统中杜鹃和洞巢鸟类的协同进化研究	国家自然科学基金－面上项目	国家级	61	生命科学学院
13	史海涛	31772486	平顶闭壳龟与黄额闭壳龟形态差异的生态适应研究	国家自然科学基金－面上项目	国家级	61	海南师范大学
14	张金洋	41761118	热带海岛城市居民慢行出行对土地利用的响应及碳减排机理——以海口市为例	国家自然科学基金－地区项目	国家级	38	地理与环境科学学院
15	张颖	41776148	濒危红树植物红榄李濒危机制与回归引种实验研究	国家自然科学基金－面上项目	国家级	58	生命科学学院
16	胡冠宇	61702142	基于延迟隐含置信规则库的网络安全态势预测	国家自然科学基金－青年项目	国家级	27	信息科学技术学院
17	龙海侠	61762034	基于深度学习方法预测蛋白质翻译后修饰位点	国家自然科学基金－地区项目	国家级	34	信息科学技术学院
18	姚玉华	61762035	甲型流感病毒血凝素蛋白的遗传变异分析及抗原表位预测	国家自然科学基金－地区项目	国家级	38	数学与统计学院
19	刘晓文	71762010	基于需求差异群的协同式旅游需求自动聚合力法研究	国家自然科学基金－地区项目	国家级	28	信息科学技术学院
20	王习明	17AKS010	国家重点生态功能区贫困县整体脱贫的长效机制研究	国家社科基金－重点项目	国家级	35	马克思主义学院

续表

序号	主持人	项目批准号	项目名称	项目类别	项目类别	批准经费	学院
21	陈小燕	17BKS022	习近平总书记关于扶贫开发战略思想与实践研究	国家社会科学基金项目	国家级	20	经济与管理学院
22	陈才	17BJY157	基于供给侧结构性改革视角的旅游养老产业结构调整策略研究	国家社会科学基金项目	国家级	20	旅游学院
23	田中景	17BRK001	人口负债对日本经济的影响及对中国的警示研究	国家社会科学基金项目	国家级	20	经济与管理学院
24	史振卿	17BZS091	晚清民国时期南海海洋灾害与社会应对研究	国家社会科学基金项目	国家级	20	文学院
25	蔡激浪	17BYY180	海南黎语名词性短语形式句法学研究	国家社会科学基金项目	国家级	20	外国语学院（出国人员外语培训中心）
26	段会冬	17CMZ021	黎族民俗文化传承的人类学研究	国家社会科学基金项目	国家级	20	教育与心理学院
27	杨威	17XKS008	鉴思唐宋文化对外传播方式拓展中华文化国际传播路径研究	国家社会科学基金项目	国家级	20	马克思主义学院
28	江海全	17XZX005	享利与柏格森的生命观象学思想比较研究	国家社会科学基金项目	国家级	20	马克思主义学院
29	冯法强	17XYY011	基于方言比较和历史文献的近代江淮官话语音演变研究	国家社会科学基金项目	国家级	20	文学院
30	邝扬华	17YJC760031	多元文化视角下丝路出土刺绣的整理与研究	教育部人文社科项目	部委级	8	美术学院
31	李伟言	17YJA880045	独立型教师形成与规范发展研究	教育部人文社科项目	部委级	8	教育与心理学院
32	张静	117096	狄氏型理论在边界问题及大偏差上的应用	海南自然科学基金-面上项目	省级	10	数学与统计学院
33	王凯华	117097	半连续动力系统几何理论及其在生物动力学中的应用	海南自然科学基金-面上项目	省级	10	数学与统计学院
34	余中元	417098	旅游发展战略下岛屿社会—生态系统脆弱性时空演变和调控多尺度研究—以海南岛为例	海南自然科学基金-面上项目	省级	8	地理与环境科学学院
35	程叶青	417099	海南省居民生活质量评估与调控途径	海南自然科学基金-面上项目	省级	8	地理与环境科学学院
36	张小朋	217100	新型多齿配位基（N，O，S）螯合吸附剂对含盐废水中重金属离子的选择性去除及微界面交互作用机制研究	海南自然科学基金-面上项目	省级	8	化学与化工学院
37	孙元元	217101	脉冲流强化膜蒸馏—结晶过程及流体力学模拟计算	海南自然科学基金-面上项目	省级	8	化学与化工学院
38	张大帅	217102	基于SnSx半导体光催化材料光解水制氢的研究	海南自然科学基金-面上项目	省级	8	化学与化工学院
39	张颖	417103	红树属植物自然杂交新种——拉氏红树（Rhizophora×lamarckii）的物种形成研究	海南自然科学基金-面上项目	省级	8	生命科学学院
40	严世胜	617104	可调脉宽激光器高压脉冲触发电源的实验研究	海南自然科学基金-面上项目	省级	5	物理与电子工程学院
41	李勇	417105	大三亚旅游经济圈"灯下黑"地区旅游业的空间发展研究	海南自然科学基金-面上项目	省级	5	旅游学院

续表

序号	主持人	项目批准号	项目名称	项目类别	项目类别	批准经费	学院
42	贾景姿	717106	基于供给侧改革的能源供应链协同与柔性管理政策研究	海南自然科学基金-面上项目	省级	5	经济与管理学院
43	王鹏	117107	解约束及无约束无导数最小二乘问题的方法与应用	海南自然科学基金-面上项目	省级	5	数学与统计学院
44	朱林华	217108	声化学法快速制备二氧化碳基共聚物材料	海南自然科学基金-面上项目	省级	5	化学与化工学院
45	孙丽	117109	RE（稀土）/Cr层对FeNi合金薄膜磁性柔动力学阻尼因子的调控	海南自然科学基金-面上项目	省级	5	物理与电子工程学院
46	陈彤霞	617110	面向海南旅游市场的互联网综合指数模型研究	海南自然科学基金-面上项目	省级	5	信息科学技术学院
47	沈振江	117111	钲钛矿基复合氧化物晶体的表面重构及性能机理研究	海南自然科学基金-面上项目	省级	5	物理与电子工程学院
48	段华友	717112	基于突发灾害的企业财务响应机理研究	海南自然科学基金-面上项目	省级	5	经济与管理学院
49	张庆	717113	基于数据分析的供应链库存合作博弈优化研究	海南自然科学基金-面上项目	省级	5	数学与统计学院
50	臧春燕	217114	人环内脂炎化合物抗骨质疏松特性及作用机制研究	海南自然科学基金-面上项目	省级	5	化学与化工学院
51	吴水星	217115	有机光电器件中电子注入层的微观结构及其变化的理论研究	海南自然科学基金-面上项目	省级	5	化学与化工学院
52	汪文俊	117116	带有缺失空间数据的结构方程模型的统计分析	海南自然科学基金-面上项目	省级	5	数学与统计学院
53	杨国峰	317117	海南山兰稻种质多样性与文艺性状和稻米品质性状关联研究	海南自然科学基金-面上项目	省级	5	学报编辑部
54	陈春霞	717118	创新驱动发展新形势下海南省专利转化中知识产权保护和管理研究	海南自然科学基金-面上项目	省级	5	科研管理与学科建设处
55	蒋文娟	617119	脑部CT图像分割方法的研究	海南自然科学基金-面上项目	省级	5	信息科学技术学院
56	胡冠宇	617120	基于隐含置信规则库的网络安全态势预测方法研究	海南自然科学基金-面上项目	省级	5	信息科学技术学院
57	石春	617121	以数据为中心的水声通信MAC协议研究	海南自然科学基金-面上项目	省级	5	信息科学技术学院
58	徐冬	617122	RS-LMBP神经网络在CT图像挖掘上的应用研究	海南自然科学基金-面上项目	省级	5	信息科学技术学院
59	沈君	117123	复模糊集值函数的积分及其应用研究	海南自然科学基金-面上项目	省级	5	数学与统计学院
60	李富岩	617124	虚拟漫游中自然人机交互研究	海南自然科学基金-面上项目	省级	5	信息科学技术学院
61	高阔	717125	公共政策执行力定量评估研究：基于海口"双创"的实证	海南自然科学基金-面上项目	省级	5	经济与管理学院
62	陈卡凯	317126	生境破碎化下海南极小种群植物的分布特征及其濒危机制：以坡垒、蕉木为例	海南自然科学基金-面上项目	省级	5	生命科学学院

续表

序号	主持人	项目批准号	项目名称	项目类别	项目类别	批准经费	学院
63	赵志忠	2017CXTD006	不同耕作方式下热带稻田土壤有机碳累积特征及其影响机制	海南自然科学基金创新团队项目	省级	50	地理与环境科学学院
64	孙伟	2017CXTD007	功能化碳基纳米复合材料的制备与光电化学性能研究	海南自然科学基金创新团队项目	省级	30	化学与化工学院
65	田晓玉	ZDYF2017007	体医协同开发南海地域特色水中健身康训技术及数据管理平台研究	海南省重点研发计划-高新技术项目	省级	50	体育学院（体育运动委员会）
66	史载锋	ZDYF2017011	膜分离协同太阳光催化技术用于高位养虾池水循环利用	海南省重点研发计划-高新技术项目	省级	50	化学与化工学院
67	华龙杰	ZDYF2017083	PW11M@Si有序纳晶材料的仿生制备及光电性能研究	海南省重点研发计划-社会发展项目	省级	50	化学与化工学院
68	林强	ZDYF2017102	海藻酸钠生物磁碳复合材料的制备及其对重金属离子的吸附行为和应用研究	海南省重点研发计划-社会发展项目	省级	50	海南师范大学
69	刘晓文	ZDYF2017139	海南依托"互联网＋"开展立体化精准扶贫的政策支撑与实施模式研究	海南省重点研发计划-软科学项目	省级	10	信息科学技术学院
70	裴广一	ZDYF2017150	供给侧改革背景下"中国（海南）博彩旅游业政策导向与发展路径研究	海南省重点研发计划-软科学项目	省级	10	经济与管理学院
71	孙自强	HNSK（JD）16-11	海南中小学教师科研现状研究	海南省社科规划课题	省级	2	继续教育学院
72	郑泽民	HNSK（JD）16-15	菲律宾、越南、马来西亚、文莱、印尼南侵渔研究	海南省社科规划课题	省级	2	南海区域文化研究中心
73	韩宁	HNSK（YB）17-35	绿色发展理念下海南生态文明建设的融资模式研究	海南省社科规划课题	省级	2.5	经济与管理学院
74	张云华	HNSK（YB）17-36	营改增对海南省房地产业发展的影响研究	海南省社科规划课题	省级	2.5	经济与管理学院
75	黄秀兰	HNSK（YB）17-37	海南省农村小规模学校发展路径研究	海南省社科规划课题	省级	2.5	教育与心理学院
76	李森	HNSK（YB）17-38	海南教师教育教学质量提升研究	海南省社科规划课题	省级	2.5	海南师范大学
77	张现洪	HNSK（QN）17-39	海南省贫困县的基层公共服务体制机制创新	海南省社科规划课题	省级	1.5	马克思主义学院
78	卿志军	HNSK（YB）17-40	南海主权争端中我国媒体外交研究	海南省社科规划课题	省级	2.5	新闻传播与影视学院

续表

序号	主持人	项目批准号	项目名称	项目类别	项目类别	批准经费	学院
79	王庆	HNSK（YB）17-41	海南省地方政府网络舆情治理及其优化对策研究	海南省社科规划课题	省级	2.5	新闻传播与影视学院
80	李杉	HNSK（YB）17-42	战略联盟视角下海南主流媒体影响力实证研究	海南省社科规划课题	省级	2.5	新闻传播与影视学院
81	郭皓政	HNSK（YB）17-43	唐胄研究	海南省社科规划课题	省级	2.5	文学院
82	李靖桓	HNSK（YB）17-44	黎语复音词研究	海南省社科规划课题	省级	2.5	文学院
83	桂小径	HNSK（YB）17-45	南海出水瓷器调查及分类研究	海南省社科规划课题	省级	2.5	美术学院
84	尤春花	HNSK（YB）17-46	海南黎族地区特色文化资源律设研究	海南省社科规划课题	省级	2.5	图书馆（档案馆）
85	安晨曦	HNSK（ZC）17-9	"互联网＋"时代电子法院构建研究	海南省社科规划课题	省级	0	法学院
86	陈小燕	HNSK（ZC）17-10	习近平扶贫开发战略思想及其在海南的实践	海南省社科规划课题	省级	0	经济与管理学院
87	芦伟	HNSK（ZC）17-11	海南省推进家庭医生签约服务的探索研究	海南省社科规划课题	省级	0	经济与管理学院
88	冯青	HNSK（ZC）17-12	明清至民国海南地方文献俗字研究	海南省社科规划课题	省级	0	文学院
89	李英珍	HNSK（ZC）17-13	海南高校图书馆助力国际旅游岛文化建设的体制与机制研究	海南省社科规划课题	省级	0	图书馆
90	曾庆江	HNSK（ZC）17-14	海南—南题材纪录片研究	海南省社科规划课题	省级	0	新闻传播与影视学院
91	邝杨华	HNSK（ZC）17-15	丝绸之路上的刺绣艺术及其文化交流研究	海南省社科规划课题	省级	0	美术学院
92	冯冬梅	YB1718A004	民族语言	中华人民共和国教育部项目	部委级	8	国际教育学院
93	杜娜	HNSK（Zk）－201713	以海南农垦为例海南小城镇特色发展研究	海南省社会科学界联合会项目	省级	5	地理与环境科学学院
94	刘锋	HNSK（Zk）－2017	发挥琼籍华人华侨在"一带一路"建设中的重要作用研究	海南省社会科学界联合会项目	省级	5	马克思主义学院

续表

序号	主持人	项目批准号	项目名称	项目类别	项目类别	批准经费	学院
95	冯建平	Hnky2017 ZD-8	虚拟增强现实（AR）技术及其在体感交互融合仿真实验平台的应用研究	海南省高校科研项目	厅级	5	信息科学技术学院
96	韩晓龙	Hnky2017 ZD-9	海南省高等学校科技发展研究	海南省高校科研项目	厅级	5	科研管理与学科建设处
97	吴丽华	Hnky2017 ZD-10	大数据分析技术及其在海南教育信息化公共服务平台构建的应用研究	海南省高校科研项目	厅级	5	信息科学技术学院
98	熊学峰	Hnky2017 ZD-11	海南黎族器乐曲选编	海南省高校科研项目	厅级	3	音乐学院
99	余中元	Hnky2017 ZD-12	海岛社会生态系统脆弱性多尺度分析及驱动机制研究	海南省高校科研项目	厅级	5	地理与环境科学学院
100	张文飞	Hnky2017 ZD-13	基于宏基因组技术挖掘东寨港红树林聚磷基因资源	海南省高校科研项目	厅级	5	生命科学学院
101	祖力	Hnky2017 ZD-14	随机捕食一模型动力学性质的研究	海南省高校科研项目	厅级	5	数学与统计学院
102	邓正杰	Hnky2017-17	基于虚拟现实的教学内容可视化及交互研究	海南省高校科研项目	厅级	1.5	信息科学技术学院
103	冯青	Hnky2017-18	海南民间文献整理与研究	海南省高校科研项目	厅级	1	文学院
104	付业勤	Hnky2017-19	海南绿色酒店建筑的评价与应用研究	海南省高校科研项目	厅级	1	旅游学院
105	何茹	Hnky2017-20	"一带一路"战略背景下海南省体育非物质文化遗产转型发展研究	海南省高校科研项目	厅级	1	体育学院（体育运动委员会）
106	李小宝	Hnky2017-21	石墨烯复合材料修饰电极对中草药活性成分的电化学检测研究	海南省高校科研项目	厅级	1.5	化学与化工学院
107	李英珍	Hnky2017-22	海南高校图书馆服务国际旅游岛发展战略的机理与途径研究	海南省高校科研项目	厅级	1	图书馆
108	刘珊珊	Hnky2017-23	高校文创产品艺术设计人才培养的"案例教学"数字化平台建设研究	海南省高校科研项目	厅级	1	美术学院
109	罗声明	Hnky2017-24	海南企业社会责任调查研究	海南省高校科研项目	厅级	1	经济与管理学院
110	钱子立	Hnky2017-25	生态旅游视域下的海南岛自然旅游资源立法体系研究	海南省高校科研项目	厅级	1	法学院
111	史艳	Hnky2017-26	海南省高校图书馆嵌入式学科服务的研究与实践	海南省高校科研项目	厅级	1	图书馆
112	赵从胜	Hnky2017-27	近代海南岛农业调查综述	海南省高校科研项目	厅级	1	文学院

社会科学及自然科学研究出版著作统计表

社会科学		自然科学	
出版著作数量	作者人数	出版著作数量	作者人数
32	52	13	36

2017年发表论文情况统计表

	省级以上期刊	国内核心期刊	国外学术期刊
论文数量（单位：篇）	693	321	153
作者人数（单位：人）	1879	1123	568

重点实验室、平台、研究所一览表

（校级以上，不含校级）

序号	科研机构名称
1	热带药用植物化学教育部重点实验室
2	热带动植物生态学省部共建教育部重点实验室
3	海南省热带药用植物化学重点实验室
4	海南省热带动植物生态学重点实验室
5	海南省水环境污染治理与资源化重点实验室
6	菲律宾研究中心
7	海南省基础教育课程与教学研究基地
8	海南省南海区域文化研究基地
9	海南省生态文明研究中心
10	海南省海上丝绸之路研究基地
11	海南经济特区法治战略研究基地
12	海南省妇女/性别研究与培训基地
13	海南省意识形态与舆论研究基地
14	海南省中国特色社会主义理论研究中心
15	海南省社会舆情和治理研究中心
16	海南省数学研究中心
17	海南省高校马克思主义理论研究和教育协同创新中心
18	海南教育改革与发展研究院
19	海南省生物多样性科技馆
20	海南省院士工作站（数学）
21	海口市热带特色药食同源植物研究与开发重点实验室

续表

序号	科研机构名称
22	海口市水环境污染防治重点实验室
23	海口市太阳能光伏应用技术重点实验室
24	海口市电化学储能与光能转换材料重点实验室
25	海口市功能材料与光电化学重点实验室
26	海口市土壤污染修复与资源化重点实验室
27	海口市南药资源产业化关键技术研究重点实验室
28	海口市科研仪器设备共享中心
29	文化部民族民间文艺发展中心南海音乐文化研究基地

省级及以上科研项目获奖一览表

获奖者	获奖时间	获奖作品/成果	奖项名称	奖项等级（级别）	颁奖单位
林强	2017年1月	环境友好型二氧化碳塑料的绿色合成、改性和开发应用	海南省科学技术进步奖	一等奖	海南省人民政府
杨灿朝 梁伟	2017年1月	鸟类巢寄生行为研究	海南省科学技术进步奖	一等奖	海南省人民政府
林诗游	2017年1月	非Grad截断条件下Boltzmann方程解的正则性研究	海南省科学技术进步奖	二等奖	海南省人民政府

各级重点学科一览表

学科类别		序号	学科名称	一级学科带头人	执行单位
省级特色重点学科	A类	1	化学	陈光英	化学化工学院
		2	马克思主义理论	郭根山	马克思主义学院
	B类	1	生态学	梁伟	生命科学学院
		2	中国语言文学	邵宁宁	文学院
		3	教育学	李森	教育科学研究院
		4	地理学	赵志忠	地理与旅游学院
		5	美术学	张梦	美术学院
学校校级学科	一流学科	1	马克思主义理论	郭根山	马克思主义学院
		2	中国语言文学	邵宁宁	文学院
		3	化学	陈光英	化学化工学院
		4	生态学	梁伟	生命科学学院

续表

学科类别		序号	学科名称	一级学科带头人	执行单位
学校校级学科	优势学科	1	教育学	李森	教育科学研究院
		2	体育学	夏敏慧	体育学院
		3	新闻传播学	卿志军	新闻传播与影视学院
		4	中国史	王献军	文学院
		5	数学	徐景实	数学与统计学院
		6	地理学	赵志忠	地理与旅游学院
		7	生物学	李蕾	生命科学学院
		8	美术学	张梦	美术学院
	特色培育学科	1	理论经济学	潘永强	经济与管理学院
		2	法学	冯春萍	政法学院
		3	心理学	肖少北	教育与心理学院
		4	外国语言文学	陈义华	外国语学院
		5	物理学	谢琼涛	物理与电子工程学院
		6	计算机科学与技术	何书前	信息科学技术学院
		7	音乐与舞蹈学	王晓平	音乐学院
		8	会计学	段华友	经济与管理学院
		9	旅游管理	陈才	旅游学院
		10	电子商务	张仙锋	信息科学技术学院
		11	汉语国际教育	龙涛	国际教育学院

【民主政治概览】

海南省第七次党代会代表名录

李红梅（女）

海南师范大学第一次党代会代表名录

（以姓氏笔画为序排列）

刁晓平（女）	王 华（黎族）	王 丽（女）
王 博	王小莉（女，黎族）	王习明
王任斌	王茀孔	王承毅
王春艳（女）	王秋燕（女）	王彦才
王晓平	王锐萍（女）	文中童（黎族）
文传成	方志彪	尹 婳（女，土家族）
邓志斌	石营营（女）	卢 妮（女，壮族）
叶少雄	叶成徽（女）	叶芳云（女）
叶琼英（女）	田泽农	史振卿
史海涛	冯 华（女）	冯义东
冯春萍（女）	冯树祝	邢俊杰
邢晓晖（女）	吉承儒	朱荣衢（蒙古族）
庄长宽	刘忠喜	刘晓宁（女）
刘家宁	刘湘平	孙 伟
孙振范	杜 娜（女）	李 虹（女）
李 森	李小虹（女）	李文珍（女）
李伟诗	李关跃	李红梅（女）
李国成	李科光	李惠君（女）
杨 林	杨 钰（女）	杨 海
杨白全（女）	杨若虹（女）	杨育界
杨泽芳	肖少北	肖繁荣
吴 昊	吴丽华（女，锡伯族）	吴治慧（女，苗族）
吴春波	吴乾华	何达权
邹木荣	邹锦云	沈 君（女）
沈有建	沈振江	张 伟（女）
张 梦	张 渝	张昱阳（女）
张庭华	张新定	陆 娜（女，满族）

陈一铭（女，黎族）	陈天妖（女）	陈文心（女）
陈正强	陈平殿	陈运弟
陈贤春	陈宝珍	陈闻得
陈继元	陈焕东	林　吉
林　强	林明才	林琼斌
欧阳蔓蓓（女）	周　宁（女，黎族）	周　萍（女）
周建宏	周慧玲（女）	冼茂珊（女）
郑伟民	郑荣臻	赵于松
赵宗宏	胡素萍（女）	钟恒杰
段曹林	姚凯雄	袁存柱（女）
袁建平	耿　娟	贾志宏
徐仲佳	徐莉茗（女，满族）	卿志军
高静川	陶海生	黄　武
黄忆军	黄秀兰（女）	黄俊平
黄振洲	黄培怡	曹时娟（女）
曹春玲（女）	崔国清	符　星（女）
符广东	符史涵	符永雄
梁　广	梁定雄	蒋　瑜（女）
曾令明	曾德立	游金平（女）
谢冬霞（女）	谢海涛	谢慧盈（女）
蒙激流	蔡　昱	蔡于淮
蔡石云	熊红丽（女）	颜洪南
潘永强	薛燕华（女）	

海南师范大学第四次教代会暨工代会各代表团代表名录

（正式代表202人，列席代表33人）

1. 第一代表团（18＋4=22人）

分组讨论地点	第一办公楼三楼会议室
团长	符启文
副团长	郑荣臻
正式代表（18人）	王标、王晴（女）、李伟诗、李关跃、李红梅（女）、杨永智、肖少北、吴昊、吴春波、张玉成（满族）、张恒（女）、陈江、郑荣臻、曹艳春（女）、崔国清、符广东、符启文、赖秀龙
列席代表（4人）	李科光、张诚一、陆荣基、韩长日

2. 第二代表团（21＋4=25人）

分组讨论地点	第一办公楼一楼会议室
团长	孙振范
副团长	邹锦云
正式代表（21人）	丁金霞（女）、王锡深、孙伟（化工）　孙振范、李科武、李雪（女）、时晓鹏、吴明书、邹锦云（女）、张红樱（女）、陈光英（女）、陈芳丽（女）、林明妹（女）、林强、周学熙、夏儒池、翁振伟、梁晓明（女）、惠阳（女）、雷炳新、蔡于淮
列席代表（4人）	王友明、关亚丽（女）、党意（女）、廖元锡

3. 第三代表团（20＋4=24人）

分组讨论地点	逸夫楼二楼音乐学院会议室
团长	梁广
副团长	张新定
正式代表（20人）	刁晓平（女）、王锐萍（女）、王献飞、叶芳云（女）、庄长宽、刘、强、刘素芳（女、体育学院）、李蕾（女）、李爱春（女）、杨、海、吴鹏、张天柱、张文飞、张新定、陈一铭（女、黎族）、陈正强、林明祥、钟恒杰、梁广、谢秀祯
列席代表（4人）	王颖（女）、李国成、陈新（音乐学院）、郑晓鹏

4. 第四代表团（20＋4=24人）

分组讨论地点	数学楼三楼数统学院会议室
团长	邓志斌
副团长	柴俊阳
正式代表（20人）	马婷（女、回族）　王志斌、王晓平、王晓晓（女）、邓志斌、冯法强、过建春（女）、李佳芯（女）、杨若虹（女）、杨育界、张仙锋（女）、张兴吉、邵宁宁、林琼斌、欧阳蔓蓓（女）、赵从胜、段曹林、贾志宏、柴俊阳（女）、颜艳红（女）
列席代表（4人）	高静川、黄俊平、曹时娟（女）、潘永强

5. 第五代表团（21＋4=25人）

分组讨论地点	生科楼三楼生科学院会议室
团长	曾德立
副团长	方志彪
正式代表（21人）	马海燕（女、回族）　王鹏、方志彪、史海涛、邢俊杰、刘忠喜、苏海文、李瑶（女）、杨白全（女）、杨蕾达（女）、邱彭华、张引、张梦、陈志彬、陈崇介、周春花（女）、姚凯雄、桂小径（女）、唐卫平（女）、曹春玲（女）、曾德立
列席代表（4人）	王献军、杜娜（女）、林吉、赵志忠

续表

6. 第六代表团（32人）

分组讨论地点	海师附中初中部会议室
团长	覃程
副团长	赵宗宏
正式代表（32人）	王月翠（女）、左燕（女）、田泽农、史宏晖（女）、冯臻、邢福芳、刘亮亮、许越（女）、李小虹（女）、李文珍（女）、李忠、李虹（女）、李森、李惠君（女）、杨泽芳、何达权、邹春平、张伟（女）、张志强、张渝、陈筱（女）、陈燕娥（女）、林山、郑世财、郑由禄、赵宗宏、夏阳煊、覃程（土家族）、谢海涛、蓝茂福、蔡石云、颜炳稳

7. 第七代表团（16＋1＝18人）

分组讨论地点	田家炳教育书院二楼贵宾室
团长	王华
副团长	胡素萍
正式代表（16人）	王华（黎族）　文航、刘红（女）、李云海、张冬晴（女）、陈瑜（女、图书馆）　林明才、郑泽民、胡素萍（女）、段娟娟（女）、耿娟（女）、高雯雯（女）、戚文东、符史涵、游金平（女）、蒙激流
列席代表（1人）	陈贤春

8. 第八代表团（19＋4＝23人）

分组讨论地点	水电楼二楼教育发展管理集团会议室
团长	王任斌
副团长	杨　林
正式代表（19人）	王任斌、王觅（女）、王河武、王清泽、文中童（黎族）、文斌、刘家宁、许振雨、孙伟（后勤）　杨林、杨树彪、吴丽华（女、锡伯族）、陈思帆（女）、陈叙明、罗志刚、房武新、符钰翔、蔡庆桃（女）、黎红艳（女）
列席代表（4人）	王家忠、杨钰（女）、肖勤、陈运弟

9. 第九代表团（18＋4＝20人）

分组讨论地点	物理楼三楼物电学院会议室
团长	黄培怡
副团长	李蔺
正式代表（17人）	王丽（女）、申明远（女）、邢晓晖（女）、羊大立、李蔺（女）、李霓（女）、沈有建、沈振江、张铁民、陈传钟、徐景实、卿志军、陶海生、黄培怡、常楠（女）、彭鸿雁（女）、韩新方、潘孟美（女）
列席代表（3人）	王彦才、田中景、张一平、徐仲佳

10. 第十代表团（17＋4＝21人）

分组讨论地点	黄华康体育馆二楼会议室
团长	黄忆军
副团长	张云华
正式代表（17人）	王博、王睿、王彡明、王承毅、邓亚（女）、丘名实、冯春萍（女）、曲智（女）、向广宇、刘荣（女）、李秋花（女）、张云华（女）、邵兵、罗君名（布依族）、聂晓燕（女）、黄忆军、符子娇（女）
列席代表（4人）	叶少雄、陈闻得、郑晓莉（女）、符永雄

二级工会委员名录

序号	选区	姓名
1	教育与心理学院	王晴
2	教育与心理学院	杨永智
3	教育与心理学院	赖秀龙
4	初等教育学院	谢慧盈
5	初等教育学院	彭虹
6	初等教育学院	刘蕙萱
7	文学院	邓志斌
8	文学院	冯法强
9	文学院	孙亮亮
10	政法学院	王博
11	政法学院	高昕
12	马克思主义学院	李秋花
13	马克思主义学院	刘荣
14	马克思主义学院	向广宇
15	马克思主义学院	黄忆军
16	马克思主义学院	王习明
17	马克思主义学院	王睿
18	经济与管理学院	王承毅
19	经济与管理学院	聂晓燕
20	经济与管理学院	罗君名
21	外国语学院	杨白全
22	外国语学院	苏海文
23	外国语学院	王鹏
24	外国语学院	刘佳
25	外国语学院	赵冲
26	外国语学院	孙超
27	音乐学院	柴俊阳
28	音乐学院	王晓晓
29	音乐学院	马婷
30	美术学院	陈志彬
31	美术学院	桂小径
32	美术学院	李霞
33	数学与统计学院	韩新方
34	数学与统计学院	郭鹏飞
35	数学与统计学院	王丽
36	信息学院	陈叙明
37	信息学院	徐冬
38	信息学院	陆娜
39	信息学院	吴芳
40	信息学院	石春
41	物理与电子工程学院	邢晓晖
42	物理与电子工程学院	申明远

续表

序号	选区	姓名
43	物理与电子工程学院	王林茂
44	化学与化工学院	梁晓明
45	化学与化工学院	杨慧
46	化学与化工学院	周欣
47	生命科学学院	叶芳云
48	生命科学学院	郑伟民
49	生命科学学院	金士坤
50	体育学院（含体委、体育研究中心）	吴鹏
51	体育学院（含体委、体育研究中心）	齐殿东
52	体育学院（含体委、体育研究中心）	郝跃云
53	地理与环境科学学院	陈崇介
54	地理与环境科学学院	李小宏
55	地理与环境科学学院	李瑶
56	旅游学院	欧阳蔓蓓
57	旅游学院	颜艳红
58	旅游学院	李佳芹
59	新闻传播与影视学院	李蔺
60	新闻传播与影视学院	舒骅
61	新闻传播与影视学院	金朱繁
62	国际教育学院	高翠婷
63	国际教育学院	孙丹
64	国际教育学院	吴春波
65	继续教育学院	丘名实
66	继续教育学院	陈平
67	继续教育学院	符子娇
68	机关（含研究生院）	符广东
69	机关（含研究生院）	陈林川
70	机关（含研究生院）	朱韫
71	机关（含研究生院）	白媛媛
72	机关（含研究生院）	王丽君
73	机关（含研究生院）	常楠
74	机关（含研究生院）	齐梓帆
75	图书馆（含其他教辅单位）	符史涵
76	图书馆（含其他教辅单位）	文航
77	图书馆（含其他教辅单位）	张冬晴
78	图书馆（含其他教辅单位）	段娟娟
79	图书馆（含其他教辅单位）	王蕾
80	教育发展管理办公室（含下属单位）	赵广孺
81	教育发展管理办公室（含下属单位）	王一迪
82	教育发展管理办公室（含下属单位）	李娇妮
83	教育发展管理办公室（含下属单位）	王礼和
84	教育发展管理办公室（含下属单位）	吴日优

续表

序号	选区	姓名
85	教育发展管理办公室（含下属单位）	梁小丽
86	附属中学	赵宗宏
87	附属中学	左燕
88	附属中学	蓝茂福
89	附属中学	冯臻
90	附属中学	夏阳煊
91	附属中学	邢福芬
92	附属中学	李忠
93	附属中学	李文珍
94	附属中学	陈燕娥

工会领导下各组织一览表

1. 二级工会一览表

序号	二级工会名称
1	教育与心理学院
2	初等教育学院
3	文学院
4	法学院
5	马克思主义学院
6	经济与管理学院
7	外国语学院
8	音乐学院
9	美术学院
10	数学与统计学院
11	信息学院
12	物理与电子工程学院
13	化学与化工学院
14	生命科学学院
15	体育学院（含体委、体育研究中心）
16	地理与环境科学学院
17	旅游学院
18	新闻传播与影视学院
19	国际教育学院
20	继续教育学院
21	机关（含研究生院）
22	图书馆（含其他教辅单位）
23	教育发展管理办公室（含下属单位）
24	附属中学

2. 教工社团一览表

序号	协会名称
1	排球协会
2	乒乓球协会
3	健身舞协会
4	自行车运动协会
5	足球协会
6	篮球协会
7	健步走协会
8	钓鱼协会
9	围棋协会
10	网球协会

各民主党派负责人及成员数统计表

民主党派	负责人	职务	人数
中国民主同盟	陈新	民盟海师支委主委	119
	张琦	民盟海师支委副主委	
九三学社	王颖	九三海师委员会主委	56
	赵志忠	九三海师委员会副主委	
	彭茹静	九三海师委员会副主委	
中国民主促进会	张兴吉	民进海师支委主委	58
	张玉成	民进海师支委副主委	
	陈光英	民进海师支委副主委	
	王寒松	民进海师支委副主委	
中国农工民主党	王献军	农工党海师支委主委	11
	余中元	农工党海师支委副主委	
	毛映群	农工党海师支委副主委	
中国致公党	肖勤	致公党海师支委主委	13
	华英杰	致公党海师支委副主委	
	周高锦	致公党海师支委副主委	
中国国民党革命委员会	关亚丽	民革海师委员会主委	9
中国民主建国会	田中景	民建海师支委主委	11

【对外合作与交流概览】

2017年学校与港澳台地区、国外大学及教育机构建立合作交流关系一览表

序号	高校名称	签约合作交流时间	合作内容
1	马来西亚沙巴大学	2017年4月	签订友好合作备忘录
2	马来西亚马来亚大学	2017年2月21日	签订友好合作备忘录
3	泰国坦亚布里理工大学	2017年6月6日	签订友好合作备忘录
4	丹麦葛莱体育运动教育学院	2017年3月24日	签订交流合作协议书
5	泰国东北大学	2017年6月28日	签订交流合作协议书

外宾来访活动情况统计表

（单位：人次）

来访国家/地区	参加会议	进修培训	考察访问	合作交流
俄罗斯				2
德国			1	
印度尼西亚			24	2
美国	1		8	4
法国				4
英国				3
新加坡	2			4
马来西亚	2			2
泰国				7
丹麦				2
老挝				1
缅甸				1
柬埔寨				1
越南				1
日本			26	
意大利			1	
墨西哥			1	
中国香港	1		36	
中国澳门			24	
中国台湾			5	
小计	6		126	34
合计	166			

教师因公出国（境）统计表

（单位：人次）

出访国家/地区	参加会议	进修培训	考察访问	合作交流
加拿大	1	1		
美国				5
德国				1
印尼				1
日本			4	
俄罗斯			5	
肯尼亚				2
塞舌尔				2
毛里求斯				2
新西兰			1	
菲律宾				2
韩国	1			
柬埔寨	1			
老挝	1			
新加坡				1
澳大利亚				1
中国台湾			3	3
中国香港	1			
中国澳门				1
小计	5	1	13	21
合计	40			

工作分述

组织工作

【概况】组织工作由党委组织部负责。党委组织部下设组织科、干部科，共有工作人员4人。学校党校挂靠党委组织部。

【队伍建设】组织召开学校升格师大后第一次党代会，完成校党委班子和纪委班子换届工作。经考察，选拔任用40名中层干部。

组织开展校领导班子年度考核和二级基层党组织书记述职评议。

【监督管理】坚持和完善党委领导下的校长负责制和民主集中制，牢固树立"四个意识"；进一步完善党委书记和校长定期沟通、校领导碰头会等制度；加强干部教育管理监督，认真落实选任干部纪实系统管理，加强领导干部在企业和社团兼职审批，规范党内政治生活，发挥领导干部在"两学一做"中作为"关键少数"的示范引领作用；认真落实干部诫勉谈话、离任交接、述职述廉等制度；按照省委组织部的要求，做好2017年领导干部个人有关事项报告和抽查核实工作。

加强因私和因公出国（境）的管理，为师生办理因公出国（境）政审手续72人次；实行中层干部因私出国（境）证件集中专人保管制度，严格审批中层干部出国出境手续。

【党组织建设】7月，学校召开了升格师大后的第一次党代会，配齐了党委和纪委班子，提出了建设教师教育特色鲜明的高水平大学的奋斗目标和落实举措。

2017年共办理1009名党员组织关系转出、109名党员组织关系转入的手续和档案接收、归档工作；本着"能找则找、能补则补"的原则，补充完善146名党员的党员档案。

严格落实"三会一课"、民主生活会、组织生活会、民主评议党员等制度，严肃党内政治生活；组织开展基层党建工作交叉检查，完成了对27个二级基层党组织和102个党支部党建工作的检查。

【教育培训】按照《2014—2018年干部教育培训规划》《培训学员管理规定》《培训经费管理规定》等制度，举办新任处级干部培训班、处级干部警示教育班、处科级干部学习十八届五中全会和习近平总书记系列讲话精神培训班、科级以上干部学习贯彻新《干部任用条例》培训班、"两学一做"专题网络培训班、中层（处级）干部学习贯彻党的十九大精神专题轮训班、党支部书记学习贯彻党的十九大精神专题轮训班、中层（处级）以上干部和党支部书记学习贯彻党的十九大精神专题网络培训班、学生骨干网络培训示范班、党风廉政建设专题网络培训班等10多个培训班。

全年共举办8期入党积极分子学习培训班，共培训学员2400余名。

【"两学一做"】积极推进"两学一做"学习教育常态化、制度化，把深化"两学一做"学习教育常态化、制度化作为加强和规范党内政治生活、加强党内监督的重要载体。坚持用党章党规规范党组织和党员行动，用习近平总书记系列重要讲话精神武装头脑、指导实践、推动工作。突出思想政治建设、党性锻炼，不断增强党员的政治意识、大局意识、核心意识、看齐意识，不断增强党内政治生活的政治性、时代性、原则性、战斗性，不断增强党自我净化、自我完善、自我革新、自我提高能力。坚持全覆盖、常态化、重创新、求实效，坚持领导机关、领导干部带头，以上率下、层层示范，推动"两学一做"融入日常、抓在经常，形成常态、发挥长效，确保党组织充分履行职责、发挥核心作用，确保全体党员增强党性观念、发挥先锋模范作用。

【**学习党的十九大精神**】成立省内首个习近平新时代中国特色社会主义思想研究中心，第一时间组织专家编撰《学习贯彻党的十九大精神辅导视听读本》，邀请省内外专家到校开展宣讲10余场，成立学校党的十九大精神宣讲团，在校内外开展理论宣讲活动20余场。

出台《关于认真学习宣传贯彻党的十九大精神的实施意见》，制定了54条具体举措，并进行任务对标分解，有力地推动党的十九大精神落地生根。

举办各种层次干部培训班，实现全覆盖的党的十九大精神干部培训。

建强马克思主义理论学科，努力建成全国重点马克思主义学院，做实习近平新时代中国特色社会主义研究中心，充分利用"两微一端"新媒体，开辟专题学习网站，把习近平新时代中国特色社会主义思想进教材、进课堂、进头脑、进网络作为头等大事抓紧抓实。

【**老干部工作**】加强离退休干部党总支建设和老干部思想政治工作，完善定期通报情况、专访慰问、领导干部联系老干部等制度。按照新文件要求，落实老干部的各项生活待遇，积极帮助解决实际困难。配合关工委和有关部门抓好关心下一代工作。

宣传工作

【概况】宣传工作由宣传统战部负责。宣传统战部下设理论宣传科、统战科、校报编辑部，共有工作人员7名。

【理论学习】2017年，学校党委理论学习中心组进行了16次学习，主要学习党的十九大报告、中央和地方各级讲话精神等。

【思政教育】3月，组织师生学习中共中央、国务院《关于加强和改进新形势下高校思想政治工作的意见》等文件，收集学习工作总结31份。组织全校各单位对近3年思想政治工作进行自查。

5月至6月，开展学习省第七次党代会精神活动，并组织110名师生参加了在省人大会堂举行的学习宣传贯彻省第七次党代会精神专题宣讲报告会。

举办"当前高校意识形态工作新形势、新特点及对策"讲座1场、"宋氏家族学术研究"讲座2场，拓展师生视野，提升文化素养。

组织相关部门协商研究制订《中共海南师范大学委员会加强和改进新形势下学校思想政治工作的方案》。

【党代会工作】积极推进中国共产党海南师范大学第一次代表大会的筹备、宣传工作。在校内外各个媒体渠道宣传学校近年来党建工作成绩，为大会的召开营造氛围。在《海南日报》发表《海南师范大学大力加强和改进高校党建工作：立德树人把方向　凝聚校园正能量》（2017年7月6日A06版）等稿件。在学校校园网"校园新闻"板块、官方微信、广播站、校报等平台推出"党代会特别报道"，发表《党代会专题·书记心声》（采访27个二级党组织书记并撰写访谈稿件）等稿件近40篇。

此外，还开辟了党代会专题网站，举办"我心中的党旗"征文活动。

【制度建设】学校党委出台了《海南师范大学净化舆论环境专项行动工作方案》。党委会通过了《中共海南师范大学委员会加强和改进新形势下学校思想政治工作的方案》《海南师范大学关于净化舆论环境专项整治工作实施细则》《海南师范大学新闻消息发布制度》《海南师范大学新闻发言人制度》《意识形态责任书》。此外，还草拟了《中共海南师范大学委员会抵御和防范宗教渗透责任制度》《海南师范大学微博、微信管理办法》《上网实名登记制和舆情监管制度》等管理制度。

【意识形态管理】3月起，严格对校内哲学社会科学、自然科学的研讨会、论坛、讲座等进行规范管理、严格审核，并及时上报教育厅备案或审批。尤其是在党的十九大召开期间，对哲学社会科学类讲座、报告会严格审批。全年共审核自然类科学讲座申办材料69份，哲学社会科学类讲座申办材料34份。

【十九大宣传】发布《关于做好迎接党的十九大　营造良好宣传舆论氛围的通知》《中共海南师范大学委员会关于认真学习宣传贯彻党的十九大精神的通知》。举办1场十九大代表到校宣讲十九大精神活动。在校园网设立了"学习贯彻十九大进行时"专栏。十九大前后，发表关于宣传党的十九大的新闻报道共23篇。

开辟了"喜迎十九大""学习贯彻十九大进行时"两个专栏，通过校园新闻、广播站、官微、校外媒体等平台，宣传报道学校及各单位开展的迎接党的十九大、学习贯彻党的十九大精神系列主题活动，包括观看党的十九大开幕式，学习党的十九大报告，参加座谈会、宣讲会、报告会、"三会一课"、团日活动、志愿服务活动等。

【社会主义核心价值观教育】3月，在全校继续推进主题班会活动。9月，对校内社会主义核心价值观宣传橱窗进行了修补，加强了对中央思想政治工作会议精神、两会精神、党的十九大精神的宣传。

【文明创建】把创建全国文明校园、全国文明单位活动与海口"双创"活动相结合，开展文明单位、文明宿舍、文明教室、卫生文明校园、文明食堂、文明网络建设单位等专项建设活动。开展"培育和践行社会主义核心价值观，弘扬社会新风尚，争做文明海师人"主题班会、"知礼明德，明礼修身"主题教育、"思想政治工作进公寓"暨文明宿舍评比活动等。

规范"双创"工作材料归档、建档。推荐思想政治及志愿服务工作典型。从10月21日开始，对全校的"双创"工作开展全面的检查督办。采取"两天一检查一通报"的制度，扎实开展校园环境整治。更新校园灯杆宣传牌、文明校园宣传专栏。

【校园文化建设】与基建处协作完成桂林洋校园道路、楼宇命名工作。投资10余万元，制作24字社会主义核心价值观固定宣传牌，对校道进行装点。完成了VIS视觉形象识别系统设计工作。

全年对校内110份宣传材料进行管理，避免校园内文化活动展板乱放，同时把握校园宣传的政治导向。

【新闻工作】截至11月15日，学校官网"校园新闻"栏目发表稿件600余篇，其中宣传部采写稿件113篇。

出版《海南师范大学报》16期（总351—366期），向全校师生发放校报8万份，突出报道学校中心工作进展和校园生活亮点。

全校各单位设教师通讯员1名，负责本单位新闻宣传工作，共51人。校报编辑部在龙昆南校区、桂林洋校区各设1个记者站，校报记者团成员近60人，协助做好校园新闻报道工作。2017年为大学生记者团记者定期培训达32学时，组织《海南日报》记者、编辑为学校师生通讯员进行业务培训2期。

广播站举办播音培训与考核8次。

【新媒体平台建设】学校官方微博"海南师范大学官微"、微信公众号"海南师范大学"自2016年启用，由党委宣传部负责运营。共发布消息100余条，其中《重磅喜讯！海南师范大学获得研究生推免权》一文阅读量10000多。

据统计，校园新媒体账号700多个，其中，微信公众号67个、微博账号30个。11月，"今日头条"客户端邀请学校开通了政务头条号"海南师范大学"，学校扩大了新媒体平台覆盖面。

【对外宣传】截至11月底，联系《海南日报》、《海口日报》、《南国都市报》、南海网等省内纸媒、网媒、电视台，发表学校相关事件、学生典型的报道260余篇。

策划"身边人"专题，不定期挖掘、采写学校优秀教师、学生典型人物的专访稿件多篇。

12月，完成学校高清电视宣传片（15分

钟，中文版）的拍摄、制作工作，并在第十四届全国师范大学联席会议上展播该片。

【舆情工作】1月，出台净化舆论环境的工作方案，组织全校各单位进行意识形态工作自查。

组织招募学生舆情监督员20名，成立舆情监督员队伍，设置办公室、信息部、技术部等机构。制定网络安全与信息监管工作制度，做好舆情监督员的培训和日常管理。

实施7×24小时舆情监督值班制度，监测网络平台上有关学校的各类信息动态。

每月对学校各二级网页信息安全及更新情况进行督导检查，并公布检查结果，对信息更新不及时的单位给予通报批评。

汇总每月舆情监测实况，印制出版《海南师范大学舆情信息简报》（月刊），综合反映学校舆情动态。

统战工作

【概况】统战工作由宣传统战部负责。宣传统战部下设理论宣传科、统战科、校报编辑部，共有工作人员7名。

【信息库建设】联络各民主党派，收集党派成员基本信息、党派特色工作总结材料等，汇总信息入库，不断更新民主党派信息库、党外知识分子信息库、归国留学人员信息库、党外干部信息库、党外人士储备干部信息库、少数民族干部师生信息库和宗教信仰师生信息库相关人员信息。

【举荐工作】4月，向省委统战部民宗处推荐少数民族副处级干部11人。6月，向海口市委统战部推荐5名海口市欧美同学会理事会候选人。10月，向海南省和平统一促进会推荐领导和非领导会员各1人。11月，推荐学校10名第七届省政协委员人选；协助九三、致公、民进、民革、民盟、民建省委推荐过建春、赵志忠、陈智慧、肖勤、张兴吉、赵玉成、关亚丽、田中景、陈新等9名民主党派成员为第七届省政协委员人选。

【制度建设】坚持座谈会制度。11月，组织各民主党派与学校分管副书记座谈，认真记录各民主党派代表对学校统战工作及学校发展的意见、建议，积极联络相关职能部门给出相应问题和建议的解决方案。

修订现行统战工作制度，制订《海南师范大学抵御和防范境外敌对势力利用宗教渗透破坏工作办法》《中共海南师范大学委员会关于党员领导干部联系党外代表人士的办法》《海南师范大学贯彻落实省对台工作会议精神实施方案》等。

【建言献策】学校民建支部主委田中景向海南省提交了《重塑国际经济秩序的中国担当》，探讨党的十九大对国际贸易提出的新论述。

【科研工作】参加省委统战部组织的课题，做好特色经验材料申报工作，成功申报"海南师范大学统一战线在服务美好新海南建设中的作用"课题1项，产出"尊重理解与严格管理并行切实开展民族宗教工作"和"'健身养生功法大讲堂'义务讲学活动"实践创新成果2项。

【社会服务】2017年，学校民主党派各支部的"同心彩虹"、精准扶贫等社会服务活动继续开展。致公党海南师范大学支部主委肖勤等人，利用每周日下午4：00—5：30（节假日时间除外），开展"健身养生功法大讲堂"义务讲学活动。每年分拨5000元活动经费给各民主党派。

【民族宗教工作】每半年组织一次全校性调查统计，及时更新有关信息。联系综治办做好抵御、防范宗教渗透和校园传教工作。

【统一战线工作】协同对外合作与交流处（华侨与港澳台侨事务办公室）加强与港澳台地区党外人士的联系，不断增强港澳台地区党外人士的爱国热情。

推进成立海南师范大学欧美同学会（归国人员联谊会）、党外知识分子联谊会、社会主义学院。

纪检监察工作

【概况】纪检监察工作由纪检监察办公室负责，包括协助抓好党风廉政建设和反腐败工作；对党员干部的党风、党纪和廉洁自律的教育；查处党员、监察对象违反党纪、政纪的行为，做好群众来信来访工作；受理党员、监察对象不服党纪、政纪处分的申诉，保护其合理权益；对招生考试、人员招聘、物资采购、基建工程项目和招投标等工作的监督；接受和完成上级纪委交办或委托的其他事项。

【廉政教育】邀请省纪委有关领导对学校纪委委员、各分党委（党总支）纪检委员、拟参加学校巡察的工作人员等进行培训。发放《关于新形势下党内政治生活的若干准则》《中国共产党党内监督条例》《纪律审查证据收集与运用》等学习资料给党员领导干部学习。

【党风廉政建设责任制工作】2017年初，学校与各二级单位签订《海南师范大学2017年党风廉政建设责任书》。12月，根据《中共海南师范大学委员会2017年党风廉政建设责任制考核工作实施方案》（海师党字〔2017〕37号）文件要求，党风廉政建设考核组对学校51个单位进行考核，主要采用听取汇报、查阅资料、民主测评3种方式对各单位落实党风廉政建设责任制、执行廉洁自律各项规定的情况进行检查。

【巡视工作】2016年12月4日至2017年2月，组织巡视整改工作。2017年9月13日至20日，配合省委巡视组开展巡视督查工作。

【监督工作】规范权力运行机制，加强对招生录取、基建工程、物资采购、财务管理、科研经费、附属单位、学术诚信等重点领域、关键岗位和重点环节的监督。

【执纪工作】2017年，按照有关规定，做好信访的登记、送阅、催办、调查、处理等工作。

【问责工作】制订出台《中共海南师范大学委员会党员干部问责实施细则》和《中共海南师范大学委员会党政干部问责实施细则》。对全体党员领导干部落实中央八项规定精神的情况进行检查，进一步加强对党员领导干部的管理和监督。

【队伍建设】制订年度纪检监察干部培训计划，确定培训重点，切实提高监督执纪问责工作水平和履职能力，更好地满足新形势下全面从严治党工作的需要。

【人员变动】2017年6月，张天柱任纪检监察办公室副主任。

7月，中国共产党海南师范大学委员会选举成立中国共产党海南师范大学纪律检查委员会，委员为刁晓平、符启文、吴昊、王友明、刘湘平。7月2日，经中国共产党海南师范大学第一届纪律检查委员会第一次全体会议选举，刁晓平当选为纪委书记，符启文当选为纪委副书记。

9月，蒋瑜任纪检监察办公室副主任。

学生管理工作

【概况】学生管理工作由学生工作部（处）负责，包括全校普通本科学生的教育管理、资助和心理健康教育等工作。2017年，学生工作部（处）共有工作人员10人，其中，处长1人、副处长1人。

【学工队伍建设】修订了《海南师范大学应征入伍学生管理办法》《海南师范大学学生管理规定》《海南师范大学学生违纪处分规定》等管理规定。

2017年新招聘辅导员27名，同时配备兼职辅导员28名。坚持辅导员周工作例会制度。要求辅导员每月至少4次深入学生宿舍，每月至少开展8次谈心活动。

8月，组织全体学工人员召开2017年暑期学生工作研讨会暨第七届辅导员论坛，论坛主题为"强化学生行为养成　提升学生文明素养"。

物理与电子工程学院辅导员申明远和信息科学技术学院辅导员魏建生在2017年海南省第六届高校辅导员职业技能大赛中分获二、三等奖。申明远代表海南省参加第六届全国高校辅导员职业能力大赛第四赛区复赛，获三等奖。

2017年，海南师范大学共派学工人员外出参加各类培训合计105人次。

【思想政治教育】根据学校《关于开展文明校园专项创建工作的通知》文件要求，认真组织开展创建文明宿舍活动。2017年共评选出1229间次文明宿舍。以"六进"学生宿舍工作为抓手，督促各学院对学生认真开展文明教育工作。

组织开展"双创"知识知晓率抽查，提高学生对"双创"工作内容的了解，在学生中大力培育和践行社会主义核心价值观。

开展新生行为养成教育、爱校教育、角色转变教育和人生规划教育。对毕业生进行职前思想教育、诚信教育、心理健康和安全文明教育。

以建设绿色家园、倡导环保行为为内容，组织全校师生开展生态文明教育，引导全校师生树立生态环保意识。

开展大学生毒品预防教育活动。组织开展毒品预防教育"五个一"（参观一次禁毒展览，开展一次禁毒主题班会，开展一次禁毒知识答题活动，开展一次禁毒作品征集活动，观看一次禁毒题材影视作品或文艺演出）、禁毒知识测试、毒品预防教育"6·26"工程活动等禁毒宣传、教育活动。

开展校园网贷专题安全教育活动。组织全校排查校园不良网贷情况，发放《海南师范大学校园贷风险告知书》18000余份，开展校园不良网贷防范教育活动。

针对新生开展全面的法治专题教育。组织学生参与海南省学生"学宪法·讲宪法"比赛，获二等奖2个。组织全校师生300余人参加全国"网信普法进校园"活动。

【日常管理】2017年累计开展19场校纪校

规专题教育。开展诚信教育活动，加强考风教育，加大对学生考试的监督和检查力度。对违纪学生进行严肃处理，处分161名违纪学生。

加强学生宿舍管理。严格辅导员值班制度，不定期组织各学院开展宿舍文明检查，查处违规使用电器、晚归和夜不归宿的学生。

完善学生信息管理。实现学生基本信息动态管理，充分发挥学生信息在学生日常思想政治教育、管理和服务等工作中的作用。

对学生加强安全教育。在清明、端午、国庆、元旦等法定节假日前，下发通知要求各学院对学生进行信息安全、网络安全、财产安全、人身安全的教育，重点开展专项禁毒、防溺水和防范电信网络诈骗安全教育。组织学工队伍重点对校外住宿、小长假外出情况进行检查。

【资助管理】2017年共建立5057个家庭经济困难学生档案，形成贫困生动态管理库。开展校内勤工俭学工作，使家庭经济困难的学生得到资助。

2017年，学校共有34人获国家奖学金，590人获国家励志奖学金，79人获海南省优秀贫困生奖学金；4672人获国家助学金；240人获明德奖学金；19人获黄群岚奖学金；17人获叶圣陶奖学金；3277人获校内奖学金。

学校为18485名学生购买校方责任险，并积极发动学生购买海口镇城镇居民医疗保险。

6月，通知即将毕业的学生进行网上毕业确认，并审核学生的续贷申请。9月，为在国开行贷款的学生录入助学贷款电子回执约3420份，为在信用社等贷款的学生录入贷款回执约100份。

【心理健康教育】编制心理健康知识折页和备忘录，为学生群体提供多元化的心理指导与服务。依托朋辈心理社团，打造特色活动，营造温馨和谐的校园心理环境。举办了"王者联盟"大学生心理健康知识竞赛、"缘来是你"友情分享活动、"心晴杯"辩论赛、"5·25"户外心理测评活动、"我们流汗吧"运动释放心情活动、"职业生涯"和"时间驿站"朋辈团体心理辅导、"暖心涂鸦"活动等心理健康活动。

通过电话和当面预约方式，共接待455人次来访学生，对部分学生进行持续关注和定期跟踪回访。每周举行例会，汇报咨询实况，并将部分个案及时反馈给相关学院。建立严格的咨询台账制度，积极拓展新的心理咨询技能，对心理咨询室内部进行改造与修饰，为来访学生营造出更加温馨、舒适的咨询环境。

打造朋辈心理辅导小组，以团体心理辅导活动为载体，有针对性地开展新生入学适应性心理教育。2017年度完成45场次团体辅导活动，累计有12个学院参加。

开展新生心理普查工作，建立心理健康档案。2017级在校新生共计4569名参加了此次测评，测试率为96.74%。有效测试问卷4555份，有效测试率为99.69%。

整合二级学院力量及资源，继续协助二级学院心理工作站的建设与运行，完善和细化三级心理健康教育工作网络的工作机制，建立相应规章制度和管理办法等以加强与学院工作站的工作联系。在学院二级心理工作站构建心理排查体系，建立学院每月一汇报的心理排查上报机制。

支持专职心理老师赴省外参加专业培训学习1次，参加省级以上学术会议1次。选派学院辅导员、教师赴省外参加高水平心理健康教育工作培训。

离退休工作

【概况】离退休工作由离退休工作办公室负责。离退休工作办公室设有处长1名，下设综合科室，共有工作人员7人。学校现有离退休人员551人，其中，离休干部2人、副省级退休干部1人、厅级离退休干部8人。

【群众组织】学校现有8个老年群众组织，其中，老年教育工作者协会会员193人、老年体育协会会员为全体离退休人员、武术协会会员69人、钓鱼协会会员26人、太极拳协会会员163人、合唱团协会会员73人、老年人健身舞协会会员110人、老年科技协会会员5人。

【党建工作】李科光任离退休教职工党委书记，下设6个党支部，分别为北校区、文科、理科、老干部、机关第一和机关第二党支部，共有党员225人。

2017年共组织6批、64人次党支部书记及支委、党员代表参加分党委及学校的培训会，重点培训学习党的十九大精神、党内法规、互联网管理规定等。

6月30日，9位老领导列席学校第一次党代会。

7月1日，举办迎"七一"文艺演出和老干部书画展，学校100多名离退休教职工参加活动；选送6件书画作品参加省老干部书画展，其中刘胜角教授等4人作品入选省老干部书画展作品汇编。

8月24日，组织老干部代表12人参加海南省2017年以来经济社会发展情况老干部通报会，省委常委、常务副省长毛超峰出席会议并作情况报告。

11月16日，组织离退休教职工党员近100人前往文昌卫星发射基地参加"学习领会十九大 体会祖国强起来"主题党日活动。

【慰问帮扶】全年共计慰问走访293人次。春节、教师节时，全体校领导带队慰问老干部。重阳节时，学校为78名80岁以上老人发放高龄慰问金。

离休干部王安锷获省直单位特殊困难离休干部帮扶补助6000元。

【服务工作】完成520名退休人员远程网上年审认证。完成26名退休人员孙子女入学登记。为80岁以上高龄人员办理认证。

陪同离休干部到定点医院体检。为老干部到校医院体检做好组织服务。联系甘蔗园社区医院上门为近90人次的退休人员及家属进行免费体检。对身患重病、失能、高龄、空巢、独居、孤寡等有特殊困难的离退休干部，进行分级分类管理服务，及时协助解决医疗及医药费报销、经济补助等问题。

【文体工作】举办离退休教职工趣味运动会，200多名离退休教职工积极参与，史海涛副校长出席活动。

开办诗词欣赏、健身操、养生气功、智能手机使用等老年大学兴趣班，满足老干部终身学习和学有所乐的需要。

8月，在海南省第十三届全国运动会赛气排

球选拔赛中，学校退休教职工女子气排球队荣获第一名。

【关工委工作】建立银发人才库，根据青少年不同时期成长特点和思想特点开展工作，增强工作的针对性和实效性。

学校现有100多名退休老干部活跃在网络上，开展政治理论、革命传统、形势政策、环保知识等宣传，传播正能量。

加强特邀党建组织员队伍建设。每位特邀党建组织员定点联系4～5个学院，协助组织部门抓好青年学生中入党积极分子的发展、培训、教育工作。

多名退休教师担任校级、院级教学督导员。教学督导员通过深入课堂听课，召开教学研讨会，开展教学督导评议等工作。2017年学校组成新一届教学督导委员会，由学校原党委副书记张诚一教授担任顾问，10名退休教师担任专职教学督导员。林强校长为新一届教学督导委员颁发聘书。

9月30日，组织师生前往文昌符克烈士纪念园，联合文昌华侨小学师生，开展烈士纪念日活动。开展青少年主题教育。指导开展"践行社会主义核心价值观""与信仰对话""环保我先行"等主题班会及创新创业实践。

开展乡村小学振兴行动，组织师生到海口市红旗镇墨桥中心小学开展支教活动及社会实践，进行课业辅导、社会调查、政策讲解、环保宣传等，传递关爱。

工会、教代会工作

【概况】工会、教代会工作由教育工会负责。教育工会为副厅级单位建制，现有正处干部1名、副处干部2名、正科干部1名，财务人员1名，校工会委员21名；下设24个二级基层工会，有94名兼职干部；会员2206人。2017年，学校被评为"全国厂务公开民主管理先进单位"。

【校务公开】从广大党员和师生员工最直接最关心的问题入手，确定公开范围。进一步加强公开平台建设，坚持把传统公开方式和现代科技手段相结合，丰富党务公开、校务公开的形式与载体。

【师德建设】工会积极宣传劳模精神、加强师德建设，引导广大教职工敬业、爱岗、爱生，在各自的工作岗位上自觉践行社会主义核心价值观。

3月，初等教育学院被授予"海南省三八红旗集体"荣誉称号，化学与化工学院何文英教授获"海南省三八红旗手"荣誉称号。

【文体活动】工会精心组织高规格文体活动，积极参加上级部门举办的文体活动。

举办元旦游园活动，为工会会员设置游园项目10种。3月8日，组织女会员观看电影。4月，组织全体会员观看禁毒题材电影《凤凰花开》。5月，举办教职工游泳比赛，近百名教职工参加比赛。8月，举办第十一届教职工乒乓球团体赛。10月，举办瑜伽培训班，近200人次参加培训。此外，还开办了八段锦工间操、艺术、歌唱、健身、舞蹈等培训班。11月，参加省教育工会组织的海南省第八届教职工篮球锦标赛，获得高校男子组第五名、高校女子组第六名、优秀组织奖；举办学习宣传贯彻党的十九大精神"不忘初心，牢记使命"为主题的教职工诗歌朗诵比赛。12月，组织教职工运动会，共有500多人参加；举办海南师范大学教职工围棋比赛和第八届乒乓球团体赛。

大力支持二级工会组织春游和秋游活动。2017年二级工会开展春游和秋游活动21次

【社团管理】工会拥有10个教工社团。为进一步加强教工社团建设，校工会专门召开了专题会议，总结经验，分析存在的问题、审核各社团年度工作计划和经费预算。本年度各社团举办了一系列的各具特色的活动。

【送温暖活动】在2017年春节前购买一批油和大米，慰问全体教职工。

完成了51名特困教职工的建档和上门慰问工作，共慰问182人次并发放慰问金16万元及慰问品一批。

加强与附属中学、实验小学、附属幼儿园等学校的协调与沟通，完成了教职工子女的入学工作。

6月、11月、12月先后组织单身人士参加海航和海南省总工会及长影集团举办的青年联谊会。

每位工会会员生日时，送上生日祝福及蛋糕。

【教代会工作】教代会暨工代会三届五次会

议听取了学校工作报告、学校财务收支执行情况报告及关于学校VI视觉形象识别系统设计方案报告，并对建设桂林洋教师住宅的相关情况进行说明，书面审议了2017年学校工会工作报告及工会经费收支情况报告。

三届五次教代会共收到代表以提案形式提交的意见、建议26件，经提案工作委员会审理，正式立案11件。11件提案中，代表对提案办理态度"满意"的有9件，占82%；"基本满意"的有1件，占9%；"一般满意"的有1件，占9%。

教代会闭会期间，加强对院级"双代会"制度执行情况的督查，落实院级教代会职权，推进基层民主建设。广泛征集和听取教职工建议，吸纳推动学校改革发展，有利于优化管理服务的好点子、新想法。

保密工作

【概况】保密工作由保密委员会负责，具体日常工作由党政办公室机要信息科负责，各保密工作相关单位配合。保密委员会有专职保密工作者1人。

【组织机构】根据保密工作需要，学校设立保密委员会，由党委副书记任主任，党政办公室主任任副主任，各保密工作相关单位负责人任成员。保密委员会下设办公室，具体负责日常工作，由党政办公室主任兼任办公室主任，党政办公室副主任兼任办公室副主任，机要信息科同志任专职保密员。

【制度建设】学校制订了《海南师范大学保密工作管理规定》《海南师范大学试卷保密室管理工作规定》《海南师范大学考试试卷保密室安全应急预案》等多项规章制度。

2017年，修订了《海南师范大学保密工作管理规定》。

【日常工作】2017年，学校共接收、处理各级各类密件169件，送转机要信件486件，完成保密工作检查4次。全年密件转递无差错。

【试卷保密】2017年，学校共承担2017年体育运动高水平考试等各级各类考试的试卷保密工作11次。

2月，完成2017年体育运动高水平考试保密任务。3月，完成计算机等级考试保密任务。4月，完成体育单招考试保密任务。5月，完成博士生入学考试保密任务。6月，完成全国大学生英语四六级考试、学校人事招聘考试保密任务。8月，完成教育发展管理办公室招聘考试保密任务。9月，完成计算机等级考试、小学教师面试保密任务。12月，完成大学生英语四六级考试、全国硕士研究生统一招生考试保密任务。

共青团工作

【概况】共青团工作由校团委负责，包括团的思想政治工作、组织建设工作以及宣传工作。校团委组织青年团员开展社会实践活动，深化青年志愿者活动，加强校园文化建设，关心青年团员正当权益，向上级有关部门反映青年团员的意见和要求，指导和帮助学生会、学生社团联合会、青年志愿者协会、青年新媒体运营中心开展工作，进行共青团理论研究，抓好青年教职工和研究生团员的工作，完成学校党委和团省委交给的其他工作任务。

【思想引领】共青团工作始终将青年大学生的思想引领放在首位，大力实施青年大学生思想引领"六个一"工程，引领广大青年学生坚定为中华民族伟大复兴中国梦而奋斗的远大理想、跟党走中国特色社会主义道路的人生信念和培育践行社会主义核心价值观的行动自觉。

开展"不忘初心跟党走"学习宣传党的十九大精神"十个一"（一次启动仪式、一次主题辩论、一次电影展播、一次团日活动、一次技能竞赛、一次心得分享、一次亲密接触、一次成果展出、一次新闻速递、一次志愿服务）主题系列活动。

【组织建设】研究出台了《海南师范大学共青团改革实施方案》。努力构建"一心双环"的团学组织新格局，出台并实施《海南师范大学学生会组织改革实施方案》《海南师范大学"班团一体化"改革实施方案》。开展"学习总书记讲话，做合格共青团员"教育实践活动，让组织生活"活起来"，团的干部"沉下去"，团员身份"亮出来"，团歌"响起来"。推进"一册两报"（《团支部工作手册》《工作简报》《主题手抄报》）以及《团员发展管理办法》《"三会两制一课"实施意见》一系列规章制度的建设。实施青年马克思主义者培养工程，通过专题培训、课题研究、对外交流等多种方式对全校大学生骨干进行系统培训，切实提升共青团组织的吸引力、凝聚力和战斗力；加强联系青年"1＋100"工作制度，专兼职团干直接联系青年大学生，发起线上线下活动，发布基层感悟和精华分享，活跃度排在全省前列。全面推进从严治团工作，着力管好组织、带好队伍。

【创新创业】组织参加"挑战杯"大学生课外学术实践大赛省赛和国赛，组织参与大学生职业能力培训"启航计划"大学生教师技能大赛。在2017年"挑战杯"大学生课外学术科技作品竞赛中，共有4件作品入围国赛，1件作品入围终审决赛（海南省高校的最好成绩）；获三等奖3项、累进创新专项铜奖1项（海南省唯一，全国仅有24件作品获得累进创新奖）；获赛事优秀组织奖（海南省唯一一个，全国共97个）。

学校成功入围团中央发布的全国"高校团学创业促进工作指数100强榜单"（列83名，也是全国仅有的5所上榜的高等师范院校之一），是海南省唯一入围的高校，被列为"全国第二批深化创新创业教育改革示范高校"。

1个学生团队获评2017年度大学生"小平科技创新团队"。在中国"互联网＋"大学生创新创业大赛海南赛区竞赛中，获金奖2项、银奖3项、铜奖4项，获先进集体奖。1个团队作为唯一入围的终审项目代表海南省参加第三届"互联网＋"国赛并获银奖1项。

中国移动互联网青年创新创业海南高校孵化基地在学校挂牌成立。

【校园文化】着力加强中华优秀传统文化教育，创办"书香师大·国学讲堂"，先后邀请"百家讲坛"主讲隋丽娟教授等一批名家到校开展传统文化讲座。

在省第六届大学生艺术展演中，学校共获艺术表演类一等奖5个、二等奖9个；艺术作品类一等奖7个（其中第一名3个）、二等奖16个、三等奖3个；艺术实践工作坊类一等奖2个（其中第一名1个）、二等奖1个；大赛优秀组织奖。学校蓝韵合唱团获得2017海南（21世纪海上丝绸之路）合唱节成人混声组金奖，李娅老师获得最佳指挥奖。

成立习近平新时代中国特色社会主义思想研习会，出版专刊《弄潮》。"道德讲堂"国学社在团中央"六个100"优秀国学项目评审中被评为全国优秀大学生国学社团，是学校第一个全国百强大学生优秀国学社团。文学院吴昊同学作为海南省大学组的唯一代表，参加全国第二届中华学子"青春国学荟"比赛并获得一等奖。正义法律学社代表学校参加海口市"七五普法"知识竞赛并连续两年获得冠军，获评全国大中专学校最具影响力理论社团。社长丁亚斌同学被评为优秀社团人。黑山羊跑团两位同学获得中国大学生校园路跑接力赛（华南赛区）第4名。飞龙醒狮协会获得海南第二届舞龙舞狮公开赛第1名。漫步漫画社获2017第五届中

国（海南）国际动漫游戏博览会Cosplay大赛团体赛优秀奖。

【志愿服务】努力做到"每个学院有项目、每个项目有特色、每个特色能持久"，打造了一批贴近青年实际、具有社会影响、运行体制完善的志愿服务品牌。在全省高校中首创"我的志愿青春"大学生志愿服务文化节活动，全校各个团支部围绕"学志愿知识""做志愿服务""传志愿精神"3个主题设计、开展活动。分别在2个校区举办2期志愿服务嘉年华活动，组织爱心义卖、法律咨询、旧衣回收等校园便民志愿服务32项，全校2000多名志愿者和师生参加活动。开展"文明先锋·添彩海师"校园志愿服务活动，招募500余名大学生志愿者参与教室文明、宿舍文明、食堂文明的建设与监督。在国检期间，每天派出400多名志愿者参与"双创"工作，为海口市成功创建国家卫生城市、全国文明城市做出贡献。选派志愿者参加博鳌亚洲论坛年会、环岛自行车赛和国际帆船赛、第四届全国师范大学联席会议等多个大型赛会的服务工作。

开展海南省高校中首创的，以团支部为单位，坚持扶贫、扶智、扶志"三合一"，"一对一"结对子帮扶学校扶贫点的学龄儿童教育精准扶贫工作，成为我省教育精准扶贫的亮点和学校的特色，被省电视台作为"海南两会专题报道"的重要内容给予宣传。

首次举办志愿服务项目大赛，发掘、支持、培育和宣传大学生志愿服务优秀项目。在省2017年志愿服务项目大赛中，学校志愿服务工作取得了近年来的最好成绩：获得金奖1个（全省高校唯一）、银奖1个、铜奖5个，入围奖1个。1个项目获全国青年志愿服务示范项目提名奖（全国共120个，全省仅4个）。选送12个

项目参加省志愿服务交流会，2个项目公开路演。

探索实施的依托志愿服务平台，拓展实践育人空间，构建宽领域多维度人才培养新模式获2017海南省高等教育省级教学成果奖（本科）一等奖（全省仅6个，学校唯一的一个）。学校被国家卫计委和红十字会总会授予全国无偿献血促进奖单位奖。爱心协会"心手相牵，耳目一心"项目获2017年海南省志愿服务项目大赛铜奖。

学校2017年暑期大学生"三下乡"社会实践活动紧密围绕"喜迎十九大·青春建新功"主题，结合海南"大研讨大行动"，以集中组队和分散实践相结合的方式，有计划、有重点地开展，做到了定位准、类别多、覆盖广、影响大。其中，团中央专项团队3支、省外实践团4支、省内大型综合团队18支、专项调研团队34支、"互联网＋三农"团队4支；获评全国优秀实践队1支、优秀指导教师1名、"镜头中的三下乡"优秀指导教师1名、"真情实感志愿者"3名；首次组队赴省外边穷落后地区支教，首次组建研究生实践团。

各实践队奔赴各地开展暑期支教、教育帮扶、科普宣讲、文艺下乡、社会调研等丰富多彩的社会实践活动，受到了当地政府和群众的热烈欢迎。其中，"陆海相依·试飞青琼"一带一路国情考察与教育帮扶团被团中央评为全国优秀实践团队，中央人民广播电台、中青网等媒体纷纷报道；"中国市场上野生龟类非法贸易调查"调研团获"调研中国——大学生社会调查奖学金"全国年度百强团队；"2017梦想课堂"大学生骨干尖兵班理论宣讲与教育关爱实践团赴学校精准扶贫点——陵水黎族自治县本号镇亚欠村，精心开展爱心支教、结对帮扶、图书捐赠、教育调研、科普宣讲、村容整治、电商培训和禁毒宣传等活动，并在2017年全国大中专学生"三下乡"社会实践"千校千项"成果遴选活动中被评为最具影响力项目。

扶贫工作

【概况】扶贫工作由组织部牵头负责。海南师范大学负责定点帮扶陵水黎族自治县本号镇亚欠村。截至 2017 年年底，已有 77 户贫困户 306 人脱贫，顺利完成脱贫任务。投入校本级扶贫资金 75.58 万元，引进扶贫项目 3 个共 109.38 万元，捐赠办公电脑、小学教具、书籍等一大批帮扶物品。学校大力扶"智"，在亚欠小学设立英语、绘画、音乐、民乐器等课程。帮助亚欠村组建合唱队和舞蹈队。组织专家论证，使亚欠村被确认为本号镇第二个美丽旅游乡村建设单位，获投资 2200 万元，部分景点、公共娱乐场已投入建设。驻村第一书记张成被任命为陵水第一书记小组组长，兼任陵水县本号镇党委副书记、党委委员。

【帮扶目标】学校提出"举全校之力，打造全省联手扶贫成功典范"的奋斗目标，号召全校要切实增强责任感、使命感、紧迫感，树立"联合攻坚、决战决胜"的信心，鼓起"不破楼兰终不还"的劲头，拿出"敢教日月换新天"的气概，紧盯总体要求，咬定目标不放松，在精准识贫的基础上，在精准施策上出实招，在精准推进上下实功，在精准落地上见实效。

【组织机构】学校成立由党委书记李红梅和校长林强担任双组长、其他校领导任副组长、相关部门和二级党组织主要负责人任成员的精准扶贫领导机构，工作机构挂靠在党委组织部。选派"下得去、待得住、融得进、干得好"的张成同志作为驻村第一书记，推进定点扶贫攻坚工作。

【制度建设】学校利用人才、教育、科技、信息等优势，强化党建引领，实行项目化运作。把亚欠村 45 户贫困户的扶贫脱贫任务和全村 149 名在读子女的教育帮扶任务细化为 51 个子项目，安排给 27 个二级分党委（党总支）和 149 个团支部，明确任务书、作战图和时间表。校党委书记与二级党组织、相关单位（部门）主要负责人签订了《精准扶贫工作责任书》，落实"二级党组织主责、党政一把手主抓"的责任体系。同时，校团委书记也与教育精准帮扶的 149 个团支部书记签订了《责任书》。

建立"海师大精准扶贫亚欠村"微信工作群，在群里发动态、晒进度、提问题、交流思想、分享经验。经常向国务院精准扶贫第三方评估专家咨询请教，还多次邀请专家亲临亚欠村进行现场指导。建立督查问责制度，坚持"周汇总、月通报、季总结、年考核"的调度机制，综合运用联合督查、暗访督查、调度督查、回访复查、电话核查等方式，定期对进度安排、项目落地、资金使用、人力调配、推进实施等重点工作和重点环节进行督查指导，对不作为、慢作为、乱作为以及落实不力、效果不佳等行为按照"一次通报、二次约谈、三次问责"的机制问责问效。

【帮扶保障】学校先后召开 8 次全校性帮扶会议，统筹研究、部署、培训、探讨、推进定点扶贫工作。

学校把50万元作为扶贫专项经费纳入学校年度经费预算；捐赠一大批电脑、教学教具、办公设备、小学课桌、图书资料；多次开展医疗义诊、支教辅导、电影下乡、文艺演出、禁毒宣传等活动；成立亚欠村香粉蕉合作社和亚欠村菜篮子合作社，通过"党支部＋公司（含合作社）＋农户＋电商"的运作模式，实行技术指导和兜底包销，壮大特色产业的"造血"扶贫功能；二级党组织以"帮思想、帮教育、帮门路、帮资金、帮技术、帮党建"为切入点，发动师生捐款捐物捐种苗，落实帮扶举措。

【思想帮扶】组织召开村民大会3次，对村民进行思想动员。在村里出版多期扶贫宣传板报，发放《扶贫手册》《教育帮扶政策》等宣传资料500多份。累计入户145次，开展谈心扶志145次，电话交流多次。多次组织村干部到知名的生态文明村和成功脱贫村参观学习，拓宽视野。

【资金帮扶】各类投入累计184.96万元。其中：本级资金投入75.58万元，包括制作扶贫宣传板报、横幅、资料等，投入2.3万元；建立亚欠村教育帮扶基金，规模为15万元；购置9套村委会办公设备（办公桌、屏风等），价值1.15万元；捐赠18台电脑，价值8.18万元；安装并开通亚欠村电商网络、Wi-Fi，投入1.59万元；校领导5次进村入户慰问（含红包、米、油等），投入7.59万元；捐赠一批图书资料以建立爱心书屋，价值0.6万元；捐赠一批亚欠小学新课桌及教具，价值1.79万元；给驻村第一书记发放生活补贴、报销差旅费共计5.86万元；安排附小教师到亚欠小学开展示范公开课，校院医生医疗义诊、送药，相关专家教授到村开展农用技术培训，投入0.82万元；安排26名大学生进驻亚欠村一周，开展梦想课堂、爱心支教、

禁毒宣传等暑期社会实践活动，投入1.5万元；分4批次安排300名大学生到亚欠村开展课外辅导，对该村在读学生进行结对帮扶，投入3.5万元；基层单位51个项目组进村开展贫困户慰问、购买禽畜种苗等结对帮扶活动，投入24.5万元；资助2名亚欠村贫困大学生，投入1.2万元；引进项目资金109.38万元，包括协调陵水县相关部门挖了3口150米的深水井，投入180万元；协调陵水县相关部门和本号镇进行整村推进工作，对危房改造、村道、路灯、厕所、排污等工程投入3200万元，现10间危房中已封顶4间，4个自然村路灯全亮，村道开通80%、建厕所867间、铺排污管道9601米等工作即将完工；等等。

【门路帮扶】帮助亚欠村成立陵水兴亚农业发展有限公司、陵水山鸡豪猪养殖农民合作社、陵水亚欠香粉蕉合作社。多次动员村民到海师等地工作，先后安排了12人就业。指导19户贫困户办理了低保。协助镇政府为贫困户开设公益性岗位54个，月平均工资1000元。帮助联系爱心人士实行了大病救助4人。指导办理贴息贷款19户48万元。为加大产业帮扶力度，在确保食品绿色环保基础上，在亚欠村建立"菜篮子"工程，并利用学校每天2万多名师生用餐的优势，达成兜底购销意向，解决了亚欠村农产品销路问题，多角度实施产业帮扶。

【技术帮扶】利用本校优势，安排生命科学学院、化学与化工学院专家教授到亚欠村举办农药安全使用知识培训班、亚欠香粉蕉培植技术培训班等，科学指导种养技术和农药化肥使用技术，实施科技帮扶。组织校医院医生到村开展医疗义诊、送医送药等活动。

【党建帮扶】制定和健全4项规章制度和1项村规民约，建强村"两委"班子，落实学习

十九大精神、"两学一做"各项任务，严格党内政治生活，落实党内监督，使党支部活动、"三会一课"等常态化，使党员发展、教育、管理、监督工作走上规范化道路。

【教育帮扶】建立教育扶贫基金，重点帮助困难学生解决生活困难，适量奖励品学兼优学生等。安排团委大学生志愿者与全村从幼儿园到大学的各级各类就读学生实行"一对一"帮扶，平时通过电话、微信、书信等保持密切联系，及时了解学生思想、学习动态，开展有针对性的帮教。

在假期，深入亚欠村开展义务支教、梦想课堂等系列志愿服务活动。7月9日至7月16日，校团委暑期社会实践尖兵班26名大学生进驻亚欠村开展支教帮扶活动，组织梦想课堂、爱心支教50余场，电影下乡、贫困调研、美化环境和禁毒宣传等10余场；发放各类宣传品800余份；建立爱心书屋，捐赠图书400余本。安排初等教育学院、附中、附小、幼儿园、图书馆等单位与亚欠小学对接，深入开展示范课、公开课等活动，从教育管理、课堂质量、图书资料、硬件建设等进行全方位、多角度的教育帮扶。

发展与改革工作

【概况】发展与改革工作由发展与改革研究中心负责，包括组织学校五年规划与中长期发展战略的研究、编制、监督及评估；组织全校各部门、学院和附属单位制定发展规划；根据国家宏观政策和学校发展战略，对学校的发展与改革重大事项进行调查研究，完成学校交付的重要工作任务。

学校法制工作办公室挂靠发展与改革研究中心，与省教育厅政策法规处对接，负责现代大学制度建设、推进依法治校，民主管理等工作；与省教育厅文体卫处对接，负责毒品预防教育工作。

发展与改革研究中心有工作人员3人，廖元锡任中心主任。

【高水平大学建设方案】为贯彻落实《国务院关于印发统筹推进世界一流大学和一流学科建设总体方案的通知》（国发〔2015〕64号），《海南省人民政府关于印发海南省统筹推进高水平大学和一流学科建设实施方案的通知》（琼府〔2017〕10号）以及《海南省教育厅关于做好我省统筹推进高水平大学和一流学科建设实施方案落实工作的通知》（琼教高〔2017〕76号）要求，学校制订海南师范大学推进高水平大学和一流学科建设实施方案。方案含指导思想、总体目标、具体目标、建设任务及保障措施等部分。总体目标是2020年学校形成特色、接近同类型大学中上水平，2030年学校进入同类型大学高水平行列。学科建设目标是到2020年，6～10个学科成为海南省特色重点学科，2～3个学科成为全国学科评估排名前50%；到2030年，4～5个学科成为全国学科评估排名前50%，2～3个学科成为全国学科评估排名前30%，力争有学科成为ESI排名前1%或全国学科评估排名前10%；到21世纪中叶，3～5个学科达到国内一流学科水平。

为落实目标，方案列出8大任务29项分任务，包括打造高水平师资队伍、培养拔尖创新人才、建设一流学科、提升科技创新能力、推进科技成果转化、传承创新优秀文化、扩大对外开放与合作、建设教师教育特色。

【法制工作】以实施《海南师范大学章程》为契机，对学校现行的规章制度进行了清理，将文件的电子文档上传到发展与改革研究中心网页的"法制工作"栏目。

在海南省教育厅"六五"普法工作总结和"七五"普法动员大会上，学校获评海南省教育系统普法先进单位并受到表彰。

制订《海南师范大学开展法治宣传教育的第七个五年规划（2016—2020年）》（海师办〔2017〕80号）、《2017年校领导、行政干部和教师法治学习方案的通知》（海师办〔2017〕26号）。

11月2日，为落实《网信系统法治宣传教育第七个五年规划（2016—2020年）》，学习宣传《中华人民共和国网络安全法》系列法律法规，中央网络安全与信息化领导小组办公室在学校举办全国"网信普法进校园"活动海南站之"全国校园网信普法大课堂"讲座。12月4日国家宪法日，开展形式多样的宪法宣传教育活动。此外，还开展了防范、打击非法集资宣传月活动。

【禁毒工作】学校制订了《2017—2019年海南师范大学毒品预防教育工作方案》。根据方案的要求，学校在6月26日国际禁毒日举办了形式多样的宣传教育活动。

学校还制订了《关于进一步推动青少年毒品预防教育"6·27"工程工作的通知》（海师办〔2017〕83号），强力推进青少年毒品预防教育"6·27"工程进校园。

人事工作

【概况】人事工作由人事处负责。人事处下设人事调配科、师资管理科、工资福利科、社会保障科、人事档案室、计划生育工作科，共有工作人员12人。

【人才引进】全年引进高层次人才42人，其中，具有副高级以上职称17人，具有博士学位33人，具有影响力的教育学学科带头人3人；成功引进"半导体激光"创新团队、大数据创新团队。引进人员的数量、质量较以往有了较大的提高。公开招聘具有硕士学历的紧缺教师、教辅人员51人。

完成7套专家周转房家电家具配置、合同审批、固定资产报增等有关手续办理及协调服务工作。为6位专家做好海外名师临时周转房配置等工作，确保为专家提供舒适的居住环境。

在10家新闻媒体上发布公开招聘信息，会同相关学院分赴北京、武汉、东北三省、陕西等地参加高层次人才招聘会。

【补聘工作】2017年学校开展各级别专业技术人员补聘工作，全校补聘各级人员363人，其中，二级2人、三级30人、四级34人、五级13人、六级97人、七级50人、八级21人、九级97人、十一级19人。

【评优工作】评选出优秀教师10人，优秀教育工作者5人，从优秀教师、优秀教育工作者中评选出师德标兵5人。

【人才培训】2017年学校外出攻读在职博士学位36人，博士后进站5人，国内访问学者24人，国外访问学者9人，短期课程进修19人，

新教师参加岗前培训45人。举办针对青年教师的英语强化培训班，帮助教师提高英语水平并提高出国进修的机会，提高学校办学的国际化水平。

【人才认定与申报】海南省首批"杰出人才"3人，海南省"515人才工程"第三层人选7人。

组织教师申报2017年海南省"515人才工程"第一、第二层次人选，全校共37人申报，其中，第一层次13人、第二层次24人。全校申报海南省领军人才27人、拔尖人才36人。国家留学项目推荐1人、地方留学项目推荐4人、教育部访问学者推荐8人、马克思主义理论专家推荐8人、国家"万人计划"人选推荐2人、教育厅督学专家推荐3人、公务员阅卷人员推荐57人、黄大年教学团队推荐1个、全国教书育人楷模推荐1人、"千人计划"推荐1人等。

【人事分配制度改革】深化人事分配制度改革，完善校内薪酬结构，探索建立基本年薪制和协议工资制，扩大二级单位奖励性绩效分配自主权，建立将聘期考核与分配体系合理挂钩的制度。外聘、返聘人员根据教学岗、科研岗、行政岗及项目或专项任务岗等4类岗位实行年薪、月薪或周薪等协议工资制度，一人一议，灵活聘用。全年外聘、返聘各类高层次人才17人。

【"双师型"教师队伍建设】开展师德教育网络培训、教师技能大赛、教师演讲比赛等活动，以优良的师德师风带动教风、促进学风、

优化校风、提升学校教育教学质量。

全年派出138名教师前往国内外高校学习、参加培训，其中北师大15名（3人攻读博士，12人访问）。

学校引进"双师型"教师6人，累计聘请230余位中小幼教师作为兼职教师。

对于到市县、中小学及企业挂职的人员，保留校内绩效并在职称评定中予以倾斜。

【工资调整】7月，根据省统计局公布的2016年度社会平均工资，确定在编人员2017年最终社保缴费基数，同时按政策调整204名职工社保缴费基数。9月，将调整后的基数以及需补扣的2017年1月至7月个人缴费额明细予以公示，并做好相关解释工作。

专业技术岗位补聘的363人，财政工资全部调整到位；办理职务变动11人，晋升正处3人、副处8人；根据人社厅、财政厅相关文件，7月起，给在编人员发放物业补贴和通信补贴；全校聘用人员聘用工资普涨100元，1月起执行。7月起，每月给全校聘用人员发放物业补贴和通信补贴合计120元；聘用人员调整月工资，人均增资100元。

【社会保障】调整全校在编人员2017年机关事业单位养老保险和职业年金预缴费基数。根据人员变动，按时逐月申报缴纳2017年在编人员机关事业单位养老保险费和职业年金。

完成学校在编人员、省外调入人员、四家承包经营单位在编职工、退休人员补缴养老保险费和职业年金工作。

完成在编职工的医疗、失业、工伤、生育保险缴费申报工作。按政策调整303名在编职工4项险种缴费基数。调整581名聘用人员5项保险缴费基数。根据非在编人员的工资与人员变动情况，做好社保缴费申报工作。按要求逐月测算出每位参保职工的社保缴费明细，同时核定各单位自聘人员社保费并协助财务处做好保费托收工作。

【养老金发放】查阅人事档案，确定2017年达到退休年龄的人员名单，预审核是否缺少工作年限佐证材料，并及早通知老师提前补齐，以顺利办理退休审核手续。及时为21名达到退休年龄的教职工办理退休待遇审核申领手续，并做好养老金发放等政策的解释工作。

【人事档案工作】整理新入职人员人事档案94册，学籍材料、党员材料、访问学者材料评审表等共148份，工资审核表1459份，干部任免审批表32份。回收审核新报到人员干部履历表及干部"三龄一历"（年龄、党龄、工龄和学历）审核表，并录入干部管理系统。

利用人事档案353册并复印材料667页，机要转出人事档案18册。

5月至7月，整理在编教职工的2016年度考核表、2016年7月及2017年1月薪级工资表，部分老师的职称评审表、学籍档案、党员材料等，以便及时更新数据库，方便查询。

【计划生育】2017年学校教职工生育78人，其中，校内新生儿23人、校外新生儿55人。全年14人申领一孩生育证。40人申领二孩生育证。出具教职工、在校生、应届毕业生等婚育证明3000多份。无计划外超生事件发生。为符合生育津贴领取条件的35名职工，办理津贴申领与核发手续。

【抚恤工作】办理在编人员死亡抚恤金和丧葬费审批3人。协助12名退休死亡职工和2名在职死亡职工的家属申领丧葬费和抚恤金。

财务工作

【概况】财务工作由财务处负责，财务处下设预算科、国库支付科、科研经费管理科、核算科、内控科、综合科、非税收入科等7个科室，共有工作人员24人。

【资金筹措】2017年度财政预算拨款和追加预算拨款均实现了大幅增加。2017年争取得到中央及省级财政追加项目预算拨款共计19208万元，其中，中央及省级财政拨款金额12100万元，地方高校生均拨款中央奖补资金4070万元，中央财政支持地方高校发展专项资金1100万元，高等学校发展专项资金1323万元，学前教育发展专项资金30万元，教师队伍建设专项资金585万元。

【债务偿还】2017年学校共计偿还银行贷款500万元。

【新校区建设】学校继续加大桂林洋校区建设投入，2017年投入建设资金14379.38万元。

【预算工作】学校2017年度部门预算提交学校党政会议和教职工代表大会审议并获通过。继续完善学校项目库建设，完善项目库指标体系，确保项目规划符合省财政厅项目库入库要求。

加强3个附属单位的预算管理工作。厉行节约，优化支出结构，全力保障学校重点工作。

【财务核算】加强会计核算、会计监督，严格执行财务制度，严格规范支出，确保开支的合法性、规范性和合理性。严格"三公"[政府部门人员因公出国（境）费、公务接待费、公务用车购置和运行维护费]经费管理，严控"三公"经费支出。加强对会议费、差旅费和培训费支出的控制和管理。加强对科研经费的管理，规范科研经费支出。

【制度建设】完成《海南师范大学经费审批管理办法》的修订工作和财务处各科室相关文件汇编工作。开始《海南师范大学差旅费管理办法》《海南师范大学会议费管理办法》和《财务报账制度汇编（2017年版）》等管理办法的修订工作。

加大财务信息公开力度，接受广大师生员工和社会的监督。按要求实行学校年度预、决算公开，"三公"经费公开，教育收费公示。

【非税管理】截至11月，学校普教生缴费率达99.33%，且所有学院均在98%以上。同时，申报新增的中俄办学合作项目广播电视编导专业的收费标准。

【巡视辅助】9月，省委第三巡视组对学校展开巡视工作，财务处积极配合，巡视工作顺利完成。

【财务内控】7月至10月，财务处协助审计处完成了2017年海南省教育厅开展的省本级事业单位内部控制评价工作，加强财务处的内控管理，健全内控管理制度。同时，自主完成2016年度财务管理考评自评情况的报告。

【党建工作】财务处努力践行"党风廉政"工作作风、"两学一做"党风建设，积极开展"双创"活动以及文明单位建设活动，提升服务质量。

审计工作

【概况】审计工作由审计处负责，具体包括对学校财务收支与计划、预算的执行和决算、会计报表、会计凭证、账户进行定期审计；对学校大型设备、教材、图书的采购，基建项目、重大经济事项、招投标活动及签订协议进行跟踪审计；对学校所属单位中层负责人进行离任经济责任审计。

【制度建设】8月，颁布《海南师范大学委托社会中介机构审计管理办法（试行）》，并以公开招标的方式设立了中介机构库，其中会计师事务所和造价咨询公司各5家。此后两年内，学校内部审计将通过购买服务的方式委托中介机构对除协助纪委案件调查等涉密事项外的一般审计项目进行审计，如财务收支、内部控制评价、修缮工程、物资采购等项目。每个审计项目都采用科级、处级二级复核方式，以确保审计结果合规、公正。其中一些项目可根据实际情况采取内部审计人员与中介机构审计人员共同审计等多种组织模式。

8月，组织相关部门、单位，委托有资质的会计师事务所开展内部控制评价工作，及时整改存在的内控问题，制订《海南师范大学内部控制制度（试行）》，并按规定向省教育厅上报内控评价各阶段的报告。

10月起，审计处不再参与经费报销审批流程（附属单位除外）、物资采购价格审核和工程造价审核等业务。

【基建审计】自2016年11月30日起，审计处委托海南佳衡工程造价咨询服务公司对桂林洋校区主校道工程项目、图书馆工程等二期项目实施全过程跟踪审计。协调中介机构与学校基建处、施工方关系，约谈中介机构，跟踪、监督其服务质量，节约基建工程建设资金。桂林洋校区主校道工程项目中标价为7789.18万元，由于工程出现一些变更等，合同金额调整至8777.23万元。截至2017年11月，该项目工程款已付7209.48万元，给排水工程已完成60%，全年共核定工程变更、改签造价2086.11万元；桂林洋校区图书馆工程项目中标价为15462.02万元，已付工程款9277.21万元，该项目已完成主体封顶，施工砌体工程已完成50%。

【资金核减】审计学校修缮工程项目和物资采购项目共237项（审结222项），送审金额合计7518.27万元，审定金额合计6748.03万元，审减金额合计770.24万元，审减率10.24%。其中，日常修缮工程项目106项（审结97），送审总额3237.47万元，审定金额2613.75万元，核减额623.72万元，核减率19.27%；物资采购项目131项（审结125项），送审总额4280.80万元，审定金额4134.28万元，核减金额146.52万元，核减率3.42%；基建项目1个，送审金额821.01万元，审定金额782.95万元，核减金额38.06万元，核减率4.64%。

【工程造价】11月，委托具有资质的中介机构对桂林洋校区综合教学楼建设工程编制工程成本价，并按相关程序派员全程做好成本价保密工作，直至项目开标。该项基建工程成本价为4043.85万元。

【财务审计】对学校全年1万元以上经济业务的报销审批单（其中附属单位为5000元以上）、会议审批单、项目立项审批单、经济合同等进行逐一审核，并要求及时整改，保障资金安全，确保资金合理使用。

【其他工作】协助学校纪委办理案件4件，办结3件，处理2人。

因海南师范大学食堂移交教育发展管理办公室管理，审计处从中介库指定中介机构，委托其对海南师范大学食堂进行资产清查，全程对中介机构开展资产清查进行业务指导。

对外合作与交流工作

【概况】对外合作与交流工作由对外合作与交流处（华侨与港澳台侨事务办公室）负责。该部门的具体职能包括宣传和贯彻执行党和国家有关外交及港澳台工作的方针、政策和规定；编制学校国际交流合作工作的发展规划；协调学校外事活动；处理学校一切日常涉外公务，学校各种对外交流活动的管理工作；外籍专家和外籍教师的聘请和管理；与境外大学联络建立校际合作关系，组织校际交流协议的签订仪式并掌握协议的执行情况；对因公长期出国、因公临时出国及赴港澳台地区的人员进行审核、报批，并办理相关因公出国（境）证件；统筹规划本校学生的海外交流交换项目；审核、报批学校主办或承办的国际学术会议；学校孔子学院（马来西亚世纪大学孔子学院）建设与管理工作。

华侨与港澳台事务办公室设于处内，与对外合作与交流处合署办公。

对外合作与交流处有人员5人，其中，在编4人、校聘人员1人。

【中外合作办学】1月，学校与俄罗斯圣彼得堡国立电影电视大学合作举办的广播电视编导本科教育项目获得教育部审批通过（教外函〔2017〕5号）。该项目旨在引进俄罗斯先进电影教育理念，培养适应中俄两国电影文化事业发展和海南旅游文化事业发展的、具有国际视野的电影制作高端人才。该项目为期5年，每年招生1期。合作期内，每年招生全日制本科生50人，招生纳入国家普通高等教育招生计划，学生参加全国普通高等学校统一入学考试且须符合相关招生录取规定和要求。学生顺利毕业后，符合学位要求的，将获得中方普通高等教育本科毕业证书、学士学位证书及外方毕业证书。该项目已于2017年9月开始招生，已招收50名在校学生。

【境外来访】2017年，学校陆续与马来西亚、泰国等国的高校签订友好合作协议，比2016年增加5个。接待国（境）外高校访问团、教授、学者来访共166人次。美国驻广州领事馆、法国驻广州领事馆相关官员，及美国驻广州领事馆美国环境保护总局科学家相继访问学校并提出友好交流合作的愿望。

【出国（境）交流】根据工作需要，科学制订年度交流计划，并经党委外事工作领导小组审议通过，不存在因人找事、安排照顾性出访或无实质性内容的一般性出访，无安排身份与出访任务不相符的人员出国，无擅自安排未经审批的其他活动，无违规出访未经审批的国家或城市（地区）。

2017年，学校共有18批次33人因公临时出国（境），其中，科研项目交流团组6个、访问交流7个、培训项目2个、其他任务3个。

2017年，在校交流学生包括学分互认学生、暑期实践学生、文化交流学生；交流院校包含美国新墨西哥大学、新西兰奥克兰大学、韩国极东大学、韩国新罗大学、中国台湾师范大学、中国屏东大学、中国彰化师范大学、中国香港理工大学等。学校派出32名学生赴美国，10名学生赴英国，12名学生赴新西兰，23名学生赴日本，7名学生赴韩国，55名学生赴中国台湾交流学习，总计139人。

【国际会议】2017年，学校承办大型学术会议2次。5月12日至15日，举办"全球共同利益理念下基础教育课程与教学改革"国际学术会议；5月21日至24日，举办"传统文化与当代中国"国际学术研讨会。

【孔子学院】学校派国际教育学院2名老师于暑期赴菲律宾巴拉望省对当地政府官员进行为期1个月的中文培训。马来西亚世纪大学孔子学院平稳运行两年，已完成第二任中方院长的选拔工作、国家公派汉语教师选拔与培训工作；报送了中方承办院校管理经费2016年决算及2017年预算工作；报送了中方承办院校2017年工作总结；举办了吉隆坡华校骨干教师培训、幼教汉语师资培训、汉办外派专家培训等各类汉语培训活动，培训326人；举办了"一带一路"教育文化论坛。2017年12月，学校派出代表团参加第十二届孔子学院大会，并召开第三届孔子学院理事会议。

【外籍教师管理】学校聘请长期外籍专家6名，其中，4名英语教师、1名日语教师和1名钢琴专业教师，分别来自美国和澳大利亚、日本、俄罗斯。

修订《海南师范大学长期外籍专家聘请工作管理办法》《海南师范大学短期境外专家聘请工作暂行管理办法》，编纂《2016年国家外国专家局法规制度汇编》。

4月，国家外国专家局实施"两证合一"（将外国专家来华工作许可证、外国人就业许可证书，统一为外国人工作许可通知）后，学校在外籍教师管理方面，推进来华工作许可证受理材料的规范管理工作，强化校外、校内住宿安全意识，改善并逐步提高外籍教师工资及福利待遇。

督查工作

【概况】督查工作由督查督导办公室负责。督查工作由校长信箱、学校领导与学生见面会制度发展而来。为了保证学校各项事务按时有序完成，改变慵懒作风，推动学校快速发展，学校于2014年4月在学校办公室设置督查督办科。2015年，学校启用OA系统，督查工作转入线上。2015年，成立督查督导办公室。

督查督导办公室为副处级单位，挂靠党政办公室。现有工作人员2人，主任为郑骁鹏。

2017年，督查督导办总计督办事项120项，发布督办通报5期，撰写督查报告2份，处理各渠道信访事项263件，陪同校领导开展调研20余次。

【制度建设】理顺专项督办、信访督办、校长办公会议纪要等督办工作流程，严格督办通知签发流程。修订了《海南师范大学重大任务专项督查实施方案》，发布了《海南师范大学信访工作实施细则》等相关工作制度文件。

【常规督办】根据学校政策及领导安排，督查督导办对加强学校宣传工作、桂林洋校区学院领导及工作人员出勤情况、金鹏学生公寓收费相关工作贯彻执行情况、各单位推动落实相关重大工作任务情况、各单位推动落实学校大研讨大行动活动情况、各单位传达学习中国共产党海南师范大学第一次代表大会会议精神情况、各单位学习《中共海南师范大学委员会关于认真学习宣传贯彻党的十九大精神的实施意见》精神情况等进行了督查督办。

按学校要求，组成8个联合督查组对校园安全稳定隐患排查落实情况进行全面督查。

2017年共完成督查任务20项，4项尚在进行中。

【年度计划督办】依据学校工作任务分解落实责任表，有计划地对各责任单位的责任事项进行督促落实，总体督办事项46项，涉及责任单位29个。2017年学校工作计划总体执行情况良好。

【会议纪要督办】督查督导办根据校长办公会会议纪要列出督办事项40项，涉及责任单位18个。全年落实情况34项。

【督查调研】督查督导办陪同学校领导调研走访20余次，并根据领导指示，逐项分解任务、明确责任单位、规定办结时限、开展跟踪督办。

【信访工作】全年开展了3次全校范围的信访矛盾纠纷排查及信访积案化解专项工作。制订并下发了《海南师范大学信访工作实施细则》。9月，省教育厅督查组到校检查，对学校信访工作分类清晰、流程完整的一些做法给予肯定。

2017年5月以来，共接收教育厅转来的信访件42项，12345热线转来的投诉件13项，校领导接访件6项，二级部门接访重大事项件4项，督导办接访件2项，合计67项。所有信访件全部办结。

2017年，校长信箱共收到来信355封，其中有效信件196封。校长信箱中来信反映的问题，均及时转交相关部门处理，并给予师生答复。所有有效信件全部处理完毕，师生所反映的问题基本得到解决，但对处理结果的宣传不够，学生在同一时期针对同一类型问题的重复来信较多。

研究生教育工作

【概况】研究生教育工作由研究生学院和各相关学院共同负责。

研究生学院是学校主管研究生工作的职能部门，负责研究生的招生、培养与管理、学位授予、学生思想教育、就业指导等方面的工作。主要职责范围包括：拟定学校学位与研究生教育发展规划；制定研究生教育培养有关规章制度；研究生招生与就业指导工作；审核各专业（学科）制定的研究生培养方案；指导、检查和协调各学院的研究生培养工作；研究生的学籍管理及日常教育教学管理工作；研究生教学的质量监控和优秀硕士论文的评审工作；研究生论文答辩与学位授予工作；研究生导师遴选工作；组织博士、硕士学位授予点的申报工作；配合学校相关部门做好研究生的思想政治教育、学习和生活工作；积极组织和开展针对学位与研究生教育的研究，负责研究生教育创新计划项目的申报和管理。

各相关学院负责具体的研究生教育工作。

2017年，研究生学院共有10名工作人员。

【招生工作】提高复试成绩所占比重，探索研招改革。2017年共录取博士研究生28名，全日制硕士研究生296名（其中，学术型硕士111人、全日制教育硕士185人）。

完成首批免试攻读硕士研究生推荐工作。协助教务处制定相关制度，并完成首批获得推免资格的44名本科生的接收工作。

【学科建设】经国务院学位委员会批准，新增设计学、网络空间安全、心理学、物理学、理论经济学等5个一级学科硕士点，学校一级学科硕士学位授权点由11个增至16个；新增工程、体育、艺术、应用统计、旅游管理、翻译等6个专业学位授权点，学校专业学位授权点由原来的3个增至9个。

对组织生态学等4个博士学位点和教育学、数学、地理学、美术4个学位点开展专项评估。其中，3个博士点通过评估，4个硕士学位点的评估结果均为合格。

【制度建设】对《海南师范大学关于攻读博士学位研究生培养工作的暂行规定》等13个规章制度，进行了全面修订和完善。新制订了《海南师范大学研究生科研创新项目管理办法（试行）》《海南师范大学研究生培养过程考核与分流办法》《海南师范大学研究生课程教学质量评价暂行办法》《海南师范大学研究生教学事故认定与处理办法》等4项制度。

【教学改革】推进中国特色社会主义理论与实践研究和高等有机化学两门课程的改革试点，其中，高等有机化学优选具有前瞻性的教材，实施双语教学；中国特色社会主义理论与实践研究实行专题讲授与首席专家统筹制度。

【科研工作】陈小燕等6名博士、龚建如等40名硕士申报的创新科研项目获得海南省教育厅立项资助。李玲等41名研究生获校级创新项目立项资助。

对2015及2016年立项的到期课题开展结题验收，按期结题率超过90%。

【学位管理】完成了2017届学位审核及授予，2017级研究生师生互选，以及其他年级研究生的论文开题、中期检查工作。按时完成学历学位的信息注册、新生学籍注册和在校生学年注册工作。

审批通过了孙振范等21位教师的博士研究生指导教师资格、张君等38位教师的学术型硕士研究生指导教师资格、刘荣等54位教师的专业硕士指导教师资格、李翠白等9位学术型硕士研究生指导教师的兼任专业硕士指导教师资格。

【学生管理】完成研究生奖、助学金评选和发放工作。1名博士生、14名硕士生获得2017年度研究生国家奖学金。

化学与化工学院学生牛学良等人的项目——"种铂—三维石墨烯气凝胶基酶传感器件的制备及应用"在第十五届"挑战杯"全国大学生课外学术科技作品竞赛中获全国三等奖。李超、杜伟在第五届环北部湾高校研究生海洋学术论坛中获优秀论文一等奖。

开展研究生志愿服务工作，组织研究生参加学校扶贫点——亚欠村的精准扶贫调研、桂林洋校区搬迁、文明校园创建、教育厅精准扶贫督导、白沙思源中学支教等活动。

【档案工作】将研究生档案按年级、按专业，分门别类地存入文件柜并将资料输入电脑。严格按照档案接收、鉴定、整理、保管等实施管理程序，对需转出档案的毕业生去向逐一登记。

【党建工作】2017年召开党政联席会议13次，党委会13次。

各研究生党支部以"三会一课"为基本制度，以党支部为基本单位，把"两学一做"作为党员教育的基本内容，长期坚持并形成常态。举办研究生学习党的十九大精神专题研讨会，组织编印研究生学习党的十九大精神文集《不忘初心，牢记使命，扛起新时代青年学子的责任担当》。

编印《海南师范大学研究生党支部工作手册》，按照"组织设置规范、机构人员健全、工作制度完善、日常管理到位、作用发挥合格、基本保障有力"的总体要求，加强对研究生党支部建设的指导，大力推进研究生党支部建设标准化工程。重点落实好"三会一课"制度，开展组织生活会、民主生活会、民主评议党员和主题党日活动等，加强党性锻炼。

本科教育工作

【概况】本科教育工作由教务处和各学院共同负责。其中，教务处是学校本科教学业务的主管机构，负责全校本科教学任务的下达、全日制普通生的学籍管理、考试管理和实践教学的安排与管理、教室的分配与管理、教材使用的监督与评价。教务处下设综合科、学籍管理科、教务运行与监控科、教学研究与评价科、实践与实验管理科、教学资源建设科、国际教育科、教室管理中心。教务处在编工作人员22人，其中，处长1人、副处长2人、科长4人、副科长7人、科员8人；校聘11人。

【专业建设】生态学、音乐表演、光电信息科学与工程、税收学等4个专业获批为学校新增专业。酒店管理专业顺利通过评估并获得了学士学位授予权。

【课程建设】支持首批立项建设的大学生心理健康教育等17门通识教育限选课程，每年度给予每门课程2万元建设经费。从优质公选课中精心挑选了中国文化史等13门课程作为通识教育限选课。

投入32万元购买线上教学资源，其中，超星尔雅通识课20万元、智慧树课程12万元，包含通识教育类、专业基础类和公共选修类课程等近400门。

12个学院选取了30多门线上课程资源开展"混合式"教学改革，包括通识教育类和专业基础类课程。公共选修类课程共引入线上视频课程24门，开课70门次，选修学生近万人次。网络教学平台已经开始建设和使用的课程共245门。

【教材建设】坚持自编教材送审制度，经学校教材建设委员会审定的教材供本科生使用。2017年共预订学生教材1388种203559册，教师用书2740册。

【教师技能建设】选送3人参加海南省青年教师教学大赛，2人获二等奖，1人获优秀奖。

【信息化建设】完成教务系统登录界面更新，对网络服务器进行重新部署和安装。协助正方公司对系统进行2次常规性升级维护。组织4次全校性的教务系统应用培训。加强对教务系统管理账号的管理，对管理人员的账号进行实名登记。不断提高教务系统服务水平，成功部署软负载均衡器，以解决选课、成绩录入时的"堵塞"问题。

【教学环境建设】完成教师实训中心改建工程。新建的教师教育实训中心包括微格教室12间、微课制作室4间、集中辅导教室1间、观摩室1间、机房1间、接待大厅1间，建筑总面积约1000平方米。

完成体育楼7间公共教室教学设备购置及安装工作，其中，标准公共教室4间、多功能报告厅1间、围桌教室1间、录播教室1间；龙昆南校区36间及桂林洋校区18间公共教室的空调购置及安装工作；田家炳103及801教室智慧管理系统方案设计工作；公共教室吊扇及壁扇近350台更新工作；公共教室2800多套课桌椅方案设计、购置及安装工作。

【人才培养】2017年学校获得海南省高等学校教育教学改革研究项目立项23项，立项总经费55.5万元。其中，重点项目6项、一般项目立项17项。同时组织推荐2018年海南省高等学校教育教学改革研究项目28项，其中，重点项目3项、一般项目立项25项。评选了45项校级教育教学改革研究项目，其中首次设立思想政治教育改革专项15项。

2016级学生中有3208人参与培养大类专业分流，111人实现跨培养大类转专业。

2017年本省共有477名应届高中毕业生参加卓越乡村小学教师计划项目，项目共录取学生203人，其中，4名为乐东定向培养学生，1名高招学生因身体原因转专业。

与省内9所院校开展合作，涉及13个学院、16个专业，项目学生共2055人（其中，"4+0"项目742人、"3+2"项目922人、"3+4"项目392人）。2017年第一批参加全省转段升学考试的238名学生正式进入学校，分别开展为期2年或4年的本科培养，涉及6个学院7个专业。

【合作办学】2017年共选派63名优秀学生进行校际交流，继续与日本兵库大学、中国台湾屏东大学、韩国极东大学、中国台湾彰化师范大学、中国台湾师范大学、韩国新罗大学和美国新墨西哥大学开展合作。同时，学校与丹麦葛莱体育运动教育学院签署合作协议，并选派学生开展为期3个月的交流学习。

选派17名优秀大四在校本科生前往日本九州外国语学院开展为期一学期的境外实践教育；4名在校本科生前往澳大利亚悉尼翻译学院开展境外实习合作；26名在校本科生前往美国开展为期3个月的"暑期赴美带薪实践"活动。

继续与香港国际教育发展协会合作开展"香港理工大学假期8天全球创新创业与职业发展训练项目"和"韩国假期全球商业管理带薪研习项目"。开展"台师大卓越青年台湾文化体验营"活动和"新西兰奥克兰大学文化素质暑期研修班"项目。与中国对外友好合作服务中心深入合作，开展"青年师生赴美社会调研"项目。与英国合作开展"跨文化交流"项目。

学校与俄罗斯圣彼得堡国立电影电视大学合作的广播电视编导本科教育项目获教育部批准，9月，首批50名2017级中俄合作项目班学生正式入学上课。

【军转干部专项培训】根据《中共中央、国务院、中央军委关于做好深化国防和军队改革期间军队转业干部安置工作的通知》（中发〔2016〕13号）、《关于探索开展军队转业干部进高等学校专项培训的指导意见》（国转联〔2017〕1号）精神，省直单位计划分配13名军转干部于9月进入学校经济与管理学院和法学院进行为期1年的专项培训。

【质量监控】2017年开设300多门次公选课。2016—2017学年学生网上评教参评率77.14%，其中优秀率为98.44%。

学校已有300余门课程开展教学方式改革，500余门课程进行考核方式改革。购买线上教学课程近400门（包含通识教育类、专业基础类和公共选修类）。

扩大新一届校级教学督导队伍，包含10名专职督导委员和18名兼职督导委员。校、院两级专、兼职督导委员深入课堂随机听课。实行"一对一"帮扶制，校专、兼职督导对全校近3年133名新入职青年教师进行听评课、座谈会、学生调查等方式的帮扶。

编制了学校2016—2017学年《本科教学质

量报告》，并提交教育部和向社会公开。

组织校专、兼职督导对拟申报教师系列职称的107名教师中的84人进行集中听评课。

【学籍管理】办理复学110人，休学149人，退学67人，转专业147人，转学3人（转入2人、转出1人），2017级军队干部专项培训13人，学籍信息变更7人。

完成应届毕业生4198人的资格审定，其中，获学士学位3886人、辅修双学位9人。往届生毕业168人，结业2人，获学士学位166人。完成2017级在册新生4911人〔本科4431名，转段升学248人（其中，"3＋2"项目175人、"3＋4"项目73人），民族预科生30人，联合办学202人〕基本信息的建库、校对工作。

【研究生推免】2017年，学校首次获得研究生推免权，出台《海南师范大学关于印发推荐优秀应届本科毕业生免试攻读硕士研究生工作实施办法（试行）的通知》（海师办〔2017〕54号），推荐44名（普通生43人、特殊条件生1人）2018届毕业生免试攻读国内高校硕士学位，43人被录取，其中，985高校9人、211高校19人、科研院所1人、其他高校14人。

【外国学历生管理】学校共有外国学历生134人（其中，2013级已毕业10人、2014级提前毕业4人、2014级在读8人、2015级在读11人、2016级在读58人、2017级在读43人）。今年毕业的14名学历生中，13人取得学位证书。

2017年，在校的120名学历生中，77人转入专业学院进行为期3年的专业课学习。

【实践教学】13622人参加各种形式的见习活动，投入近204.33万元经费。举办海南师范大学第七届大学生教师技能大赛，专业教师参与比赛指导200余人次，活动覆盖学校95%以上的师范生。

选派"双五百"人才工程项目顶岗实习生561人到全省10个市县的118所学校开展顶岗置换实习，安排14名责任心强、业务水平高的教师负责各市县的驻点带队工作，组织11支巡查听课指导小组分别对分布在118所乡镇中学的顶岗实习生开展课堂教学听课指导。

【学科竞赛】学校在全国第九届大学生与研究生物理教学技能暨自制教具与设计实验展示大会中，获一等奖5项；在第十二届全国大学生智能汽车竞赛中，获华南赛区一等奖、二等奖、三等奖、优胜奖各1项；在第五届全国高等师范院校大学生化学实验邀请赛中，获一等奖1项、三等奖2项；在第二十四届全省教育教学信息化展示活动中，获三等奖2项；在2017年全国大学生电子设计竞赛中，获国家级二等奖1项；在第十届中国大学生计算机设计大赛中，获二等奖7项，三等奖6项；在2017年全国大学生电子设计竞赛中，获二等奖1项；在第十三届中国大学生沙滩排球锦标中，获亚军1项。

留学生教育工作

【概况】留学生教育工作主要由国际教育学院负责，具体负责外国留学生的招生、教学及日常管理。

【招生工作】2017年共招收国际学生637人，其中，学历生224人、非学历生413人；招收奖学金生共计251人，其中，中国政府奖学金来华留学生42人、孔子学奖学金生84人、海南省政府奖学金生125人（包括海南省政府奖学金之老挝琅勃拉邦省友好城市专项奖学金生20人）；招收泰国中医汉语研修班学生共计78人，其中，泰国碧瑶大学学生57人、华侨崇圣大学学生21人；招收韩国校际交流学生共计15人。

生源来自47个国家，包括波兰、意大利、比利时、斯洛文尼亚、埃塞俄比亚、俄罗斯、白俄罗斯、德国、乌克兰、泰国、韩国、土耳其、乌兹别克斯坦、印度尼西亚、吉尔吉斯斯坦、柬埔寨、老挝、越南、巴基斯坦、二库曼斯坦、哈萨克斯坦、澳大利亚、摩洛哥等。

学校与河北大学、河北师范大学及河北医科大学开展交流活动，对招生、管理、签证以及国际学生中外文化交流学习如何开展等方面进行经验交流，学习借鉴兄弟院校在招生、管理等方面的良好经验，共同探讨招生、管理等方面的长久可行之计，探索可行的联合招生合作项目。

【外国学历生管理】学校共有外国学历生134人（其中，2013级已毕业10人、2014级提前毕业4人、2014级在读8人、2015级在读11人、2016级在读58人、2017级在读43人）。今年毕业的14名学历生中，13人取得学位证书。2017年，在校的120名学历生中，77人转入专业学院进行为期3年的专业课学习。

【学生管理】继续完善各项管理制度，进一步理顺与学校各职能部门、外国学历生所在学院的关系，规范对外国留学生的管理。

加强国际新生入学教育工作，发放《海南师范大学国际学生管理手册》等，让学生了解应该遵守的中国法律法规及学校规章制度。加强与省外事部门、安全厅、公安厅出入境管理局、辖区派出所的联系，防范涉外突发事件。

严格执行学生考勤、外出请假、公寓管理制度及违纪处分规定。按月公布考勤情况，对旷课较多、学习态度不端正的学生及时通报批评，对严重违反规定的学生给予纪律处分，对5名考核不合格的奖学金学生上报国家主管部门并取消其奖学金资格。

【第二课堂活动】为丰富国际学生的业余生活，激发国际学生学习中国文化的兴趣，提高他们的汉语水平，举办中国传统节日如端午节、中秋节的国际学生课外活动。

【教学工作】办理老挝琅勃拉邦省20位新生的入学手续，并且做好课程安排。

完成国家汉办"招聘2017届'一带一路'国家汉语国际教育专业硕士留学生回国担任汉语教师"的项目申报工作。2015级国际研究生加尼别克（哈萨克斯坦）和柳宣瑛（韩国）入选该项目。

完成孔子学院总部/汉考国际2017年度HSK（汉语水平考试）和HSKK（汉语水平口语考试）考务工作，并作为2016年度优秀考点参加全国表彰大会，同时获得孔子学院奖学金生推荐机构资格。2017年度共承担5次考试任务，考试共计44场次，考生总计525人次，共派出88名监考老师。

学校国际学生在第六届"琼州杯"汉语与才艺大赛中获佳绩。其中，约瑟夫、迷晶、艾美丽获二等奖，梧桐获三等奖。

【工作亮点】学校新获批丝绸之路-省部共建专项奖学金，专门用于招收"一带一路"国家优秀学生，服务"一带一路"倡议。本年度学校共招收来自乌兹别克、哈萨克斯坦、吉尔吉斯斯坦、巴基斯坦、老挝等"一带一路"国家的该项奖学金生共计12名，他们分别攻读汉语国际、国际经济与贸易、计算机科学与技术、广播电视新闻学、中国现当代文学及化学等专业。

学校被列为海南省华文教育奖学金生接收院校，为海外优秀华裔提供了来琼学习汉语、体验海南本土特色文化的新机会。

物电学院第一批全英文制教学的机电一体化学生在国际教育学院顺利完成为期1年的汉语预科学习，顺利进入物电学院开始专业学习。

继续教育工作

【概况】继续教育工作由继续教育学院负责。继续教育学院是学校继续教育的行政管理和科研机构，同时也是执行继续教育教学计划的实体。学院下设办公室、学历教育科、自学考试科、师资培训科、干部培训科和职业培训科。学院有28名教职工，其中，教授、副教授4人，具有硕士学位教师11人。

海南省中学教师继续教育培训中心、海南省高校师资培训中心、海南省职教师资培训中心、海南师范大学成人招生办公室、海南师范大学高等教育自学考试办公室挂靠学院。

截至2017年12月，成教和自考在读7359人。

【成教与自考工作】2017年共1193名成教新生入学，1590人毕业。

完善成人教育教学评价体系，坚持实行教学评估与教学督导制度。完善自考教学监控计划，形成包括继续教育学院、专业学院、办学点三方在内的教学监控体系。

4月，成人高等教育开始实行网络远程教学和专业核心课程面授相结合的教育教学改革。

2017年，学院设自学考试"专接本"助学班、"中接专"助学班办学点24个，专业19个，班级67个，在读生共3999人，毕业生820人。

【非学历培训工作】管理和实施"国培计划"项目：青年优秀教师成长助力研修项目；小学教师培训团队置换脱产研修项目；初中教师培训团队置换脱产研修项目；小学语文工作坊高端研修项目线下集中培训项目；海口、万宁、东方、定安、屯昌、保亭、澄迈中小学及幼儿园教师网络研修能力提升工程项目；乡镇幼儿园教师培训项目；等等。

实施"好校长、好教师"培养工程：中学骨干教师赴福建跟班学习项目；"双五百"人才工程师资培训项目；周末流动师资培训学院项目；2018—2022年度中学骨干教师资格培训项目；中学省级学科带头人提高培训项目；卓越教师工作室项目；海南省第30期中学校长任职资格培训项目；海南省2014—2018年度中学省级骨干校长培训项目；海南省中学卓越校长工作室培训项目。

组织高师培训工作：2017年全省高等学校教师岗前培训工作；高校教师网络培训工作；海南省高校硕士研究生导师培训工作；海南省高校青年教师科研能力提升培训工作；2017年海南省高校教师教学能力提升网络培训工作；等等。

【科研工作】孙自强主持的海南省高等学校教育教学改革研究项目"'国考'背景下高师公共教育学课程教学改革研究"（Hnjg2015—23）、海南省哲学社会科学规划（基地）课题"海南中小学教师教育科研现状研究"（HNSK（JD）16—11）已结题。杨虹的海南省教育科学"十三五"规划课题"海南省中学校长培训专业化研究"（QJY201710081）在研。

【党建工作】继续教育学院设立教工党支部1个，教工党员12名。学院党总支深入学习贯彻党的十九大精神和习近平总书记系列重要讲话精神，推动推进党员干部思想作风、学风、教风、工作作风和生活作风的转变。

招生工作

【概况】学校本科招生工作由招生就业处招生科负责,该科共有工作人员3人。

【招生管理】加强对普通高考招生特别是体育类特殊类型招生、艺术类专业招生的管理,规范录取程序,严格遵循教育部对本科招生工作的相关规定。体育类特殊类型招生专项考试视频,以及音乐类、舞蹈类艺术校考视频存档4年。艺术类专业校考要求有1名外校考官,考生匿名,保障评价的公平与公正。

【宣传工作】利用中国教育在线平台、学校微信公众号等平台,及时发布各类招生信息。根据生源分布情况,合理投放招生简章及招生宣传展板。组织人员参加第五届海南普通高校招生现场咨询会。

【招生计划】2017年共有招生专业62个,较2016年新增音乐表演、税收学、光电信息科学与工程、生态学等4个专业。

继续面向全国31个省(自治区、直辖市)招生,计划投放情况为海南生源1436人,占29%;省外生源3507,占71%。其中,高水平运动员30人;运动训练、民族传统体育专业单独招生120人;小学教育(乡村教师)定向免培生204人(其中追加计划4个,为乐东定向培养);"3+2"联合培养195人;"3+4"联合培养74人;"4+0"联合培养202人;2016年少数民族预科生转正30人(文20人、理10人),2017年少数民族预科生预录取30人(文20人、理10人)。

继续推进大类招生,设置地理科学类、工商管理类、生物科学类、电子信息类、旅游管理类、计算机类、教育学类、新闻传播学类、设计学类9个招生类别。

【录取工作】2017年共录取4943人。其中,在本校学习的4741人,联合办学202人;本科生4913人(含2015年民族预科生转正30人),民族预科班30人。在学校就读的报到4594人,未报到147人(其中"3+2"录取195人但未报到32人,特别是琼台师范学校与学校联合培养的"3+2"项目录取47人,未报到20人),报到率为97%;联合办学报到人数198人,未报到4人,报到率为98%。

2017年,学校首次在四川、江西、甘肃实现一本招生,录取全国一批次分数线以上考生(含二本线录取专业)1111人,较2016年提高了1倍,接近2017年录取总数的1/4。录取平均分高于或等于一本线的专业成倍增加。在二本线招生的专业中,录取平均分低于一本线10分(含10分)以内的专业达33个。免费师范生理科录取平均分超分数线77.8分,最高录取分超出分数线151分;文科录取平均分超分数线49.6分,最高录取分超分数线157分。

【新生资格审查】重点对艺术类本科专业、体育类特殊类型招生专业新生进行专业复试,对204名小学教育(乡村教师)定向免培生进行资格复查。通过复查,发现2名小学教育(乡村教师)定向免培生因身体原因不适合从事乡村教师工作,经请示省教育厅将其转入非免费师范生专业。

就业工作

【概况】学校本科生就业工作由招生就业处就业管理科、就业培训科负责，两科共有工作人员4人。

截止2017年8月31日，学校2017届毕业生初次就业率为96.39%，超额完成海南省政府提出的2017年高校毕业生初次就业率达85%的目标任务。在2016—2017年度海南省高校毕业生就业创业检查评估中，学校荣获A等成绩，是获此殊荣的唯一一所公办本科院校。

【就业指导】739名2017届毕业生共获得1108500元求职创业补贴。制作并发放《新生职业生涯体验手册》，为新生提供职业生涯课程自学读本和教学配套资料。举办求职指导讲座，引导毕业生形成正确的就业观念，提高毕业生求职能力和就业竞争力。建立离校未就业毕业生名册，有针对性地发送招聘信息，提供就业咨询服务和手续办理服务。

4月，邀请上海乔布堂公司简历制作讲师李梦涵开展简历制作培训，两个校区各1场，近千名学生参加。

5月，承办海口市人力资源开发局桂林洋大学城招聘活动之职业生涯讲座，近400名桂林洋校区学生参加。

9月，承办海南省人力资源开发局就业服务月活动之毕业生就业创业指导沙龙活动，近200名学校毕业生参加。

【就业招聘】制订毕业生就业推介方案。编印《2017届毕业生情况简介》等毕业生宣传资料。按照专业对应行业，走访省内外用人单位近200家，主动向用人单位介绍学校人才培养情况，推介毕业生，听取用人单位对学校毕业生评价及人才培养意见和建议，邀请用人单位到学校参加校园招聘会。

2017年，学校共举办近120场校园专场宣讲会、1场大型供需洽谈会、1场教育行业专场招聘会，累计入校招聘企业600余家，累计为2017届毕业生提供就业岗位超过10000个。

【制度建设】遵循《海南师范大学大学生就业工作规程》《海南师范大学毕业生就业工作目标管理责任承诺书》《海南师范大学毕业生就创业工作年度量化考核办法》《海南师范大学二级学院就业工作经费拨付及使用办法》，对各二级毕业生就业创业工作进行管理、检查和考核。李红梅书记、林强校长指导和参与学校毕业生就业工作总结表彰会并与学院签订毕业生就业工作目标管理责任承诺书。学院党政班子在班子会上专门研究就业工作问题成为常态，有2/3的学院制订了激励措施，调动教师参与就业工作积极性，逐步形成校院党政领导高度重视、教职工全员参与的良好氛围，较好地推动了学生就业工作。

2017年，学校投入就业工作资金达266.49万元。选派教师参加SYB师资技能培训、UCT职业规划基础教学精品班、全国高校毕业生就业创业工作研讨会、省就业指导培训、国学礼仪培训等，累计24人次。

按照高校毕业生就业统计有关文件的要求，完成2017届毕业生就业统计工作，完善毕业生就业率每周统计排名公布制度。按照海南省就业局人才处的通知要求，完成2017届毕业生就业方案编制工作，2017届毕业生报到证的申领、发放和管理工作，应往届毕业生的报到证改派工作。

与北京麦可思数据有限公司保持联络，督促其开展2016届毕业生毕业半年后的培养质量调查，并对调查报告进行审核验收；做好2017届毕业生毕业半年后的培养质量调查数据统计及核对工作。

全面梳理学校毕业生就业、创业工作状况，撰写就业、创业工作评估报告，总结学校毕业生就业、创业工作成绩及存在的主要问题。

【创业指导】实施"海南师范大学创新创业开放基金"项目，鼓励和指导大学生创新创业。资助大学生创业项目60个，共100万元，投入创业活动的学生有220多人。学校代表队在"正大杯"创业营销大赛和海口市第四届营销大赛均获佳绩。举办创新创业实践周活动。

邀请李家华教授作《新时代视阈下的高校创新创业教育生态系统优化》创新创业专题讲座，讲座由海口电视台同步网络直播，2万余人通过网络观看直播。

在政府有关部门的大力支持下，在毕业生中继续开展SYB师资技能培训，570余名2013、2014级学生获得创业培训合格证书。面向2017级新生开设必修课程——创新创业基础，采取课堂教学及课外调研并撰写创业计划书的方式，提高课程实效性。

科研管理工作

【概况】科研管理工作由科研管理与学科建设处负责，主要包括贯彻执行上级有关部门关于科学研究、学科建设等方面的方针、政策、规定，结合学校实际情况制定科研与学科建设管理规章制度并组织实施；制订和完善学校科研管理、学科建设管理、学术交流、科研平台建设等规章制度；制订、调整学校科学研究、学科建设、学术交流等年度工作计划和中长期发展规划；审批有关科研、学科建设、平台建设等经费开支与管理；各类科研项目、成果奖励、学科建设、科研平台的组织、申报、宣传、策划、指导工作；科研项目、研究成果、学术交流、科研平台、重点学科建设情况的统计、登记、汇编、归档工作；有关职称评聘、人才选拔类等科研业绩的审核、认定工作；专利的申请、审核、检索工作；科技成果转化与知识产权保护工作；科普活动、科技展览等活动的组织安排工作。

科研管理与学科建设处下设计划信息科、成果管理科、学科建设管理科，共有工作人员9人。

【科研项目管理】继续支持和鼓励申报国家级（重大）科研项目，拓宽科研项目申报领域，提高申报项目的数量和质量，深化科研项目资金管理体制改革，加强对科研项目经费的监控力度。

2017年，学校共获批国家自然科学基金项目19项，立项经费707万元；国家社会科学基金项目10项（其中重点项目1项），立项经费215万元；教育部人文社会科学研究项目2项，立项经费16万元；海南省科技重点项目6项，立项经费220万元；海南省自然科学基金项目33项，立项经费263万元；海南省社会科学规划项目23项，立项经费43万元；海南省高校科研项目18项，立项经费45万元；横向科研合作项目46项，立项经费367万元。

2017年，共有23项国家自然科学基金项目、2项国家社会科学基金项目、2项科技部国际合作专项项目、46项海南省科技计划项目、15项海南省社科规划项目、22项海南省教育厅高校科研资助项目结题。

【科研成果管理】2017年，学校获海南省科技进步奖4项，其中，一等奖2项、二等奖1项、三等奖1项；海南省第九次社会科学优秀成果奖之高等学校科研优秀成果奖31项，其中，一等奖8项、二等奖6项、三等奖17项。

学校申报2017年度海南省科技进步奖6项，其中，拟授二等奖1项、三等奖1项（待公示结束）；海南省第十次社会科学优秀成果奖91项。

学校出版学术著作53部；以第一单位发表论文755篇，其中SCI、EI等收录论文153篇；申请专利48项，授权专利17项。

【科研平台建设】海南省意识形态与舆论研究基地被海南省社科联批准为海南省哲学社会

科学重点研究基地。成立海南教育改革与发展研究院。海口市科学技术工作信息化局批准海口市功能材料与光电化学重点实验室、海口市土壤污染修复与资源化重点实验室、海口市南药资源产业化关键技术研究海口市重点实验室为海口市重点实验室（筹建中）。

【制度建设】颁布《海南师范大学科研项目管理办法》《海南师范大学科研项目资金管理办法（试行）》《海南师范大学科研项目预算调整管理细则（试行）》《海南师范大学科研项目间接费用管理细则（试行）》《海南师范大学纵向科研项目结余资金管理细则（试行）》《海南师范大学科研财务助理管理办法（试行）》《海南师范大学校级科研项目管理办法（试行）》《海南师范大学学科建设资金管理办法》等8个科研项目及资金系列管理办法。

【学术交流】承办海南省第三届社会科学学术年会之"海南历史文化传承与保护"分论坛等国际、国内学术会议7场。

邀请兰州大学郑炳林教授、首都师范大学田培培教授、湖南大学郭灿城教授等专家学者到校讲学160余人次，外派教师参加学术交流150余人次。

【档案管理】对2017年科研项目立项及结题验收、科研获奖成果、学科建设等进行了归档管理。

学科建设工作

【概况】学科建设工作由科研管理与学科建设处和各相关单位共同负责。其中，科研管理与学科建设处负责牵头、协调与管理等工作。科研管理与学科建设处下设计划信息科、成果管理科、学科建设管理科，共有工作人员9人。

【省级学科建设】8月，学校7个学科获批为海南省特色重点学科。其中，化学、马克思主义理论2个学科入选A类；中国语言文学、教育学、生态学、地理学、美术学等5个学科入选B类。

【学科评估】按照教育部学位与研究生教育发展中心要求，完成教育部第四轮学科评估第一次、第二次数据反馈工作。学校具有博士或硕士学术型学位授权的11个一级学科全部参与了全国第四轮学科评估，4个博士点学科和教育学进入前70%。具体评估结果如下。

学校在教育部第四轮学科评估中的成绩表

评估结果	一级学科代码及名称	参评高校数
B－（30%～40%）	0305 马克思主义理论	231
C＋（40%～50%）	0501 中国语言文学	148
	0703 化学	150
	0713 生态学	100
C－（60%～70%）	0401 教育学	101
其他	0403 体育学	78
	0602 中国史	82
	0701 数学	182
	0705 地理学	60
	0710 生物学	161
	1304 美术学	93

【教育学学科建设】2017年给予优势学科教育学40万元的经费支持，与一流学科理科经费持平。8月，教育学学科获批为省级特色重点学科，入选B类。省教育厅每年给予教育学学科不低于50万的经费支持。

【学科经费】完成2017年度学科经费投入，总计1410万元，其中，省级特色重点学科950万元、学校新一轮学科460万元。1月完成全部经费的下达工作。

完成2016年度学科经费省财政预算项目绩效自评工作及2017年学科经费项目执行绩效跟踪监控工作。

学科经费投入突出绩效导向，学科经费的使用与确定的建设任务相匹配，预算与决算均在学院内公示，学校对学科经费使用情况和绩效进行检查。

【其他情况】为了掌握学科建设最新政策，了解改革发展动态，提高管理能力和水平，学校委派科研与学科建设处1名工作人员到教育部学位中心挂职锻炼，为期半年。

创新创业工作

【概况】创新创业工作主要由国家大学科技园、校团委和教务处共同负责。

国家大学科技园成立于2014年9月，是科技部认定的国家级众创空间。学校党委书记李红梅、校长林强分任海南师范大学成立科技园建设领导小组正、副组长。领导小组下设大学科技园区管理办公室并注册成立海南师范大学科技园管理有限公司，实行"两块牌子一套班子"的模式。大学科技园区管理办公室下设综合事务部、运营管理部、企业服务部和商务部，共有工作人员20人。

2017年，国家大学科技园被海南省、海口市政府认定为海南省中小微企业服务基地、海南省技术创新引导计划科技公共服务平台、海南省创业孵化基地、海南省众创空间、首批海口市众创空间；被科技部、教育部认定为全国69家享受税收优惠的国家大学科技园之一；成为中国大学科技园双创服务联盟理事单位、粤桂琼生产力促进服务联盟之海南省生产力促进中心。

【孵化空间】至2017年7月，占地50亩、建筑面积2万平方米的科技园孵化大楼（分为孵化楼、加速楼、中试车间、专家公寓4个主体）完成建设并投入使用，配有众创空间、多功能报告厅、项目路演室等工作设施，配有创客食堂、创业交流咖啡厅、生活便利店、共享汽车、共享单车等生活设施，有线网络和无线网络全覆盖。其中，创梦空间免费向师生项目团队及入孵企业提供办公场地，且供水、供电、网络、空调、办公桌椅、项目路演设备等配套设施齐全。科技园引进社会力量共同打造科技与文化相融合的创新创业实践基地（0898创意空间），形成"实验室—众创空间—科技园"的创新创业项目孵化链。

【主要社会与经济指标】截至2017年12月，已办理工商注册手续入孵企业共173家（2017年增加企业55家），其中，省内外高校科研院所师生创办企业100家、培育高企5家、入驻研究机构和企业研发中心33家；"千人计划"人才项目"石墨烯橡胶新材料应用研究"、国家"万人计划"人才项目"橡胶草研发及应用推广"等人才项目32个；41家企业与高校科研院所建立了产学研合作关系；帮助入园企业转化技术成果22项，申请知识产权80项；为师生和园区企业开展创新创业演讲会、创新创业分享会、创业团队项目路演会、税务知识讲座、知识产权讲座、创梦训练营等各类培训和实践训练共500余场次，培训创新创业人才累计10000多人次；收集并帮助企业和师生团队展示、推介自主研发产品630项；为社会提供工作岗位累计近900个；组织园区企业在定安、琼海、白沙、五指山等地，积极开展产业扶贫，服务县域经济，为脱贫攻坚助力，惠及农户350多户。2017年企业总产值达1.5亿元，2018年企业总产值预计可达 3.5 亿元。

【创业服务】月均接待来访企业 30 家。对接海南畅泰环保有限公司，其与海师地理学院共建实验室，并资助 1 名贫困生；促成海南松吉云商有限公司与海师化工学院的产学研合作、海南优之味食品有限公司与海南大学杜锋教授的合作；推荐海南贵人网络有限公司负责人为海经贸及琼台学院计算机相关专业分享网站开发、程序开发等方面的经验。

【科技成果转化】与海南省博士协会建立战略合作关系，提供成果转化对接服务近 60 次。12 月，承办海南省博士协会第五届学术年会暨科技成果对接会，共收集并展示互联网与信息技术类、能源环保与新制造类、人文社科与文化创意类、特色农业与生态农业类、医药与医疗健康类等科研成果 300 多项，会议期间达成合作意向项目共 7 个。

【人才培养】开展创新创业演讲会、创新创业分享会、创业团队项目路演会、税务知识讲座、知识产权讲座、创梦训练营等各类培训和实践训练共 500 余场次，开展"创梦训练营"大学生创新创业实践活动 2 期，其中第 5 期开设了教师创新创业教育初级班，学校共有 35 名教师参加创业创业指导能力培训并结业。

【创新创业大赛】"牧洋文化"项目获得第三届中国"互联网＋"大学生创新创业大赛国家银奖，"百川海洋母婴浴用海绵"项目获得第八届海南省创业大赛初创组总决赛冠军，"椰音爱心椰雕"项目获初创组总决赛二等奖，"盛蓉军拓、鼎均人力资源"项目获院校组总决赛三等奖。科技园为 7 家获奖企业和团队提供 13.5 万元的资金扶持。

【承办大型活动】12 月，协助学校承办第十四届全国师范大学联席会议；协助海南省教育厅承办以"创新点燃新时代、创业实现新梦想"为主题的第二届海南省大学生创新创业年会暨首届海南省高校创新创业文化节。活动期间开设创新创业能力提升培训班，省内共有 20 所高校的 60 名教师、80 名大学生参加培训。

【国际交流】2017 年，科技园吸引英国国家创新创业中心、美国佛罗里达州青年团、泰国坦亚布里理工大学访问团、挪威奥斯陆大学学者、新西兰旺阿雷学校非遗文化旅游团等到校参观交流。

【项目申报】组织全校本科生申报大学生创新训练计划项目，共申报 15 个国家级项目、31 个省级项目、92 个校级项目。公开发表论文 170 多篇，其中核心期刊 80 余篇，有 10 多篇被 SCI、EI 收录。潘申润的项目"泰森多边形的研究"入选 2017 全国年会论文交流项目。学校共有 17 名导师入选全国首批万名优秀创新创业导师人才库（其中，校内导师 9 名、校外导师 8 名）。

【创新课程设置】将大学生创新创业能力培养纳入人才培养体系，设立创新创业实践周、就业创业讲堂和就业创业课程。面向全校学生开设大学生职业生涯规划、大学生创业理论与实务等课程，广泛开展创新创业教育。仅创新创业实践周期间，就开展校级活动 50 多项、院级活动 300 多项，参与学生 10000 多人次。"大学生教师技能竞赛"项目在第十四届全国师范大学联席会议上被评为教师教育改革创新优秀工作案例（全国仅 14 项）。

省部共建工作

【概况】省部共建工作由省部共建办公室负责。2015年12月，学校成为海南省人民政府、教育部共建高校。为更好推动省部共建工作开展，学校于2016年6月成立省部共建办公室，挂靠党政办公室。2016年7月，海南省人民政府、教育部共同发布《海南省人民政府 教育部共建海南师范大学责任分工方案》（琼府办〔2016〕158号），推动省部共建工作。

省部共建办公室主要负责学校省部共建的统筹规划，并就重大问题进行政策调研；省部共建建设项目的申报、立项及资金预算方案等相关工作；拟订学校省部共建管理办法、资金管理办法及相关管理规定；省部共建项目建设、年度建设与改革计划、经费预算及重要管理规定的初审与论证；督促省部共建项目的组织实施，组织省部共建项目的检查验收，对学校省部共建绩效进行评估，提出省部共建项目及经费安排的调整方案；与主管部门的联系，争取省部共建经费与政策支持；校内外联络与协调工作；组织省部共建的宣传工作；等等。现有工作人员3人。

【学科建设】8月，化学、马克思主义理论、生态学、中国语言文学、教育学、地理学、美术学等7个学科获批为海南省特色重点学科（"双一流"立项建设学科）。其中，化学、马克思主义理论2个学科入选A类；中国语言文学、教育学、生态学、地理学、美术学等5个学科入选B类。

2017年学科建设经费投入1410万元。

学校按照教育部学位与研究生教育发展中心要求，先后两次按时完成数据反馈核查工作。

【人员调整】学校委派科研与学科建设处1名工作人员到教育部学位中心挂职锻炼，为期半年。

【人才培养】2016级学生中有3208人参与培养大类专业分流，其中第一志愿录取率为94.77%。有特殊兴趣和学习特长的学生，还实现了跨培养大类文理互转专业。

2017年，招收免费师范生202人。

【创新创业】2017年，学校获为批教育部第二批创新创业示范校。在第三届中国"互联网＋"大学生创新创业决赛中，"牧洋航海文化"和"核壳型自交联苯丙乳液的制备与推广"2个项目分别喜获银奖和铜奖。这是学校第一次在该赛事国赛中获奖。

【教学工作】2017年，在海南省首批省级精品在线开放课程评审中，有7门课程通过验收。2017年下半年共引进和使用了50多门精品在线课程，选课学生3万多人次。学校已在全校范围内启动建设约1000门网络在线课程。

学校已签约共建103个校外师范生实践基地，建成对口实践基地示范学校15所（中学或九年一贯制学校10所、小学5所）。

【研究生推免】8月，教育部办公厅印发

《关于2017年新增推荐优秀应届本科毕业生免试攻读研究生普通高等学校予以备案的通知》，确定学校获得研究生推免资格。学校推荐44名优秀应届本科毕业生免试攻读研究生，其中9人被中国科学技术大学、厦门大学、湖南大学、兰州大学、中南大学等985高校录取；19人被东北师范大学、东华大学、苏州大学、南京师范大学、合肥工业大学、中国地质大学、暨南大学、海南大学、陕西师范大学等211高校录取。

【科研工作】自省部共建以来，新增省部级科研机构8个、地厅级研究机构5个、新型智库3个、协同创新中心3个、校级研究所（中心）3个。

自省部共建以来，学校共承担各类科研项目458项，其中国家级项目52项。获海南省科学技术奖6项，其中一等奖2项；获海南省社会科学优秀成果奖31项，其中一等奖3项，居全省之首；在SCI、EI、CSSCI、《人民日报》《光明日报》等重要平台发表论文260余篇；多项研究成果获省委省政府领导批示。

【社会服务】2016—2017年，学校与政府部门、企事业单位、科研院所单位签订横向委托合同共94项，合同经费达812万元。服务领域主要有：海南特色药用植物和香料植物的开发利用、野生动物保护立法、自然保护区规划、外来有害物种防治、环境监测和评价、城市规划、法律等。此外，学校还参与文昌卫星发射中心等大型工程项目的论证和评价。

【师资队伍】先后出台海南师范大学《高层次人才引进与管理暂行办法》《返聘、外聘人员管理规定》《师德师风建设方案》《双师型教师建设方案》等文件。首次建立教师引进聘期任务书、聘期考评机制和返聘年薪制，采取刚性、柔性等途径，广纳贤才。自2015年1月以来，共招聘了各类人才246名，其中，新世纪百千万人才工程国家级人选2人、海外名师2人；教授20人、副教授31人；柔性引进及返聘42人（其中院士3人）；引进创新团队3个；建立海南省院士工作站1个。

目前，学校在编人员1366人，其中专职教师1011人，专职教师中具有副高职称334人、正高职称225人，博士后11人，具有博士学位299人、硕士学位594人，国家级和省级人才142人。

出台《海南师范大学教职工进修培训管理规定》。自2015年来，学校有攻读博士学位教职工38人，博士后进站4人，国内外访问进修44人，新增国家级、省级各类人才31人（其中，"特贴"专家4人、全国师德标兵1人、全国优秀科技工作者1人、"省优"专家2人、海南省"515人才工程"第一层次人选7人、海南省"515人才工程"第二层次人选2人、海南省"515人才工程"第三层次人选7人、海南省"杰出人才"3人、海南省优秀科技工作者2人）。

【办学条件】在新校区建设中，已经完成一期土地办证工作，推进二期760亩土地征收工作。海口市国土资源局已于2016年11月正式向学校颁发桂林洋校区一期建设用地《国有建设用地划拨决定书》和4本不动产权证书（土地证），面积合计1405亩，一期建设工作全面完成。

2015年以来，共投入4.6亿进行新校区建设，已完成和将完成建筑面积10000平方米；投入9557万元用于购买教学仪器设备；投入1300万元用于学生宿舍热水的供应、空调的安装与改造；投入3000万元用于教室、教工周转房的维修与改造；投入1500万元用于龙昆南校区水网、电网的改造；投入1000万元用于学校基础信息化建设。新建教工保障性住房391套，共68000平方米。

【交流与合作】 学校与马来西亚世纪大学共建的孔子学院于2015年11月成立，现有注册学员约2000人。

截至2017年底，已招收留学生637人。

2015年以来，学校共派出220名学生赴美国、英国、新西兰、日本、韩国、中国台湾交流学习；派出10批次35名教师到美国、英国、德国等9个国家进行访学和交流。

2017年7月，学校与俄罗斯圣彼得堡国立电影电视大学合作的举办广播电视编导本科教育项目获教育部审批通过，并招收首批学生。

学校拟引进俄罗斯先进电影教育理念，共同创建海南圣彼德堡国际电影学院，培养优秀影视人才，构建学研产一体化运作模式，打造专业化、多元化的国际影视文化产业平台，服务中、俄两国电影文化事业和海南旅游文化事业发展。

2017年，学校陆续与美国、英国、新西兰、丹麦、马来西亚、泰国、巴基斯坦等国签订友好合作协议。截至2017年底，学校已与以上国家签订友好合作备忘录及各类合作协议88个，当年新增5个。

接待境外高校访问团、教授、学者来访共246人次。美国驻广州领事馆、法国驻广州领事馆相关官员、美国驻广州领事馆美国环境保护总局科学家相继访问学校并提出友好交流合作的愿望。

资产管理工作

【概况】资产管理工作由国有资产管理处（简称国资处）负责，包括资产使用与管理、物资采购、仪器设备维修等。国有资产管理处有计划综合科、资产采购科、资产统计与管理科和设备管理科4个科室，共有员工11人，处长蒙激流，副处长吉承儒。2017年7月，国资处通过公开招聘方式引进会计学专业硕士研究生。国资处工作人员具有中级职称5人，硕士研究生学位6人。

【党建工作】国资处为机关党委第十一支部，共有正式党员7名，吉承儒同志为支部书记，陈国莲同志为组织委员，许林山同志为宣传委员。2017年机关党委第十一支部共组织党员学习18次，其中，开展党课4次、开展党日主题教育实践活动多次、撰写党员学习心得体会28篇。

【招标采购】召开7次学校招投标小组工作会，完成采购项目招标文件论证工作。完成2017年"特殊教育教学资源库建设项目"等42项省财政拨款建设项目招标工作，合计资金4780.45万元；"语言实验教学平台建设项目"等5个2017年中央财政支持地方高校建设项目项目的招标工作，合计资金1100万元；2017年中央引导地方项目的招标工作，合计资金230万元。

完成政府采购招标42批次，招标结余246.48万元。完成协议供货14批次，共计242.28万元。

【资产管理】完善资产管理数字化建设，实现资产管理信息化和校院二级管理。资产管理数字化平台面向全校教职工开放使用。全校实行国有资产校院二级管理，二级单位参与资产的全生命周期管理。

【开放共享】大型仪器开放共享，提高资产使用效益。2017年争取到科技厅项目经费支持，海南省大仪管理办公室购置管理软件和终端设备，实现学校单价在40万元以上的大型仪器设备开放共享及网络化信息化管理，并对使用效率进行评估和大数据分析。

【有偿使用】完成对场馆和大型仪器设备的评估，确定国有资产有偿使用最低价栏，经教育厅审核同意，报财政厅审批备案后进行依法规范有偿使用。

【业务交流】2017年，国资处共有13人次参加全国师范大学国有资产管理研究年会、全国高校教学科研基础设施和教学科研仪器开放共享平台研讨会、全国教学仪器设备交流会、海南省大仪平台管理工作推进会、校办企业改革与管理体制改革培训班等；与北京师范大学、南京师范大学、华南师范大学、海南医学院、海南省热带海洋学院进行交流；赴海南省国有资产监督管理委员会学习校办企业相关法律法规及资产管理模式。

【资产报增】新增仪器设备、家具、二地使用权类等固定资产8285项，资产原值66492109.84元；低值设备1694件，资产原值819083.54元；

图书39715项，资产原值2341979.59元。这些都为学校教学科研工作提供了条件保障。

【绩效评价】开展2016年海南省财政拨款建设项目绩效评价工作。对2017年预算项目实施绩效监控与绩效目标评价、跟踪、分析工作，确保2017年项目建设质量和资金执行进度。

【设备保障】完成田家炳2楼报告厅及10楼报告厅设备、公共LED设备、学校会议室及机关办公设备维护管理工作。完成实验楼3间教室整体装修和生命科学学院1楼4间多媒体教室设备、课桌椅整体搬迁并安装工作。

【资产处置】开展资产报废处置及有毒物品和放射源管理工作。2017年报废资产4254台（件），资产原值14556146.06元，资产残值通过评估招标回收并上交国库。

【信息公开】主动及时公开设备采购、资产管理及处置等信息。按照有关法律和文件要求，依法采购，依法在海南省人民政府网和中国政府采购网等权威媒体网站上公开招标采购信息。同时，在OA办公系统中，公示仪器设备、家具类建设项目验收结果，并接受监督。

【审核性评估】配合学校评建办完成本科教学审核性评估工作，对教学状态数据进行收集整理，根据处室工作职能加强管理。评建结合，按照评估标准，按时、高质量做好本科教学审核性评估前期工作。

【精准扶贫】国资处领导多次到亚欠村参与帮扶，送去扶贫物资及慰问，包括电脑、空调、家具等。

后勤管理工作

【概况】后勤管理工作由后勤管理处负责，主要承担着住房管理、节约型校园建设、基础设施和校园校舍维修、学生公寓管理、水电服务、校园美化绿化等后勤工作。

后勤处共有工作人员338人，其中，桂林洋农场聘用人员63人。

【后勤创新】建立后勤管理处工作群、机关第三党支部工作群、学生公寓群等6个微信/QQ工作群，以提高工作效率。

建设能源管理平台，完成公共建筑能耗监测系统建设，提升水电能耗管理的信息化、数字化水平。

【食堂工作】完成各食堂"明厨亮灶"改造，各食堂操作间监控安装工作。每日安排质检员到各食堂查问题、下通知，严查卫生死角，发现问题即时整改。完成桂林洋学生食堂、教工食堂排烟管道等改造工作，投入约90万元。

9月底，将食堂整体移交教育发展管理办公室经营管理。

【宿舍保障】完成12703人次学生住宿安排等工作。

完成校本部第11幢学生公寓空调电线路改造工作。桂林洋校区学生宿舍已实现空调全覆盖。

【维修维护】完成水电日常维修任务5000余件次，保电任务82场。协助完成龙昆南校区供电网络的预防性试验等工作。完成龙昆南校区图书馆、田家炳教育书院，两个校区主校道、运动场所节能灯灯具的更换工作。

清理、维护学生宿舍1945间。维修基础设施等19736次。查收违规电器386件；排除安全隐患22起。

全年共割草、修剪各种花木28万多平方米，补植各种树苗548株，补植各类草皮820平方米，处理并清运枯死树枝235车。每半个月对校区进行打药一次，防止病虫害发生。

完成桂林洋校区学生宿舍1~10幢空调线路安装、桂林洋校区钢结构仓库建设等6个项目，工程造价约1881.75万元，项目完成率100%。

完成293项次的零星修缮工作。

完成防雷整改、桂林洋校区教师周转房维修改造、桂林洋校区学生宿舍1~10幢空调线路安装等7个维修改造项目。

【卫生工作】每天坚持打扫教室、卫生间2次以上，全年清理校园卫生死角等处的垃圾215车。大力开展爱国卫生运动，每个季度对校园进行全面的除"四害"消杀工作。

每月第三周周二下午开展全校的环境卫生整治活动，检查并通报各单位执行情况。后勤卫生监督员每天巡视检查校园卫生，检举不文明行为。

【校园建设】完成立体停车场项目施工招标工作，该项目已进入施工阶段。

已汇报并修改园林景观设计方案两次。

【房产工作】完成22、23幢保障房不动产权籍的测绘工作。完成12套旧集资房（第二批）产权比例审批手续和房款1073672元的退款工作。完成66套旧房房款（第三批）1588457.08元的退款工作。

完成佳宝公寓拍卖房产税和土地增值税的缴交工作以及房地关联手续。协助教职工基本完成个人完税手续。

完成60套房源的维护工作、88套周转房分房工作。收回新集资房3套。完成68套桂林洋周转房的维修、调整工作。

修订《海南师范大学周转用房暂行管理办法》。

【"双创"工作】每月进行一次全面的安全隐患排查，建立安全隐患台账，开展安全隐患整改工作，创建平安和谐校园，助力海口市建设国家文明城市。完成创建文明校园材料收集、报送和学校"创卫"材料收集、整理及建档等工作。

【其他工作】完成学校第三产业、附中与外租场地的水电表抄、算、送、追缴工作。协助学校物业做好教工宿舍区的水电、电梯保障等工作。完成公共建筑能耗监测系统建设和运行工作。

基本建设工作

【概况】基建工作由基建处负责。基建处下设综合科、工程技术与管理科，共有工作人员7人。

2017年，学校完成体育综合训练馆、学生公寓11～14幢、产学研基地楼（海口国家大学科技园）、二期学生食堂、开闭所及外线工程的建设，新增建筑面积近6.9万平方米，完成投资约2.5亿元。

【桂林洋校区建设】建成学生公寓11～14幢，基本满足学生入住需求，体育学院也因此顺利搬迁至桂林洋校区上课。

有序推进图书馆项目、主校道建设项目。本年度的项目资金支付已占下拨资金的90%。

目前正在建设的主校道是校园景观大道，道路两旁种有多种树木，中间建有绿地广场。同时，校区部分污水管网也在规划设计中，计划将分散排放的污水集中排到污水池并抽排到市政污水管网，减少污水对校园环境的污染。

【项目管理】图书馆项目是目前学校建设项目中，投资金额最高、建筑面积最大的一个项目。2017年，该项目已经完成主体封顶，正处于装修阶段。在项目的建设过程中，不管是施工工艺、工程质量，还是安全管理等都做得较好，工地现场的安全文明管理更是得到美兰区质量安全监督站的表扬。

【日常管理】进一步提高基建处派驻工地现场代表的管理水平，强化对工程的日常监管。每周召开工程现场例会。

严格执行材料抽样检测标准，所有应用到工程项目上的材料都必须现场取样，业主、监理单位全程跟踪送检。

严格实行工程款支付会签程序。坚持每一笔工程款的支付均需基建处、律师、审计、财务、分管校长和校长签字。通过层层把关，相互监督制约，确保给付工程款不出任何差错。

【档案工作】2017年，完成桂林洋校区教师周转房项目、龙昆南校区23幢教职工住宅楼项目的资料归档。正准备归档22幢教职工住宅楼项目资料。

安全保卫工作

【概况】安全保卫工作由保卫处负责，主要包括负责学校安全保卫工作，保障师生员工生命财产安全，参与处置各类安全突发事件。保卫处设有综合科、治安科、消防科、政保科、户籍室等5个科室，现有干部10人、工人7人、聘用保安108人（含桂林洋学生宿舍区保安14人、龙昆南校区金鹏学生公寓保安8人）。

【队伍建设】全年开展保安专项培训4次，受训200人次，谈话和通报迟到、脱岗等违纪保安20人次，辞退保安6名。

【治安管理】两校区人防及时到位，物防逐步完备，技防不断完善（目前两校区安装874个摄像机），校园巡逻力度不断增强，见警面不断扩大。全年接处事件100多件次，及时调解师生纠纷4起，救助4起，找回失物4件，处置影响校园秩序行为80多次，抓获违法嫌疑人1名，查处案件2宗，追回手提电脑1台、手机1部、现金300元。无重大刑事、治安案件发生，一般案件发案率与去年同期比下降2%。

【消防管理】坚持消防日查、月查工作制度，全面实施高层建设楼长管理制度。

开展2017年"119"消防安全宣传月活动，发放各类消防宣传资料、消防安全提示5000多份，举办师生消防培训和灭火演练19场，组织学生开展疏散演练2场。

组织安保人员参加防灾减灾活动2次、消防技能比赛2次、应急演练1次。

开展消防安全检查220多次，下发整改通知书19份，整改消防隐患33项。

设置建筑物消防安全"三提示"标识200多块、消防疏散平面示意图120多块、疏散通道禁止堵塞标志200多块。

更换损坏灭火器500多具、消防应急照明灯118个、安全出口灯190个、消防水带68条，清理堵塞消防通道或楼梯21处、建筑物外围消防车通道5次，更换消防防火卷帘门1个。

2017年成功扑灭火情3起。

【维稳工作】开展矛盾纠纷排查12次，调解师生矛盾纠纷4起（成功率100%），学校无上访事件、群体性事件、重大政治事件。

【交通管理】2017年更换各类交通标识10块，开展交通专项整治8次。在桂林洋校区开展禁止行驶摩托车、电动车专项整治行动，桂林洋校区减少摩托车、电动车1500多辆。

【安全防范教育】在保卫处网页设置"安全教育"专栏，张贴《警情提示》1500多份，在体育活动场地设置安全提示牌12块，印制《新生安全警示》4000多份，开展大学生安全专题讲座7场，指导各学院开展新生安全教育10多场，开展开学初和放假前的安全提示和教育活动4次。

【户籍管理】2017年办理户口迁出797人次、迁入295人次，出具户籍证、无犯罪记录证明1000多份。

综合治理工作

【概况】综合治理工作主要由综合治理办公室负责，目前有专职干部2名（其中，专职副主任张成在陵水黎族自治县亚欠村挂职）。

【治安管理】2017年，一般案件发案率同比下降2%，校园治安状况良好。

【消防管理】协调保卫处开展消防安全检查工作。督促落实消防安全责任制、消防安全规章制度、消防安全教育、消防安全培训和演练、消防隐患排查整改，及时维护消防设备设施。2017年，学校没有重大以上火灾事故。

【隐患排查】多次组织开展"深入排查、及时整改、确保平安"专项检查工作。2017年开展5次全校安全隐患排查工作，重点排查教学楼、实验室、图书馆、会议厅、教师住宅区、学生宿舍、食堂、校内商铺、校车，排查各类安全隐患200多条，大部分安全隐患已整改，个别隐患因资金等原因尚未完成整改。

【安全生产】强化安全生产红线意识，积极传达安全生产文件和会议精神，全面落实安全生产责任，制订并落实《海南师范大学安全生产排查实施方案》《今冬明春安全生产隐患六排查大整治专项行动实施方案》《岁末年初安全工作通知》《电气火灾综合治理工作实施方案（2017-09—2020-04）》。

2017年，学校没有发生较大以上安全生产事故。

【维稳状况】指导、协调和促进保卫处、后勤管理处、教育发展管理办公室、人事处、基建处加强对校内出租屋和流动人口的管理，做到"情况明、底数清"。

2017年，学校无群体性事件、无重大政治事件和上访事件。

【危险化学品】协助教务处指导相关学院完善危险化学品管理，协助公安机关开展危险化学品安全督查。针对化学与化工学院和生命科学学院的危险化学品开展3次专项检查，并督促其设置危化品存储空间，形成专管制度，配备基本安保、消防设施。

2017年，学校没有发生危险化学品事故。

【"双创"工作】协调后勤处、保卫处全面铺开校园及周边综合治理督察，2017年开展校园巡查7次。完成教职工宿舍楼楼道及校园杂物清理3次，规范校园机动车、电动车通行和停放8次。

编辑出版工作

【概况】编辑出版工作主要由学报编辑部和海南教育期刊社负责。

学报编辑部编辑、出版和发行《海南师范大学学报（社会科学版）》和《海南师范大学学报（自然科学版）》两种学术期刊。《海南师范大学学报（社会科学版）》为双月刊，国内统一刊号 CN46-1076/C，国际标准刊号 ISSN 1674-5310，国内外公开发行。《海南师范大学学报（自然科学版）》为季刊，国内统一刊号 CN46-1075/N，国际标准刊号 ISSN 1674-4942，国内外公开发行。

海南教育期刊社编辑、出版和发行的《新教育》，是海南省面向全国公开发行的省级综合性教育期刊，为中国知网、万方数据库、维普网全文收录期刊。国内统一刊号 CN46-1069/G4，国际标准刊号 ISSN1673-0739。

【编辑出版】2017年，《海南师范大学学报（社会科学版）》共编辑、出版和发行6期，发文130篇。《海南师范大学学报（自然科学版）》共编辑、出版和发行4期，发文76篇。

《新教育》杂志共编辑、出版36期，全年发行量为78万份。

【学报影响】中国知网统计，使用《海南师范大学学报（社会科学版）》的机构用户总数已达3768个，其中国际用户和中国港、澳、台用户265个，包括美国国会图书馆、悉尼大学、法国国防部、日本国会图书馆等；国内用户3503个，包括清华大学、北京大学、浙江大学

等。本年度，该刊刊发的一批高质量论文产生了比较大的学术反响，其中，《新华文摘》转载2篇、《高等学校文科学术文摘》转载1篇、《教育学文摘》转载1篇、《人大复印资料》《社会学文摘》《文摘报》等转载12篇，被索引200多篇。

《海南师范大学学报（自然科学版）》目前已被国内外17家数据库或科技文摘期刊收录。《中国学术期刊影响因子（自然科学与工程技术2016版）》统计，该校刊复合类影响因子为0.299，期刊综合影响因子学科平均值有所提高，期刊综合即年指标和期刊综合即年指标学科平均值分别提高32.14%和15.79%。中国知网统计，使用该刊的机构数已达4284个，其中国际用户和中国港、澳、台用户81个，包括美国国会图书馆、悉尼大学、法国国防部、日本国会图书馆等；国内用户4203个，包括清华大学、北京大学、浙江大学等。

【学术交流】2017年，学报编辑部共有8人次参加国家新闻出版总署举办的期刊编辑业务培训，以及中国期刊研究会等部门或单位组织的学术会议。

【科研工作】2017年学报编辑部共发表科研论文13篇（其中核心及以上期刊2篇），获得海口市科技进步奖二等奖。

【队伍建设】学报编辑部工作人员10人，其中，在编在职8人、返聘1人、聘用1人；正高职称3人、副高职称4人、中级职称2人、初

级职称1人；具有博士学位5人、硕士学位2人、学士学位3人。

【服务学校】围绕学校发展大局，《斋教育》在省部共建、学科建设、师资培养、学生就业创业、社团活动等方面，加大宣传报道的力度与频度等。

图书情报工作

【概况】图书情报工作由图书馆负责。图书馆创建于1949年，位于龙昆南校区星光广场南侧，并在桂林洋校区公共楼设有阅览室。图书馆现设办公室、采编部、期刊部、流通阅览部、技术与电子资源服务部、信息咨询部、特藏部、科技查新中心、学科服务部。截至2017年12月底，图书馆馆藏纸质图书208.93万册、电子图书128.02万册，有中外文数据库26个。图书馆共有工作人员90人，其中，正高职称4人、副高职称23人、中级职称30人。

2017年学校图书借阅量为66421册。

【文献资源】2017年，学校投入图书购置费306万元，通过公开招标采购5.5万多册纸质图书；纸质报刊经费173.64万元，续订中文报刊4246种、外文报刊65种；数据库410.4万元，保障及时续订中国知网、超星、万方、维普期刊等数据库的同时，还根据学校师生的学习科研需求新增Westlaw、Taylor、Science等数据库。

【信息咨询】2017年图书馆新生入馆培训采用线上、线下相结合的方式，线上以游戏闯关方式让新生自主接受入馆教育，线下以传统的讲座形式进行入馆培训。此外，图书馆开展了软件通数据库培训、起点考研网培训、中国知网培训、EBSCO外文数据库等培训11次，还组织"万方杯"信息检索大赛、"恋上图书馆"知识竞赛、口语伙伴趣味比赛等活动，帮助读者更好地了解和利用图书馆资源和服务。

【科研工作】2017年图书馆共有1项国家社科项目、3项省社科联项目、2项教育厅项目立项，完成省社科联项目1项、教育厅项目1项。发表论文11篇，其中图书馆学专业核心期刊3篇。

【新馆建设】2017年图书馆与设计院、基建处、施工单位共同推进桂林洋图书馆建设工作。组织业务骨干成立新馆建设项目组，分别负责新馆家具、导向标识系统、配套设施设备建设等项目，并组织校内外专家进行论证。各项目组分别到省外图书馆参观考察，学习借鉴其他馆在家具建设、信息化建设、图书搬迁、标识设计、特色空间布局等方面的经验，制订新图书馆内部建设方案。2017年底桂林洋新馆完成主体封顶，新馆家具、导向标识、信息设备建设等配套项目完成前期调研工作。

档案管理工作

【概况】档案管理工作由学校档案馆负责。档案馆前身为综合档案室，成立于1988年，1993年被评为省级二级档案室，2014年3月18日升格为档案馆。档案馆为副处级教辅单位建制，建有校史馆、实物档案陈列室，下设办公室、综合档案部、学生档案部、信息开发部等工作部门。核定专业技术编制人员3人。现有专业技术人员中，共有6人为硕士研究生毕业，2人本科毕业；3人为档案专业毕业，其中，2人为档案专业硕士研究生毕业、1人为档案专业本科生毕业。副研究馆员1人、馆员4人。

档案馆馆藏档案有2个全宗，分党群、行政、教学、科研、基建、仪器设备、出版、外事、财会、学生等10大类。

此外，学校教职工人事档案由人事处负责，基建档案由基建处负责，研究生档案由研究生学院负责。

【档案归档】学校综合档案实行部门立卷制度。2017年归档纸质档案共2648卷、2457件，比2016年增加了243卷。目前馆藏纸质档案共计53813卷、22506件。2017年归档数码照片1763张、实物档案9件、数字化电子图像124126张。

【档案利用】2017年，新生录取名册的利用约600人次。

为配合高校巡视组及省级相关部门对学校近3年财务经费的审计，全年为校人事处、纪检处、财务处及学院、个人提供会计档案查询、借阅服务2000余册。

因国家对干部人事档案"三龄二历"（年龄、工龄、党龄，学历、工作经历）的严格规范，审核干部时需重新核查人事档案的学籍、学位、学历等材料，对不完整的人事档案材料进行补充、完善。学籍档案全年利用约400人次。

年转递往届生档案216份，为100余名在校学生提供借阅录取通知书、团组织关系等档案利用服务。

提供往届生学历学位认证54人次，转应届毕业生档案到教务处认证100多人次。

【信息化建设】投入经费50万，用于建设高校档案综合业务管理平台。项目主体建设已经如期完成，档案系统与学校各大管理系统基本完成内部数据对接，校园内部管理数据届时将按要求定期推送，自动完成电子文件归档工作，档案查询全文检索功能基本实现。

【档案转递】完成应届毕业生档案转递共3978份，因其他原因没能及时转送的有200余份。另有往届生档案调档转递216份。

【档案编研】为记录学校每年的重要事件和校园面貌，展现学校的发展过程，档案馆利用现有馆藏资源，编纂《海南师范大学年鉴（2015）》并制作2016年校园记忆系列照片册。

首次在"6·9"国际档案日悬挂展板展示学校校徽演变史和学校著名人物小传，吸引了大量师生观看。

编辑校史宣传折页一份，包括学校简史和著名人物介绍。新生入学时，发放校史宣传折页5000份。

【馆舍建设】现有的馆藏条件不足，库存空间、设施有待扩充。

网络信息工作

【概况】网络信息工作由信息网络与数据中心负责，包括学校校园网建设、运行、管理和维护工作，中国教育与科研计算机网（CERNET）海口主节点的建设与运维工作。

【校园网络建设】完成中国教育与科研网络海口核心节点的改造升级工作，配合中国电信在两校区网络中心机房的扩充及维护工作，完成海口核心节点结构调整、设备升级和环境改造等工作，配合清华核心节点完成中国教育与科研网络年度检查工作，签署Ipv6示范网络主干网核心节点支撑环境建设项目合同。

完成计费系统RG-SAM、上网日志、DNS服务器、DHCP服务器的配置及日常维护工作。

完成桂林洋校区大学科技园、体育楼和南校区黄花康体育馆招生备用光缆的铺设工作。

完成十九大期间全校2万多人在线参与网络视频实时学习的压力测试。

【网络安全】协助处理学校各单位信息安全漏洞，配合学校保卫处开展校园安全隐患排查工作，初步完成海南省信息系统安全等级保护工作，针对勒索病毒提前做出部署并加强网络防护。

与海口市公安局网监处、安全厅沟通，对任子行系统和协议库进行升级。

十九大期间，对本单位主管的信息系统进行全面的安全检查和技术检测，加强对本单位门户网站和重要信息系统的监测，对发现和通报的安全威胁及时整改。

严格执行网络舆情监管制度和舆论危机预防应对机制、上网实名制和上网账号的准确使用机制。发展积极向上的网络文化，确保各单位网站内容健康。推进校园网络安全预防控制体系和安防监控体制建设。

【无线校园网建设】完成龙昆南校区与桂林洋校区无线校园网建设项目的验收并运行测试，将原有的无线网络整合接入新建的无线网络系统，优化了教职工上网账号的开户流程和方式，完善了账号数据的管理工作。

完成第一行政楼和第二行政楼的无线网络升级改造。

【技术协助】落实VPN服务器的部署，并进行培训，完成VPN服务器升级。为外语学院、信息学院、档案馆、生科院、教务处、大学科技园提供服务器托管服务。在高考招生期间，对本校网及全省各院校教育网进行维护。完成中小学教师资格考试网络部署。为高考评卷系统提供维护。配合学校教工宿舍电梯安装工程的网络线路协调工作。

【信息化建设】完成海南教育大数据系统（海南师范大学试点）项目的申请立项工作，获得海南省工业和信息化厅审批通过。

完成海南师范大学信息化系统运维项目的申请立项工作，获得海南省工业和信息化厅审批通过。

开展日常信息化运行维护工作，主要包括网络设备、信息安全、办公系统、科研管理系统、"一卡通"系统、VMWare虚拟平台等。

针对服务器、虚拟平台、大数据中心、信息系统等，开展全校范围内的信息化水平调查，基本建立海南师范大学信息化档案。

根据教务处、国资处、财务处的意见，协助各项目申报单位，主持编制了2018年的信息化项目建议书。

主持编制海南师范大学信息化工作的相关文档，重点提出信息化工作年度会议制度（含计划会议与总结会议）、信息化专家组工作管理办法、信息化工作管理办法、信息化项目建设管理制度、信息化项目运维管理制度等。

教育服务工作

【概况】教育服务工作由教育发展管理办公室负责，主要包括对学校教育发展各项工作的统筹规划；对全校各类非学历教育培训项目实行统一管理；对3个附属单位日常工作进行监督管理；对学校委托的经营型资产实行运营管理。

教育发展管理办公室成立于2015年11月，内设5个部门，下属海南师大教育服务管理有限公司，其受托管理实验小学、附属幼儿园、校医院等3个附属单位。现有工作人员223人。

【党建工作】教育发展管理办公室归属机关党委第十支部，目前共有党员32名。教育发展管理办公室负责人重视党风廉政建设，积极参加中国教育干部网络学院培训平台的廉政学习，坚决落实全面从严治党要求，强化党内监督，规范权力运行，致力于营造风清气正的环境。

【非学历教育培训】海南省中小微企业培训基地落户学校，并配合政府职能厅局，努力推进海南省中小企业培训基地的建设工作。

1月，完成"国培计划"之"海南省乡村幼儿园园长培训项目"。完成为期3年的2015年"国培计划"之"万宁市中小学、幼儿园送教下乡培训项目"。启动2017年"国培计划"之"万宁市中小学、幼儿园送教下乡培训项目"。

完成国家普通话测试工作。承接海南省第29所国家职业技能鉴定所和海南师范大学职业技能培训中心业务。初步完成网络平台打造工作，依托各种网络技术力量，搭建全省教师教育网络培训平台。制定各类培训管理制度及分成方案。

【资产管理】办理各类营业许可证件，做到合法合规办企业。完成教职工住宅区物业服务的招标工作，并跟业主委员会签署了物业服务合同。完成24幢业主档案的建设、公共卫生及电梯的维修维护工作，大部分业主已经顺利入住。完成道闸系统、地下车库监控系统的招投标报名工作。完成龙昆南校区第14、第15、第19、第20、第21幢及金花园校区第1、第3幢的外挂电梯建设。

完成对海师大厦的接管，开始陆续改造。完成桂林洋招待所维修改造项目的招标和校园物流中心的建设，规范管理物流企业进出校园。

配合学校相关部门开展车辆改革，与海口公交运输公司签署新能源汽车租赁协议，便利教职工往返于南校区和桂林洋校区。

完成附属医院设施设备的更新和维护工作。

【对外合作】完成与海南育新教育投资有限公司合作开办的海师大友谊幼儿园的装修工作，并于1月正式开园，满员招生。

加强与陵水黎族自治县、琼中黎族苗族自治县、定安县等县的协商，初步达成合作办学的意向。

与琼中黎族苗族县洽谈4所幼儿园托管，达成合作意向。

校友工作

【概况】校友工作由党政办公室校友科负责。党政办公室校友科前身为挂靠学校办公室的校友工作办公室。2015年学校成立党政办公室，校友工作办公室改为校友科，隶属党政办公室。校友科有工作人员1人。

海南师范大学校友会是经海南省民政厅注册登记、具有法人资格的社会团体，1995年6月23日正式注册成立，前身为1989年成立的海南师范学院校友会（未能注册，但实际开展活动，组织策划了建校45周年校庆等活动）。校友会现设名誉会长、顾问、会长、常务副会长、副会长、秘书长、副秘书长、常务理事、理事等职务。校友会现共有20个校友分会，其中，国内18个、国外2个。

海南师范大学校友会委托海南师范大学党政办校友科进行管理。

【数据库建设】初步完成数据库建设，收录11万余名校友的数据，其中，研究生1435人、本专科生112685人。基本完成全日制和非全日制校友数据统计工作。

【校友联络员选拔】继续完善校友联络机制，从2017届优秀毕业生中选拔184名校友联络员，其中，本科校友联络员15人、研究生校友联络员169人。

【宣传工作】建立由校友会网站和校友信息管理系统、校友会微信公众平台、校友会活动平台组成的"一网三平台"校友信息系统。

校友会微信公众平台自2015年上线以来，发布文章及信息300余条，阅读总量达100多万人次。2017年校友会微信公众平台发布文章及信息59条，阅读总量超过100万人次。其中，学校68周年校庆日活动推文的阅读量累计突破47万人次。

10月，校友会活动平台自正式上线启用。自启用以来，关注突破4700人；设置二级校友会组织60个；邮件发送超5万封，有效打开近4万封。

【校友接待】2017年共接待校友值年返校班级36个，其中，毕业40周年班级5个，毕业30周年班级6个，毕业25周年班级1个，毕业20周年班级11个，毕业10周年13个班级，共2000余人次。

【学院工作】

教育与心理学院

【概况】教育与心理学院设有4个系、2个公共课教研室：教育系、心理学系、学前教育系、特殊教育系；教师教育类课程教研室、职业发展与就业指导教研室。设置有教育学、应用心理学、学前教育、特殊教育4个本科专业。

心理学专业建有基础心理实验室、教育认知神经研究实验室、心理统计与测量实验室、团体心理辅导实验室、行为观察实验室，实验室总面积500多平方米。学前教育专业建有形体训练室、电子钢琴教室、沙盘游戏室、感统实训室、蒙氏实训室各1间。2017年新建特殊教育综合实验室1间，面积70平方米，购置设备价值84.969万。学院建有各类实践教学基地20多个。

学院图书资料室藏书20000余册，各类中英文报刊130余种。

【党建工作】学院共有教工党支部、研究生党支部、本科生党支部等3个党支部。2017年，学院共有党员98名，新发展党员32人。学院组织党员及积极分子集中学习培训20余次，撰写心得体会200多篇。学院引导各支部开展党建品牌创建活动，教工支部落实"两送两扶"活动，研究生支部构建"三个课堂"阵地，本科生支部开展"四个红色"教育。学院按时完成党员组织关系排查清理工作。

【师资队伍】学院有教职工55人，其中，专任教师44人。学院有教授5人、副教授19人、讲师14人，具有博士学位教师16人。

2017年引进特殊教育专业教师2人（硕士），2人在职攻读博士学位，1人自6月起到海南省社科联挂职。

【学科建设】学院拥有省级特色重点、校级优势学科教育学，校级特色培育学科心理学，其中，教育学一级学科为学校拟建博士点学科；教育学一级学科硕士点和教育硕士专业学位点，心理学一级学科硕士点；教育学原理、比较教育学2个学术型硕士研究生专业，教育管理、心理健康教育2个专业型硕士研究生专业。

【人才培养】学院2017年招生289人（硕士研究生21人、本科生268人）。截至12月，学院共有在校生977人（硕士研究生49人、本科生898人、民族预科生30人）。

【教学工作】6月，完成本科教学审核评估自评报告，重新修订了2013版和2016版教学大纲；完成2016级教育学大类学生的专业分流，其中，教育学专业37人、应用心理学62人、学前教育专业101人、特殊教育专业41人。

2017年，学院被评为学校2016—2017年实践教学先进单位。1项教改项目获批省级教学改革重点项目。1项教学成果获校级教学成果奖一等奖，并被推荐参加省级教学成果奖评选。

2名本科生被推荐免试攻读硕士并获通过。2015级应用心理学班张钰同学获首届海南省师范生说课竞赛一等奖。

【科研工作】学院教师以第一作者或通讯作者身份公开发表论文33篇（其中CSSCI等核心

期刊论文17篇，1篇论文被《高等学校文科学术文摘》全文转载，3篇论文被《复印报刊资料》全文转载），出版著作5部。1项课题获国家级立项，4项课题获省部级立项，2项课题获地厅级立项，2项课题获校级立项。在研项目40多项。

1篇硕士学位论文获海南省优秀学位论文。研究生在研课题15项，其中"海南省硕士专业学位研究生联合培养基地"项目11项。

申请并成功成为教育实证研究优秀成果奖评选成员单位，参加全国教育实证研究优秀成果奖之优秀学术论文奖的评选工作。完成全国教育硕士培养方案统一修订工作，对教育管理专业和心理健康教育专业的培养方案进行了修订。完成海南省教育厅关于做好海南省专业学位研究生联合培养基地（第一批）中期检查工作。

2017年，组织研究生学术论坛1次、学术沙龙6次。

【学生工作】1篇学生暑期社会实践论文被评为省级暑期社会实践优秀调研报告（论文），另有1篇获得校级一等奖、1篇获得校级二等奖。学院团委组织的昌江石碌镇学校教育关爱综合服务团被评为海南省大中专学生志愿者暑期文化科技"三下乡"的"优秀团队"及校级"优秀实践队"。

学院学生在海南师范大学第三届大学生创新创业大赛暨"互联网＋""创青春""科创杯"选拔赛中获得二等奖1项、三等奖2项。2项学生创新创业训练计划项目获得校级立项。

2015级教育学班被评为"2017年海南省高校共青团活力团支部"。

【对外交流】邀请上海师范大学心理学研究所所长、博士生导师卢家楣，中国人民大学教授、博士生导师俞国良等多位知名学者到学院讲学。派出近100人次的教师和研究生参加各种学术交流，其中，研究生外出参加学术交流45人次。

【社会服务】受教育厅委托，承担琼中县、儋州市学前教育帮扶项目，学院领导、学前教育专业教师组成的帮扶团队先后20多次深入两地开展帮扶活动。承办并顺利完成海南省教育厅委托的海南省中小学心理健康教师培训项目。

初等教育学院

【概况】初等教育学院小学教育专业创办于2003年，有中文与社会、数学与科学、英语教育3个专业，是海南省唯一培养本科和研究生学历小学师资的学院。小学教育专业是海南省首批特色专业和国家级特色专业，是全国小学教师教育学会和全国初等教育学会常务理事单位。学院招收课程与教学论、教育技术学等学术型硕士研究生和小学教育专业硕士研究生。学院于2014年获批教育部卓越小学教师培养改革项目，自2016年开始承担海南省乡村教师支持计划项目，目前在读定向免费师范生402名。

学院现建有网络学习实验室、数码钢琴实验室、科学实验室、形体实训室、心理实验室、书法艺术实验室等6个专业实验室，实验室总面积约630平方米，仪器设备总值近300万元。2017年新增仪器设备20件，价值约12万。拥有资料图书室1间，藏书27500余册，报刊150余种。2017年新增图书467册，总值约2.8万元。目前学院实验室场地分布过于分散，每间实验室都有安装视频监控，实验员可随时随地进行监控，实现信息化管理。

【党建工作】学院按时完成党员组织关系排查，无失联党员。发展新党员38名，转正18名。涌现出优秀党员3人、优秀党务工作者1人、优秀教师2人、师德师风标兵3人。荣获省级先进集体1项、校先进集体2项。

开展"两学一做"系列学习教育活动，落实"三会一课"活动制度，深入学习贯彻党的十九大、省第七次党代会和校第一次党代会精神，贯彻落实习近平总书记在全国高校思想政治工作会议上的重要讲话精神，履行基层党建主体责任，构建学习型、服务型、创新型党组织。针对2016年的问题清单，明确责任，如期落实整改政治理论学习不够、人才引进不足、科研创新不强等问题，并加强师德师风建设。

【师资队伍】学院现有教职工40人，包括专任教师34人。其中，教授9人、副教授11人；具有硕士学位教师16人、博士学位教师18人；硕士生导师资格教师12人、博士生导师资格教师3人；享受国务院政府特殊津贴专家2人、新世纪百千万人才工程国家级人选1人、校级优秀教师1人。

2017年组织高层次人才应聘面试工作6人次，新引进博士、副教授以上（含副教授）3人，应届优秀博士1人。

【学科建设】学院为教育学一级学科建设重要依托单位，主要负责建设课程与教学论、教育技术学二级学科。学院依托学科，积极进行科学研究、社会服务和人才培养。

小学教育专业刘婷同学获全国教育硕士教师技能大赛三等奖。

【人才培养】目前，学院在读本科生1112人，2017年招生267人，其中，大类招生63人、乡村教师支持计划招生204人。在读研究生50名，2017年招收硕士研究生26名，其中，学术型硕士11名、专业型硕士15名。

学院2017届毕业生就业人数为258人，各专业平均就业率达96.97%。学院共21人考上硕士研究生，继续深造。

学院构建"1＋1＋2"课程体系，注重综合培养，突出一专多能。

【教学工作】2017年，新开展课堂教学及考核方式改革课程9门。课程与教学论被评为省级视频公开课，音乐基础、课程与教学论2门课程实现了网络在线辅助教学。

在第六届海南大学生艺术展演活动中，学院学生的舞蹈《5200米高度的记忆》《枪·1934》分别获得大赛的一等奖和二等奖。董百惠同学在第五届德国欧米勒（青岛）国际钢琴公开赛中获海口赛区自由组三等奖。

2017年，教师共申请立项省级教学改革项目3项，其中重点项目2项，经费总计11.5万元。与此同时，根据学校"大类培养、专业分流"的精神，学院组织教学改革研讨10余次，有效推进了教学改革。

学院共有9位教师获省级及以上集体或个人表彰与奖励。学生获省级及以上集体或个人表彰与奖励共20项。

【科研工作】2017年，学院教师出版专著等7部，发表核心期刊论文21篇；立项省级以上科研课题9项，合计经费66.5万，其中，李森教授主持的课题获得2017年教育部人文社会科学重点研究基地重大项目，资助经费50万。

【学生工作】2017年，学生获国家级竞赛活动奖励9人次，获省级以上竞赛活动奖励19人次。

学院完成196名家庭经济困难学生认定工作，评审申请国家助学金学生196人、资助金额519000元，国家奖学金学生2人，国家励志奖学金学生28人，省优秀贫困大学生奖学金学生4人。

2017年继续开展"十·打实"教育实践能力训练系列活动、教师技能大赛系列活动、"名师讲坛"系列活动、"创新实践周"系列活动等，各项活动参与学生累计5000余人次。

【对外交流】5月，学院承办"全球共同利益理念下基础教育课程与教学改革"国际学术会议。

邀请国内外专家近10人次到学院作学术讲座，包括美国南伊利诺伊大学卜令国教授，国内西南大学博士生导师黄希庭教授、首都师范大学博士生导师部舒竹教授、天津师范大学杨宝忠教授等。

此外，学院有30多人次教师到全国各地参加各类学术交流会议。

【创新创业】2017年，学院共组织2次大型的创新创业实践周活动，请校内外专家与专业教师共同精心策划学院的创新创业实践活动，包括春季周4个系列、12个专题的专业指导讲座活动，冬季周6个专题的专家论坛讲座活动。

【扶贫工作】学院扶贫帮扶对象为陵水黎族自治县本号镇亚欠村胡昌云一家和亚欠小学。2017年入户走访共21人次；给予物资、现金和教育教学资源帮扶，总计价值20075元；新建3间猪栏，约26平方米；购置种猪1头、中猪1头、母猪2头。亚欠小学师资力量、资源配置水平、办学水平等进一步提升。

【成教工作】现有1个函授小学教育本科专业和1个函授初等教育专科专业，共计226人。

【其他工作】10月，承办海南省农村小学兼教学科教师培训项目，并圆满完成任务。

文学院

【概况】文学院现有中国语言文学系和历史系2个教学系，汉语言文学和历史学2个本科专业；海南当代文学研究所、国学所、文化产业研究中心、海南省妇女/性别研究与培训基地、侨乡文化中心5个校级研究所；院综合资料室、中国现当代文学重点学科资料室2个资料室，藏书8.6万册，有期刊163种。

学院有全日制在校本科生1519人、硕士研究生137人、博士研究生19人；教职工71人，其中专任教师54人。

【党建工作】文学院党委组织4次党委理论学习中心组学习会、11次党员学习会、2次教工学习会；邀请副校长过建春和校内宣讲团成员参加十九大报告宣讲会等；召开研讨会、开展"天涯人文：弘扬中华优秀传统文化"系列讲座，着力推进中华优秀传统文化传播，使十九大报告落地生根。

推进基层党建标准化建设。通过培训各党支部书记，明确基层党组织标准化建设的工作重点和进度；开展工作自查和检查，督促各党支部规范各类台账和"三会一课"工作。

【师资队伍】学院现有专任教师54人，其中，教授26人、副教授23人；博士36人；博士生导师14人；享受国务院政府特殊津贴专家5人、"省优"专家8人、省级重点学科带头人1人、省级"教学名师"3人、省级"优秀中青年骨干教师"2人、校级"教学名师"6人、入选海南省"515人才工程"11人。

2017年，文学院共引进高学历人才5人，教师读博、进修2人。

【学科建设】文学院现有1个博士学位授权学科，中国语言文学；1个博士点省级立项建设学科，中国史；1个省级特色专业，汉语言文学；1个省级重点学科，中国现当代文学；1个省级重点培育学科，中国史；3个省级教学团队，中国古代文学教学团队、中国现当代文学教学团队、文艺学教学团队；1门省级重点课程，汉语言；6门省级精品课程，汉语言、古代文学、中国现当代文学、中国文学批评史、中国古代史、外国文学史；1个省级B类特色重点学科，中国语言文学。

7月，中国语言文学学科在海南省特色重点学科自评工作中，获得评审专家建议评分87.5。中国史学科被列为海南省省级立项建设博士学位授权一级学科点。

12月，在教育部学位与研究生教育发展中心公布的全国第四轮学科评估结果中，中国语言文学学科综合实力为C+。

【教学工作】徐仲佳教授主持的"大学生现代性别文化素养培育的理论与实践"获海南师范大学校级教学成果奖一等奖。

组织全体教师进行2013版和2016版培养方案中所有课程的教学大纲修订工作。

组织教学经验丰富的老教师对新入职教师进行指导和帮扶，进行听课、评课等工作。

2017年度，学院学生共获批9项学校首届大学生创新创业训练计划项目，其中，"《孟子》字义通检——暨《孟子》思想主题全文分编"被学校推荐为国家级项目，"海南公期民俗文化的保护与传承"和"海南土糖制艺的保护和开发"被推荐为省级项目。

2017年，学院学生出境交流学习20余

人次。

学院申报课堂教学改革，对传统的教学模式、考核方式进行适当改革，加强学生的自学、实践能力。

【科研工作】2017年，学院教师获批国家社科基金项目4项、海南省社科规划项目3项；出版专著6部、编著3部；发表学术论文39篇，其中，北大核心和CSSCI来源期刊论文20篇，1篇论文被《中国现代、当代文学研究》转载；获海南省第九次社会科学优秀成果奖9项，其中，一等奖3项、二等奖2项、三等奖4项。

【研究生工作】2人获2017年国家奖学金。

2016级学科教学（历史）专业研究生张佳琳在全国第三届教育硕士历史学科专业教学技能大赛中获二等奖。2016级学科教学（语文）专业研究生杨潇潇、吴叶在全国第二届全日制教育硕士学科教学（语文）专业教学技能大赛中均获二等奖。

2016级学科教学（语文）专业研究生吴叶在2017年全国大中专学生"三下乡"社会实践"千校千项"成果遴选活动中被评为"真情实感志愿者"。

2017年，学院学生共获批12项海南省研究生创新科研课题，9项校级研究生创新科研项目。

2017届毕业生赵晶晶等2位研究生的毕业论文被评为"海南省优秀硕士学位论文"。

【学生工作】学院将思想政治教育工作融入课堂、班会、团支部活动中，将社会主义核心价值观、理想信念教育、十九大精神等通过各种形式让学生入脑入心。

依靠专业机构开展各项安全教育活动，如金融知识讲座、禁毒专题讲座、消防安全专题讲座。坚持辅导员每周走访宿舍，排查各项安全隐患并与学生交心谈心。利用班会召开各类主题班会。

完善党支部、团委、学生会相关制度，加大对入党分子、骨干学生干部的培养力度。开展"关爱师生、服务群众、凝聚民心"主题活动、团日活动等。其中，2016级中文4班在2017—2018学年度"与信仰对话，喜迎十九大"主题团日活动中获校级总评一等奖。

初次就业率达97.91%，考研录取率达13.22%。

学院青年志愿者协会获海南省志愿服务项目大赛之"童趣星光"关爱农民工子女教育计划铜奖、"情暖朝夕"邻里守望与为老服务项目铜奖。学院"盛夏与你，沐濂万宁"之"三下乡"暑期实践团队获校"先进实践团队"荣誉称号。

2014级汉语言文学专业吴浩同学在第二届中华学子青春国学荟中获全国总决赛大学组一等奖。学院9名同学在第十二届全国大学生文学作品大赛中获奖，其中，3人获国家级二等奖，6人获国家级三等奖。学院还获得学校第七届教师技能大赛文科组团体总分二等奖和学校第二届"思辨青春，唇语争锋"大学生辩论赛三等奖。

【创新创业工作】学院举办创新创业实践周活动，邀请校外优秀创业导师和校友企业家、校内著名教授和专业教师等共同开展活动。

【对外交流】学院先后于4月、5月召开北伐前后的郭沫若——中国郭沫若研究会第三届青年论坛、全球共同利益理念下基础教育课程与教学改革国际会议：语文教育与改革分论坛。

全年邀请多名国内知名学者到校作学术报告8场，成立校级研究所1个。

【扶贫工作】学院及时对接陵水黎族自治县本号镇亚欠村2户帮扶贫困户，多次前往亚欠村，筹措帮扶资金12000元，对2户帮扶户进行"志智"双扶。目前，学院对接的2户农户已顺利脱贫。

新闻传播与影视学院

【概况】新闻传播与影视学院成立于2015年11月，现设有广播电视编导、新闻学、广播电视学3个本科专业；新闻与传播1个专业学位硕士授予点。学院建有400平方米的现代媒体实验中心和全媒体交互式演播中心，拥有专业高清摄录设备、高清单反照相机、航拍设备、VR设备、高清非编工作站、达·芬奇调色工作站等专业教学实验设备，总价值达1200万元。学院在海口市大学科技园还有500平方米的传媒文化中心，中心建设有电影工作室、智慧梦工厂等机构。

【师资队伍】学院现有教职工24人（专任教师17人），其中，教授5人、副教授5人，具有博士学位教师6人。聘请海南省委宣传部常务副部长常辅棠同志为学院名誉院长。

【学科建设】与美术学院和音乐学院联合申报的艺术专业学位硕士点获批。

【科研工作】学院获批海南省社会科学规划项目4项。学院教师本年度共发表学术论文8篇，其中，核心论文3篇、非核心论文5篇；出版学术著作3部。学院学术骨干参加国内外学术会议15人次。

【舆情监测】成立海南省意识形态与舆论研究基地。

依托学院建立的海南省新闻传播人才培训基地，针对全省乡镇宣传委员、网络从业人员等开展3期培训工作。

海南省社会舆情与治理研究中心独立完成《海南省2017年度舆情蓝皮书》，与暨南大学新闻传播学院共同完成了《海南全球媒体形象报告》。此外，中心还完成了省委宣传部委托的一系列调研课题。

【人才培养】7月，俄罗斯圣彼得堡国立电影电视大学的教务处负责人葛林娜到校商谈影视编导方向专业的培养方案。

利用学院和海南广播电视总台建立的海南省第二批专业学位研究生联合培养基地，资助21名专业学位研究生开展有关社会问题的深度调研活动。

【对外合作交流】6月，学校和俄罗斯圣彼得堡电影电视大学签署协议，合作开办影视编导方向专业。8月，完成50人招生计划，且学生于9月入校学习。10月，俄方一名专业教师到校开展语言课程。

【学生工作】实施思想政治教育引领工程、创新创业能力提升工程、校园文化建设工程、贫困生帮扶工程、就业指导工程"五大工程"。

白丹阳等同学的作品荣获第五届全国高校数字艺术大赛三等奖；蒙美顺等同学的作品荣获2017年首届中韩国际大学生新媒体与艺术作品展三等奖、第三届中国—欧盟青少年电影节优秀奖；尹伊依等同学的作品荣获2017年"神秘水乡 秀秀三都"全国高校大学生微拍大赛三等奖；6名同学的作品在全国大学生征文比赛中获奖。

【办学条件】争取中央财政资金200余万元，完善学院影视相关专业（广播电视编导专业。影视编导专业）的配套硬件设施。影视编导专业（中俄联合办学）在龙昆南校区建立小型录音棚，并且配备部分灯光设备等。

法学院

【概况】法学院现有 1 个本科专业——法学；成人教育本、专科专业各 1 个，分别为法学与法律文秘。建有模拟法庭实验室 1 个。图书资料 75899 册。

【党建工作】2017 年共召开党政联席会议 17 次。将学习党的十九大精神与"两学一做"活动结合起来，开展学习教育。组织全院师生认真学习《中共海南省委关于进一步加强生态文明建设谱写美丽中国海南篇章的决定》。9 月 29 日，学院与海南省高级人民法院、海南省公安厅、海南省司法厅等部门在望海国际广场共同举办了 2017 年海南省生态环境资源保护法法治宣传活动。

选派 1 名党员参加 2017 年第 1 期哲学社会科学骨干研修班。选拔 1 名专任教师参加 2017 年高等学校与法律实务部门人员互聘"双千计划"，对接其他单位挂职人员 4 名。

【师资队伍】法学院现有 13 名专任教师，其中，教授 2 名、副教授 4 名、讲师 7 名。所有专任教师均为研究生学历，其中 10 人为博士。另有司法实务部门挂职人员 4 人，兼职教师 32 人。调出辅导员 1 人，新引进辅导员 2 人，退休 2 人（专任教师）。

【学科建设】学院持续建设校级特色培育学科——法学。同时，做好建设海南经济特区法治战略研究基地、海南省人大常委会立法联系单位、海南省法学会环境资源法学研究会等三大学科平台的工作。

【人才培养】学院现有本科生 454 人。2017 届毕业生 64 人，全部顺利毕业，就业率 98.44%。考上研究生 6 人，通过司法考试 14 人。

【教学工作】常规教学及教学管理工作运行稳定。校际合作培养即"3+2"本科生一体化培养模式有序进行。

建立与司法机关的合作平台，在省内多个地方法院、地方检察院和地方政府建立了实践基地。

【科研工作】2017 年，学院获批省级资助项目 1 项、教育厅资助项目 1 项。

【学生工作】学院团委设有组织部、学术实践部、文教部、青年志愿者协会、新媒体中心、创新创业工作中心，共有学生干部 36 名。院学生会设有主席团、办公室、外联部、学习部、学术实践部、宣传部、文娱部、体育部、自律委员会，共有学生干部 34 名。

组织广大学生深入学习贯彻十九大及"争先创优"精神等；不断完善学风管理制度；严抓安全教育，创造安全和谐的校园环境；建立心理工作室，加强学生心理教育与辅导；落实"以生为本"的思想，在常规工作中多为大学生做事；加强指导，做好毕业生就业指导工作；积极响应，做好学院"双创"工作。

【对外交流】学院与宾夕法尼亚州立大学法学院签订合作框架协议。举办海南省生态环境保护立法征求意见会，邀请中山大学、中南大学、复旦大学、南京工业大学、广西环境法研究会等单位的 18 名专家参会，并为学院师生开办高水平的学术讲座和海南生态法治国际大讲坛。

教师参加国内外会议近 10 人次。

学院积极参与地方立法论证与咨询工作，承担海南省多个地方性法规的可行性论证和草案稿的起草工作。

马克思主义学院

【概况】马克思主义学院现有马克思主义理论一级学科博士点（省A类学科，学科评估等级为B-），招收马克思主义基本原理、马克思主义中国化研究、思想政治教育和中国近现代历史基本问题4个方向的博士生。学院还招收马克思主义理论学术型硕士研究生、学科教学（思想政治）专业型硕士研究生和思想政治教育本科生。

海南省中国特色社会主义理论体系研究中心、海南省生态文明研究中心、海南省伦理学学会、海南省高校马克思主义理论研究和教育协同创新中心、海南省海上丝绸之路研究基地挂靠学院。

【党建工作】学院以社会主义核心价值体系为主导，提升党员的思想道德素养，凝聚党员力量。开展学习十八届六中全会精神、全国高校思想政治工作会议精神、海南省第七次党代会精神、党的十九大会议精神和新党章活动。开展多种形式的十九大精神学习活动和重温入党誓词活动，宣传党的方针政策。学院部分教师是中共海南省委讲师团的成员，深入省直机关、部队、高校、各市县进行宣讲。

2017年，学院被评为海南省基层理论宣讲先进集体并编撰《学习贯彻党的十九大精神视听读本》。

【师资队伍】学院现有教职工49人，其中，学科带头人3人，在职获得博士学位1人，在职读博士后1人，公派出国访学1人、国内访学1人。新增博士生导师5人、学术型硕士生导师3人、专业型硕士生导师7人。引进青年博士5人，新增辅导员2人。

【学科建设】学院通过省A类学科复审和博士点专项评估，完成本科审核性评估的前期准备工作。修改和完善马克思主义理论学术型硕士生和博士生的培养方案，规范课程设置和方向设置，加强过程管理特别是马克思主义经典著作的阅读交流与考核。

【人才培养】新招本科生120名、学术型硕士9名、专业型硕士8名、博士生8名。毕业本科生100人、获得学位96人，就业率超过95%，考研成功率达22%。19名硕士研究生和1名博士研究生毕业并获得学位。完成2016级本科生分流工作。

12月，创办院刊《弄潮》并发刊1期。

【教学工作】完善教研部活动机制，形成教研部定期开展活动，活动次次有计划、总结和报道的机制。各教研部组织调动大学生学习主动性的竞赛活动，将大学生思想政治理论课学习成果整理成册，其中，《着力构建大思政格局共创全方位育人新局面》《志愿服务课程：思想政治理论课实践教学探索》《思想政治理论课教学体系建设成果集》分别由研究出版社、中共中央党校出版社、光明日报出版社公开出版。

学院学生在全国高校大学生讲思政课公开课活动中获三等奖（指导老师陈红）。学院教师在五省思想政治理论课青年教师教学基本功竞赛中获一、二等奖各 1 项（谢丹、刘英博）；在海南省首届思想政治工作学术论坛的优秀成果评比中获一、二等奖各 1 项（张现洪、王增智）；在省思想政治理论课青年教师教学基本功竞赛中获一等奖 1 项（谢丹）和三等奖 2 项（刘英博、张现洪）；在省教育信息化评比活动中获课件类第一名（陈红、杨威）。

【科研工作】新增国家社科基金项目 3 项（其中重点项目 1 项）、海南省哲学社会科学基金项目 7 项，新增省级科研成果一、二、三等奖各 2 项，发表核心期刊论文 11 篇（其中，CSSCI 来源刊 10 篇、北大核心 1 篇），出版学术专著、编著 7 部。

新增当代俄罗斯马克思主义研究中心和习近平新时代中国特色社会主义思想研究中心两个校级研究中心。菲律宾研究中心入选教育部国别和区域研究中心备案名单。海南省中国特色社会主义理论体系研究中心、海南省生态文明研究中心（智库）和海上丝绸之路研究院挂靠学院。

【对外合作与交流】学校与俄罗斯大学的合作协议基本达成，与温州大学签署合作协议，启动了第一届冬令营活动。

学院与海南省博物馆达成了协议，构建校外实践基地。

学校与万宁民族中学、海南农垦博物馆、云龙镇红色基地等部门达成了意向，合作推动十九大进课堂工作，把党的十九大报告和课堂教学内容进行对接。

2017 年，学院参加国际性学术会议 15 人次、全国性学术会议 89 人次。首次主办了 1 次国际性学术会议、2 次全国性学术会议和 1 次高级别的全省高校思政工作学术论坛。

【学生工作】组建"陆海相依，试飞青琼"青海、陵水一带一路国情考察与教育帮扶团，深入海南、青海两地少数民族地区开展特色支教与调研活动。帮扶团获"全国优秀单位"称号，谢丹老师获"全国优秀指导教师"称号。

组织师生前往定安进行为期 9 天的支教、调研活动，成立定安教育关爱服务团；前往江西、福建的红色革命根据地开展实践活动，成立"琼妙极巧，红心飘扬"服务实践团。《海南日报》等多家媒体对上述活动做了系列报道。

【教职工活动】组织学院教职工参加学校运动会等文体活动。

外国语学院

【概况】外国语学院现设有英语系、日语系、翻译系、学科教学（英语方向）专硕点、翻译专硕点和大学外语教学部。此外，学院还招收英语教育自考生、成教学生、"3＋2"项目学生。

学院有综合英语、英语技能、语言文学与文化、英语教学理论与应用、日语、继续教育大学外语第一及第二等8个教研室和1个英语语言教育研究室，数字化语言实验室29间，英语网络自主学习中心2间，多媒体报告厅1间，多媒体电影厅1间，师生互动室1间，录音播放室1间，无线电调频台2个。学院现存图书近4万册，其中中外文期刊95种。

【党建工作】学院分党委下设4个党支部：教工党支部1个；学生党支部3个，分别为第一学生党支部、第二学生党支部、研究生党支部。现有党员116人，其中，教工党员49人、学生党员67人（第一学生党支部27人、第二学生党支部36人、研究生党支部4人）。

【师资队伍】学院现有教职员工112人，其中教师91人（含外籍教师4人）。教师队伍中教授4人、副教授24人、讲师56人；博士10人、硕士61人；具有硕士生导师资格的教师12人。

2017年学院成功引进外国语言文学一级学科带头人、博士生导师陈义华教授。此外，还招聘了1名俄语副教授和数名小语种青年教师。

【学科建设】学院现有院级重点一级学科外国语言文学，还有4个成熟、稳定的二级学科：外国语言学与应用语言学、英语语言文学、日语语言文学、翻译学。本科设有英语（含涉外文秘方向）专业、日语专业、翻译专业。学院有学科教学（英语）和翻译专业硕士学位授权点。

【人才培养】学院继续拓展境内外合作人才培养模式，2017年有20余位同学分别赴美国、日本和韩国等地的有关大学研修。

学院与海南外国语职业学院合作推进的"3＋2"项目进展顺利，该项目的第1批学生15人已于2017年9月入驻学院。

2017年继续实施和完善英语专业"卓越教师"培养计划，现第4批"卓越教师"班28名学生已完成理论与技能学习并进入教育实习阶段。

学院2017届毕业生就业率为97.72%。学院获学校就业先进单位二等奖。

学院青年教师在第三届中国外语微课大赛中获海南赛区一、二、三等奖多项，其中黄礼珍、巩艺超、陈盛谷的参选作品获全国总决赛三等奖。

在学校2017年教师技能大赛中，学院获文科组团体总分三等奖。

【科研工作】2017年，学院教师正式发表的省市级以上期刊论文29篇，其中，核心期刊论文11篇、非核心期刊论文15篇、论文集论文1篇、会议论文2篇；出版合编著作2部。

2017年，学院承担23个科研项目，其中，国家社科基金项目1项（在研），部级项目2项（1项结题、1项在研），省级项目15项（1项结题、14项在研），省规划项目5项（1项结题、4项在研）。

2017年，学院共获全国性学会竞赛优胜奖1个、省级一等奖和二等奖各1个、校级二等奖5个。

【学生工作】学院目前各类在册学生1800多人，其中，全日制本科生约1400人、研究生26人、成教生约400人。2016年学院招收新生377人，其中，英语专业284人、日语专业40人、翻译专业38人、"3+2"项目专业15人。

学院教育实践团队获评学校暑期"三下乡"活动先进实践队，带队老师王鹏获评校级实践育人优秀指导教师，团队中共有17人获评学生积极分子。

在2017年"外研社杯"全国大学生英语演讲大赛（海南赛区）中，学院3名英语专业学生获一、二、三等奖。

在2017年第十二届海南省大学生翻译比赛中，学院学生表现突出，获一等奖1个、三等奖2个。

学院日语专业学生获第十三届东京中国人日语作文大赛三等奖1项、佳作奖2项，2017年"笹川杯"感知日本日语作文大赛三等奖1项，"东方毅杯"日语作文赛三等奖2项。

12月5日，在第四届全国高师院校师范生教学技能比赛中，学院参赛学生获得高中外语组教学技能优胜奖。

【教学工作】2017年共有23人考取国内外高校研究生。

【对外交流】2017年，学院邀请国内外知名专家学者作学术报告4场，派遣人员外出参加专业学术会议与学术交流活动40多人次。

2017年，学院有3名教师赴英国剑桥大学和曼彻斯特大学等名校访学，3位老师分别前往北京师范大学和广东外语外贸大学进修学习，多位青年骨干教师前往上海外国语大学参加各类研修。

【社会服务】2017年，学院学生担任博鳌亚洲论坛、中非圆桌论坛和ASQ国际论坛志愿者150人次。

音乐学院

【概况】音乐学院现设有音乐教育系、声乐系、钢琴系、舞蹈系，以及艺术实践与培训中心、文化部民族民间文艺发展中心、南海研究基地等。

【师资队伍】学院现有教职工64人，包括专任教师52人，其中，教授、副教授33人，讲师12人。2017年，学院引进教授1名、副教授1名，并通过招考录取硕士3名，新增校聘1名。

鼓励青年教师攻读在职硕士、博士和做访问学者，分期分批地完成学历教育，提升专业水平。

【学科建设】科研是音乐学院的薄弱环节，学院根据教师的专业和特点制订了系列学术研究方向建议方案。学院邀请国内知名专家讲学，订购大量代表学术前沿的书刊，引领教师思考分析，帮助他们提高认识、更新科研观念。

提出以海南本土民族民间音乐为发展方向的理念，立足中小学音乐教育，结合自身专业发展海南艺术教育，服务社会。

【人才培养】2017年学院在校硕士、本科生800人。学院组织学生到海口各个中学进行教学见习，了解基础教育中音乐学科和舞蹈学科的发展现状。

【艺术实践】学院原创舞蹈《耕海人》获第二届海南省南海文艺奖舞蹈类三等奖。

在海南省第六届大学生艺术展演中，学院选送的各组别节目几乎斩获了所有类别的一等奖。其中，合唱《赶鸟歌》获得合唱乙组（专业组）一等奖；旋风管乐团《节日序曲》获得器乐乙组（专业组）一等奖，青年民族管弦乐团《冬猎》获得器乐类乙组（专业组）二等奖，柏音室内乐团《战火兄弟连》获得器乐类乙组（专业组）二等奖，钢琴四手联弹《匈牙利舞曲》获得器乐类乙组（专业组）二等奖；舞蹈《鹿回头》等节目获得乙组双三项目（专业组）表演一等奖、创作一等奖，《南海前哨》获得舞蹈类乙组群舞（专业组）一等奖，《水兵与浪花》获得舞蹈类乙组双三项目（专业组）表演二等奖、创作二等奖，《行云》获得舞蹈类乙组群舞（专业组）二等奖。

学院和海南省歌舞团有限责任公司联合创作的歌剧《南海哩哩美》获2014—2016年度海南省优秀精神产品奖（海南省"五个一"工程）。

【教学工作】学院注重对常规教学的督查，成立常规教学检查组和教学督导组，对授课教师、行政管理人员提出更加明晰的要求，在学期开课前就制订查课计划，每天安排查课组成员进行教学巡查。

鼓励任课教师发挥主动性和创造性，改进教学方式和教学手段，开展启发式、讨论式、参与式教学，扩大小班化教学覆盖面，推动教师把国际前沿最新研究成果和实践经验融入课堂教学，注重培养学生的批判性和创造性思维，激发创新创业灵感。

多次开展观摩教学，对新进校的年轻教师采取帮扶措施，使得他们尽快适应高等教育教学，带动学院师资队伍的发展。

【学术交流】学院先后派送多名教师参加全国各种交流活动，邀请著名音乐家、学者10人次到学院作学术报告。（见附表）

学院学术报告一概览

序号	报告题目	报告人	报告人简介
1	意大利美声唱法	梁莹	硕士、教授、沈阳音乐学院
2	学生公开课一	Delfo Menigucci	意大利男高音演唱家、米兰音乐学院
3	学生公开误二	Delfo Menigucci	意大利男高音演唱家、米兰音乐学院
4	学生公开误三	Delfo Menigucci	意大利男高音演唱家、米兰音乐学院
5	学生公开误四	Delfo Menigucci	意大利男高音演唱家、米兰音乐学院
6	关注师生健康，科学养生保健	易慧明	肿瘤外科主任医师、海南省人民医院
7	从区域、民俗看陕北民歌——人类生命体验的本真反应	李宝杰	博士、教授、西安音乐学院
8	舞蹈艺术创作与职业规划	田培培	教授、首都师范大学
9	言传"范"教——兼及音乐教学的"母语观"与"六艺"维度	钱建明	博士、教授、南京艺术学院
10	理解还是误会——声乐概念的思考	俞子正	教授、宁波大学

继续推进海南省"海外名师项目"，邀请意大利男高音歌唱家 Delfo Menigucci（德尔福·梅尼库奇）到学院授课并完成结项汇报演出。

【学生工作】学院制订了《音乐学院 2017 年学生工作要点》，并努力克服工作中存在的困难，落实到位。通过校园文化活动等各项载体，完成学生日常管理、学风建设、就业指导、心理健康教育、奖勤助贷、制度建设、基层党组织建设、征兵动员等方面的工作任务。

美术学院

【概况】美术学院现有7个系，2个一级学科硕士点（美术学、设计学），2个二级学科硕士点（教育、艺术），1个省级重点特色学科，1个校级优势学科。教职工64人（校聘2人），其中，专任教师50人、行政人员13人、实验员1人。全日制在校本科生980余人、研究生40人，共1000余人。

实验室面积2000余平方米，仪器设备总值近730万元。专业实验室17个，包括服装设计实验室、数字媒体实验室、模型制作实验室等。

【党建工作】2017年，学院完成了分党委的党委委员调整以及教师、学生支部的调整工作；严格遵照党员发展程序进行党员发展工作，全年共新发展党员29名，转正31名，新发展积极分子96人。民主评议优秀党员33人，合格党员71人（学生支部20人，教工支部13人）。

按照"两学一做"的基本要求，每月认真开展学院党员"两学一做"学习教育。十九大召开前后，认真贯彻中央、省、市、学校的工作部署，认真开展理论学习，组织党员抄学十九大党章、学习党的十九大系列讲座10余次，举办十九大知识竞赛1期。

【师资队伍】2017年，学院引进2名辅导员（硕士研究生），完成2015—2018年全体教职工岗位聘任工作。学院有3名教师是在读博士。本年度预参评教授5人、副教授4人、讲师4人。

【学科建设】11月，设计学一级学科硕士点、艺术二级学科硕士点获得省学位办公示批复。

一级学科（涵盖国际会会展设计与地域文化创意产品设计、黎族民间艺术与美术教育、海岛文化与绘画创作、滨海景观设计与公共艺术等4个二级学科）建设基础得到完善。

【人才培养】2017年246名毕业生初次就业率达到91.46%。学院共7人考上国内外著名高校研究生。

【教学工作】开展理论课程考核大改革，将传统的闭卷应试教育考核模式转变为问题式、探究式、实践式相结合的考核模式，将死记硬背、无趣无味的理论体系转变成博物馆、图书馆教学体系，归纳总结灵活多样的记忆模式，调动学生参与教学的主观能动性。学院有2门理论课程进行考核改革，占学院理论课程总数的30%。

根据学校大类招生计划，组织学院学科带头人及骨干教师进行大类招生研讨，实现学院招生方案与学校招生政策接轨。美术学、美术学（书法方向）专业参加学校的"双五百"人才工程和"国培计划"顶岗支教工作。

2017年，学院举办第七届学院奖优秀师生作品比赛、首届创意市集、创新创业实践周等活动。

【创新创业】按照产学研一体化安排，学院开展创新创业实践，建立创新创业管理制度，将创新创业纳入教学体系；联合校外企业导师，探索与推进院企合作模式，培育创新创业培训精品课程，开展创新创业讲座和报告。2017年举办各类创新创业活动20场，邀请企业培训导师近10人次，学生参与率达100%，学生获得创新学分900人次。

【科研工作】本年度获批教育部人文社会科学研究项目1项，经费8万元；海南省社科联项目4项（其中重大攻关课题1项），经费共计10.5万元；横向课题1项；海口市哲学社会科学规划项目1项；海南省教育厅项目2项，经费合计1万元。结题厅级项目1项。

在全国各类刊物上发表学术论文、作品36篇/幅，包括核心期刊论文、作品共14篇/幅。学校投入科研项目配套金共计9250元，奖励科研成果共计68800元，表彰老师16人。

【学生工作】建立学生心理咨询室，开展心理咨询服务工作。本着发现问题及时纠正的原则，及时与学生本人、舍友和家长沟通300余人次，处理特殊情况7例。

完成286名学生的贫困生认定工作，评审国家助学金学生264人，其中，一档63人、二档201人。学院学生获国家奖学金2人、国家励志奖学金33人、海南省优秀贫困生奖学金5人、黄群岚奖学金1人、明德奖学金9人。完成生源地贷款学生330人的审核及管理工作。评选优秀学生干部和优秀毕业生20余人，在校内外安排勤工助学岗位5人次。

【对外交流】邀请国内外专家到校开讲座4次，包括中国人民大学艺术学院教授王克举、中央美术学院教授贺西林、四川大学教授侯开嘉、广东服装设计师协会副会长林姿含。

2017年，除与英国苏格兰龙比亚大学、美国新墨西哥大学达成合作办学初步意向外，6月还与泰国坦亚布里理工大学访问团进行了为期1周的学术课程交流。

【"双创"工作】制订"双创"工作方案，成立"双创"领导小组，大力宣传"双创"工作，组织教职工党员集体清理垃圾，进行"双创"知识普及和测试。

【扶贫工作】学院及时对接陵水黎族自治县本号镇亚欠村，多次前往亚欠村，对贫困农户给予物资、资金和技术支持，并与学院负责对口帮扶的贫困家庭中小学生会面，开展扶贫扶智活动。完成帮扶2户贫困家庭的2017年年度任务，其年收入均超过人均2960元的脱贫标准线。

【成教工作】学院现有1个函授本科专业，2个自考本科专业。

【主要亮点或其他情况】设计学一级学科硕士点申报成功、艺术硕士点申报成功。

美术学书法方向获批书法学专业。

2016年国家艺术基金项目——黎锦艺术设计人才培养顺利结项。

学院张引副教授获海南省"黎学论丛"专项重大课题立项，立项经费6万元。

2017年，学院学生作品获得国家级奖项4项、省级奖项7项。

经济与管理学院

【概况】经济与管理学院现设有经济学、会计学、金融学、税收学、国际经济与贸易、公共事业管理、人力资源管理7个本科专业；建有会计手工模拟实验室、经济贸易综合实验室、ERP沙盘模拟实验室、国际贸易沙盘模拟实验室、人力资源管理综合实训室5个实验室；拥有特区经济与社会发展研究中心、财政金融研究中心、管理科学研究中心和公司财务与投资者保护研究中心4个研究中心。

【党建工作】学院分党委积极贯彻落实党的十九大会议精神，中央八项规定及中纪委、省市纪委重要会议精神，坚持开展学院班子中心组学习，制订学习宣传贯彻党的十九大精神的计划，采取中心组集中学习、党课辅导、专题讲座等多种方式加强政治理论学习；召开党员网络行为规范学习会议；组织全院教职工前往定安母瑞山开展重温入党誓词暨"不忘初心，牢记使命"学习十九大精神主题活动；定期召开支部民主生活会，开展民主评议，把执行"四大纪律、八项要求"作为民主生活会的主要内容。

2017年共发展学生党员56人。做好失联党员的联系和造册工作，对个别失联党员按照党章和相关制度进行处理。

【师资队伍】学院现有专职教职工55人，具有正高级职称教师8人、副高级职称教师18人；教师中具有博士学位19人、博士在读3人。2017年，引进了4名专任教师和4名辅导员。

【学科建设】理论经济学一级学科学术硕士点通过省教育厅评审并上报教育部备案。

【教学工作】学院配合学校完成第一届大类招生的分流工作。学院继续推进11门课程进行教学内容和方法改革，共有10位教师进行了课程改革，涉及17个班级。学院共13门课程改革考核方式，24门课程进行了成绩比例调整，涉及37个班级。甘小军老师主持的海南省网络精品课程西方经济学通过验收。学院部分教师承担了全校的创新创业基础课程的教学任务，创新创业教学团队初步形成。学院在创新创业周邀请社会知名企业家和创业者讲学，举办创业沙龙，组织社会实践。

税收学专业正式面向全国招生。人力资源管理专业响应省教育厅号召，积极加快应用型专业建设转型。完成7个专业的教学大纲汇编工作，并对学院审核评估报告的撰写工作进行分工，完成对以往试卷和毕业论文的自查工作。

【科研工作】2017年，学院立项国家级课题2项、省级课题9项（含重点1项）、市厅级课题4项、横向委托课题1项，公开出版学术专著2部，发表学术论文29篇，派15人次外出参加学术交流会，邀请校内外6位专家为全院师生作学术报告且其中有2位是"特贴"专家。

【学生工作】举办学院运动会，并在第34届校运会上获得了运动会总成绩甲组第一，实现了七连冠。延续6个专业每年4场专业晚会及1场宿舍文化节的传统。在2017级新生中开展晚修制度。邀请校内外专家及实践基地负责人做职业生涯规划辅导和就业指导等共计8场。

2017届本科毕业生就业率97.01%，就业率及就业质量逐年不断提高。

【继续教育工作】新增海南省技师学校校外教学点1个。

【社会实践活动】举行暑期"三下乡"社会实践活动。组织2017年海南师范大学市场营销大赛、院级EPR沙盘模拟大赛、院级金融操盘大赛等。

在第四届海口市大学生市场营销大赛中，学院团体及个人获得团体二等奖、金牌队长奖、营销精英奖。在首届全国高等院校银行服务创新大赛中，学院胡媛、黄梦云、应巧慧同学获三等奖。在第一届大学"百校百题"应用型创新课题（财税领域）大赛中，学院团队获复赛优胜奖。在第二届全国大学生人力资源管理知识技能竞赛（"踏瑞杯"）第二赛区中，学院团队获得三等奖。在第十三届全国"新道杯"沙盘模拟大赛海南省决赛中，学院团队获三等奖。在大学生创新创业训练计划中，学院获批省级项目6项、校级项目4项。

数学与统计学院

【概况】学院现设有数学与应用数学、信息与计算科学、统计学3个本科专业，其中数学与应用数学属师范类专业。学院作为数学一级学科硕士点，每年都招收包括学术型、专业型、特岗、农业硕士在内的研究生。学院同时还承担着学校公共数学教学任务。

【师资队伍】学院在职教职工58人，其中教师44人，包括二级教授1人、高级专业技术职务人员34人；具有博士学位21人、在读博士4人。

学院有海南省"515人才工程"第一层次人选1人、第二层次人选1人、第三层次人选2人，海南省重点学科带头人1人，美国《数学评论》评论员4人，德国《数学文摘》评论员1人，中国运筹学会理事会理事1人，全国数学史学会理事1人，海南省数学学会常务理事2人，海南省高等学校教学指导委员会2人。

学院引进廖波、姚玉华等教授来组建大数据团队，同时还招聘了4名海外教授。

【学科建设】学院积极推进海南省院士工作站建设。12月，学院被认定为第2批海南省院士工作站。

【海南省数学研究中心】海南省数学研究中心挂靠海南师范大学数学与统计学院，归口海南师范大学。中心设理事会和学术委员会，理事单位有海南师范大学、海南大学、海南热带海洋学院、海南省教育研究培训院，并在三亚国际数学论坛设立工作站。中心主任由德国莱比锡的马克斯·普朗克莱数学所所长 Jürgen Jost（尤尔根·约斯克）教授担任，执行主任由学院院长陈传钟教授担任。中心有成员50余人。

【人才培养】继续开展大类招生与培养工作，协调物电学院、信息学院完成学校2016级数物信类学生的分类工作，绝大多数学生选到自己喜欢的专业。

学院现有数学与应用数学、信息与计算科学、统计学3个本科专业，在校生共计19个班、1124人，其中2016级284人，毕业278人。

2015—2016学年度第二学期共开设本科课程40门，总课时量5341学时，人均7.5节。2016—2017学年度第一学期共开设本科课程36门，总课时量4542学时，人均7.9节。

【研究生培养】学院现有一级学科硕士点、学科教学（数学）硕士点；学术型、专业型、特岗硕士在内的研究生共53人。2017年毕业研究生14人，全部获得硕士学位。现有导师20人，其中，学术型导师16人、专业型导师4人，另有9名中学骨干教师为学院教育硕士校外导师。

2016—2017学年度第二学期共开设研究生课程（不含公共课）15门，任课老师12人，总课时量594课时，教师平均课时量49.5课时。2017—2018学年度第一学期共开设研究生课程（不含公共课）20门，任课老师12人，总课时量810课时，教师平均课时量67.5课时。2017年暑假期间共开设研究生课程6门，涉及2个年级、3位老师，总课时量216课时，教师平均课时量72课时。

2017年，学院研究生获国家奖学金2项；

获全国数学建模竞赛三等奖1项，全国教育硕士专业技能竞赛一等奖1项、优秀奖1项；发表论文6篇；新获批海南省普通高等学校研究生创新科研课题3项，承担校级研究生创新课题5项。

【教学工作】开展各类教学检查、教学研讨、听评课以及教师间的"传、帮、扶"活动等，促进教师的专业发展。

在第三届（2017）全国高校数学微课程教学设计竞赛中，学院张静老师获得了华南赛区微课竞赛特等奖。

2014级数学专业学生潘申润同学的创新创业校级项目获海南省创新大赛铜奖以及海南省第八届"挑战杯"课外作品竞赛特等奖，并在第十届全国大学生创新创业年会上进行学术交流。

学院学生获全国大学生数学建模竞赛省级二等奖3项、三等奖2项，全国大学生数学竞赛专业组（省级）一等奖1名、非专业组（省级）一等奖1名。

【科研工作】2017年，学院教师在研国家级、省部级项目27项，其中，国家自然科学基金项目5项、海南省自然科学基金项目6项、教育厅高校科研项目3项。据不完全统计，学院教师于2017年发表学术论文34篇，其中，核心期刊论文7篇，SCI/EI/ISTP收录14篇；获第二届专业教学技能大赛优秀指导教师奖1人。

【对外交流】学院教师参加国内各类学术会议、调研共计17人次；国外会议、调研1人次（余维燕博士赴美国进行学术访问）。

邀请请德国亚琛工业大学Eberhard Triesch（埃伯哈德·特里希）教授、英国斯旺西大学袁成桂教授、英国曼彻斯特大学张土生教授、英国钮卡斯尔大学史建清教授、美国纽约西奈山医学院杨家亮教授、美国密苏里大学许东教授、香港科技大学凌仕卿教授、北京大学张继平教授、中国科技大学麻希南教授、上海大学郭秀云教授等作报告31人次。

【学生工作】在校运动会中，学院获得团体总分第3名以及精神文明奖；在2017年暑期社会实践中，学院"青春烛梦·暖心童行"教育关爱服务团获评校级先进实践队、4名老师获评实践育人优秀指导教师、21人获评校级社会实践学生积极分子，学生报告获暑期社会实践优秀调查报告一等奖1项、二等奖1项、三等奖1项。

【实验室建设】学院现有7个实验室，分别为科学计算与统计分析实验室、计算机实验室、建模实验室、统计实验室、组合与信息实验室、统计研究与咨询中心和统计教学示范中心。

学院有实验室仪器设备260余台（套），总值约850万元。实验室现有建筑面积约700平方米，其中，仪器设备用房约500平方米、研究人员办公室用房约200平方米。

信息科学技术学院

【概况】学院现设6个系部：计算机科学与技术系、教育技术学系、电子商务系、软件工程系、物联网工程系和信息技术教学部。在校本科生1100名，年均招生约300人。

【师资队伍】学院有教职工63人，包括专任教师46人，其中，高级职称9人、副高职称30人；具有博士学位的教师17人；具有博士生导师资格1名、硕士生导师资格12名；"省优"专家2名、海南省高等学校优秀中青年骨干教师2名、海南省"515人才工程"层次人选4名。

【办学条件】学院现有计算机科学与技术校级优势学科1个、电子商务校级特色培育学科1个；教育技术学专业学位硕士点1个，（拟建计算机科学与技术一级学科学术学位硕士点1个）；电子商务与电子服务实验室、数字媒体研究所和云计算与大数据研究中心校级研究机构3个；"互联网＋"协同创新中心、EAM中加法国际项目联合实验室、LATINA/LAB国际联合实验室等教学科研平台。此外，学院还有1个计算机与信息技术实验教学示范中心，中心有20多间实验室、实训室和由800多台微机组成的公共微机实验室，该实验室面积3000多平方米，仪器设备总值逾1000万元，且先后与多家信息技术类公司、企业签订了校企合作协议书，开创了多个实践教学基地。

【学科建设】教育技术学成为学校申报教育学一级学科博士学位点的二级重要支撑学科。

物联网工程专业实验室部分建设任务已得到落实，明确了校企联合培养方案，与海口柏盈兰花基地，深圳讯方、海口丰润等多家企业建立物联网实践基地。

2017年学院硕士点申报成功，获批网络空间安全一级学科学位点、工程硕士学位点（计算机技术方向）、旅游管理专业硕士点（旅游电子商务方向）。

网络空间安全和计算机技术工程硕士学位点通过省里专家评审。软件工程和电子商务2个院级重点学科的建设工作得到进一步加强。

【教学工作】督促每位任课教师建立1门独立的线上资源课程，并按时上交教务处。完成19门专业课和5门公共课的考核方式改革。

严格实行"准考证"制度，组织公共课期末考试7318人次、专业课期末考试841人次、大类课考试757人次。

制订了2017年大类招生分流培养方案。重基础，宽口径，以市场需求为导向，明确各专业的就业培养方向；确定与国外核心课程体系衔接的专业核心模块；完成各专业"通识+专业核心＋技能模块"的培养体系的构建，并实现专业之间的技能模块交叉融合。

完成2016级学生的大类分流、跨大类转专业、休学、退学、服兵役等学籍异动的处理工作。完成2017级新生256人的注册工作。完成2018届预计毕业生257人基本情况的调查和校对、资格认定及电子图像采集工作。

【科学研究】学院教师获批各级纵向科研项目共18项。其中，国家级项目3项，省部级项目13项（包括教育部重点规划课题1项、海南省重点研发软科学课题1项），厅级项目2项。总经费81.5万元。

物联网工程专业智慧农业特色方向申报了国家"十三五"教育规划课题，并依托大学科技园和校外合作企业，使云计算与大数据技术更广泛地应用于教育行业。

【对外交流】学院多批次青年学术骨干参加国内、国际学术交流活动，邀请10人次国内外知名专家到校交流和举办学术讲座。

【学生工作】开展心理健康教育讲座，普及心理健康知识。根据心理健康普查结果，关注重点学生，对个别学生提供心理咨询、辅导。

以学生干部的培训、管理为突破口，制定班级建设规章制度。

完成大学生国家励志奖学金、国家助学金等奖学助贷获得者的遴选、发放工作，完善学生困难情况的摸底及援助机制。

加强就业实习基地建设，通过多渠道联系毕业生就业单位，配合学校完成"三支一扶"（支农、支教、支医；扶贫）、"西部计划"、征兵等工作，保障毕业生高就业率。

【党建工作】组织师生学习十九大精神，开展十九大专题集体学习活动10场次，撰写学习心得体会和论文20多篇。举办各种学习考察活动和文艺体育活动10多次。

发展32名学生党员，学生党支部作用得到充分发挥，支部书记、辅导员多次参加党务知识的培训。

【其他工作】开展师德、师风建设活动，与学校签订廉政建设责任书，加强纪检监察工作。

学院及时对接陵水黎族自治县本号镇亚欠村，完成帮扶2户贫困家庭的2017年度任务。

物理与电子工程学院

【概况】物理与电子工程学院始建于1958年，60多年来培养了5000多名物理教师等物理专业人才。学院目前设有物理学、电子信息科学与技术、自动化、光电信息科学与工程等4个本科专业，机电一体化国际留学生本科专业，物理学教育专业硕士、光学工程专业硕士和物理学学术硕士学位点。全日制在校本科生1287人，全日制在校物理学教育硕士研究生8人，首届留学生15人。学院现有教职工68人，其中，专任教师57人，高级职称14人、副高级职称26人，博士23人、硕士13人。

学院教学实验中心共有27个基础实验室和专业实验室，总面积2350平方米，实验仪器设备总资产价值21165062.79元，其中，仪器设备20325114.79元、低值设备374543.00元、办公家具465405.00元）。

学院还设有海南师范大学脉冲激光技术与应用实验室、太阳能研究所（海口市级重点实验室）、智能机器人联合实验室、大学生众创空间实验室和海南激光雷达站等学术研究机构。脉冲激光技术与应用实验室重点开展气体、半导体、固体、光纤等激光器件技术及激光应用方面的研究。实验室拥有2台国内领先的脉冲气体激光器样机、2台热丝化学气相沉积装置、1台脉冲激光沉积设备和1套准分子激光外延沉积系统及激光喇曼光谱仪、阻抗分析仪、X光衍射分析仪等先进的材料分析和表征仪器。海南激光雷达站是学院与中国科学院空间中心联合建设的国家"子午工程"项目在低纬度地区唯一的激光雷达观测站，对航空、航天、空间

科学研究有重大意义。

【办学条件】在桂林洋校区大学科技园新建超净实验室1间，建筑面积500平方米，作为学院引进的光电信息科研团队的科研基地。在旧图书馆3楼，改造2间实验室，分别作为中教法实验室（80平方米）和车模竞赛实训室（80平方米）。

【党建工作】学院党委下设4个党支部，其中，教工党支部1个、学生党支部3个。教工党员共35名，其中，具有博士研究生学历14名、硕士研究生学历11名；学生党员共63名。2017年共发展教工党员1名、学生党员43名，重点培养对象63人，入党积极分子100余人。

【学生工作】2017年，学院共有45人次获得国家级奖项、64人次获得省级奖项、412人次获得校级奖项。学院团委获学校"'五四'红旗团委"称号，"小小发明家"项目获海南省志愿项目铜奖，在暑期社会实践活动中获评省级优秀团队2个、优秀调研报告1篇。

评定358名家庭经济困难大学生，资助金额882000元；国家奖学金2人、励志奖学金43人、海南省优秀贫困生奖学金6人、校级各类奖学金241人。

2017年，学院毕业生就业率95.1%，就业质量48.11%，获校2017年大学生就业创业工作先进单位一等奖。学院4名学生应征入伍，获评校2017年征兵工作先进集体。

【师资队伍】公开招聘并录用3名辅导员、2名实验室管理人员，均为硕士学历。成功引进国内高水平半导体激光学科团队3位成员（1名

正高、2名副高）。

【学科建设】物理学一级学科为学校特色培育学科，下设激光技术及其应用、量子效应及其应用、新型功能材料、太阳能利用的研究和开发等4个二级学科方向。

学院获批为物理一级学科学术硕士授权点、工程硕士专业硕士授权点。

【人才培养】2017年，学院共招收本科生297人，物理学教育硕士专业共招收研究生6人。

【教学工作】建设大学生毕业论文管理系统，加强对毕业论文的过程管理和监控。学院获"毕业实习先进单位"和"顶岗实习先进单位"二等奖。

在全国第九届大学生与研究生物理教学技能暨自制教具与设计实验展示大会中，刘瑾、李嘉男、范烨涵、谭富刚同学在物理自制教具与设计实验展示中获得一等奖，谭富刚同学同时获得物理教学技能展示一等奖。（指导教师为刘晓莹、李晶晶、姚仲瑜、王红晨、崔圣亮）

在第十二届全国大学生智能车竞赛华南赛区的比赛中，学院4支代表队共13名学生参加比赛，其中，光电四轮组的康延亭、王江衫、叶春华3位同学获得一等奖，光电平衡组的陈大超、李炳牙、马悦3位同学获得二等奖，双车超车组的郭义显、熊琳玲、关叶文、莘乐凯4位同学获得三等奖，电磁普通组的丁焱、包志伟、魏芊芊3位同学获得优秀奖；指导教师韦建德、颜丽娜获得优秀指导教师一等奖，吴伟获得优秀指导教师二等奖。

在2017年全国大学生电子设计竞赛本科组的比赛中，学院共获得全国二等奖1项、省一等奖1项、省二等奖2项，其中，潘小萍、吴非、陈大超3位同学获得全国二等奖及海南省一等奖，王彩稳、张云峰、张培超、李棉榕、马悦、何蓓等6位同学获得海南省二等奖；吴伟老师获得海南赛区优秀指导教师奖。这是学校首次在该赛中获得国家级奖项。

【科研工作】2017年，学院共获批国家、省、厅级等各类科研项目7项，科研经费73万元。其中：国家自然科学基金1项，科研经费31万元；海南省自然科学基金3项，科研经费15万元；海南省高等学校研究项目2项，经费3万元；中国科学院国家空间科学中心横向项目1项，科研经费24万元。

发表核心论文14篇，其中，SCI、EI收录8篇；获批发明专利1项、实用新型专利1项；出版著作5部。

【学术交流】2017年，学院邀请国内外专家来学院作学术报告共7人次。

【对外合作】继续与中国科学院空间中心联合建设海南激光雷达站。

与海南华侨中、海口九中海甸分校、海口义龙中学签订了师范生校外教育实践合作建设协议。

与海南风铃科技有限公司、杭州科雪科技有限公司、海南金景科技有限公司签订了校外实习基地合作协议。

与海南天天象上教育科技有限公司签订微课微视频合作协议。

化学与化工学院

【概况】化学与化工学院现有化学、应用化学、制药工程3个系，化学、应用化学、制药工程3个本科专业，化学一级学科1个博士学位授予点，化学一级学科1个硕士学位授予点。下设国家级化学实验教学示范中心、化学分析测试中心、热带药用植物化学教育部重点实验室、海南省水环境污染治理与资源化重点实验室、海口市热带特色药食同源植物研究与开发重点实验室、海口市功能材料与光电化学重点实验室、海口市功能材料与海洋资源化学重点实验室、海口市南药资源产业化关键技术研究重点实验室、海口市土壤污染修复与资源化重点实验室、热带生物资源开发利用协同创新中心。实验室固定资产价值6000多万元，桂林洋校区化学与化工大楼总建筑面积16800多平方米，其中实验室面积11000多平方米。有教学实习基地15个。学院资料室藏书20430册，其中，中文图书7890册、外文图书522册；中文期刊180种5560册、外文期刊50种6458册。

学院在校博士研究生18名（其中外国留学生3名）、硕士研究生54名（其中，学术型研究生44名、专业型研究生10名、外国留学生1名）、本科生1044名、"3+2"专升本学生34名。

【师资队伍】现有教职工73人，其中，教师43人，分析测试中心、重点实验室、基础实验室人员18人；教授15人，副教授（高级工程师）34人；具有博士学位教师39人，硕士学位教师12人；博士生导师10名，硕士生导师22名。

2017年引进4名具有博士学位的教师，招聘3名具有硕士学位教师。

8名青年教师在攻读博士学位，1位教师到美国访学，1名教师在北京大学进修。

学院有国家有突出贡献中青年专家、新世纪百千万人才工程国家级人选等各类专家8名。1名教师获得学校优秀教师奖，1名教师获得学校优秀教育工作者奖。

【学科建设】化学学科2017年获得海南省A类特色学科和学校一流学科资助。热带药用植物化学与药理活性教育部创新团队获得为期3年的滚动支持。

【人才培养】学院2017届毕业生初次就业率达97.27%，评选优秀毕业生和学生干部26名，有49名本科生考取高校科研院所研究生。

2017年，学院招收本科生292名、博士研究生7名、硕士研究生20名，其中学科教学（化学）硕士6名；毕业博士生3名、硕士生15名；2名优秀应届毕业生免试推荐攻读硕士研究生，49名本科生考取国内知名高校和研究机构硕士研究生。制订化学专业博士研究生培养方案，修订化学专业硕士生研究培养方案。

学院研究生发表研究论文29多篇，其中SCI收录16篇。

积极探索合作办学模式，与海南科技职业学院联合办学并已经招收四届学生，2014级学生已经通过考核并转入学院学习。在2017年"大学生创新创业训练计划"中，学院共获批立项36项，其中，国家级4项、省级7项、校级25项。

【教学工作】组织43名教师参加教学质量测评。完成本科214门次课程，教学7764学时。本年度面向全校开设28门公选课，除实验教学外全院承担的课程使用多媒体或CAI课件进行教学有100多门。完成3个本科专业242名学生的毕业论文（设计）和3个本科专业的实习和实训等教学工作。

【科研工作】2017年，教师共发表论文95余篇，且SCI收录50余篇，其中，一区2篇、二区1篇；申请专利30项，获得授权8项；出版专著2部；获批国家自然科学基金项目3项、省创新团队项目1项、海南省自然科学基金项目6项、海南省重点研发计划项目3项。

【学术交流】学院教师应邀参加国际会议20多人次、国内会议100余人次，作大会报告或特邀报告8人次。学院邀请国内外专家学者到校讲学、进行学术交流20人次。

承办2017年海南省化学与化工学科论坛与发展研讨会、首届海南省高校化学实验技能竞赛。协办分析化学国际学术会议、药用植物与海洋生物资源开发与利用高峰论坛暨国际学术研讨会、中国民族医药学会黎药分会。举办4期化学与化工学院教授/博士论坛。参与国家科技园各项建设活动并在科技园注册公司。

【实验室建设】承办海南省第十二届中学生化学实验竞赛、学院第七届化学实验操作技能竞赛、海南省高等学校第一届化学实验操作技能大赛。

热带药用植物化学教育部重点实验室发表论文76篇，其中SCI收录36篇。申请专利21项，授权专利8项。在研国家级项目12项，新增国家自然科学基金立项3项、省重点项目1项、省自然科学基金项目5项。获海南省科技进步奖一等奖1项。

学院新增海口市重点实验室3个。通过教育部重点实验室和协同创新中心平台，学院与海南省民族医药学会在科技平台上联合成立产学研一体化实体，构建黎药研究、开发和应用平台。4月，海南省水环境污染治理与资源化重点实验室与海口市水务局签署《海口市内河（湖）疏浚底泥资源化利用及其风险评价》技术服务合同。

【学生工作】新发展学生党员30人。

组织反恐、反邪教、疾病预防宣传等报告会8场。开展安全文明检查48次，覆盖率100%。

2人获得国家奖学金，33人获得国家励志奖学金，4人获得海南省贫困大学生奖学金，2人获社会奖学金。

在校学生发表各级各类论文30多篇。全年学院共有200余人次获得各级各类奖励。其中，在第五届全国高等师范院校大学生化学实验邀请赛中，李若玲同学获一等奖，甄超、安青青同学获三等奖。"可阳光驱动的CdS量子点复合光催化剂3D打印水处理装置"获第十五届"挑战杯"全国大学生课外学术科技作品竞赛全国三等奖，同时获国家级累进创新奖。"一种铂-三维石墨烯气凝胶基酶传感器件的制备及应用"获第十五届"挑战杯"全国大学生课外学术科技作品竞赛全国三等奖。在海南省第八届"挑战杯"大学生学术科技作品竞赛中，学院学生获一等奖2项、二等奖3项、三等奖2项。学院大学生科技创新团队拟被授予"小平科技创新团队"称号。张瑶瑶团队在第三届中国"互联网＋"大学生创新创业大赛中，获全国总决赛三等奖、省赛金奖。学院学生在海南省志愿项目大赛中获三等奖1项。

学院团委获"海南省五四红旗团委""海南师范大学五四红旗团委"称号。学院青协被授予"海口市美兰区青年志愿服务先进集体"称号。2名学生获"海口市美兰区优秀青年志愿者"称号。学院"梦想启航·爱心护航"琼海服务团获"校优秀实践团队"称号。学生申报并获批创新实验项目国家级4项、省级14项、校级18项。

组织开展主题团日活动、大学生论坛、教师技能大赛、党团知识竞赛、主持人大赛、实验技能竞赛、"迎新杯"球赛、宿舍文化节等丰富多彩的校园文化活动。

组织全院290余名新生参与心理健康普测活动。加强毕业生就业观、择业观教育及求职技巧培训。

生命科学学院

【概况】生命科学学院现设生物科学、生物技术、生态学3个系；有生物科学、生物技术、生态学、园林4个专业，其中生态学为新增专业；现有实验室51个、研究室36个，仪器设备总值3950万。

学院拥有热带岛屿生态学教育部重点实验室1个、国家基础科学人才培养生物学野外实践基地1个、海南省生物多样性科技馆1个。海南省生态环境教育中心、海南省植物学会、热带海岸生态恢复国际研究中心挂靠学院。吊罗山野外实习基地为教育部国家大学生校外实践教育基地，生物基础实验室为海南省特色实验示范中心。

【党建工作】学院党委设4个党支部，其中，教工党支部1个、学生党支部3个；有党员92名，其中，教工党员38名、学生党员54名。

坚持学习宣传贯彻十九大精神，开展手抄党章、重温入党誓词、学习《习近平谈治国理政》等活动，落实"两学一做"。

2017年，新发展党员26名，转正12名。

【师资队伍】现有教职工57人，专任教师44人，其中，教授18人、副教授16人；博士25人；"特贴"专家3人；"省优"专家3人；教育部新世纪优秀人才2人；海南省"515人才工程"人选9人；博士生导师4人、硕士生导师26人；省级重点学科带头人1人；校级教学名师1人。本年度引进博士7人，其中1人为海南省"万人计划"人选。汪继超获校"师德标兵""优秀教师"称号。

【学科建设】学院现有生态学一流学科和生物学优势学科；生态学一级学科博士点；生态学、生物学一级学科硕士点。生物科学专业为教育部专业综合改革试点。学院拥有热带岛屿生态学省部共建教育部重点实验室、海南热带动植物生态学省级重点实验室；动物学省级教学团队1个；动物学、生态学省级精品课程；省级特色实验示范中心1个。

【人才培养】学院共有全日制在校本科生755人，其中26人考取研究生。生物科学本科专业就业率90.91%；生物技术本科专业就业率97.92%；园林本科专业就业率94.9%。

2017年招收研究生26人，其中，博士研究生5人、学术型硕士研究生16人、专业型硕士研究生5人。在校研究生82人，其中博士研究生14人。

获批海南省研究生创新科研项目立项4项，海南师范大学研究生创新科研项目立项4项。1篇硕士学位论文被评为海南省优秀硕士学位论文。硕士研究生发表研究论文32篇，其中SCI、EI收录10篇；核心期刊20篇、非核心2篇。生物学专业研究生就业率50%；生态学专业研究生就业率33.33%；生态学首届博士毕业生就业率66.67%。

【教学工作】5门课程开展课程改革。9名新老师、8名老教师结对帮扶。完成2014级教育实习工作，实习生共110人，其中，46人参加海南省贫困市县顶岗实习、61人回原籍实习、3人在海口地区中学实习。

学院获省级教学成果奖二等奖1项，校级成果奖一等奖1项，顶岗实习工作先进单位二等奖。符英丽、符碧、汪继超、朱麟获"优秀指导教师"称号，陈红霞等12名同学获"优秀实习生"称号。

【科研工作】2017年，学院获批发明专利1项。获批各级各类科研项目9项，其中国家自然科学基金项目6项，总经费306万。获海南省科技进步奖一等奖1项。发表论文51篇，其中，SCI收录论文20篇、中文期刊收录论文31篇。

【学生工作】开展职业生涯规划辅导和就业指导活动11场。

本科生创新创业项目立项15项，其中，国家级3项、省级7项。王伟、张文飞、郑伟民获"暑期社会实践校级优秀指导教师"称号。

举办第二届生命科技文化节。2015级生物技术班获"先进班集体"称号。"爱的龟途"项目获海南省第四届志愿服务项目大赛金奖。

完成218名学生的贫困生认定工作，评定获国家助学金193人，其中，一档78人、二档115人；国家奖学金1人；国家励志奖学金25人；省级优秀贫困生奖学金3人；黄群岚奖学金1人，总计223人次、70.85万元。评定优秀学生干部13人，在校内外安排勤工助学岗位11人次。

处置学生突发事件10起，无重大违纪事件和事故。

【对外交流】邀请国内外专家学者作学术报告4场，学院教师外出参加国内外学术会议18人次。

【工会工作】学院基层工会完成换届选举，叶芳云、郑伟民、金士琨当选工会委员。

【扶贫工作】学院七赴陵水亚欠村开展科技扶贫，帮扶对象脱贫率达100%。

【社会服务】生物多样性科技馆服务于海南科普教育，培训学生科普讲解员，学员获全国科普大赛三等奖1项、海南省科普讲解大赛二等奖2项。

承办第二十届海南省中学生物实验竞赛活动。完成乐东、昌江、琼中点周末流动师资培训学院培训任务，受训教师100人。完成20名"双五百"人才工程项目初中生物教师、10个"国培计划"项目初中生物培训团队培训工作。

体育学院

【概况】学院现设有体育教育系、社会体育系、武术系、运动训练系和公共体育教学部5个系部，球类、操类、田径、理论、武术、实践教学、军事学等7个教研室。本科专业有体育教育、社会体育（社会体育管理与指导方向、高尔夫运动方向）、武术与民族传统体育、运动训练。硕士专业有体育学硕士、学科教学（体育）硕士、体育专业硕士。学院拥有体质测试与评价、运动生理、体育保健、运动解剖、针灸推拿与康复实验室、高尔夫挥杆技术分析室和高尔夫工坊等8个实验室；1个图书资料室，藏书近5000册。

【师资队伍】学院现有教职工85人，其中，教授26人、副教授23人；具有博士学位6人、具有硕士学位31人；具有硕士生导师资格8人。

2017年引进高层次人才2名（分别是体育教学与训练方向、运动人体科学方向）、篮球教师1名、排球教师1名、实验员1名。

继续支持3名教师在职攻读博士学位。

【党建工作】2017年，学院严格按照《中共海南师范大学委员会2017年工作要点》开展工作，深入开展党风廉政建设和"两学一做"教育工作。组织教工党支部和学生党支部开展组织生活会，学习《刘赐贵书记在中共海南省第七次代表大会上报告》，解读《关于"开展深入学习贯彻习近平总书记视察海南时的重要讲话精神及省委书记刘赐贵在学校调研时的讲话精神 助力建设美好新海南"大研讨大行动活动实施方案》，贯彻学校第一次党代会精神部署动员大会的精神和任务，组织全院党员开展"重

温历史，不忘初心"革命故地重游活动。制定《体育学院党员发展管理制度》《"三会一课"制度》《体育学院党建思想与政治工作制度》等7项制度，提高学院党建和党员管理工作水平。

【教学工作】本年度学院教学工作紧紧围绕"教学改革创新与提高""本科教学审核评估"的各项内容开展。学院进一步完善教研室的设置，制订《体育学院教研室主任岗位职责》。各教研室均制订较详细的教研活动计划，经常组织教学研讨、教学观摩和听评课等活动。

2017年，学院共有24门课程进行考核方式改革及课程考试改革，6位教师利用网上教学资源进行授课，60多门课程已经申报线上课程建设。学院对新入职的5位年轻教师分别安排1名教学经验丰富的教授为指导教师，帮助其尽快实现高效课堂教学及提升课堂教学能力。2017年学院实践教学工作在学校评比中，再次获得实践教学工作一等奖。在2017年海南省高等学校首届教育学类说课比赛中，学院获三等奖。

【学科建设与科研工作】学院积极打造具有海南地域研究特色的科研团队，支持与鼓励教师进修与参加高水平的培训，助力学院重大科研项目申报工作。

2017年，学院共获批省级科技重大项目1项、教育科研项目1项、生教改项目1项。邀请国内外有影响、有威望的专家学者到校并学与指导4次。

2017年，学院在充分研讨的基础上完成了2017版体育学学术硕士和学科教学（体育）硕

士人才培养方案的修订工作，优化研究生课程的设置。高质量完成新增体育专业硕士学位点的申报材料撰写与答辩工作。此外，还修订《体育学院硕士生导师管理暂行办法》，加强硕士导师课程教学研讨与培训工作。

【学生工作】学院学生工作以加强学生思想政治教育，做好学生安全稳定工作，丰富学生课余生活，组织、鼓励学生积极参加各类创新创业活动，加大力度做好就业创业工作为核心展开。2017年，学院制订《体育学院班主任工作职责》《体育学院班主任工作考核办法》，加强了班主任对班级的管理；制订学生请假、外出管理办法等多项制度，加强学院对学生的管理。

学院获得"2017年大学生征兵工作先进集体""2017年教师技能大赛优秀组织"称号；组织学生参加体育就业招聘专场6次；邀请就业单位进行校园宣讲4次；本科生就业率位于全校前列，研究生就业率高达百分百。

学院大学生创新创业项目14项，其中，国家级3项、省级项目4项、校级项目7项。学院优秀毕业生曾雪娇的"牧洋航海文化"项目代表海南省参加全国大学生创新创业大赛并斩获银奖，这是海南省参赛项目近年来所获得的最高奖项。

【运动训练与竞赛】2017年，学院进一步完善运动队管理与建设，修订《体育学院高水平运动员管理办法》《体育学院高水平运动队管理办法》等规章制度，进一步提高运动队的训练与管理水平。

2017年，海南师范大学运动队荣获2016—2017中国大学生排球联赛总决赛（B组）冠军、

2017年中国大学生校园路跑第四名。刁剑豪、蒙成同学分别获得第十三届全国运动会拳击比赛60公斤级银牌和举重比赛56公斤级铜牌。男女沙滩排球队均获第十三届中国大学生沙滩排球锦标赛亚军。游泳救生代表队获得第十九届全国游泳救生锦标赛团体总分第四名，且陈明果同学打破国家抛绳救生纪录。田径运动队在2017年海南省大中专田径运动会中获得21枚金牌及团体总分第一。

【对外交流与合作】学院与丹麦葛莱体育运动教育学院签署合作办学协议，积极探索足球教育与人才培养的新模式；与英国曼彻斯特城市大学就建立文化教育与足球运动紧密融合的国际足球教育学院一事开展交流，为引进英国足球教育的先进资源与管理经验打下良好基础。

6月，学校被教育部列入首批建设足球专业学院重点推荐高校（全国仅6所），将打造国家级足球教育国际化试验园区，建设海南省首个高端的、产学研协同创新的国际化足球教育园区。

2017年，学院共选派7名学生分别赴中国台湾地区和美国、韩国和日本等国家进行对外交流学习，推进学院合作办学的工作进程。学院教师受邀参加国内外高水平研修会议14次。

【社会服务】完成2017年学校体育传统项目师资培训工作、2017年国家社会体育指导员培训工作，并协办"2017年海南省社会体育指导员环岛公益健康行"活动。

组织学院学生参加海口国际马拉松比赛、海南省全省中小学学生体质测试考试、海南省国家社会体育指导员大赛、海南高尔夫明星赛等十几项赛事或考试的志愿服务活动。

地理与环境科学学院

【概况】地理与环境科学学院现有地理科学、自然地理与资源环境、人文地理与城乡规划、地理信息科学等4个本科专业，地理学一级学科硕士点和学科教学（地理）专业教育硕士点。学院于2016年开始招收地理信息科学专业的学生。

学院现有教职工29人，其中，正高职称（研究员和教授）8人、副高职称（副教授和高级工程师）9人；博士9人；硕士生导师11人。另聘有客座教授18人（其中，中科院院士2人、博士生导师6人）。

学院建有热带海岛资源环境实验室、地理科学基础实验室，下设分实验室8个。实验室面积575平方米，设备价值1200余万元。此外，建有各类专业实习基地23个、教育实习基地9个。

【学科建设】2017年，学院地理学学科正式获批为省级特色重点学科、校级优势学科。学科引进1名学术骨干。学科成员共发表文章30余篇，其中，SCI收录2篇、核心期刊论文15篇。学院获批国家自然科学基金项目1项、省创新团队项目1项、省自然科学基金项目2项、省社科项目1项、横向项目3项；获得海南省第九次社会科学优秀成果奖一等奖1项、三等奖1项；出版著作1部。

【办学条件】新增思洛普260-a固定翼无人机等一批仪器。

【教学工作】修订2016版培养方案与课程教学大纲，完成2017级大类招生和2016级专业分流工作。推进混合式教学模式改革，共有20门课程开展教学改革。师范专业教师深入中学开展教学和研究活动，师范生开展"三字一话"（钢笔字、毛笔字、粉笔字和普通话）等教师基本功竞赛8场次。

完成"双五百"人才工程及2017届地理科学师范类毕业生的教育实习工作。完成非师范生自然地理与资源环境专业、人文地理与规划专业课程实习与毕业实习工作。

开展"以老带新"帮扶活动，新教师、青年教师听评课活动，教师教学经验交流会。

完成各专业省内课程实习7次、人文地理与城乡规划专业岛外实习，推荐1名地理科学专业学生和1名自然地理与资源环境专业学生参加全国地理野外联合实习。

学院获学校2017年实践教学特色奖、顶岗实习工作先进集体奖。

【创新创业】组织学生参加学校创新创业实践周活动，学生参加校院两级活动30余场。3个项目获2017年第八届海南省大学生"挑战杯"竞赛三等奖。学生完成"大学生创新创业训练计划"项目（简称"大创"项目）4项。学生项目获批立项16项（其中，国家级2项、省级5项）。3篇暑期大学生社会实践活动研究报告获得校一等奖、3篇研究报告获得校二等奖、2篇研究报告获得校三等奖。袁建平、程叶青等老师获得"实践育人优秀指导教师"称号。

【科研工作】学院教师发表文章25篇，其中，SCI收录2篇、核心期刊论文12篇；获批立项国家自然科学基金项目1项、省创新团队项目1项、省自然科学基金项目2项、省社科项目

1项、横向项目3项；出版著作1部；获得海南省第九次社会科学优秀成果奖一等奖1项、三等奖1项。

【师资队伍】引进博士1名。1名教师到北京师范大学进修。1名班主任获校"优秀班主任"称号。

【党建工作】全年参加学校学习培训共102人，新发展党员15名，转正12名。被评为优秀党员2人、优秀党务工作者1人。

组织党员干部研读《习近平谈治国理政》等学习材料23次。支部书记讲党课6次。党员撰写学习笔记和学习心得530篇。

推进"两学一做"教育实践活动规范化和制度化，落地"三会一课"制度。创新方式讲党课，创新方式开展实践教育，召开专题民主生活会和组织生活会，开展民主评议。

【对外交流】承办中国地理学会华南片区年会，学院成员外出参加学术交流24人次，邀请专家到校开展学术交流6场。

【学生工作】发展学生党员12人，组织学生党员开展学习活动14次。辅导员和班主任每月定期走访学生宿舍，2017年共走访学生宿舍80余次，与学生谈心谈话，了解学生学习、生活情况。组织校园文化活动22次。学生获得省级以上奖项人59人次。开展安全教育、心理教育、读书报告会等主题班会101次。

完成142名学生的贫困生认定工作，评定获国家助学金136人，其中，一档47人、二档89人；国家奖学金1人；国家励志奖学金17人；省级优秀贫困生奖学金2人；黄群岚奖学金1人。

2017届110名毕业生初次就业率97.27%。

2人获研究生推免资格，分别被推免到中国科技大学和兰州大学攻读硕士学位。共7人考上国内外著名高校研究生。

【社会服务】承担国家精准扶贫工作成效第三方评估工作，组织40多名师生对五指山市、白沙黎族自治县、儋州市、临高县开展精准扶贫工作成效第三方评估工作。

旅游学院

【概况】旅游学院成立于2015年12月，前身为地理与旅游学院，现设有旅游管理、酒店管理2个系，旅游管理、酒店管理2个本科专业。2017年，新增旅游管理专业硕士点。现有全日制在校本科生640人。

学院现有旅游信息实验室、导游模拟实验室、旅游技能实验室3个实验室，实验室总面积400平方米。图书资料室藏书6400余册，各类中英文报刊20余种。校外教学实习基地40余个。

【党建工作】学院共有党员42名，其中，教工党员15名、学生党员27名。新发展党员20名，13名预备党员转正，吸收入党积极分子133人。

学院党委认真履行基层党建主体责任，健全党员学习制度，用十九大精神武装头脑，扎实推进"两学一做"学习教育，全年组织集中学习6次，召开党委会12次、领导班子民主生活会1次。2个支部共计开展专题组织生活会3次、党员大会20次、支委会24次。党委书记和支部书记讲党课8次。

【师资队伍】学院现有教职工23人，专任教师19人，其中，教授2人、副高级职称4人、具有博士学位6人。

2017年新引进具有博士学位教师1人。

罗艳菊副院长获海南省人力资源和社会保障厅授予的"海南省'515人才工程'第三层次人选"称号。

【学科建设】2017年获批旅游管理专业硕士点，现有硕士生导师2人。

【教学工作】酒店管理专业通过省教育厅组织的新办本科专业评估。

旅游英语被评选为省级精品课程。

与华锦旅业集团合作办"华锦班"，并取得优异的成绩。举办旅游学院毕业生实习双选会，40余家知名旅游景区和五星级酒店到校参会。2017届毕业生初次就业率为97.63%，就业质量为全校第1名。

9人考取硕士研究生，其中，考取985高校1人、211高校4人。2人出国出境攻读硕士学位。

【创新创业】组织学院全体学生参加创新创业实践周校院级各类专项活动。

学院团队在2017年全国高校商业精英挑战赛商务会奖旅游策划竞赛中获全国总决赛二等奖；在2017年"杭州国博杯"第六届大学生会议活动策划大赛中获银奖。

【科研工作】2017年获批国家社科基金项目1项，省社会科学成果奖1项，省市级课题3项，省旅游委、省卫计委等单位委托的横向课题4项。完成3项省级课题结项工作。

学院教师发表学术论文12篇，其中核心期刊2篇。出版学术专著1部、教材2部。

【学生工作】围绕"十九大、我的中国梦""社会主义核心价值观""习近平总书记系列重要讲话精神"等主题，开展文艺晚会、团日活动、系列讲座、主题班会、辩论赛等。

举办第二届旅游文化节，开展"文明导游一路有我"模拟导游大赛、"我爱旅游"线路设计大赛、酒店业务知识技能比赛、大学生文明礼仪系列教育活动、系列学术专业讲座、企业文化进校园活动、校园招聘会等，将第二课堂与学生的专业学习结合。

开展"＋C为文明旅游代言"志愿服务活动，全年累计组织博物馆志愿讲解活动25次、清扫校园志愿活动53次、李硕勋烈士纪念亭志愿活动19次、甘蔗园四点半小课堂57次。志愿服务项目"颜色的故事"获校级铜奖，学院获优秀组织奖。

25名学生集中参加校级大学生志愿者暑期"三下乡"社会实践活动，依托"海南冼夫人文化遗产现状调查与旅游开发研究"等一批有价值的调研项目开展社会实践。

2014级酒店管理班团支部获"海南省五四红旗团支部"称号。学院获学校教师技能大赛优秀组织奖。院团委获共青团工作创新奖、"十佳青年之声运营单位"称号。

【对外交流】邀请谢彦君、马波等国内著名学者到院开展学术交流6人次。组织教师参加国内学术会议6人次。

甄选6名学生参加"大学生暑期赴美带薪实习"项目。鼓励学生报考国外的研究生，有2名学生到海外留学深造。

【"双创"工作】制定"双创"工作方案，成立"双创"领导小组。在学生中积极开展

"文明校园"清扫志愿服务活动、"文明宿舍"评比等，累计开展各类文明志愿服务活动92次。

【扶贫工作】学院负责陵水黎族自治县本号镇亚欠村2户贫困户的脱贫工作，2017年给贫困户送去物资、资金和技术支持5次。学生党支部与学院团委负责对口帮扶的4个贫困家庭中小学生建立长期联系，通过"四个一"模式（即"一个党员一星期一个电话一封信"）开展扶贫工作。现2户贫困户均已脱贫。

【成教工作】学院现有旅游管理本科自学考试助学班3个，共计158名学生；旅游管理成人函授专科班2个，共计84名学生。

【主要亮点或其他情况】推进应用型本科转型试点改革，与海南省职业技术学院、海南省旅游学校、海口市旅游学校开展的"3＋2""3＋4""4＋0"合作项目顺利进行。

积极推进政产学研一体化建设，与海南省旅游委、华锦旅业集团等企业保持良好互动，进一步拓展合作领域。新增梦幻香山等10余家合作单位。

学院与国际品牌酒店保持良好的互动关系，积极参加行业协会活动，被中国饭店协会评为2017年全国饭店业校企合作标杆单位。

国际教育学院

【概况】国际教育学院是海南师范大学负责外国留学生的招生、教学及日常管理的主要单位，同时也是东南亚汉语推广师资培训基地和华文教育基地项目主要执行单位。国际教育学院是一个集留学生教育、对外汉语专业本科生教育、汉语国际教育硕士教育于一体，功能完备的二级学院。学院下设办公室、国际学生招生办公室/项目运营部、教学部、留学生管理办公室、学工部等部门，拥有语音研究室1间，设置专门阅览室，藏书有6000多册。

【党建工作】学院分党委扎实推进"两学一做"，深入学习党的十九大重要精神，抓组织建设，努力提升党员党建工作水平；抓制度建设，健全党员学习教育的长效机制；抓学习建设，全面提高党员的素质；抓活动建设，丰富党建工作的机制。

学院共设有教工党支部和学生党支部各1个，教工党支部有党员15人，新递交入党申请书的积极分子2人；学生党支部共有党员24人。

【师资队伍建设】2017年，学院引进专职教师1名（博士研究生）。1名教师被外派日本担任汉语公派教师，2名教师赴国内其他地区进行短期进修。

吴椿老师2017年获学校"优秀教育工作者"称号，马昌俊老师获"暑假三下乡优秀指导教师"称号。

【学科建设】学院发表论文12篇，其中核心期刊论文5篇（CSSCI收录2篇）；获批国家级科研项目1项、省部级科研项目1项；出版学术著作1部。

【人才培养】2017年共招收国际学生637人，其中，学历生224人、非学历生413人；奖学金生251人，其中，中国政府奖学金42人、孔子学奖学金84人、海南省政府奖学金125人（含海南省政府奖学金–老挝琅勃拉邦省友好城市专项奖学金20人）；泰国中医汉语研修班学生78人，其中，来自泰国碧瑶大学的学生57人、华侨崇圣大学学生21人；韩国校际交流生15人。

国际学生来源国47个，包括自波兰、意大利、比利时、斯洛文尼亚、埃塞俄比亚、俄罗斯白俄罗斯、德国、乌克兰、泰国、韩国、土耳其、乌兹别克斯坦、印度尼西亚、吉尔吉斯斯坦、柬埔寨、老挝、越南、巴基斯坦、土库曼斯坦、哈萨克斯坦、澳大利亚、摩洛哥等。

学院汉语国际教育专业本科生250人、研究生30人。

2017届毕业生54人、初次就业率92%，15人考上硕士研究生。

【教学工作】联合招生就业处编写多个招生培养方案；完成本年度教务处和研究生处安排的所有类型学生教学管理工作；组织本科生和研究生答辩工作；完成"大类分流"以及网上评教工作；圆满完成孔子学院总部/汉考国际2017年度HSK/HSKK考务工作，并作为2016年度优秀考点参加全国表彰大会，获孔子学院奖学金生推荐资格。在孔子学院总部/国家汉办组织的汉办英雄会活动中，林仕珍入选复赛，孙丹老师获"优秀指导教师"称号。完成孔子学院总部/国家汉办项目2017年度赴泰国汉语教师志愿者培训工作；支持教师进修以及赴海外讲学。

【学生工作】学院完善规章制度，进一步规范对国际学生的管理；加强国际新生入学教育工作，严格考勤制度；举办中国文化体验活动，丰富国际学生第二课堂。

学院顺利完成国内学生从桂林洋校区至龙昆南校区的搬迁工作。

学院加强大学生的思想政治教育工作，根据学校《关于进一步加强和改进大学生思想政治教育的意见》实施方案精神，制订《国际教育学院大学生思想教育主题活动实施方案》；高度重视学生的心理健康教育工作；完成奖学金评定以及毕业生就业规划工作。

学院开展教师技能大赛院级选拔工作并组织队伍参加总决赛；在校团委组织下，带领团学干部赴陵水黎族自治县亚欠村开展"大手拉小手，扶贫先扶智"慰问活动，把精准扶贫落到实处；组织学生进行"喜迎十九大、青春新建功"暑期社会实践活动，带领志愿者实践团队赴海口市三江镇三江第二小学进行为期1周的志愿者支教活动；开展大学生辩论赛、党的十九大主题演讲、"诚信、励志、感恩"主题演讲等活动。

【对外交流】教师赴外讲学、参加培训和会议7人次。学院邀请多名知名学者到学院作学术报告。

【主要亮点】学院国际交流成果硕果累累。具体包括：老挝琅勃拉邦省国际学生开班典礼在学校举行；泰国碧瑶大学代表团对学校进行友好访问；东南亚高校访华团访问学校；应国侨办及海南省侨办的邀请，学院教学副院长柴俊星于6月28日至7月9日赴印尼巴淡岛进行讲学；暑假期间，学院教师王子君、沈冰受海南省教育厅委派，前往菲律宾巴拉望省，对巴拉望省政府官员进行了为期1个月的汉语培训；8月24日，印尼雅加达华文教育协调机构蔡昌杰主席一行3人访问学校。11月29日至12月6日，学院院长陈江应社科联邀请，赴老挝、柬埔寨访问。

针对国际生，新增丝绸之路–省部共建专项奖学金、海南省华文教育奖学金，推进学院国际招生进程。

热带药用植物化学教育部重点实验室

【概况】2005年，在学校第一批重点实验室天然产物与有机合成化学实验室的基础上，海南省批准筹建海南省热带药用植物化学重点实验室。2009年9月，实验室通过海南省科技厅的验收，成为省级重点实验室。2009年12月，实验室被教育部批准为省部共建重点实验室。2013年6月27日，实验室通过教育部的验收，正式成为教育部重点实验室。2013年11月8日，实验室组织召开了热带药用植物化学教育部重点实验室第一届学术委员会会议。2015年11月14日，实验室组织召开热带药用植物化学教育部重点实验室第二届学术委员会会议。2016年12月1日，实验室组织召开热带药用植物化学教育部重点实验室第三届学术委员会会议。2017年9月，实验室通过教育部组织的重点实验室评估。

实验室依托海南热带海洋资源、陆地等生物资源，以海南药谷建设、热带植物和农用植物的开发加工以及绿色海岛建设为主要研究任务，开展热带药用植物化学成分的分离纯化、结构测定、生物活性、结构修饰与合成的研究。现主要有热带药用植物化学成分研究、热带药用植物药理活性研究、天然产物的结构修饰与合成和天然产物开发技术研究等4个主要研究方向。研究领域涵盖了天然产物化学、有机合成化学、药物化学和药理学等学科。

【师资队伍】2017年，新增副教授1名。实验室现有固定研究人员46名，其中，国家有突出贡献中青年专家2名、享受国务院政府特殊津贴专家4名、新世纪百千万人才工程入选者2名、新世纪优秀人才1名、海南省高层次杰出人才2名、海南省有突出贡献的优秀专家2名、海南省"515人才工程"人选5名；教授12名、副教授14名、博士23名、硕士8名；博士生导师5名、硕士生导师11人。

"热带药用植物化学成分与药理活性研究"创新团队获得教育部为期3年的滚动支持。

【科研工作】2017年，实验室在研纵向科研项目42项，经费共计1211万元；新增国家自然科学基金立项3项、科研经费103万元，海南省中药现代化科研项目等省级项目12项、科研经费229万元；发表论文102篇，其中SCI收录46篇；申请国家发明专利11项，新增授权专利2项；出版专著3部。

【学术交流】2017年，实验室成员应邀参加中国化学会主办的各类学术会议16人次，实验室承办各类学术会议3次。陈光英教授应邀在药用植物与海洋生物资源开发与利用高峰论坛暨国际学术研讨会上作大会报告。实验室邀请国内外专家学者来实验室讲学或合作研究11人次。

【人才培养】14名硕士研究生和3名博士研究生毕业并取得学位。新招收14名硕士生和7名博士生（其中3名外国留学生）。共有在读硕士研究生51名、在读博士研究生17名。

实验室部分研究生承担国家或省级研究生创新课题，在读的研究生发表论文30多篇，其中SCI收录20篇。

热带岛屿生态学省部共建教育部重点实验室

【概况】2005年6月，海南省科学技术厅批准成立海南热带动植物生态学省级重点实验室，依托于海南师范大学。2011年10月，教育部批准立项建设热带动植物生态学省部共建教育部重点实验室。2017年10月，实验室更名为热带岛屿生态学省部共建教育部重点实验室。

实验室现有面积6000平方米，同时建有1个占地1500平方米的生态园。目前，实验室拥有动物生态、植物生态、微生物生态和分子生态等8个实验室，以及以龟类繁殖生态与保护、鸟类行为、污染与生态修复等为主要研究方向的研究室6个。此外，实验室拥有10个野外研究基地和1个海南省生物多样性科技馆。科研仪器设备总值3800万元。

【研究队伍】实验室现有骨干成员33人，其中，高级职称25人；教授21人、副教授4人、讲师8人；具有博士学位28人、硕士学位2人；具有博士导师资格9人、硕士导师资格15人。高职称比例为75.8%，博士学位比例为84.8%，硕士以上比例为90.9%。享受国务院政府特殊津贴专家2人、"万人计划"青年拔尖人才1人、"省优"专家1人、新世纪优秀人才2人。

【科研工作】2017年，实验室获得国家级科研项目6项（其中，面上项目2项、地区基金4项），省级项目2项，横向课题项目4项，总经费624万。发表SCI论文7篇、中文期刊论文19篇。

杨灿朝研究员和梁伟教授的《鸟类巢寄生行为研究》获海南省科技进步奖一等奖。

2017年热带岛屿生态学省部共建教育部重点实验室学术报告一览表

报告题目	报告人	报告人简介	时间
猪生殖细胞线粒体功能的研究进展	贺斌	南京农业大学动物医学院　副教授	11月4日
UV damage，repair，and skin cancer（紫外线损伤、修复和皮肤癌）	毛鹏	华盛顿州立大学　教授	6月26日
蚕丝科学、技术、产业及文化	夏庆友	西南大学　教授　长江学者	4月20日
生态学科、热带动植物省部共建教育部重点实验室建设	金鉴明	中国工程院　院士	1月15日

2017年热带岛屿生态学省部共建教育部重点实验室学术交流一览表

学术交流名称	主办单位	外出交流人员	时间	地点
高校基因工程骨干教师研修班	暨南大学	彭沁	12月8日	广东广州
第十四届中国鸟类学大会暨第十二届海峡两岸鸟类学术研讨会	中国动物学会鸟类学分会	杨灿朝	9月21日	陕西西安

续表

学术交流名称	主办单位	外出交流人员	时间	地点
湿地保护体系国际研讨会	国家林业局调查规划设计研究院	刘强	12月4日	海南海口
全国芽孢杆菌青年工作者学术讨论会	南京农业大学	彭沁	11月30日	江苏南京
2017环境污染与治理研讨会	上海交通大学农业与生物学院	郝清玉	7月12日	上海
第八届热带森林生态学暨云南生态学会2017年学术研讨会	中国科学院西双版纳热带植物园	郝清玉	12月3日	海南海口
2017植物作物育种技术及品种选育研讨会	中国农业发展与科技交流中心	郝清玉	11月18日	海南海口
中国风景园林学会年会	中国风景园林学会	张颖	11月4日	陕西西安
第十四届中国鸟类学大会	中国动物学会鸟类分会	梁伟	9月21日	陕西西安
第十九届中国北京国际科技产业博览会	中国商务部	张文飞	10月19日	北京
2017年微生物生态学年会	中国生态学学会微生物生态专业委员会、清华大学	彭沁	10月20日	北京
2017年全国湿地生态保护与恢复学术研讨会	海南师范大学	张静文	10月14日	海南海口
第八届全国红树林学术研讨会	中国生态学学会红树林生态专业委员会、中国太平洋学会红树林海草研究分会	张静文	9月15日	海南海口
2017年全国湿地生态保护与恢复研讨会	中国自然资源学会湿地资源保护专业委员会	张颖	10月15日	海南海口
第八届全国红树林学术研讨会	中国生态学学会红树林生态专业委员会、中国太平洋学会红树林海草研究分会	张颖	9月15日	广东深圳

【学术交流】邀请国内外专家学者到校作学术报告4场，学院教师外出参加国内外学术会议18人次。

【主要亮点或其他情况】3月，学校党委会研究决定，刁晓平同志担任热带岛屿生态学省部共建教育部重点实验室主任。

6月至9月，热带岛屿生态学省部共建教育部重点实验室调整改造工作逐步完成并通过学校验收，新建实验室4个。

10月，实验室召开学术委员会会议，经专家组论证，被正式更名为热带岛屿生态学省部共建教育部重点实验室并报教育部批准；同时专家组提出研究方向调整凝练意见。

海南省水环境污染治理与资源化重点实验室

【概况】海南省水环境污染治理与资源化重点实验室于2012年6月通过海南省科技厅评审及批准筹建。设实验室正副主任各1人，并确定史载锋教授、孙振范教授、吴明书教授、孙伟教授分别为实验室各研究方向带头人。

实验室依托海南师范大学化学与化工学院植物化学教育部重点实验室和海南省重点实验室的基础设施，联合海南立昇净水有限公司以及其他国内知名院所，开展以水环境污染治理和资源化为目的的重点实验室建设，研究海南岛水资源保护技术，服务于海南国际旅游岛建设。

针对海南省水环境资源特点和社会经济发展状况，结合现有研究基础，重点实验室设立4个研究方向：（1）光催化水处理技术研究，包括高级催化氧化技术在工业废水、生活污水治理中的应用。（2）膜分离水处理技术研究，包括PVC超滤膜和陶瓷膜分离技术研究和应用。（3）环境友好催化技术研究，包括环境友好催化剂和化学工艺研究。（4）环境废弃物资源化研究，包括污水回用研究、污泥无害化处置和资源化利用研究。

【师资队伍】实验室现有固定研究人员34人，其中，具有博士学位29人；教授14人，副教授19人；博士生导师3人，硕士生导师10人；国家有突出贡献的中青年专家1人，享受国务院政府特殊津贴专家1人，新世纪优秀人才1人，海南省有突出贡献的优秀专家2人，海南省"515人才工程"第1层次人选1人、第二层和第三层次人选多人。

【科研工作】2017年，实验室成员共获批2项国家项目，参与申请海南省重大科技计划项目1项，以及海南省应用技术研究与开发专项（省重点科技计划）、海南省自然科学基金项目、海南省教育厅项目和横向合作课题多项，科研经费300余万元。共发表论文20余篇，其中SCI和EI收录的论文有10余篇。

【学术交流】11月，重点实验室分别邀请海南大学衣雪松教授和杨飞教授作有关水污染处理技术的学术报告，并组织老师和同学先后参加中国环境科学学会 2017 年学术年会、2017（第十二届）青岛国际水大会和第五届西湖国际海水淡化与水再利用大会等学术会议。

【人才培养】实验室于2010年获批化学一级学科硕士点，2011年开始招收硕士生，2014年获批化学一级学科博士点，2015年开始招收博士生。每年至少培养研究生12名。目前研究生培养工作侧重于环境友好催化、工艺研究，以及光催化水处理技术研究，其他两个方向的研究生培养工作正在开展中。

实验室部分研究生承担国家级或省级研究生创新课题。在校研究生共发表论文130余篇，其中，SCI收录论文50余篇、核心期刊论文多篇。每年在实验室进行毕业论文工作的本科生有100余人。

【条件建设】新增水质分析专用设备液体模拟实验装置FDC-001、X射线荧光光谱仪EDX-LE、自清洗膜过滤器和接触角分析仪等。

教育科学研究院

【概况】教育科学研究院成立于2015年11月，是海南师范大学直属二级科研单位，着力于教育科学理论与实践研究。研究院现有专职人员10人，其中，具有博士学位的教师比例达60%，具有副教授以上专业技术职称的教师比例达70%。

海南省基础教育课程与教学研究基地（省级）及海南教育改革发展研究院挂靠教育科学研究院。

【学科及科研建设】5月，完成教育学一级学科海南省重点学科自评工作及教育部全国第四轮学科评估二次核查工作。

根据学科发展需要，研究院引进高层次人才3人，其中，博士1人，教授2人。

10月11日，海南省省学位委员会2017年第一次会议根据专家评议意见进行评议表决和择优推荐，研究院教育学学科成为海南省拟新增博士学位授予单位（学位点）推荐学科。

【智库建设】10月27日，省教育厅与学校共建的省级教育智库——海南教育改革与发展研究院正式揭牌，挂靠在教育科学研究院，主要任务是密切跟踪国内外教育发展的大趋势，加强与省内外著名大学与教育科学机构的合作，依据省教育改革发展需要开展重大教育理论与实践问题研究，为省委、省政府教育改革提供决策咨询服务。

【学术交流】2017年，研究院组织科研骨干赴外参加重要学术活动10余人次。

【助飞工程】2017年，研究院加强对"助飞工程"教育研究专项课题的监督管理工作，召集项目主持人开展课题讨论会，就课题研究存在的问题开展交流和咨询。12月，按照专项课题管理规定，对有关课题开展结项工作。

研究院委派学校教师到附中开设专题讲座。3月，化学课题组负责人林起彰老师带领成员进入课题研究实施阶段。3月7日，课题组组织实验班1年级部分学生在化学实验室开展第1次实验操作类课例活动。李树伟、韦吉崇教授给予课题组大力支持，课题组取得部分阶段性的研究成果。

【社会服务】研究院针对海南省研究生教育改革要求，结合海南省研究生教育发展现状与未来产业发展需求，撰写了报告《深化研究生教育改革，使海南成为人才荟萃、技术创新之岛》，并将报告作为"大研讨大行动"活动的科研成果上报省教育厅。

7月至8月，研究院受教育厅委托，赴海南部分市县开展有关海南省基础教育教师队伍现状调查工作。通过对多所中小学基础教育教师队伍现状进行实地调研，并对调查数据进行整理分析，形成《海南省基础教育教师队伍现状调查报告》，提交省教育厅。

南海区域文化研究中心
（海南省南海区域文化研究基地、琼属华人华侨人才研究中心）

【概况】海南师范大学南海区域文化研究中心成立于2008年7月，2009年10月升格为海南省南海区域文化研究基地。2011年3月成立的琼属华人华侨人才研究中心，挂靠于海南省南海区域文化研究基地，与海南师范大学南海区域文化研究中心合署办公，并成为该基地并列研究机构。

中心主任为副校长过建春教授、常务副主任为张一平教授。现有专职人员4人。下设华侨华人文化研究所、宗教文化研究所、民族文化研究所、跨文化合作研究所及办公室和资料室。办公室设在田家炳教育书院7楼。有图书资料2000余册，专业期刊10余种。

2017年6月，中心（基地）参与2017年海南省哲学社会科学重点研究基地评估，并获评优秀。

【宗旨】本中心（基地）以中国特色社会主义理论为总体的指导思想，在海南省社科联和海南师范大学的领导下，紧紧地围绕着国家海洋战略和海南国际旅游岛建设的长远发展目标，组织海内外相关领域的专家学者，在全面系统地搜集和挖掘南海区域历史文化资料的基础上，对相关重要领域和重大命题展开深入的研究，最终形成一批在国内外具有较大影响的学术成果。琼属华人华侨人才研究中心的性质是社会科学研究与咨询机构，以学术研究为重点，主要任务是开展琼属世界华人华侨人才问题研究，承担省人才办、省外事侨务办、省侨联等相关单位委托课题，开展与世界海南乡团联谊会及琼属世界华人华侨研究机构的合作与交流。

【总体目标】南海区域文化研究，是以中国传统文化历史上的对外传播为经，以南海区域内各个国家、民族为纬，将之有机地穿接起来的研究。它强调区域文化的整体性，将南海区域当作一个整体看待，在泛南海区域范围内，既研究文化历史的同中之异，也研究历史文化的异中之同，从而存异求同，以便能更准确地反映南海区域内各个国家、民族和社会的特点和发展规律，以期推动南海区域的和平与发展，服务海南地方经济、文化和社会建设的需要，从而为中国的和平崛起作出贡献。琼属华人华侨人才研究中心目前主要的工作内容是对海外琼属华人华侨人才展开系统的调查与研究，以期建立完善的海外琼属华人华侨人才库，从而为实现海南国际旅游岛建设的各项目标提供高素质的优秀人才，为琼属华人华侨人才提供智力服务，推动海南社会、经济、文化又好又快发展。

【课题研究】张一平教授主持完成"南海海上丝绸之路研究丛书"（10种）课题研究工

作，顺利结项并出版。其中，个人完成专著《南海史导论》1部。完成省社科项目研究报告《陆海协同：丝绸之路经济带与21世纪海上丝绸之路建设互动关系》1份，并作为《呈阅件》呈省主要领导阅示。主持完成《海南省南海历史文化研究规划》编制工作。完成专著《海南社会图史》（合著）的写作任务。主持在研省社科联课题"南海岛屿名称研究"。

7月，林敏研究员主持完成海南省哲学社会科学规划课题"东渡南漂 缘结海南：佛教大师鉴真"（"海南历史文化名人丛书"之一）并由南方出版社出版；12月，提交国家社科研究课题"日本古写本《续古今译经图纪》研究"成果书稿，准备结项；本年度在国内外学术期刊、辑刊上发表专业学术论文4篇。

郑泽民副研究员完成其主持的省社科联委托课题"南海区域港口比较研究"的成果《南海港口演变与海上丝绸之路》专著初稿；主持的省社科联课题"越南、菲律宾、马来西亚、文莱、印尼南海侵渔研究"，正在结项中；参与中国南海研究院2016年度南海问题评估报告（第一章：南海形势）的撰写工作。

【学术交流】全年中心成员外出学术交流10人次。

1月，国家课题组开展学术研讨活动，举办"日本古写本《续古今译经图纪》研究"国际研讨会。

11月，中心参与承办省社科学术年会"海南历史文化保护与传承"分论坛。

【科研成果】中心成员全年共发表重要论文10篇，在香港的中国评论新闻网发表有关南海问题时评5篇。

【教学工作】张一平教授给历史学2017级硕士研究生开设史学原理课程，给2016级研究生开设南海区域历史文化、中国与东南亚关系史等课程，并指导3名研究生学位论文写作；林敏研究员给2015级历史和2016级文艺学专业硕士研究生分别开设文学与佛教和宗教文化传播史课程，指导的历史学专业研究生刘园园同学硕士毕业论文获评优秀。

【社会服务】2月，张一平教授应邀参加海南省史志馆陈列大纲评审；3月，参加在北京举行的国家南海博物馆展陈大纲评审会议；6月，参加省社科普及活动，在桂林洋校区作《抗日战争时期的宋氏兄弟姐妹》讲演；9月，应邀出席省社科联第五次代表大会，再次当选为省社科联委员；12月，应邀担任《中国工艺美术全集·海南卷》主审。

郑泽民副研究员积极参与《南海学刊》审编工作。

【其他工作】7月，张一平教授应邀出席在海口召开的第六届中欧论坛暨第三届中欧政策与实践圆桌会议，并作大会发言。

同月，张一平教授就《南海诸岛地理志略》一书接受《海南日报》、海南电视台采访，回应菲律宾南海仲裁案闹剧。

9月，张一平教授应邀出席省政协文化研究交流协会成立大会，并当选常务理事。

海南省生态文明研究中心

【概况】海南省生态文明研究中心是海南省哲学社会科学重点研究基地，成立于2012年8月。2016年4月，为了落实海南师范大学"三大服务、十大工程"发展战略，学校依托中心成立海南师范大学生态文明研究智库。中心设有社会主义生态文明理论和实践研究室、西方环境哲学与中国生态文明研究室、中国传统文化与生态文明研究室、绿色大学与生态文明教育研究室、社会调查与决策建议研究室等5个分支研究机构。中心办公面积12平方米，图书资料2000余册。2017年学校经费投入15万元。

【师资队伍】中心主任为杜明娥教授，执行主任为杨英姿教授。专兼职研究人员共11人，其中，正高级职称6人、副高级职称1人、中级职称4人。

【科研工作】中心专兼职研究人员获批2017年国家社科基金重点项目立项1项，经费35万元；海南省哲学社会科学重点研究基地课题立项1项，经费2万元。2017年发表学术论文10篇，其中CSSCI来源刊3篇。

【学术交流】主办全国性学术会议1次，外出参加全国性生态文明方面学术会议4人次。

【主要亮点或其他情况】叶平教授被推选为中国生态学哲学专业委员会副主任委员，杨英姿教授被推选为中国自然辩证法研究会环境哲学专业委员会副主任委员。

海南省生物多样性科技馆

【概况】海南省生物多样性科技馆成立于2009年，是海南省人民政府、海南省科技厅和海南师范大学共同创建的，对社会公众完全免费开放的，以生物多样性保护为主题的科普教育基地，是海南省第一个融科学性、趣味性为一体的自然科学类博物馆，由海兽多样性、龟鳖类多样性和海南生物多样性三部分组成，设施面积6600平方米，展品1900多件，面向社会公众，尤其是广大青少年和中小学生宣传和培养保护自然与环境的重要性。

现有专职科普人员3人，兼职人员39人。

【对外接待】2017年，科技馆继续面向社会公众全年免费开放，接待7000多人次，其中青少年约4000人次。科技活动月和国庆期间接待青少年2600人次。

【展馆建设】新购置龟类标本155件，增加两栖爬行动物标本35件。

新增除湿机设备，更换海兽展厅和生物多样性展厅内的空调，多次维修现有标本，所有龟鳖标本均定期除尘，部分龟鳖标本进行除虫、除霉维护，使展馆内标本完好、美观。

【科普活动】举办科普培训讲座4次，参加人员达600人次，讲座主要围绕野生动植物生态保护、科学考察、科普知识讲解培训等。

围绕《巴黎协定》、滥用抗生素VS超级细菌、《中华人民共和国野生动物保护法》科普知识宣传展等开展科普宣传活动4次。

举办科普讲解培训4次，吸引了海南大学和海南师范大学的本科生4200余人前来学习野生动植物分类的相关知识。

【制度建设】进一步完善科技馆的管理制度。与海南师范大学保卫处密切配合，建立团体接待报告制度。

【其他】学生科普讲解员获全国科普讲解大赛三等奖1项、海南省科普讲解大赛二等奖2项。

附属中学

【概况】海南师范大学附属中学创办于1951年，1953年组建海南中学。1980年复办，1996年被确认为省属重点中学，2006年成为海南省一级甲等完全中学。

附属中学现有2个校区，新校区（高中部）位于海口市美兰区灵山镇琼山大道313号，校园占地面积114098.75平方米，建筑面积82764.44平方米。

2017年，招生862人，毕业933人；在岗教职工392人，其中，专任教师283人、职工109人。

【制度建设】修订《专业技术岗位竞争推荐工作方案》《教职员工请假与考勤制度》《评先评优方案》《工会会员福利发放和奖励条例》《教职工绩效工资分配方案》《高、中考奖励方案》等一批规章制度。

确立做大做强附属初中并以此提升附属高中生源质量的策略，初步完成《海南师范大学支持附中做大做强初中部方案》。

【教学工作】在教务科增配1名教师，专职检查教案、作业等。组织2次作业检查。

高中部以年级为单位，组织教学质量检测，以考促教，以考促学。

在省级学科竞赛中，附属中学获一等奖5人次、二等奖13人次、三等奖14人次。

校田径队获省第二十三届中学田径运动会团体总分第三名，其中4金7银6铜。

教师在省级以上课堂教学比赛、论文评比中，获一等奖6人次、二等奖7人次、三等奖8人次。

5个新高考课题的重点子课题结题。

【德育工作】学生科细化德育常规管理制度和校警岗位职责，德育工作落实到具体岗位。学校加强禁烟、禁毒教育以及多种安全教育活动力度；公开、公平开展教育扶贫，精准落实学生资助工作。

【党建工作】校党委抓好十九大精神的学习宣传工作，组织党委班子成员、支部书记专题学习5次，参加师大及省厅学习5场次，上专题党课5次并报送相关材料15件；组织全校党员参与"重温入党誓词"活动，强化宗旨意识、使命意识、担当意识。各支部组织党员集中学习1～2次。

严格执行财务制度，严防乱收费、乱订资料；实施校务公开和党务公开，先后2次接受师大党委的专项检查，提高学校管理的透明度。

【安全工作】建立学校安全隐患台账，定期和不定期组织安全隐患排查工作并实行排查人签名负责制。制订、建立学校安全工作应急方案和联动机制，做到人防与技防相结合。

【后勤工作】省教育厅党组同意将原划给省研训院的11亩地划回学校并已形成会议纪要，省财政厅也已发文同意。

为校内所有师生宿舍安装空调、饮水机，

正在考虑给高中部教师工作间安装热水器。已经争取到省教育厅和财政厅支持购买教师办公电脑。

海南师范大学校园网络免费接入学校初高中部。

海口市考试中心完善高考视频监控系统。

争取到省财政支付局的支持，给学校加班教师发放夜餐补贴，标准为每人每天40元。

【工会工作】完成学校教职工代表大会暨工会会员代表大会的换届工作，选举产生新一届工会领导成员。参加海南师范大学第四届教代会，代表附中表达观点。

实验小学

【概况】海南师范大学实验小学创办于1989年10月，2009年由附属小学更名为实验小学。学校有教职工96人，教师88人中一级教师31人、二级教师44人、无职称13人。现有36个教学班，在校学生2452人。学校有配套的学习、活动场所，每个班级均设有图书角，并根据学生不同年龄阶段特点配相应的图书供学生阅读；各个班级均配备多媒体教学设备，还有1间电脑教室，以满足学生学习信息技术的需要。校长为蔡于淮。

在2017年琼山区小学学业质量监测中，学校总优秀率、总平均分、总合格率均为第1名。

2017年，学校被评为琼山区教育工作先进单位。

【制度建设】学校依据《小学管理规程》，《海南省中小学校教学管理常规》，制定《师资建设三年规划》《教师队伍管理制度》《自聘教师管理规定》《教学管理制度》《教师业务档案制度》《安全管理工作规定》《教职工考勤制度》等管理制度，并严格执行。

【师资队伍】2017年，学校新聘教职工4人。

以行风评议和《公民道德实施纲要》为内容，开展教师职业道德培训。举办专题讲座、讨论会、演讲等，寓教于乐，凝聚人心。

制定3年师资发展规划，实施"名师工程""优师工程"和"青蓝工程"。重视提高教师业务素质，注重中青年教师的培养，在组织新教师参加培训的同时，加强"青蓝工程"的实施力度，采取"以老带新"的方法，从备课、上课、作业批改等方面对新老师耐心指导。对于5年以上教龄、35岁以下的教师则坚持进行综合素质的培训，从基本功、讲课水平、专题研究等方面进行考核。有计划地开展教师基本功竞赛、教学设计竞赛、教学论文评比等活动，提高教师的教学能力和业务水平。

每个学期公派教师外出学习十几人次。依托海南师范大学与小学教育相关院系，请大学相关院系的教授到校为全体教师做讲座、培训等。

【学生工作】2017年，学校招生401人，毕业426人。

学校开足开齐各种课程，在各科教学中有机渗透德育。少先队大队部每月组织班级召开主题队会并开展少先队活动，围绕学生身上普遍存在的思想、行为习惯问题，以及个人应具备的品质开展活动。各班级组织各种主题教育和比赛。同时，围绕各种节气、节日开展相关主题活动及生活实践，让课堂走进生活，把生活带进课堂。

4月，组织学生到永兴烈士陵园扫墓，参观云龙琼崖红军纵队改编会址、旧州75569部队营区，对学生进行爱国主义教育，缅怀先烈。12月，举办第二届艺术体育节。开展"关爱生命，远离毒品"活动，并出一期板报。

【教学工作】推进专题校本培训，深化校本教研。建立"名师、骨干、新秀"阶梯式的校本培训模式，开展多渠道、深层次的结对帮教活动、"高效课堂基本模式"研究；在学生中开展了数学、语文、英语知识竞赛。

卢叶花老师在"学宪法，讲宪法"演讲比赛中，获省级优秀指导老师奖。其论文《浅谈新时期小学语文课堂教学改革》获海口市2017年论文评比三等奖。

在海口市科学技术协会和海口市教育局主办的2017年海口市青少年科技创新大赛中，学校获优秀组织奖。

附属幼儿园

【概况】附属幼儿园位于海南师范大学校园内，占地面积2500平方米，建筑面积2090平方米。幼儿园共有教职工有81人。2017年，开设16个教学班，共有495名幼儿。

2017年，完成省示范性幼儿园复评工作，获得专家组的好评。

【思想建设】通过理论学习、政策学习、案例研讨、民主生活会、专题培训等多种途径和方式，加强领导班子和管理团队建设，提高领导干部的思想素质与业务水平，树立"管理育人"意识，培植"以人为本、实事求是、团结高效、廉洁自律"的管理文化。

通过政治学习、专题培训等形式，宣扬爱岗敬业、团结奉献的精神，帮助全体教职工端正思想认识，增强集体荣誉感、使命感，强化工作责任心。

【办园条件】完成对主教学楼4楼多功能活动室、1楼原资料室、副教学楼后面的阳光房及主楼的楼梯和走廊等项目的整体改造工作。

【保教工作】执行行政管理人员行政值日、年级组长跟班指导工作制度，要求行政人员、年级组长与班级保教人员实行"零距离"的交流和指导，及时反馈跟进过程中出现的问题。

借助课题研究发展教师的专业素养，推进"主题性角色游戏的实践研究""通过绘本进行幼儿情绪管理实践性研究"等课题的研究进度。探索构建园本生态主题课程，帮助幼儿树立生态意识，培养幼儿形成良好的生活态度。

开展"亲亲椰子树""神奇的种子"等园本生态主题活动，以"以生态启蒙为核心的幼儿亲自然活动探索"为题申报海南省基础教育成果奖。

【园本研训】开展"幼儿园的师德师风建设""幼儿园区域活动的开展""如何进行班级管理经验分享""幼儿园学习故事的撰写""幼儿园课程建设""新教师入职培训"等专题研讨与培训，对教师们日常教学中存在的问题给予具体的指导，帮助教师们从理论的角度对问题进行深层次剖析。

【安全工作】完善安全生产责任制度，落实全员安全生产职责，并定期对安全责任制的落实情况进行检查、考核。

建立安全检查制度，定期每周1次检查设备的安全状况。

继续执行行政值班制度，并做好值班检查记录工作。

加强安全教育，重视幼儿安全工作，对全体员工进行安全教育培训，并进行各种应急预案的演练。

加大安全经费投入，对户外场地、电线电路等进行整改，消除安全隐患。

与海南师范大学医院合作开展传染病防控工作，严格落实晨检、午检制度和幼儿在园用药登记工作，确保幼儿的健康入园和用药安全。

加强环境卫生管理，除"四害"。对园区进行定期消毒、杀菌。

严格食品采购、运输、烹饪各个环节的安全卫生管理与督查，确保食品卫生安全。

【实习见习工作】接待海南师范大学学前教育系、琼台师范高等专科学校的见习学生，共计100多人次，是海南省学前教育教师重要的见习和实习基地。

【示范交流】接待省师资培训中心国培班学员和大连教科所学员200多人次。

组织省级、市级骨干教师张艺群、卓丽茜、符晴、唐小慧、陈丹等前往屯昌县、海口市琼山区及美兰区进行送教活动，受到海口市教育研究培训院的高度评价。

接受学校教育发展管理办公室任务，委派副园长王昕和教师文琼梅、孙白萍、华梓晴、管惠琴、陈昌燕、董治国分别到儋州通源学校、幼儿园、海口市友谊幼儿园、海南师范大学凤翔分园支教，担任园长或承担其他管理工作。

其中，孙白萍老师获2017年儋州市"优秀班主任"称号。

【家园共育】有重点、分年龄段举办班级、年级家长会和专题育儿家长讲座，帮助家长了解不同年龄幼儿的生理和心理特点，以便科学育儿。

【教学工作】幼儿园课程方案在海南省课程方案评比中获得一等奖。

朱青老师在省社会领域调教比赛中获二等奖。

【科研工作】卓丽茜老师课题获批省教育科学规划课题；其论文《幼儿园如何开展健康教育活动》在2017年中国学前教育研究会学前儿童健康教育专业委员会第十届学术年会论文评比中获二等奖。

海南师范大学医院

【概况】海南师范大学医院前身为海南师范学院附属医院，创办于1992年10月；2007年，海南师范学院升格为海南师范大学，海南师范学院附属医院随之更名为海南师范大学附属医院；2009年，海南师范大学附属医院在桂林洋校区设医务室；2012年，海南师范大学附属医院更名为海南师范大学医院。

医院为高校必备的医疗机构，主要为广大师生提供医疗保健、防疫防控等服务保障。医院设有预防保健科、全科医疗科、内科、外科、妇科、耳鼻咽喉科、眼科、口腔科、医学检验科、医学影像科。现有10个科室：保健及医务科、治疗室、药房及药库、检验科、X光室、B超室、收费室、口腔科、眼科及行政办公室。

医院现有工作人员39人，其中，医疗专业技术人员35人、管理人员4人（包括收费员2人清洁工1人、保安1人）。

【体检工作】2017完成大学及附中教工体检2000余人。处理8000余份血样及3000余份体液标本。处理2000余份体检册，完成体检册的分析、下结论、存档等工作。完成对20余种疾病不同性别、不同年龄组的几万份数据的统计、存档工作。完成对学校、财政厅及卫计委的体检报告上报工作。

完成新生体检约4600人，其中，桂林洋校区体检近3000人。抽血约9200份。

完成研究生复试体检300余人。

完成校外体检项目，外单位学生体检约5000人。

完成教师资格证体检近2000人。

完成其他体检1000余人。

【诊断救治】2017年，两校区共完成门诊、急诊、转院外诊总计10000余人次；重大抢救10余人次。桂林洋医务室完成24小时开诊任务。

【防控防疫】医院新设立预检分诊点、发热诊室及肠道诊室，坚持专人专项负责制，按时完成各类传染病的规范上报及定时组织人员学习各类传染病防控知识的工作；协助学校幼儿园做好晨检及完成手足口病、水痘及诸如病毒的防控工作，避免和减少各类传染病在校园内的感染和传播，有效防止突发公共卫生事件的发生。

【健康教育宣传】医院组织进行登革热、手足口病、水痘、肺结核、艾滋病等传染病的防控知识的学习，联手海口市美兰区卫生局开展艾滋病防治宣传活动。在师生员工中开展艾滋病防治知识讲座、结核病防治知识讲座、应急状态下的急救常识讲座等。制作有关控烟、慢性病、常见病、传染病及病媒生物防治等的宣传专栏20余期。

【人才队伍】1名影像技士外出培训。医生参加理论与实践定期考核。所有医务人员按要求参加继续医学教育。

【条件建设】2017年新购置医用立式压力蒸汽灭菌器1台。

【综合治理】根据海口市卫生局"双创"工作标准的要求，医疗废物集中处置。专人负责，交接记录完整、清晰。设立医疗废物流失泄露、扩散和意外事故应急预案，保证医疗废物的安全有效管理。医疗污水集中统一处理。设施运转正常，监测报告记录完整，水样抽样检测结果符合《医疗机构水污染物排放标准》。

【其他工作】除了完成院内门诊正常工作外，医务人员还积极承担外出医疗保健工作任务，如新生军训、生科学院学生野外实习、体育特招、学生体能测试、学校运动会、高考阅卷、英语四六级考试、省司法考试、艺术考试、教师资格证考试中的医疗保健任务，累计外派医务人员116人次。

完成环境影响评价登记表的备案工作。

媒体上的海师

媒体上的海师索引

序号	日期	媒体	新闻标题
1	2017-2-27	人民网	海南师范大学举办本科教学审核评估辅导报告会
2	2017-2-28	南海网	海南师范大学召开2017年本科教学审核评估辅导报告会
3	2017-2-28	中国经济网	海师召开2017年本科教学审核评估辅导报告会
4	2017-3-1	国际在线	海师大召开本科教学工作审核评估辅导报告会
5	2017-3-1	海口日报	海师邀专家解读本科教学审核评估
6	2017-3-1	海口日报	省政府国际奖学金资助20名老挝学子
7	2017-2-24	中新网	老挝琅勃拉邦选派20名学生到海南学习
8	2017-3-3	中国经济网	孔子学院总部赴泰国汉语教师志愿者培训在海师开班
9	2017-3-4	南海网	踏进大学校门便成了志愿者　海师学生坚持17年
10	2017-3-4	海南日报客户端	海师举办志愿服务项目大赛　首届大学生志愿服务文化节启动
11	2017-3-11	南国都市报	海师男排球队夺全国冠军
12	2017-3-10	椰海网	祝贺！海南师范大学夺得中国大学生排球联赛总决赛（B组）冠军
13	2017-3-11	中新网海南	海师大男排夺得中国大学生排球联赛总决赛B组冠军
14	2017-3-22	凤凰海南	海师举办千名共青团员重温入团誓词暨团委书记讲团课主题教育
15	2017-3-22	人民网	海师举办千名共青团员重温入团誓词主题教育
16	2017-3-22	南海网	海南师大举办千名共青团员重温入团誓词暨团委书记讲团课主题教育
17	2017-3-29	南海网	海南省马克思主义理论研究和教育协同创新中心落户海师大
18	2017-3-29	新浪海南	海师大举行海南省马克思主义理论研究和教育协同创新中心揭牌仪式
19	2017-3-29	新华社客户端海南频道	马克思主义理论研究和教育协同创新中心在海师大揭牌
20	2017-4-4	凤凰网	海师举办"清明祭英烈　共铸中华魂"主题教育实践活动
21	2017-4-4	海南日报客户端	海南师范大学组织百名共青团员为革命先烈扫墓
22	2017-4-5	南海网	海师举办"清明祭英烈　共铸中华魂"主题教育实践活动
23	2017-4-5	中新网海南	海南大学生祭奠革命先烈
24	2017-4-5	人民网	海师举办清明祭英烈共铸中华魂主题教育实践活动
25	2017-4-6	凤凰海南	海南师范大学学习贯彻省委常委（扩大）会议精神　培养"四有"好老师
26	2017-4-6	南海网	海南师范大学学习贯彻省委常委（扩大）会议精神
27	2017-4-6	新闻现场	海南师范大学：以提高人才培养能力为核心　为国际旅游岛建设提供人才保证
28	2017-4-7	新浪海南	海南师范大学学习贯彻省委常委（扩大）会议精神
29	2017-4-7	海南日报	团结一心勾画发展新蓝图——海南师范大学
30	2017-4-10	海南日报客户端	海师入选高校团学创业促进工作指数百强　为琼唯一入选高校
31	2017-4-12	海口日报	海师入选大学生创新创业全国百强
32	2017-4-12	南国都市报	海师大学生创业水平进入全国高校百强

续表

序号	日期	媒体	新闻标题
33	2017-4-18	海南日报	海师入选高校团学创业促进工作指数百强
34	2017-4-20	海口教育网	专家对症下药高校意识形态工作
35	2017-4-23	凤凰海南	海南师范大学举办毕业生供需洽谈会 220家单位参加
36	2017-4-24	中新网海南	海南师范大学举办2017届毕业生供需洽谈会
37	2017-4-24	国际旅游岛商报	海南师范大学毕业生供需洽谈会举行230家单位提供4000多个岗位
38	2017-4-24	南海网	海南高校毕业生供需洽谈会举行 提供4000余就业岗位
39	2017-4-24	南国都市报	220多家企业提供4000余岗位
40	2017-4-24	新浪海南	2017年企业与高校毕业生供需见面专场招聘会在海南师范大学举行
41	2017-4-24	南国都市报	海南师范大学教授王习明——期盼我省未来5年建3至5所全国百强高校
42	2017-4-23	人民网	海师办毕业生供需洽谈会 220家单位供4000岗位
43	2017-4-25	凤凰海南	海南师范大学师生收看海南省第七次党代会开幕会直播
44	2017-4-25	椰网	海南师范大学师生收看海南省第七次党代会开幕会直播
45	2017-4-26	海南日报	海师举办哥校毕业生供需洽谈会
46	2017-5-2	海南日报	隋丽娟：习不一样的方式打开历史
47	2017-5-4	海南新闻联播	贯彻落实党代会精神：带头学习找准位置 主动贯彻落实
48	2017-5-4	海口网	海南师范大学学生赴琼崖革命根据地开展教育实践活动
49	2017-5-4	环球网	海南师范大学召开"不忘初心跟党走"五四主题团日活动
50	2017-5-8	南海网	海南师范大学正义法律学社获全国大中专学生最具影响力理论社团
51	2017-5-9	海南日报	变废为宝二氧化碳化身环保塑料——海师海大合作研发环境友好型二氧化碳塑料项目获大奖
52	2017-5-9	海南日报	海南师大志愿者3年救助海龟51只
53	2017-5-9	海口网	海南师大志愿者3年救助海龟51只
54	2017-5-9	大众网	海南师大志愿者3年救助海龟51只
55	2017-5-9	长城网	海南师大志愿者3年救助海龟51只
56	2017-5-9	中国青年网	海南师大志愿者3年救助海龟51只
57	2017-5-14	"海南头条NEWS"	海南仔，没想到你是这样的漫画师
58	2017-5-15	海南日报	海南师范大学海龟救助站成立3年多来，成功救治51只受伤海龟——爱满龟途
59	2017-5-18	海南新闻联播	海南广电与海师大研究生联合培养基地揭牌 打造产学研一体化合作新平台
60	2017-5-19	新华社客户端海南频道	海南师范大学首届美术与设计创意周
61	2017-5-19	海南日报	海师举办首届美术与设计创意周
62	2017-5-20	海南新闻联播	海南师范大学美术与设计创意周启动
63	2017-5-19	三沙卫视	央视新闻频道《新闻直播间》关注《西沙发现今年第一窝"新生"绿海龟》

续表

序号	日期	媒体	新闻标题
64	2017-5-19	南海网	2017海南高校思想政治理论课青年教师教学基本功大赛海师闭幕
65	2017-5-23	海南日报	以艺术的形式致敬毕业季
66	2017-5-23	人民网	大学生开展志愿服务 "镜头送温暖"走进渔村
67	2017-5-24	中国青年志愿者网	大学生开展志愿服务 "镜头送温暖" 走进渔村
68	2017-5-23	海口日报	"镜头送温暖"走进渔村
69	2017-5-26	海南日报	国内外高校学者在琼研讨"传统文化与当代中国"
70	2017-5-27	海南日报客户端	海口高校毕业生专场招聘会举行 400家公司提供8000个岗位
71	2017-5-28	海南日报客户端	海师每年整合700万元支持大学生创新创业
72	2017-5-28	凤凰海南	海师设百万基金助学子创新创业 2017年66个奖项唱响青春高歌
73	2017-5-26	海南新闻联播	海南举办首届高校思想政治工作学术论坛 确保高校意识形态阵地安全导向正确
74	2017-5-27	海南日报	我省举办首届高校思想政治工作学术论坛 确保高校意识形态阵地安全导向正确
75	2017-5-29	中新网海南	海师大举办2017大学生创新创业大赛
76	2017-5-31	海口教育网	海师举办2017大学生创新创业大赛
77	2017-5-31	中国经济网	海南师范大学举办2017大学生创新创业大赛
78	2017-6-7	海口日报	满含热泪挽救"问题"海龟
79	2017-6-8	海南日报	海师举办创新创业成果展 机器人能歌善舞尽显才艺
80	2017-6-7	海南日报客户端	海南师范大学机器人成果展引关注
81	2017-6-11	海口网	海南师范大学首批博士研究生毕业
82	2017-6-11	海南新闻联播	海南师范大学首批8名博士研究生被授予博士学位
83	2017-6-11	南海网	又到一年毕业季！海南师范大学2017届毕业典礼举行
84	2017-6-12	新浪海南	海师举行2017届毕业生毕业典礼 首批8位博士研究生顺利毕业
85	2017-6-12	海南特区报	海师大举行2017届毕业生毕业典礼首批8名博士生顺利毕业
86	2017-6-13	海南日报	丁匡一：在他的世界里 哲学如此幽默
87	2017-6-13	海南日报	海师首批8位博士研究生毕业
88	2017-6-17	中新网海南	海师大周末乡村学校送教十年 累计送教下乡1884次
89	2017-6-28	海南日报	静候你们的佳音
90	2017-6-28	海口教育网	海南省海上丝绸之路研究基地在海师揭牌
91	2017-6-28	海口网	海上丝绸之路研究基地正式落户海南师范大学
92	2017-6-28	南海网	海南省海上丝绸之路研究基地在海南师范大学揭牌
93	2017-6-29	中国经济网	海南省海上丝绸之路研究基地在海师揭牌
94	2017-7-2	海南新闻联播	海南师范大学将深化教育教学改革全面改善办学条件

序号	日期	媒体	新闻标题
95	2017-7-4	海南日报	他们是海南岛最具国际范的志愿者
96	2017-7-4	海南日报客户端	海南306人通过乡村小学教师定向免培生招生面试
97	2017-7-4	中新网海南	海南师范大学组织乡村小学教师定向免培生招生面试工作
98	2017-7-5	新浪海南	海南师范大学组织本年度教师定向免培生招生面试工作
99	2017-7-6	海南日报	立德对人把方向　凝聚校园正能量
100	2017-7-7	海南日报	党旗领航　桃李芬芳
101	2017-7-7	南海网	海南师范大学举行大研讨大行动活动研讨会
102	2017-7-8	海南新闻联播	"大研讨大行动"见举措：海师围绕海南经济　发展开展课题研究
103	2017-7-8	南海网	海师"菲律宾研究中心"入选教育部国别和区域研究中心备案名单
104	2017-7-9	海口网	海南"菲律宾研究中心"入选国别和区域研究中心备案名单
105	2017-7-10	南国都市报	海师"菲律宾研究中心"入选教育部备案名单
106	2017-7-10	国际旅游岛商报	海师大入选教育部国别和区域研究中心备案名单　填补了海师大人文社科空白
107	2017-7-11	海南日报	海师师生开展暑期社会实践活动
108	2017-7-11	海南日报	吴益玲：求知真美好
109	2017-7-12	海南日报	海师大团委赴亚欠村开展教育扶贫活动
110	2017-7-18	海南日报	大学四年时光该如何度过？
111	2017-7-18	海南日报	林明祥：关爱学生　因材施教
112	2017-7-22	海南日报	大学生志愿者到新竹镇中心学校支教
113	2017-7-25	海南日报	海师志愿者教农民开网店
114	2017-8-1	海南日版	让学生成为最好的自己
115	2017-8-1	海南日报	跨越2000多公里的支教
116	2017-8-8	海南日报	海南的求学生活至今难忘
117	2017-8-11	南海网	海师师生走进鹦哥岭开展暑期"三下乡"社会实践活动
118	2017-8-14	海南日报	海师学子走进鹦哥岭开展易危物种保护研究
119	2017-8-15	海南日报	北大海洋研究院调研团到访海师
120	2017-8-15	海南日报	为藏族孩子送去爱与梦想
121	2017-8-16	国际旅游岛商报（椰网）	海南新增一所推免高校　海南师范大学获研究生推免资格
122	2017-8-17	海南日报	海南师范大学获得研究生推免权
123	2017-8-17	海南电视台	最美科技人　南药探秘者　陈光英
124	2017-8-21	海口网	2017海南省排球联赛收官　海南师范大学夺冠
125	2017-8-22	海南日报	入校一年再做专业选择题
126	2017-8-22	南海网	2017海南省排球联赛收官　海南师范大学夺冠

续表

序号	日期	媒体	新闻标题
127	2017-8-28	海南日报	带你走进美妙的艺术世界
128	2017-8-28	海南日报	海师大队和保亭队分获男女组冠军
129	2017-8-29	参考消息	美媒称海南积极救助濒危海龟：愿离去30年海洋生物重返故乡
130	2017-9-5	海南日报	"入学锦囊"送新生
131	2017-9-6	海南新闻联播	教育部批复：海南师范大学可推荐优秀应届生免试本升硕
132	2017-9-8	海南日报	"半导体激光"团队
133	2017-9-8	海南日报	海师大辛勤育桃李希望撒天涯
134	2017-9-8	海南日报	人才强校，为梦想护航
135	2017-9-8	海口网	一大波新生将来袭！海南师范大学志愿者贴心设点提供咨询
136	2017-9-8	海口网	老师您辛苦了！海南师范大学表彰优秀教育工作者
137	2017-9-9	海南日报	海师停课一天为师生庆祝教师节
138	2017-9-9	海南日报	厉害了，我的物理老师
139	2017-9-9	海口网	"00后"进大学学堂　海南师范大学迎来"新鲜血液"
140	2017-9-9	海口网	2017年海师新生报到　超大"录取通知书"引围观
141	2017-9-9	海南新闻联播	庆祝教师节：海南师范大学表彰优秀教育工作者
142	2017-9-10	海口网	海师迎来4700余名新生　编导专业中俄合作班首招生
143	2017-9-10	海南日报客户端	海师4700余名2017级本科新生来校报到　广电编导专业中俄合作班迎来首批学生
144	2017-9-11	海南特区报	海南师范大学4700余名本科新生报到
145	2017-9-11	新浪海南	海南师范大学2017级4700余名本科新生来校报到
146	2017-9-11	海口网	外国语学院女生"扎堆"　海南师大新生男女比例约3：7
147	2017-9-12	海南日报	"00后"偏爱"空手"报到
148	2017-9-12	中国经济网	海师举行新生开学典礼暨军训动员大会
149	2017-9-12	国际旅游岛商报（椰网）	海师举行2017级本科生开学典礼暨军训动员大会
150	2017-9-11	新浪海南	海师大举行2017级本科生开学典礼暨军训动员大会
151	2017-9-13	新华社客户端	海师与美国宾夕尼亚州立大学签署合作　大四学生可赴美读研
152	2017-9-13	新浪海南	38国200多名国际学生入海师大深造
153	2017-9-13	新浪海南	海师大与美国宾夕法尼亚州立大学开展合作大四生可申请赴美读研
154	2017-9-13	海南日报客户端	海师与美国一学校达成合作协议　大四学生可申请赴美读研
155	2017-9-13	海口网	海南师大法学院与美国高校开展合作　大四学生可申请赴美读研
156	2017-9-14	国际旅游岛商报	海师迎来200多名国际新生
157	2017-9-14	国际旅游岛商报	大四学生可申请赴美读研
158	2017-9-14	中新网海南	海南师大法学院与美国宾夕法尼亚州立大学法学院开展合作

续表

序号	日期	媒体	新闻标题
159	2017-9-14	中新网海南	38国200多名国际学生入海南师范大学学习
160	2017-9-14	中新网海南	海南师大法学院与美国宾夕法尼亚州立大学法学院开展合作
161	2017-9-14	南国都市报	法学院大四学生可申请赴美读研
162	2017-9-14	南国都市报	200多名国际学生进入海师学习
163	2017-9-14	海南日报	海师法学院与宾夕法尼亚州立大学法学院签署合作框架协议　将开展法学教学与研究项目合作
164	2017-9-17	海口网	海师大绘画专业学生作品海口展出
165	2017-9-18	夜线	大学生军训进行时　烈日下磨炼坚毅性格
166	2017-9-21	南国都市报	海师学生青海支教：尝尽支教的酸甜苦辣　他们最终收获成长
167	2017-9-21	海南特区报	海大、海师大2017级新生大数据出炉
168	2017-9-22	南国都市报	海师学子获第三届中国"互联网＋"大学生创新创业大赛全国银奖
169	2017-9-22	国际旅游岛商报（椰网）	海师学子获第三届中国"互联网＋"大学生创新创业大赛全国银奖
170	2017-9-25	凤凰新闻	海南举办"解读职场，助力就业"主题沙龙
171	2017-9-25	新华社	海师学子获第三届中国"互联网＋"大学生创新创业大赛全国银奖
172	2017-9-17	海南日报	海师在校学生画展　首次面向社会办展
173	2017-9-23	海南日报	海师"牧洋航海文化"项目获银奖
174	2017-9-24	南海网	"解读职场，助力就业"主题沙龙走进海南师范大学
175	2017-9-26	海南日报	"青春国学荟"全国总决赛海师创佳绩
176	2017-9-26	海南日报	我省推动高校科研成果转化——不让科研成果睡大觉
177	2017-9-28	中国网	助力就业沙龙　走进海师
178	2017-9-28	海南日报	我省各部门各单位传达学习省委七届二次全会精神力争生态文明建设走在全国前列
179	2017-9-27	海南新闻联播	传达学习省委七届二次全会精神：海南师范大学为生态文明建设培养更多人才
180	2017-9-25	新闻现场	海师学生成立海龟救助站　已成功救治51只受伤海龟
181	2017-9-27	夜线	心怀教育梦远赴青海　海师学生的暑假支教
182	2017-9-30	新浪海南	海南师范大学获评全国厂务公开民主管理工作先进单位
183	2017-9-30	国际旅游岛商报（椰网）	海南师范大学共青团举行《习近平的七年知青岁月》赠书仪式
184	2017-10-1	新华社	海师组织师生参加烈士纪念日活动
185	2017-10-6	中国网	海师文学院志愿者协会开展"生态保护我先行"活动
186	2017-10-6	南海网	海师文学院志愿者协会开展"生态保护我先行"活动
187	2017-10-9	南国都市报	体育生曾雪娇"驾"帆船创业，获全国大学生创业赛银奖
188	2017-10-9	国际旅游岛商报（椰网）	海师教师韩潮在海口社区举办个人作品展　教学科研成果丰富居民生活

序号	日期	媒体	新闻标题
189	2017-10-10	海南日报	海师大563名学生赴10市县顶岗支教
190	2017-10-10	椰网	海师563名实习生分赴海南10个市县顶岗支教
191	2017-10-10	南海网	海师大563名实习生分赴海南10个市县顶岗支教
192	2017-10-10	海南频道	海师563名实习生分赴海南10个市县顶岗支教
193	2017-10-10	海口网	海师563名优秀师范生分赴海南10个市县顶岗支教
194	2017-10-11	南海网	海师教授王习明：海南应深入研究加快生态文明建设
195	2017-10-11	凤凰网海南	海师563名实习生分赴海南10个市县顶岗支教
196	2017-10-11	南海网	海师文学院志愿者协会开展"生态保护我先行"活动
197	2017-10-11	南海网	海师大563名实习生分赴海南10个市县顶岗支教
198	2017-10-11	海口日报	海南开展农村小学兼教学科培训
199	2017-10-11	海口日报	海师学子首获中华学子青春国学荟一等奖
200	2017-10-11	海口日报	海师学生分赴海南10市县顶岗支教
201	2017-10-13	海南新闻联播	海南师范大学：提高哲学社会科学建设水平　培养优秀人才服务地方发展
202	2017-10-15	国际旅游岛商报（椰网）	2017年海南省大中专学生田径锦标赛圆满落幕　海师代表队名列奖牌之首
203	2017-10-16	人民网	海师多措并举防台风"卡努"期间零事故
204	2017-10-17	人民网	办实事送温暖　海南师范大学医教志愿者到陵水开展帮扶活动
205	2017-10-17	新浪海南	海师多措并举防台风，"卡努"期间零事故
206	2017-10-17	国际旅游岛商报（椰网）	海师赴陵水亚欠村开展扶贫日系列活动
207	2017-10-18	海南日报	省大中专学生田径锦标赛落幕
208	2017-10-18	凤凰网海南	海南师范大学7000余师生集体收看十九大开幕会直播
209	2017-10-18	国际旅游岛商报（椰网）	海师7000余师生集体收看十九大开幕大会直播
210	2017-10-18	国际旅游岛商报（椰网）	海师共青团启动"不忘初心跟党走"庆祝十九大主题活动
211	2017-10-18	海广网	海南师范大学师生收听收看十九大开幕会
212	2017-10-19	海广网	"大学生看琼山"志愿服务活动作品颁奖仪式在海南师范大学桂林洋校区举行
213	2017-10-19	南国都市报	大学生李品月：为我国教育事业添砖加瓦
214	2017-10-19	新浪海南	海师7000余师生集体收看十九大开幕大会直播
215	2017-10-19	新浪海南	海师召开专题会议学习党的十九大报告
216	2017-10-19	新华社客户端	海师7000余师生集体收看十九大开幕大会直播
217	2017-10-20	海广网	大学师生为之振奋　不忘初心教育强国
218	2017-10-22	人民网	海南师范大学举办第二届优秀书法课业作品展
219	2017-10-22	国际旅游岛商报（椰网）	古不乖时：海南师范大学美术学院第二届优秀书法课业作品展22日海口开展

续表

序号	日期	媒体	新闻标题
220	2017-10-23	中新网海南	海南师大美术学院举办优秀书法课业作品展
221	2017-10-23	新浪海南	海师举办优秀书法课业作品展庆祝党的十九大召开
222	2017-10-23	新华社客户端	海南师范大学美术学院第二届优秀书法课业作品展
223	2017-10-24	南海网	海南高校学生热议十九大报告：迈向新目标　我们信心足
224	2017-10-25	海口网	海师美院书法展在海口尚书馆开幕
225	2017-10-27	海口网	海南教育改革与发展研究院揭牌　打造服务海南的智库
226	2017-10-27	新华社	省级教育智库——海南教育改革与发展研究院在海师揭牌
227	2017-10-27	东方网	海南教育改革与发展研究院在海南师范大学揭牌
228	2017-10-28	海南日报	海南师范大学习近平新时代中国特色社会主义思想研究中心成立
229	2017-10-28	人民网	海师成立习近平新时代中国特色社会主义思想研究中心
230	2017-10-28	人民网	海南教育改革与发展研究院在海南师范大学揭牌
231	2017-10-28	人民网	海师领导到二级学院宣讲十九大精神　掀学习热潮
232	2017-10-28	椰网	海师成立习近平新时代中国特色社会主义思想研究中心
233	2017-10-28	椰网	海师大学生与国际学生畅聊十九大
234	2017-10-28	凤凰网海南综合	海南教育改革与发展研究院在海南师范大学揭牌
235	2017-10-28	国际旅游岛商报	海师大推动十九大精神进课堂
236	2017-10-28	国际旅游岛商报	海南教改院昨海师揭牌
237	2017-10-28	海口网	海南师大成立全省首个习近平新时代中国特色社会主义思想研究中心
238	2017-10-28	人民网	与信仰对话　海南师范大学留学生畅谈十九大
239	2017-10-28	南国都市报	海南教育改革与发展研究院揭牌
240	2017-10-29	南国都市报	成立习近平新时代中国特色社会主义思想研究中心
241	2017-10-29	新华社	海师传达学习党的十九大精神和全省领导干部大会精神
242	2017-10-29	中新网海南	海南师范大学习近平新时代中国特色社会主义思想研究中心成立
243	2017-10-29	夜线	海师生态园面向社会开放　海龟各个有"故事"
244	2017-10-29	海南日报	海南师范大学习近平新时代中国特色社会主义思想研究中心揭牌
245	2017-10-29	海口网	保护生态爱护海龟　海口市民重阳有新玩法
246	2017-10-30	海南日报	把党的十九大精神落实到海南改革开放发展实践中
247	2017-10-30	中国教育报	海南师范大学：以积木几何原理联动四方
248	2017-10-31	南海网	曹献坤走进海南师范大学宣讲十九大精神
249	2017-10-31	新华社	曹献坤在海师宣讲党的十九大精神　鼓励学子为中国梦奋斗
250	2017-10-31	海南日报	海师举办优秀书法课业作品展
251	2017-10-31	海南日报	海南教育改革与发展研究院揭牌成立

续表

序号	日期	媒体	新闻标题
252	2017-10-31	国际旅游岛商报（椰网）	曹献坤到海南师范大学宣讲党的十九大精神
253	2017-10-31	南海网	健康小卫士：多方位开发智能健康设备做物联网健康供应商
254	2017-10-31	南海网	海南大学、海南师范大学建立"中国移动互联网青年创新创业孵化基地"
255	2017-10-31	海南新闻联播	党代表在基层宣讲十九大精神　共谋发展大计（曹献坤）
256	2017-10-31	海口新闻联播	曹献坤到海师宣讲的十九大精神
257	2017-11-1	新浪海南	曹献坤到海师宣讲党的十九大精神
258	2017-11-1	凤凰网海南	曹献坤到海师宣讲党的十九大精神　要求师生做新时代排头兵
259	2017-11-1	南海网	曹献坤走进海南师范大学宣讲党的十九大精神
260	2017-11-1	南国都市报	党的十九大精神进校园：留学生为"一带一路"倡议点赞
261	2017-11-2	海南日报	争当决胜全面建成小康社会的生力军
262	2017-11-4	海口网	小魔方玩出大名堂　海南魔方爱好者同场竞技
263	2017-11-4	新华社	海南首个十九大精神学习宣传贯彻专项行动海师启动
264	2017-11-5	新闻现场	海师大开展创新创业实践周　全校近两万名师生参与
265	2017-11-5	海南日报	海师举办"创新创业实践周"　师生将停课一周开展相关活动
266	2017-11-5	央视网	十九大精神入脑入心：海南师范大学　师生视听读本"扫"精髓
267	2017-11-6	人民网	海师开展创新创业实践周活动　李家华作讲座
268	2017-11-7	新浪海南	海师启动本学期"创新创业实践周"　李家华作创新创业专题讲座
269	2017-11-8	微头条	一堂在农垦博物馆上的理论课
270	2017-11-10	南海网	2017海南社科学术年会举行　研讨海南历史文化传承与保护
271	2017-11-10	海口网	省内外专家学者汇聚一堂　研讨海南历史文化传承与保护
272	2017-11-10	今日头条	海师"名师宴"　160余专家研讨"海南历史文化传承与保护"
273	2017-11-10	海南日报	筹建八音队　凝聚村民心
274	2017-11-10	国际在线	百余专家学者齐聚　研讨海南历史文化传承与保护
275	2017-11-10	中国网	2017海南社科学术年会举行　研讨海南历史文化传承与保护
276	2017-11-11	海南日报	我省第三届社会科学学术年会专题研讨会召开
277	2017-11-11	海南日报	"在校不养宠"公益宣传活动在海师举行
278	2017-11-11	新华社	160余专家齐聚海口研讨"海南历史文化传承与保护"
279	2017-11-12	南国都市报	省内外专家研讨海南历史文化传承
280	2017-11-13	海南日报	把智慧和力量凝聚到党的十九大决策部署上来
281	2017-11-13	南海网	海师教授田建强：给家长发放游泳福利券　调动积极性
282	2017-11-13	中国网	海师教授夏敏慧建议南海网设游泳栏目　加强互动
283	2017-11-14	中国社会科学报	中国田园城市建设的新实践与新图景

续表

序号	日期	媒体	新闻标题
284	2017-11-14	新浪海南	大学生元视校规养宠成风　毕业宠物去向成问题
285	2017-11-14	海口日报	海师大举行魔方比赛
286	2017-11-17	今日头条	海师大举行"不忘初心，牢记使命"教职工诗歌朗诵比赛
287	2017-11-18	海南日报	海师携手桂林洋开发区推进传统村落保护发展
288	2017-11-18	椰网	海南师范大学与桂林洋经济开发区拟共建传统村落迈德村
289	2017-11-19	今日头条	全国各大高校在海师召开化学化工学科论坛与发展研讨会
290	2017-11-19	今日头条	教育部王炳林受邀到海师宣讲十九大精神
291	2017-11-19	人民网	海师举办"不忘初心，牢记使命"教职工诗歌朗诵比赛
292	2017-11-19	新浪海南	教育部高校社科中心主任王炳林受邀到海师宣讲十九大精神
293	2017-11-20	新浪海南	海南省化学化工学科论坛与发展研讨会在海师召开
294	2017-11-20	新浪海南	每南师范大学与桂林洋经济开发区拟共建传统村落迈德村
295	2017-11-20	新浪海南	每师举办"不忘初心，牢记使命"教职工诗歌朗诵比赛
296	2017-11-21	海南日报	海师大与省博物馆共建课外教学实践基地
297	2017-11-28	海口网	让孩子学会自我保护　海口防性侵小课堂走进琼山二小
298	2017-11-28	海南日报	大学，与你相遇
299	2017-11-29	中新网海南	国家艺术基金2017年全国黎锦设计人才培养项目在海师开班
300	2017-11-29	南海网	国家艺术基金全国黎锦设计人才培养项目在海南师范大学开班
301	2017-11-29	中国网	国家艺术基金全国黎锦设计人才培养项目在海南师范大学开班
302	2017-11-30	新华社客户端	国家艺术基金全国黎锦设计人才培养项目在海师开班
303	2017-11-30	海南日报	海师大面向全国招收培养黎锦设计人才
304	2017-11-30	凤凰网	海师大面向全国招收培养黎锦设计人才
305	2017-12-2	海南日报	省沙滩排球联赛落幕
306	2017-12-6	海南日报	我省7个志愿服务项目获全国奖项
307	2017-12-6	海南日报	加快生态文明体制改革　谱写美丽中国海南篇章
308	2017-12-6	海南日报	桂林洋大学城师生往返市区乘车难，海口交通部门回应：将增5条公交线路，暂不延长运行时间
309	2017-12-7	海口网	黎锦风韵显民族特色　54幅作品展海南黎锦人才培养成果
310	2017-12-7	新华社客户端	海师举办匤家艺术基金黎锦人才培养项目成果汇报展
311	2017-12-7	今日头条	"黎锦风韵'国家艺术基金黎锦人才培养项目成果展开展
312	2017-12-7	中新网海南	海师大举办"黎锦风韵"国家艺术基金黎锦人才培养项目成果汇报展
313	2017-12-7	人民网	海师举办国家基金黎锦人才培养项目成果汇报展
314	2017-12-8	海南日报	国家艺术基金黎锦人才培养项目成果展启幕

续表

序号	日期	媒体	新闻标题
315	2017-12-8	海南日报	我省17家院士工作站通过省级院士工作站认定
316	2017-12-8	中国经济网	海师大举办黎锦人才培养项目成果汇报展
317	2017-12-12	人民网	海师承办海南省大学生乒乓球优秀选手邀请赛
318	2017-12-12	海南日报	海师3：2险胜红色战车
319	2017-12-13	新浪海南	海师承办海南省大学生乒乓球优秀选手邀请赛
320	2017-12-15	海南日报	全国46所高等师范院校在海口共同发布振兴教师教育《海口宣言》
321	2017-12-16	今日头条	"推进教师教育振兴发展" 第十四届全国师范大学联席会议在海师举行
322	2017-12-17	人民网	第十四届全国师范大学联席会议在海师举行
323	2017-12-18	新浪海南	第十四届全国师范大学联席会议在海师举行
324	2017-12-18	新华社	第十四届全国师范大学联席会议在海师举行
325	2017-12-19	央视网	海南师范大学省级数学院士工作站揭牌
326	2017-12-20	新浪海南	海南师范大学省级院士工作站揭牌成立
327	2017-12-20	新华社	海南师范大学省级院士工作站揭牌成立
328	2017-12-21	人民网	海南师范大学省级院士工作站揭牌成立
329	2017-12-21	中国经济网	海南师范大学数学院士工作站揭牌成立
330	2017-12-22	人民网	导演专家进课堂严正与海师学子面参面谈电影
331	2017-12-25	今日头条	海南九人制排球赛文昌落幕 海南师范大学队夺冠
332	2017-12-27	海南日报	发挥琼籍华人华侨重要作用 助力"一带一路"建设
333	2017-12-27	南海网	海南农垦博物馆与海南师范大学共建"大学生社会实践基地"
334	2017-12-28	人民网	海南师范大学两学生作品入选全国行书作品展
335	2017-12-29	新浪海南	海师美术学院张琪璘、李坤朋同学作品入展全国第二届行书作品展
336	2017-12-29	南海网	海创公社0898创意空间、希鸥网海南中心揭牌开放

大事记

2017年大事记

1月

3日，李红梅书记主持召开校党委领导班子民主生活会第一场征求意见座谈会，讨论学校党委领导班子工作作风建设情况、学校工作推进落实情况和改革发展工作。

7日，国务院新闻办原主任、中国人民大学新闻学院院长、博士生导师赵启正到校讲学。

8日，新加坡南洋理工大学科技创业中心研究生主任、创业与创新硕士学位项目主任夏智强博士，北京大学科技开发部部长、产业技术研究院院长陈东敏到校开展创新创业专题报告会。

10日，林强校长主持召开征求意见座谈会，向离退休干部和民主党派人士征求意见。

11日，著名心理学家、西南大学资深教授、国家级重点学科基础心理学专业和心理学一级学科博士点带头人、国家级教学名师、国家有突出贡献中青年专家、全国教书育人楷模、博士生导师黄希庭到校讲学，并受聘学校兼职教授。

省委老干部局李文副局长一行到校看望、慰问离休老干部、校党委原书记李光邦同志。

新加坡海南协会理事长陈学汉先生到校商议泰国高校学生赴琼开展短期留学项目事宜。

12日，著名数学家、东北师范大学原校长、国务院学科评议组成员、第五届国家级教学名师、国家数学新课标修订组组长、中国教育学会副会长史宁中教授到校讲学。

14日—15日，学校举行2017年海南省普通高校艺术类专业（音乐表演类）招生考试。

15日，著名环境生态学家、中国工程院院士金鉴明到校讲学。

17日，由马来亚大学孔子学院代表和马来西亚围棋协会代表组成的围棋访问团到校交流。

18日，学校召开第三届教职工代表大会暨工会会员代表大会第五次会议，全体校领导出席大会，200余名教职工代表参会。会议增补刁晓平同志为学校工会委员会委员，通过主席团成员、正副秘书长人选和大会议题。党委副书记、校长林强向大会作了题为《全面深化改革，开创特色高水平大学建设新局面》的学校工作报告。财务处处长李云海作2016年《学校财务工作报告》，美术学院院长张梦作《关于海南师范大学VI视觉形象识别系统设计方案的报告》。全体与会人员书议《学校工会工作报告和工会经费使用情况报告》《学校第三届教代会第四次会议提案落实情况报告及第三届教代会第五次会议提案征集情况报告》《关于建设桂林洋教师住宅的相关情况说明》。

19日，省委老干部局王旭副局长一行到校看望、慰问省政协原副主席王辉丰同志。

省委教育工委专职副书记麦浪一行到校慰问离退休干部、困难党员和困难教职工。

22日，学校与西南大学就合作办学、共同建设服务地方教育事业发展的高水平载体签署合作办学协议。

学校党员领导干部召开专题民主生活会。学校党员领导干部李红梅、林强、刁晓平、史海涛、李森参会；省纪委派驻省教育厅纪检组组长周灵均、省教育厅高教处处长朱双平到会全程指导；副校长过建春以及校党政办、组织部、宣传统战部、纪检监察办、机关党委、马克思主义学院党委主要负责人列席会议。

25日，学校与马来西亚世纪大学共建的孔子学院的中方院长陈明辉及教师受邀参加中国驻马来西亚大使馆2017年春节招待会。

是月，经济与管理学院、初等教育学院、研究生学院、教育与心理学院分别前往陵水黎族自治县本号镇亚欠村开展对口扶贫工作。

2月

6日，海口市水务局局长陈超携海口市水务集团等一行人到龙昆南校区调研，检查生活饮用水供水情况。陈超局长就学校2016年学生宿舍频繁停水，严重影响学生的生活学习的问题现场办公，要求海口市水务集团全力解决供水不足的问题，采取多项措施确保学校开学后供水正常。

15日，海口市科工信局副局长王小宝一行到学校科技园考察产学研大楼建设情况，并指导科技园对接政府相关职能部门。

16日，马来西亚世纪大学孔子学院2017年第1期初级汉语班23名学员结业。

17日，学校召开中共海南师范大学委员会2017年工作部署会暨党风廉政建设责任书签订大会。会议传达海南省纪委六届七次全会精神，李红梅书记与音乐学院、化学与化工学院、图书馆、后勤处和附属中学等代表单位签订2017年党风廉政建设责任书，并作《全面加强党的领导 坚持立德树人 加快教师教育特色鲜明的高水平大学建设》的总结讲话。

18日，刁晓平副书记率队前往学校定点帮扶的亚欠村开展实地调研指导、教育帮扶、年初慰问等工作。

20日，清华大学水利系研究员孙其诚教授到校讲学。

21日，西南大学资深教授、博士生导师、学校兼职教授黄希庭到校讲学。

27日，教育部评估中心原副主任、高等教育评估及高等教育管理和研究方面的资深专家李志宏研究员到校作本科教学审核评估的专题报告。

是月，校团委获2016年度海南共青团重点工作考核二等奖。

学校郭根山（马克思主义理论专业）、王习明（马克思主义理论专业）、徐仲佳（现当代文学专业）、周建宏（美术专业）4名教师入选海南省2016年享受政府特殊津贴人员名单。

3月

2日，林强校长会见海口市桂林洋经济开发区管委会主任夏琛舸，双方就推进桂林洋校区近期项目建设、后勤保障服务及进一步的合作事项等事宜进行交流，并达成初步共识。

3日，省委教育工委专职副书记麦浪率调研组到校调研全国高校思想政治工作会议精神落实情况，对学校贯彻落实全国高校思想政治工作会议精神的做法给予肯定。

5日，在海口市首个全民公益日，学校40余名青年志愿者在海口国际三角梅主题公园参加义务植树活动，栽种树木14种926株。

10日，学校男子排球队在2016—2017中国大学生排球联赛总决赛（B组）中夺冠。

13日，台湾古籍保护学会会长林登昱一行访问学校，就台湾古籍保护学会和学校图书馆的合作事宜进行交流。

17日，学校和海南中学共同建设的全国教育硕士专业学位研究生联合培养示范基地正式挂牌。该基地是海南省首个全国性的教育硕士联合培养基地。

17日—25日，学校派出25名志愿者赴三亚参与第八届海帆赛的服务工作。

21日，美国佛罗里达州青年团到校访问大学科技园。

22日，学校与海南经贸职业技术学院共建的马克思主义学院成立。

23日，学校热带药用植物化学教育部重点实验室通过教育部评估。

23日—26日，学校派出38名运输兼翻译志愿者在海口东站、美兰站等重要交通枢纽开展服务工作。

27日，在第6届海南省高校辅导员职业能力大赛中，学校物理与电子工程学院辅导员申明远获二等奖、信息与科学技术学院辅导员魏建生获三等奖。

衡阳师范学院党委书记刘沛林一行到校访问。

28日，学校4项科技成果获海南省科学技术进步奖，其中，由林强教授牵头完成的《环境友好型二氧化碳塑料的绿色合成、改性和开发应用》和杨灿朝博士牵头完成的《鸟类巢寄生行为研究》等2项成果获一等奖，林诗游博士牵头完成的《非Grad截断条件下Boltzmann方程解的正则性研究》获二等奖，学校参与完成的《基于海藻资源的开发及在缓释农药水凝胶制剂中的应用》获三等奖。

29日，学校获批新增生态学、音乐表演、光电信息科学与工程、税收学4个本科专业。

海南省马克思主义理论研究和教育协同创新中心落户学校。

30日，中国科学院数学与系统科学研究院应用数学研究所研究员、博士生导师严加安院士到校讲学。

31日，学校汉语考试考点获2016年度全国"优秀考点"称号。

4月

3日，泰国碧瑶大学代表团到校访问。

9日，学校获第二届海南省大学生国家安全知识竞赛优秀组织奖。

14日，物理与电子工程学院辅导员申明远在第六届全国高校辅导员职业能力大赛第四赛区复赛中获三等奖。

澳门理工学院学生会交流团到校访问。

16日，学校获2017年海南省大学生应急知识竞赛第1名。

18日，教育部高校社科中心综合信息研究处处长、副研究员祝念峰到校举办讲座。

温州大学薛伟副校长等一行到校访问。

22日—23日，学校退休教职工女子气排球队获第十三届全国运动会赛气排球海南省选拔赛第1名。

23日，学校与海南省人力资源开发局联合主办海南省2017年高校毕业生供需洽谈会暨海南师范大学2017届毕业生供需洽谈会，近5000名应、往届毕业生到场求职。

24日，东南亚高校访华团访问学校，共有7个国家、11所高校及教育机构、17位代表参加访问。这是学校近年来单次接待参访人数最多、涉及国别最多的外事活动。

25日，学校党委书记李红梅出席中国共产党海南省第七次代表大会。

英国西苏格兰大学体育学院戴维森副院长一行到校访问。

美国驻广州总领事白智理一行到校访问。

28日，学校党委书记李红梅当选中国共产党海南省第七届委员会候补委员。

5月

4日，音乐学院2014级学生严钰、王翌晗、周芷璇入围第五届德国欧米勒国际钢琴全国（青岛）总决赛，钢琴指导教师郑晔获优秀园丁奖。

4日，学校丁匡一老师获第二十三届"海南青年五四奖章"，化学与化工学院团委、经济与管理学院团委获"海南省五四红旗团委"称号，文学院2014级汉语言文学1班团支部、旅游学院2014级酒店管理班团支部获"海南省五四红旗团支部"称号，谢丹、于文涛获"海南省优秀共青团干部"称号，鹿书毓、吴雯获"海南省优秀共青团员"称号。

11日，英国伯明翰大学学院Pryer（普赖尔）教授率代表团到校访问。

12日，中国人民大学心理研究所所长、博

士生导师俞国良教授到校讲学。

15日，首都师范大学博士生导师石鸥教授到校讲学。

17日，海南省副省长王路到学校国家大学科技园进行调研。

18日，学校与海南广播电视总台签署《专业学位研究生联合培养基地协议》。

学校首届美术与设计创意周在省博物馆开幕。

19日，学校被评定为全省教育系统"六五普法"优秀单位。

23日，学校31项成果获海南省第九次社会科学优秀成果奖，其中，一等奖8项、二等奖6项、三等奖17项。学校获一等奖的成果数量居全省之首。

24日，省委督察室主任肖百戎、副主任王雄一行到学校督察学习贯彻省第七次党代会会议精神情况。

25日，法国驻广州总领事馆科技与教育合作领事倪杰缔一行到校进行文化与合作访问。

美国纽约州立大学布法罗分校地理系终身教授王乐到校讲学。

26日，徐明亮、张现洪论文获首届海南省高校思想政治工作学术论坛一等奖。

俄罗斯著名学者柳德米拉·阿列克谢耶夫娜·布拉夫卡教授到校讲学，并受聘客座教授。

27日，学校举行2017年海口市高校毕业生大学城专场招聘会。

6月

2日，学校党委会审议并通过了《海南师范大学推进"两学一做"学习教育常态化制度化的实施方案》。

学校参赛团队获海南省第八届"挑战杯"大学生学术科技作品竞赛特等奖1项、一等奖3项、二等奖11项、三等奖10项。

3日，学校学生获全国首届高等院校银行服务创新大赛个人三等奖2项。

6日，泰国坦亚布里理工大学校长一行及新加坡海南协会理事长陈学汉到校访问。

10日，生命科学学院张静、盛婉琼分获2017全国科普讲解大赛三等奖、优秀奖。

经济与管理学院"V"笑之巅队获第二届全国大学生人力资源管理知识技能竞赛（"踏瑞杯"）第二赛区二等奖。

11日，学校举行2017届毕业典礼暨学位授予仪式。学校8名博士研究生，被授予博士学位，247名硕士研究生被授予硕士学位，3466名本科生被授予学士学位。

12日，海南省2017年普通高考网上评卷工作在学校启动。

13日—18日，泰国坦亚布里理工大学代表团到校开展"艺术交流体验之旅"交流学习。

16日，史海涛副校长参加教育部2017年省部共建师范类高校首届高峰论坛。教育部高教司、教师司、省部共建工作研究中心的领导及来自全国17所省部共建师范类院校的代表参会。

学校与金蝶软件（中国）有限公司成立实习实训基地及联合实验室。

23日，学校获批29项国家级基金项目。其中，国家社会科学基金项目10项（重点项目1项、一般项目5项、青年项目1项、西部项目3项，经费共计215万元）；国家自然科学基金项目19项（面上项目3项、地区项目12项、青年项目4项，经费共计707万元）。

中央马克思主义理论研究和建设工程课题组首席专家、教育部社会科学委员会马克思主义理论学部召集人陈占安教授到校讲学。

25日，旅游学院在第八届中国国际会议产业周系列活动中获银奖。

25日—29日，林强校长率团访问俄罗斯圣彼得堡（国立）电影电视大学，交流联合办学事宜。

26日，学校离退休工作办公室获"海南省

老干部工作先进集体"称号。

28日，学校成立海南省海上丝绸之路研究基地。

30日，学校启动暑期大学生文化、科技、卫生"三下乡"社会实践活动。

7月

1日，学校召开中国共产党海南师范大学第一次代表大会。省委组织部副部长、省老干部局局长李萍，省纪委、省监察厅第一纪检监察室主任吴迅，省委教育工委专职副书记麦浪参加开幕大会。学校党委书记李红梅代表中共海南师范大学委员会向大会作题为《牢记使命 凝心聚力 改革创新 为建设教师教育特色鲜明的高水平大学而努力奋斗》的报告。大会书面审议《中国共产党海南师范大学纪律检查委员会作工作报告》《党费收缴管理使用情况报告（草案）》《校党代会常任制实施办法（试行）（草案）》。大会表决通过《中国共产党海南师范大学第一次代表大会选举办法》，选举产生党委会委员、纪委会委员；表决通过党委工作报告的决议、纪委工作报告的决议、党费收缴管理使用报告、校党代会常任制实施办法（试行）。

2日，学校党委召开一届一次全会，李红梅当选党委书记，林强、刁晓平当选党委副书记；刁晓平、符启文分别当选纪委书记、副书记。

6日，学校在第三届中国"互联网＋"大学生创新创业大赛（海南赛区）中获金奖2项、银奖3项、铜奖4项，其中，曾雪娇的项目"牧洋航海文化"获成长组金奖，张瑶瑶的项目"核壳型自交联苯丙乳液的制备与推广"获创意组金奖，学校获高校集体奖。

6日，学校菲律宾研究中心入选教育部国别和区域研究中心备案名单。

13日，澄迈县领导到校进行校县合作洽谈。

17日，学校海上丝绸之路研究院联合北京大学海洋研究院共同报送的"打造京—琼智联大通道，推进21世纪海上丝绸之路三沙战略节点建设"项目获三沙市策划项目作品征集活动三等奖，在人文社科类项目中位列第1。

18日，在第五届全国高等师范院校大学生化学实验邀请赛中，化学与化工学院李若玲获一等奖，甄超和安青青获三等奖。

学校男、女沙滩排球队均获"内蒙古·响沙湾杯"第十三届中国大学生沙滩排球锦标赛体育院系组亚军。

31日，在全国第九届大学生与研究生物理教学技能暨自制教具与设计实验展示大会中，物理与电子工程学院刘瑾、李嘉男、范烨涵、谭富刚获物理自制教具与设计实验展示一等奖，谭富刚获物理教学技能展示一等奖；指导教师刘晓莹等获"优秀指导教师"称号。

8月

2日，学校入选教育部第二批深化创新创业教育改革示范高校。

7日，学校获研究生推免权。

10日，北京大学海洋研究院调研团到校访问。

17日，学校2017年普通高招录取工作结束。学校在全国31个省区市招收62个专业的（较去年新增4个专业）学生，共录取新生4943人，完成全部国家招生计划。

18日，在第十二届全国大学生"恩智浦"杯智能汽车竞赛（华南赛区）中，光电四轮组的康延亭等3人获一等奖，光电平衡组的陈大超等3人获二等奖，光电双车追逐组的郭义显等4人获三等奖，电磁四轮组的丁焱等3人获优胜奖；指导教师韦建德、颜丽娜获优秀指导教师一等奖，韦建德、吴伟获得优秀指导教师二等奖。

21日，化学、马克思主义理论、生态学、中国语言文学、教育学、地理学、美术学等7个学科获批海南省特色重点学科（"双一流"立项建设学科）。其中，化学、马克思主义理论

2个学科入选A类；中国语言文学、教育学、生态学、地理学、美术学等5个学科入选B类。

24日，印尼雅加达华文教育协调机构蔡昌杰主席率团到访。

是月，学校代表队获第十届2017年中国大学生计算机设计大赛二等奖7项、三等奖6项，且学校在该赛中首次获得优秀组织奖。

9月

5日，海南省首批13名省直军转干部到校学习。学校是海南省首批开展军转干部入高校专项培训试点的唯一一所高校。

7日，学校7门课程被列为首批省级精品在线开放课程。

10日，温州大学刘玉侠、孙武安教授到校讲学。

11日，学校举行2017级本科生开学典礼暨军训动员大会。

陕西省人大常委会党组副书记、副主任安东到校举办讲座。

12日，学校举办2017年秋季国际学生开学典礼。

14日，生命科学学院暑期社会实践调研团队获2017年度"调研中国——大学生社会调查奖学金"全国百强团队。

15日，学校举行2017级研究生开学典礼。

16日，法学院周维获"2017年中国电信奖学金·天冀奖"（全国50名），这是学校学生首次获得该奖。数学与统计学院生潘申润获"2017年中国电信奖学金·飞young奖"。

文学院2014级汉语言文学专业吴浩获第二届中华学子青春国学荟全国总决赛大学组一等奖。生命科学学院团委申报的"道德讲堂"国学社团在"六个100"优秀国学项目评审中获"全国优秀大学生国学社团"称号。

18日，学校曾雪娇团队"牧洋航海文化"项目获"建行杯"第三届中国"互联网＋"大学生创新创业大赛全国银奖。

22日，中国台湾彰化师范大学副校长陈明飞率团到校访问。

28日，党委书记李红梅当选海南省社会科学界联合会第五届主席团成员、兼职副主席。学校11名大会代表当选海南省社会科学界联合会第五届委员会委员。

29日，学校获"全国厂务公开民主管理工作先进单位"称号。

10月

15日，学校在海南省大中专学生田径锦赛中获团体总分第1名，并以21金、11银、3铜的成绩获奖牌榜冠军。

18日，党委理论学习中心组召开"学习党的十九大报告"专题学习会。

22日，在2017年第七届"华文杯"全国师范院校师范生教学技能大赛决赛中，生命科学学院2014级王倩文获教学设计、教学技能特等奖，2015级吴慧玲获教学设计、教学技能一等奖。

23日，学校17名导师入选全国万名优秀创新创业导师人才库首批入库导师，其中，校内导师9名、校外导师8名。

27日，学校成立海南教育改革与发展研究院。

28日，学校成立习近平新时代中国特色社会主义思想研究中心。

学校在海南省第六届大学生艺术展演中共有14个节目获奖，其中，一等奖5个（全部排名第1，其中，器乐第1名1个、大合唱第1名1个、舞蹈第1名3个）、二等奖9个；26件艺术作品获奖，其中，一等奖7件（第1名3件）、二等奖16件、三等奖3件；3项大学生艺术实践工作坊项目获奖，其中，一等奖2项（1个第1名）、二等奖1项。

28日，学校选派19名志愿者参与2017年第十二届环海南岛国际公路自行车赛服务工作。

30日，新加坡人民行动党社区基金会代表

团到校访问。

31日，学校获批中国移动互联网青年创新创业海南高校孵化基地。

首都师范大学博士生导师田培培教授到校讲学。

11月

2日，中央网信办在学校开设"全国校园网信普法大课堂"。

6日，学校印发《中共海南师范大学委员会关于认真学习宣传贯彻党的十九大精神的实施意见》。

9日，海南省人大常委会副主任许俊到校宣讲党的十九大精神。

10日，学校与海南省博物馆共建的思想政治理论课校外教学实践基地揭牌。

学校举行海南省第三届（2017）社会科学学术年会专题研讨会，来自省内外各高校、科研院所的专家、学者等160余人以"海南历史文化传承与保护"为主题开展讨论。

学校代表队在2017年中国大学生高尔夫球锦标赛中获团体总杆第8名。

14日，学校代表队获第九届华南地区管乐、打击乐独奏、重奏展演专业组一等奖1项和独奏类长笛项目专业组二等奖2项。

16日，南京艺术学院钱建明教授到校讲学。

中央教育科学研究所副研究员易凌云到学校对口帮扶的琼中黎族苗族自治县作指导。

18日，第十五届"挑战杯"全国大学生课外学术科技作品竞赛终审决赛中，学校代表队获三等奖3项和累进创新专项奖1项。

19日，教育部高等学校社会科学发展研究中心主任王炳林教授到校作干部培训专题报告。

学校和琼台师范学院联合举办海南省第一届"青马杯"高校大学生思想政治理论课知识竞赛。学校代表队夺冠。

20日，西安音乐学院李宝杰教授到校讲学。

22日，学校党委党校宣讲团赴万宁市宣讲党的十九大精神。

24日—28日，学校举行第34届运动会。经济与管理学院连续7年夺甲组第1名；2017级运训专业获乙组第1名；教发联队获教工组第1名。乙组女子4×100米接力项目打破校运会记录，成绩为52秒23。

24日，学校音乐学院蓝韵合唱团获2017海南（21世纪海上丝绸之路）合唱节成人混声组金奖，音乐学院李娅老师获最佳指挥奖。

29日，宁波大学音乐学院院长、博士生导师俞子正教授到校讲学。

是月，音乐学院青年民族乐团受邀赴马来西亚参加第四届马来西亚国际音乐艺术节。

12月

1日，谢丹、刘英博在粤桂赣滇琼五省（区）高校思想政治理论课青年教师教学基本功大赛中分获一、二等奖。

四川外国语大学国际关系学院代表团到校访问。

中国人民大学国学院教授、博士生导师袁济喜到校讲学。

2日，学校国际学生3人获第六届"琼州杯"国际学生汉语与才艺大赛总决赛二等奖，1人获三等奖。

6日，绵阳市大学中专招生委员会到校访问交流。

郑州大学物理工程学院、河南省量子功能材料国际联合实验室贾瑜教授到校讲学。

7日，学校获批第二批海南省院士工作站（数学）。

湖北理工学院余国政院长一行到校考察。

8日，临沂大学副校长孙常生一行到校访问。

北京师范大学马克思主义学院代表团到校交流。

重庆市图工委到校访问交流。

9日，文学院学科教学（语文）专业2016

级研究生杨潇潇、吴叶在全国第二届全日制教育硕士学科教学（语文）专业教学技能大赛中均获个人二等奖。

11日，昆明理工大学马克思主义学院博士生导师白利鹏教授到校讲学。

12日，党的十九大海南省代表——嘉积中学颜业岸老师到校作学习贯彻十九大精神专题辅导报告。

13日，学校代表队获全国高校大学生讲思政课公开课展示活动三等奖，马克思主义学院陈红教授获优秀指导教师奖。

14日，美国密苏里州立大学副校长左莱德率代表团到校访问。

14日，学校志愿服务相关理论研究与实践成果获评中国志愿服务优秀论文三等奖。

北京市图工委到校访问。

北京师范大学曹一鸣教授到校讲学。

新加坡南洋理工大学哲学系主任李晨阳教授到校讲学。

14日—15日，学校举办第十四届全国师范大学联席会议，来自全国46所师范大学的代表参加会议。会议发布发展教师教育、全面启动新时代教师教育振兴新征程的《海口宣言》。

15日，美术学院书法专业张琪璘、李坤朋作品入选全国第二届行书作品展。

印尼高中代表团到校访问。

17日，化学与化工学院代表队获海南省首届高等学校大学生化学化工大赛团体奖一等奖2项、二等奖1项、三等奖4项。

18日，海南省副省长王路到国家大学科技园考察调研。

19日，海南省科技厅党组书记叶振兴一行到校调研，指导学校科技工作。

海南省院士工作站（数学）揭牌，学校首个院士工作站正式成立。

英国斯旺西大学袁成桂教授和长江学者特聘教授、国家杰出青年基金获得者、天津大学王凤雨教授到校讲学。

20日，学校获第十五届"挑战杯"竞赛校级优秀组织奖。

21日，学校海上丝绸之路研究院智库与北京大学全球互联互通研究中心签署合作协议。

22日，海南省教育厅党组成员、省委教育工委专职副书记麦浪到国家大学科技园考察调研。

25日，学校排球队获2017首届"云木杯"海南省九人制排球赛冠军，陈志荣被评为"最有价值球员"，林明祥教练被评为"最佳教练"。

香港新一代文化协会到国家大学科技园参观交流。

26日，学校与海南农垦博物馆签订共建思想政治理论课校外教学基地协议。

28日，国家大学科技园科技与文化融合基地——0898创意空间揭牌。

学校与海南职业技术学院共建的马克思主义学院揭牌。

29日，海口市革命烈士纪念物管理所成为海南师范大学思想政治理论课外教学实践基地。

学校在2个校区举行"元旦游园"晚会，全校师生共庆元旦佳节。